战略绩效考核

价值环 + 三维价值 + 五度考核

战略绩效考核

可持续发展企业素质及经济增加值考核（第二版）

20年再版

尹凌青 著

中国经济出版社
CHINA ECONOMIC PUBLISHING HOUSE
·北京·

图书在版编目（CIP）数据

战略绩效考核：可持续发展企业素质及经济增加值考核／尹凌青著．--2版．--北京：中国经济出版社，2025.5．-- ISBN 978-7-5136-8052-3

Ⅰ．F279.2

中国国家版本馆CIP数据核字第2025RA3970号

书名题字　尹凌青
封面画作　尹凌青
策划编辑　姜　静
责任编辑　姜　静　李玄璇
责任印制　李　伟
封面设计　尹凌青　于　雷

出版发行　中国经济出版社
印 刷 者　北京富泰印刷有限责任公司
经 销 者　各地新华书店
开　　本　710mm×1000mm　1/16
印　　张　26.5
字　　数　372千字
版　　次　2025年5月第2版
印　　次　2025年5月第1次
定　　价　96.00元

广告经营许可证　京西工商广字第8179号

中国经济出版社　**网址** http://epc.sinopec.com/epc/　**社址** 北京市东城区安定门外大街58号　**邮编** 100011
本版图书如存在印装质量问题，请与本社销售中心联系调换（联系电话：010-57512564）

序

企业无论大小，也无论是什么所有制，其运行都有着共同的基本规律。明确责任、落实责任、完成责任则是规律之一。绩效考核是执行这一规律的重要手段，是出资人对经营者管理以及经营管理者履行职责、有效管理的重要手段，是推进企业战略目标和战术目标实现的重要手段。

尹凌青同志用战略绩效考核的理念，通过对案例、理论及实践的深入分析和研究，提出了三维价值观、四层价值主体、五度战略观、六个结合等理念，探索结合中国国情，运用经济增加价值来建立考核体系的思路。本书将价值管理思想贯穿于绩效考核体系的全过程，将战略思维和价值管理有机结合起来，引导企业以持续发展为目标，将以人为本的核心理念融入绩效考核体系中，全面衡量企业的经济价值、社会价值及文化价值。本书提出战略绩效要建立全方位、多层次、动静结合的考核制度，突破传统的经营生产理念，战略审视考核的目的，促进企业培育持续竞争力，体现考核对企业所发挥的导向作用，有利于建立企业的和谐发展机制。作者提出的对董事会考核战略绩效，以及将董事会对经营者的考核纳入其中等都颇有新意，在具体工作实践中也值得思考和探索。

尹凌青同志结合工作实际及注重理论学习和总结的做法，应予鼓励和提倡。

国务院国有资产监督管理委员会原主任、党委书记

2006 年 6 月 16 日于 26 号院

导

改革开放后，对企业的激励不足、约束缺位而导致政策对“放权”与“收权”反复摇摆。其中，对国有企业的业绩考核，一直是政府与企业特别关注的难题。

对企业的考核与监督，是一个问题的两个方面。20 世纪 80 年代初起，我们就对此进行了广泛、深入、持久的探索。在经历了“一放就乱、一收就死”的几个循环后，曾选择了“承包”这一简单的方法，试图解决信息不对称带来的问题。与此同时，还通过企业经营决策必须经过政府部门审批、政府直接控制高管人员去留、由政府向企业派监事会、发挥党组织政治核心作用、实行厂务公开、强化职工民主监督、政府直接控制企业工资总额等措施，以图矫正企业的非正常行为，防止国有资产流失，促使企业为所有者创造价值。其中很多做法一直延续到今天。这种高度重复、交叉的监督和评价方式在不同时期、对不同企业确实发挥了一定作用，但就总体而言，它的有效性仍不断受到质疑，对企业特别是国有企业而言，绩效考核仍是一个没有得到很好解决的问题。

企业是一个十分复杂的“多变量系统”。不同的做法、不同的做账几乎可以应对各种要求。在所有者与企业间存在信息不对称的情况下，保证所有者权益最重要的是建立内生的追求企业价值和投资回报的机制。从国际经验来看，最重要的是建立有效的公司治理结构。

但是，中国的企业改革还没有完全到位，传统国有企业和国有独资公司还有很强的特殊性。重要的是，国有股东基本上还是没有投资能力，也没有退出机制的股东；国家所有权缺位与越位并存；由于信息不对称，内部人控制的现象时有发生。在这种情况下，设计科学的业绩考核制度，使企业高管人员的努力与国家所有者利益相一致，就显得格外重要。

国有资产属于公共资源，国家是一个特殊的所有者，它对国有企业的绩效考核，实际上是宏观经济与微观经济的一个交汇点。绩效考核对企业有很强的导向作用。科学合理的业绩考核体系，会引导企业积累核心竞争力，并在创造股东价值的同时为经济社会的可持续发展做出贡献；而不合理的绩效考核体系，则会促使企业盲目扩张、急功近利、做出短期行为、侵犯公众利益，甚至危害社会。

国务院国有资产监督管理委员会（以下简称国务院国资委）成立后，为建立科学合理的绩效考核体系做了大量工作，进行了有益的探索。绩效考核既然对企业行为有很强的导向作用，那么在不同时期、不同发展阶段，国资部门就可以有针对性地精心设计业绩考核体系，体现国家意志，促使企业健康发展。

当前，绩效考核体系应有利于建立现代企业制度，实行政企分开，使企业成为独立的市场主体。在国家所有权机构与企业签订的“业绩合同”范围内，所有者不干预，让企业自主决策、自主经营；企业对所有者要提高透明度，促进建立有效公司治理。

业绩考核体系应矫正企业的短期行为，促进企业，特别是行业排头兵企业以全球视野、战略思维，使有效资源向主业集中，强化核心业务，提高对价值链、产业链的系统集成能力，潜心构建自己的核心竞争力。考核体系要鼓励创新、允许失败；在“做大”与“做强”的关系上把“做强”放在首位。

业绩考核体系应促使企业转变增长机制，克服传统增长方式的惯性。由以规模为目标，主要依赖资本、资源、劳动力和环境投入的外延式增长，转向以效益为目标，主要依靠技术进步和提高劳动者素质，以提高效率、实现增长。

业绩考核体系应促进企业提高诚信品质、承担社会责任。诚信是企业的立足之本，朱镕基曾意味深长地要求企业“不做假账”，企业对所有者必须披露真实、完整的信息，对于这一点，考核系统不应有任何马虎。企业是除政府外最有实力的组织，在追求自身发展的同时应当为经济社会发展做出贡献，至少不应给经济社会带来新的麻烦。目前，人与资源环境的和谐，首先是企业与资源环境的和谐。企业是社会财富的创造者，但往往也是直接和间接浪费资源、破坏环境的祸首。国家经济技术指标的落后，实质是企业的落后；国家经济增长方式的落后，实质是企业发展模式的落后；国家经济增长质量低，实质是企业效率低。仅有财务目标并不能说明企业存在的全部价值。作为经济范畴的企业，追求利润最大化；作为法律范畴的企业，要做好的“企业公民”；作为道德范畴的企业，要承担社会责任。国有企业应率先垂范、做出表率。

本书作者尹凌青同志多年从事国有企业绩效考核的政策研究和考核实践工作。在攻读经济学博士时，她又以“国有企业战略绩效考核”为题撰写了博士论文。本书是根据尹凌青同志博士论文理论研究成果和在国务院国资委业绩考核局探索性实践而写成的。

该书创新性地提出了“战略绩效考核”的理念，将价值管理思想贯穿于整个绩效考核体系，将战略思维和价值管理有机结合起来，以引导企业持续发展为目标，围绕三维价值观、四层价值主体、五度战略观、六个结合的业绩观构建起现代企业经营管理的价值环；以实现企业的价值为中心，将可持续发展、以人为本的核心理念融入绩效考核体系中，全面衡量企业的社会价值、文化价值和经济价值，建立起了全方位、多层次、动静结合的考核框架，以此引导企业突破过去粗放式的经营生产理念，着眼企业和社会的和谐发展，在创造经济价值和履行社会责任的双重目标下，实现速度与效益的统一。

陳清泰

全国政协常委、经济委员会副主任

国务院发展研究中心原党组书记、副主任

2006 年 6 月 9 日

感

我在保持共产党员先进性教育活动中，有幸与尹凌青同志在一个督导组工作。这期间正是她中南财经政法大学博士学位论文获得通过的时候。这本《战略绩效考核》的内容是关于企业素质及经济增加值研究方面的。我在国有企业工作多年，对这个命题颇感兴趣，便阅读起来，越读越感觉有一些新鲜的观点。特别是在本书将出版时李荣融、陈清泰两位领导同志分别题了《序》《导》，使我的所感所悟更为深刻。

《战略绩效考核》全书立意鲜明，符合国情。如何对企业，特别是对国有大型骨干企业的经营业绩进行有效的考核和客观评价，一直是国家、社会和企业主管机构及企业、员工普遍关注的问题。考核什么，如何考核，将引领企业经营管理者及全体员工的追求。引领这种追求的立意，也就是指导思想，应当是坚持企业利益和国家利益相统一，企业责任和社会责任相统一，经济价值和文化价值相统一，当前利益和长远利益相统一。这几个“相统一”是由我国国情对企业的需求决定的。作者提出的三维价值观、四层价值主体、五度战略观、六个结合的业绩观等观念，无不是这一立意的体现。

1999 年我随我国高级经营管理者考察团到美国 GE 公司（美国通用电气公司）学习考察。GE 公司首席执行官（CEO）韦尔奇给我们讲述他的公司有 34 万名员工分布在 100 多个国家，为什么能够朝着一个方向迅速奔跑，去强烈地追求发展质量不断提升的共同目标？原因就在于他们培育了一个满足股民利益的企业价值观。简言之，“为股东创造回报，实现利益最大化”就是GE公司的文化理念、经营理念、管理理念和一切规章制度的价值趋向，即GE公司的企业价值观。在学习讨论过程中，许多人都提出了一个共同的问题，就是我国这些大企业能否简单地引入这个唯一的价值观？大家的答案都是否定的。因此，学习考察团提出我国国有企业的价值观应当突出其核心价值观，同时兼顾其他方面。我记得学习考察团是这样表述我国企业核心价值观的，即我国国有企业是党领导下的经济组织，其核心价值观应是为国家创造回报，为社会创造财富，为企业和员工谋取利益。国家在对企业进行考核时对这一共识如何进行体现？《战略绩效考核》就是在探索中回答这一问题。我非常赞赏本书的鲜明立意，也就是说，只有站在这个立场上来研究考核企业的问题才有实际意义。

《战略绩效考核》的思维辩证，方法唯物。坚持用马克思主义的立场、观点、方法来分析问题、处理问题，是我们共产党人一贯的思想方法。《战略绩效考核》立足我国国情，坚持科学发展观，坚持国家、社会、企业和员工相统一的观点，实事求是地寻求战略绩效考核方法，这是十分可贵的。

作者提出“生产关系一定要适应生产力发展这一指导思想是企业业绩考核最基本的理论基础”。这就是说，只有从生产关系适应生产力发展的理论高度来透视战略绩效考核问题，才能寻求出有利于生产力发展的、符合生产关系要求的考核制度；反之就是无效、无用、没有任何意义的考核制度。从邓小平“三个有利于”的判定标准，到“三个代表”重要思想，再到科学发展观，都把社会生产力的发展摆在首位。作者把绩效考核这一视乎微观的业务工作事项上升到这一层面来思考，提出“战略绩效考核的指导思想必须遵从生产力的发展，建立符合生产力发展要求的考核观”，是有着很强的指导意义的。

作者认为绩效考核与企业的各系统工作必须“兼容”。我认为“兼容”则是思维辩证、方法唯物的具体体现。书中讲到“战略绩效考核是各项制度的有机结合体，是各项制度间的内联性、互动性、制约性、激励性和惩罚性的有机结合”。我们的思维方式不应是非此即彼，而应是亦此亦彼，你中有我，我中有你，客观事物大致是这样的形态。因此对待客观事物确实不应当绝对化、片面性。从思想方法上讲，不但应当“一分为二”地思考分析问题，更应当“一分为三”地处理问题。先进与落后是一分为二的，但实际上大多既有先进的一面，又有落后的一面，是兼而有之的一分为三；优点与缺点是一分为二的，但大多数人则是优点与缺点并存的一分为三。因此“三”是“兼容”的具体体现，是符合实际情况的现实选择。有的企业经营管理者认为国家的事国家负责，企业的事企业负责，把国家和企业绝对地分离开来、对立起来。因而企业随便辞退员工，将他们推向社会，交给国家。如果对企业的绩效考核助长了这种思想行为，就会促使企业严重背离党的方针政策和国家的利益。因此把国家利益与企业利益结合起来，把企业责任和社会责任统一起来进行绩效考核，才是辩证唯物主义的要求。战略绩效考核论中的“六个结合”业绩观，是坚持辩证唯物论在世界观和方法论上的典型体现。

战略绩效考核论贵在博采，重在创新。所谓博采，就是博采众长。一是对传统考核机制的积极方面进行继承和发展；二是对国际考核理论和方法进行有效的引进消化，使其两个方面的长处融合起来。作者在引入绩效考核理论方面是相当突出的，如契约理论、代理人理论、激励理论、博弈理论等；在引入考核方法方面也是相当明显的，如杜邦财务分析体系、平衡计分卡考核体系、增加值考核体系等。

博采众长的目的是创新。重在考核创新是该论题的显著特点。在这方面有战略绩效考核“三维”价值观，尤其提出了经济价值是核心，文化价值是重心，社会价值是基础的观点，同时提出了四层价值主体，即出资人主体、经营管理者主体、劳动者主体和社会公众主体的概念。在这方面又有战略绩效考核“六个结合”的业绩观，尤其提出了企业与社会和谐发展的均衡结构观，强调强化社会责任能够推动企业管理，强调社会价值和企业价值融合绩效更利于企业发展等。在这方面，还有考核方式和路径的探索。多维考核，我称之为五维360°考核法，即直接上级考核、自我考核、同事考核、下属考核、顾客考核，对这几个方面的考核进行综合性分析评价，会使考核结果更客观、更公正。人力资源管理中考核一环是最为关键的。我曾用“六靠”来表述我的管理思想，即人才靠舞台（企业、事业单位等）、舞台靠人才、人才靠凝聚、凝聚靠激活、激活靠机制、机制靠制度。在激活靠机制中，我对培养、使用、考核、激励与约束四大机制都有多种探索的成果。其中考核是一个关键点，也是一个难题。我只是讲到考核机制贵在公正，但如何实现公正？在考核方法上汲取五维360°考核法一定会有所收获。

初读此书，深感内容丰富，论点鲜明，启示颇多。考核机制是一个永不会终结的话题，一定要在实践中不断地发展、不断地完善、不断地创新。

张青林

全国政协委员、中国建筑工程总公司原党组书记

2006年8月26日

目 录

Contents

《战略绩效考核》的“来龙去脉”

增长是不是等于发展？

世界 500 强企业就能够持续发展吗？

国有企业从做大、做强、做优到持续高质量发展还有多远？

民营企业有众多“明星”但难为“恒星”的瓶颈究竟在哪里？

“百年老店”如何才能提升为跨国公司？

不同的发展观决定了企业和社会的不同发展方向，科学发展观的核心是全面、协调、可持续地发展，没有持续发展的企业，就没有持续发展的社会。生产定额、销售收入、利润等绩效考核对工业化时代的企业发展起到了积极的促进作用。企业在发展的同时也会出现诸如盲目扩张、急功近利、重复建设甚至不诚信、伪诚信等“现象”。这些“现象”与绩效考核有没有关系？有没有一些考核方法能够和谐统一考核者与被考核者的利益？有没有一些管理手段比批项目、批资金更能适应市场经济对企业的管理需求？企业如何显现创新的潜在价值？经济建设如何跳出“高投入、高污染、高成本、低产出”的怪圈？

《战书》带着一系列问题，从 3600 字的感想出发，首次提出“战略绩效考核”的理论框架及实施策略。从 2003 年起，我通过剖析大量案例，发掘和探寻可持续发展企业的“特质”和“路径”，主要分析我国国有企业绩效考核的宏观、中观及微观基础和问题，并关注民营企业及外资企业的发展态势，综合运用管理学、经济学、行为科学等理论，深入分析平衡计分卡（Balanced Score Card，BSC）、经济增加值（Economic Value Added，EVA）等考核方法在中国运用的可行性，将高质量可持续发展观的先进理念转化为企业绩效考核的具体要求，力求解决实际问题，持续 20 多年探究可持续发展企业的“指路牌”“导航系统”和“智慧生态”。

为什么多次想再版《战书》？

文不虚行，因时代之问而做，为发展之需而谋！

2006 年《战书》出版后，有学者评其为“哲思录”，有企业家撰文《战略绩效考核在探索中创新》，有读者称其为“天籁之音”。承蒙读者厚爱，首次印刷后很快售罄，甚至被多次盗版、进行二手交易等，多位读者、恩师和朋友鼓励我再版《战书》。

2011 年我萌生了《战书》再版的愿望。当时，我在北京大学政府管理学院做博士后研究，在萧鸣政老师的指导下确定“营利组织和非营利组织绩效考核比较研究”的主题，得到北京大学和学术界、企业界各方关注。我深感“绩效考核”备受关注，尤其是获得“中国博士后科学基金会”一等奖、特等奖后，我更感悟到“绩效考核研究”非常必要。当时，我坚定了《战书》再版的决心，希望以《战书》与广大读者交流沟通。

2020 年开始，正式启动《战书》再版，最大的动因是从武汉“战疫”、上海“战疫”到疫“考”全球，我思考“中医和西医”之考，我探索政治、经济、科技和“生产关系”之考，我研究人性、价值观、综合国力和“生物安全战略”之考。继而，我认为，因“卡脖子”聚焦“科技创新战略”，因留学生回国潮、“双减”和“教材插图事件”唤醒“科教兴国战略”。后来，从“能耗双控”向“碳排放双控”转变，我提出，以“碳优化”为导向，通过绿色技术、绿色项目、绿色发展落实“3060”双碳目标。

2023 年再次启动《战书》再版，探索时代之问、发展之需，落实党的二十届三中全会提出的建立国有企业履行战略使命评价制度，支持引导民营企业完善治理结构和管理制度，加快建设更多世界一流企业。完成《战书》再版，助力引导高质量可持续发展的“百年大考”！

再版，增加了哪些新的内容？

慎独慎众，“组织绩效”考核创新。

再版，我撰写了《战略绩效考核》的“来龙去脉”和《战略绩效考核》的“心路历程”（再版后记），我提出“碳优化”，建议各行业、各企业、各组织机构、各项目都要全流程持续“优化”能源使用效率和排放状况，建议构建“中国式社会责任”“中西医并重、中西药并用”和“战略绩效考核”智慧生态。

这些年，无论是国有企业还是民营企业，无论是上市公司还是非上市公司，“战略绩效考核”都渐行渐近！“科教文卫企”都在探索国家战略落地，都在思考科技向善、去 GDP、第三次分配和社会责任等“战略绩效考核”……真是英雄所见略同！

感恩读万卷书、行万里路、阅人无数、贵人相助、名人点路的“幸运人生”！

为什么在首版基础上略作修改？

顺势而为，方向正确，经得起实践检验。

2003 年，《战书》基于国有企业履行国家安全和国民经济命脉的初心使命，基于 196 户央企“超大董事会”工作实践，案例丰富，数据翔实，基础扎实。《战书》请几十位“同行”进行过数十次的指教、提升和斧正。更重要的是“名人点路”，李荣融部长撰写《序》，鼓励“把论文写在工作中”；陈清泰部长撰写《导》，期望“央企关注科技创新”；张青林部长撰写《感》，认同“战略绩效考核”才能引导“世界一流企业”！ 三位部长“领航”高瞻远瞩、高屋建瓴（当时都是在任部长，都是从基层企业做起，都是亲笔题写），三位监事会主席“指导”（朱焘、吕黄生、孙广运主席多次辅导），从国家发展高度、时代发展所需和实践可行等方面对《战书》把关。几十位企业家对《战书》斧正（在《后记》中表达谢意），出版后又在北京理工大学、北京大学、清华大学等进行几十次学术交流，还在民营企业、外资企业和国有企业等做了几十次分享，在《管理世界》和《学习时报》等期刊、报纸发表几十篇论文。《战书》核心观点得到广大读者认同。实践检验《战书》“接地气”，并接受出资人、经营者、劳动者和社会公众“智慧互联”，统筹问题导向、目标导向和战略导向“多维度考核”，综合文理工、产学研、政商经、科学与艺术等“跨界思维”。不过，20年间宏观、中观、微观环境发生很多变化，对业绩考核的认识有较大提升，对业绩考核的实践不断丰富，央企“一利”稳定增长、“五率”持续优化等要求逐步提升。这次修订再版的最大动力是读者认可，作者的责任是传承各界学者的共同智慧，理论联系实际是《战书》的宗旨，恳请广大读者对《战书》给予更多斧正和提升。

为什么 20 年后再版?

文章千古事，得失寸心知。

我经历了 40 多年的改革开放，目睹国有企业辉煌、民营企业成长和祖国的发展历程，我感受了放权让利、承包经营、公司制改革与“管人、管事、管资产”相结合的制度变迁，我见证了中央企业做强做大做优和“一企一策”考核制度的不断完善。实践证明，绩效考核是任何组织都离不开的重要管理举措！ 业绩考核不能片面强调权力手段、数据模型和经济效益，不能过度滥用“指挥棒”，不能简单粗暴“以成败论英雄”。《战书》从 2003 年 3600

多字构思开始，到2006年36万字的终稿并出版，历经60多次修改，饱含着“企业女儿”的童年记忆、青年经历和中年阅历。

2016年、2019年、2022年我多次想再版《战书》，只因工作太忙而未能实现。不过，再版《战书》责任感、使命感、紧迫感越来越强烈！ 20余年6000多天，业余时间（只能在工作之余创作），倾注“学者”的赤子之心，终于在退休后实现《战书》再版。《战书》再版，旨在落实“五位一体”、“四个自信”、科教兴国、高质量可持续发展等国家战略，继续探索战略绩效考核的系统论、辩证法思想，继续探索科技创新、制度创新、社会责任和国家战略的“指路牌”和“导航系统”。《战书》再版，分析了《中央企业负责人经营业绩考核办法》（7次修订）、《关于加快建设世界一流企业的指导意见》、《关于完善科技成果评价机制的指导意见》、《统筹推进世界一流大学和一流学科建设实施办法（暂行）》、《国有影视企业社会效益评价考核试行办法》、《关于申报中国企业500强、制造业企业500强、服务业企业500强的通知》等重要政策。《战书》再版意在统筹相关政策并助力其落地。

下一次再版，未来可期！

“天籁之音”谱新篇！

绩效考核是世界性难题！ 我的“写书初心”秉承心中有爱、眼里有光，手上有事、脚下有路和未来有梦的社会责任。未来，我续写《战书》的初心不改，正心正念正举，随心而作。希望《战书》能助力世界一流大学、世界一流企业实现“战略绩效考核”！助力“党政军民学、工交贸商众、煤电油运网、风光水电核、急难险重恒”等实现“战略绩效考核”！ 倡导营利组织和非营利组织创建高质量可持续发展“奥林匹克”！

苦不苦，想想长征二万五。累不累，想想革命老前辈。

我没有认为苦，我没有觉得累！

因为，我感恩学术榜样如光！

因为，我感恩工作偶像如火！

因为，我感恩组织责任如命！

《七律·长征》

毛泽东

红军不怕远征难，万水千山只等闲。

五岭逶迤腾细浪，乌蒙磅礴走泥丸。

金沙水拍云崖暖，大渡桥横铁索寒。

更喜岷山千里雪，三军过后尽开颜。

我为党工作50年，退休仍为“强国复兴有我”而奋斗终身，把几十年的所见、所闻、所思、所想写在祖国的大地上！ 对得起四所大学教育，叫得响北京大学“博士后”，称得上在四个部委工作过的“国家公务员”。童心未泯的“文艺少年”继续谱写“天籁之音”，探索“中国式绩效考核”，希望自己老当益壮、青春永驻。愿以吾辈之青春，捍卫盛世之中华。

国家安全、国民经济、民生福祉、急难险重、科技向善、节能降碳、乡村振兴等中国式社会责任“大音希声”！ 美丽中国、美丽世界、人类文明建设“大象无形”！ 落实中国式社会责任，中国式现代化建设需要“大医治国”！ 理论联系实际，不积小流，无以成江海。我尽职尽责，努力研究，如果写不好，拿什么爱你，我的祖国！ “战略绩效考核”，不积跬步，无以至千里。

尹凌青

2025年3月12日植树节

于北京理工大学图书馆

01

第一章

战略绩效考核的现实需求

战略绩效考核以解决现实问题为宗旨。当今世界，国际生产要素重组和产业转移加快，知识与技术更新周期大大缩短，世界市场对各国市场的影响更加显著，国际竞争与合作进一步加深，思想观念不断更新，各种文化交流范围日益扩大，开放意识、竞争意识和效率意识明显增强。改革开放以来，中国的国有企业发展强劲，民营企业生机勃勃，跨国公司纷纷到中国发展。企业的生产规模、销售收入、利润等都有一定的增长，绩效考核对企业发展有着至关重要的促进作用。但还有些问题值得我们思考，例如，经济增长越快越好吗？安全事故频频发生是偶然吗？科研院所企业化如何承担技术责任？资源企业规模庞大、利润可观背后的代价有多大？政策性支持的企业能走多远？重污染企业对社会、对人类造成恶果，谁来惩治？以成败论英雄、以市场论英雄能不能引导企业持续发展？国家安全、急难险重、节能环保、公平公正、充分就业等社会责任如何落实？面对这些问题，本章剖析可持续发展企业的“特质”，探索企业要持续发展应追求什么样的绩效，我国的企业距离达到高质量可持续发展的目标还有哪些差距。以中国的实际情况为基础，以人民至上为核心，探究建立平衡统筹、综合协调的绩效考核体系应解决的理论、方法及程序问题。

第一章 战略绩效考核的现实需求

20年再版"自我测评"

20年前，我思考"业绩考核"与可持续发展的关系，《战书》凝炼"八大特质"和"综合价值观"。

20年来，我领略几十项"伟大工程"、几十家"伟大企业"，调研连续20年获得A级的中央企业，学习福耀、海尔、华为、娃哈哈、胖东来等"20岁"以上"卓越企业"。我发现，火车不点火了，汽车不用油了、车间没工人了、一二三产融合了，"令人尊重"的企业仍有"八大特质"和"综合价值观"。

未来，我感悟"世界一流"企业、大学需要"北斗导航系统"、"碳优化"改善值、"电池充储网"折旧值、"数智资产"确权值等，不仅需要计入"三张报表"，还需要计入"分类考核"评价系统，更需要计入"履行战略使命"评价系统。我领悟，人民至上、中国式现代化（60条）、高质量可持续发展等宏观要求。我认为，"科教文卫企"迫切需要，考核有"度"！

第一节　可持续发展企业追求战略绩效

本节思考：

1. 为什么可持续发展企业追求战略绩效？
2. 战略绩效体现什么特点？

可持续发展企业的案例选择是一件较困难的事，能够考证的只有今天相对于昨天持续发展的那些企业，而明天相对于今天能否持续发展则无法验证，也许这正是战略绩效考核应该发挥的引导作用。

“强势”企业并不一定都是可持续发展的企业，很多事实可以说明这一点。比如，1900 年入围道琼斯指数的 12 家企业中，只有通用电气一家笑到现在；而 10 年前的《财富》500 强中，有将近 40% 的企业已经销声匿迹；30 年前的《财富》500 强中，也已经有 60% 的企业被收购或破产。比如太阳神、秦池、爱多等凭借广告或者品牌等迅速大红大紫的企业也不过是昙花一现，只领了风骚三五年；又如诺顿、健伍、美利坚百货、德州仪器虽然先声夺人、一路顺畅，到头来却只能屈居同业第二、第三；再如 1982 年托马斯·彼得斯和罗伯特·沃特曼合著的《追求卓越》中提到的 43 家优秀企业也并没有都一直优秀下去，其中的 32 家更是出现了严重的财务危机。可见，优秀、卓越的企业中也只有一部分可能成为持续发展的企业。

“百年老店”从时间的维度看是持续发展。因为一提及可持续发展企业，大家就很容易想到“百年老店”和那些在国际上知名度较高的企业，如宝洁、雀巢集团、通用电气、通用汽车、杜邦、可口可乐、诺基亚、爱立信等公司，它们不仅具有百年的历史，而且在现代企业竞争中依然生机勃勃，显示出强劲的生命力。

对于国外可持续发展企业，我借鉴《基业长青》一书，选择“高瞻远瞩公司”。因为，这是根据《财富》杂志工业和服务业两种500强企业排行榜，从每一种产业类别中选择CEO，两种排行榜各选出250位。《公司》杂志的排行榜可以保证较小型的公司得到适当的代表，上市和未上市公司也一样（他们从这两种名单中，各调查了200家代表性公司）。他们要求每位CEO最多提名5家他们认为“最为高瞻远瞩”的公司，特别要求CEO亲自回答，不要授权组织里的其他人回答。共165份问卷，回收率是23.5%，平均每份问卷上列出32家公司。经过一系列统计分析，证实收到的是名单中的代表性样本。而且严格采用1950年以前创立的标准，把研究用的最后名单减为18家公司，其中最年轻的公司创立于1969年，最老的公司是1812年创立的。在他们做调查时，这18家公司的平均年龄是98岁，平均创立年份是1897年，居中的创立年份是1902年（见表1－1）。

表1－1 “高瞻远瞩公司”的创立年份

创立年份	公司名称
1812	花旗银行
1837	宝洁
1847	菲利普·莫里斯
1850	美国运通
1886	强生
1891	默克制药美国分公司
1892	通用电气
1900	诺世全
1902	3M

续表

创立年份	公司名称
1903	福特汽车
1911	IBM
1916	波音
1923	迪士尼
1927	马利奥特
1928	摩托罗拉
1938	惠普
1946	索尼
1969	沃尔玛

从表面上看，“可持续发展企业”的“持续”似乎只是时间上的概念，但是仔细想想，为什么通用电气、美国运通、波音、强生、摩托罗拉、IBM 等公司能够由小到大、由弱而强？为什么 3M、索尼、沃尔玛、惠普等公司创业时举步维艰，却能历经困难，展现出长久的韧性和弹性，跨越数十年、上百年而长盛不衰，最终能持续发展呢？由此，分析“可持续发展企业”在追求“战略绩效”时表现的特质，就显得尤为重要。

特质一：具有持久综合的价值观

“回顾一生的辛劳，我最自豪的很可能是协助创设一家以价值观、做事方法和成就，以及对世界各地企业管理方式产生深远影响的公司；我特别自豪的是，留下一个可以永续经营、可以在我百年之后恒久继续作为典范的组织。”

惠普公司共同创始人威廉·休利特

1990 年

有人调查过日本最著名的100多家企业，发现这些企业都很重视企业精神的培育。日立公司有“和、诚、开拓”的日立精神；卡西欧公司有“创造与奉献”的卡西欧精神；丰田公司有“好产品、好主意、彻底节俭”的丰田精神。托马斯·彼得斯和罗伯特·沃特曼也认真地分析了美国43家优秀公司，发现优秀企业间的管理风格不同，而决定管理风格的正是优秀的企业价值观。

对于可持续发展企业所具有的明确、综合的价值理念，我再一次引用《基业长青》一书对“高瞻远瞩公司”核心理念的归纳，这些公司的价值观正体现出可持续发展的特质（见表1－2）。

表1－2 “高瞻远瞩公司”的核心理念

公司名称	核心理念
3M公司	·创新：“你不得扼杀一个新产品的创意” ·绝对正直 ·尊重个人的首创精神及个人成长 ·宽容诚实的错误 ·产品质量及可靠性 ·“我们的真正业务是解决问题”
美国运通	·英雄式的顾客服务 ·世界性的服务可靠性 ·鼓励个人的首创精神
波音	·领导航空工业，永为先驱 ·应对重大挑战与风险 ·产品安全与品质 ·正直与合乎伦理的业务 ·吃饭、呼吸、睡觉念念不忘航空事业

续表

公司名称	核心理念
花旗银行	·扩张主义：在规模、服务种类、地区设点方面采取扩张主义 ·遥遥领先：最大、最好、最能创新、获利最高 ·自主与企业精神（通过分权） ·实力主义 ·积极进取与自信
福特汽车	·人员是我们的力量源泉 ·产品是“我们努力的终端成果”（我们以汽车为业） ·利润是必要的手段与衡量我们成就的指标 ·以诚实及正直为基础（注：这是20世纪80年代福特公司《使命、价值观和指导方针》文件中的秩序，在福特公司历史不同的阶段，秩序有所不同）
通用电气	·以科技及创新改善生活品质 ·在对顾客、员工、社会与股东的责任之间求取互相依赖的平衡（没有清楚的等级之分） ·个人责任及机会 ·诚实与正直
惠普	·给从事的领域贡献技术（我们公司存在的目的是要做出贡献） ·尊敬惠普人并给予他们机会，包括共享企业成功的机会 ·对我们所在的社区奉献与负责 ·提供顾客负担得起的高品质产品 ·利润与成长是使所有其他价值观与目标可能实现的手段
IBM	·给予每个员工充分的考虑 ·花较多时间使顾客满意 ·坚持到底把事情做好，所作所为追求完善

续表

公司名称	核心理念
强生	·公司存在的目的是要“减轻病痛” ·我们的责任层次分明：顾客第一，员工第二，整个社会第三，股东第四 ·根据能力给予个人机会与报酬 ·分权 = 创造力 = 生产力
马利奥特	·友善的服务与绝高的价值（顾客是贵客）；“让离家在外的人觉得置身朋友当中，而且真正受人欢迎” ·人员第一，善待他们，寄予高度期望，其余一切会随之而来 ·努力工作，但保持工作乐趣 ·不断自我提高 ·克服逆境，建立格调 ·我们做的是保存和改善生命的事业。我们所有的行动都必须以达成这个目标的成就来衡量
默克	·诚实与正直 ·企业社会责任 ·以科学为基础，力求创新，不去模仿 ·在公司的所有层面明确追求完美 ·追求利润，但利润须来自有益人群的工作
摩托罗拉	·公司存在的目的是“以公平的价格向顾客提供品质优异的产品和服务，光荣地服务于社会” ·不断进行自我革新 ·发掘“我们内部潜藏的创造力” ·不断改进公司的一切作为：创意、品质与顾客满意度 ·以尊严对待每一位员工，视之为个体 ·在业务的所有层面追求诚实、正直、合乎伦理

续表

公司名称	核心理念
诺世全	· 服务顾客最优先 · 努力工作，追求生产效率 · 不断改进，永不自满 · 追求完美名声，成为特殊事物的一部分
菲利普·莫里斯	· 捍卫个人自由选择（吸烟、购买想买的东西）的权利 · 争取胜利、追求至善与击败别人 · 鼓励个人首创精神 · 根据能力给予员工达成成就的机会，不以性别、种族或阶级为根据 · 努力工作，不断自我提高
宝洁	· 产品完美 · 不断自我提高 · 诚实与公平 · 尊重与关心个人
索尼	· 体验以科技进步、应用与创新造福大众带来的真正快乐 · 提升日本文化与国家地位 · 做先驱，不追随别人，但是要做不可能的事情 · 尊重、鼓励每个人的能力和创造力
沃尔玛	· 我们存在的目的是提供顾客物有所值的东西，用比较低的价格和比较多的选择，改善他们的生活，其他一切都属次要 · 力争上游，对抗凡俗之见 · 和员工成为伙伴 · 热情、热心、认真工作 · 精简经营 · 永远追求更高的目标

续表

公司名称	核心理念
迪士尼	·不容有犬儒主义式的嘲笑态度 ·狂热地注意一贯性与细节 ·以创造力、梦想与想象力不断追求进步 ·执着地坚守迪士尼的“魔力”形象 ·“带给千百万人快乐”，并且歌颂、培育、传播“健全的美国价值观”

可见，可持续发展企业的价值观呈现由单一价值观向综合价值观的渐变。事实证明，一个企业长久地生存发展，比眼前利益更为重要。尽管有些可持续发展企业保持一定利润增长而长久生存，但是出乎意料的是，这些企业都不强调利润持续增长的价值观。

对于国内的可持续发展企业，我选择中华老字号。中国的同仁堂、全聚德、东来顺这些中华老字号也都是历史悠久的“百年老店”。当然，中国自20世纪80年代起才开始发展市场经济，所以简单地将国外的“百年老店”与中国的“百年老店”相比，似乎有失公平，在此，一并探讨只是为了分析可持续发展企业的特质。

案 例

◎ 中华老字号同仁堂的“德、诚、信”价值观

北京同仁堂药店，可以说是名扬海内外的百年老字号，创建于清康熙八年（公元1669年），到目前为止，已经有350多年的历史。现在的同仁堂已经相继在我国的香港、台湾，还有马来西亚、韩国、英国和澳大利亚等地开设了分店，成为中国百年老店的典范。

同仁堂之所以能取得这样的成绩，与它正确的经营理念是分不开的。当人们一看到“同仁堂”三个字时，便会有一种信赖感和亲切感。

“同仁堂”这个商号名称，已成为企业德、诚、信的化身。

德：养生济世的经营宗旨

同仁堂的创业者崇尚“可以养生、可以济世者，惟医药为最”。从北京大栅栏同仁堂药店的对联“同气同声济民济世，仁心仁术医国医人”，就可以看出这一点。

同仁堂的历代继业者始终以“养生”“济世”为己任，对求医购药的顾客，不管是达官贵人还是平民百姓，一律以诚相待，对症用药，一视同仁。350 多年间，社会发生了翻天覆地的变化，然而同仁堂养生济世的宗旨仍雷打不动。如今，在继承古老创业宗旨的同时，同仁堂又汇入了全心全意为人民服务的精神，提出了“想病家患者所想，做病家患者所需”和“患者第一”的经营思想。职工们在日常生产和服务中，自觉地实践着企业的经营宗旨和道德规范。

多年来，同仁堂一直坚持为顾客熬制汤药，只收取极低的工本费。同仁堂的便民服务项目还有代客登记紧张药品、代客向工厂机关的医务室送药、代收购药材、为顾客医治小病小伤、为残疾人送药上门等，这些服务几乎都是赔钱的，他们却一直没有中断过，这也体现了同仁堂全心全意为顾客服务、养生济世的宗旨。

诚：精益求精的敬业精神

在同仁堂药厂、药店的醒目位置，人们可以看到这样一副对联：“炮制虽繁必不敢省人工，品味虽贵必不敢减物力。”这是创立大栅栏同仁堂药店的乐家第一代传人乐凤鸣为同仁堂留下的训词，同仁堂人已把这句训词铭记在心。

同仁堂的处方来源很广，有民间验方、家传秘方、宫廷太医良方，也有现代名医的新方。千方易得，一效难求。为求一个“效”字，同仁堂根据中医辨证论治的理论、处方的配伍原则，药料选用十分讲究。如白芍用杭白芍，郁金用黄郁金，陈皮用广东新会的，蜂蜜用河北兴隆的，十六头人参不能用三十二头小参顶替，僵蚕不能用僵蛹代替。“产非其地，采非其时”的药材坚决不用。有些特殊的药料不能用收购的办法保证质量，同仁堂就想尽办法自己培育。如制作乌鸡白凤丸需用纯种乌鸡，公司在北京市北郊无污染的龙山专门饲养，对纯种乌鸡饲以营养丰富的饲料，饮以清澈洁净的泉水，发现羽毛骨肉稍有变种褪色即予淘汰。

中药的生产过程是极其复杂的，同仁堂生产的中成药，从购进原料到包装出厂总共有上百道工序，每道工序都有严格的要求。药料投放误差都要控制在一微克以下；一种中成药中的苏合香则要用多层纱布裹着卫生药棉滤净后投料。酒类则更复杂，要经过浸煮、过滤、圈缸等几十道工序，除尽苦味，溶解药质，使药料中的有效成分均匀地溶于酒中。膏剂、丸剂等也都有相应严格的操作规程。“修合（配制时）无人见，存心有天知”，同仁堂人常用这句话自励自勉，兢兢业业，分毫不懈。

信：童叟无欺的职业道德

“同仁堂”的金字招牌之所以350多年不倒，不仅因为它有养生济世的经营宗旨和精益求精的敬业精神，还因为它有童叟无欺、一视同仁的职业道德。到同仁堂药店抓药，极少出现差错。例如，有一次顾客反映，买到的“天王补心丹”中混装了一丸“地榆槐角丸”，虽然混服这两种药并没有危险，但他们以高度负责的精神，把已经发售到各地的4万盒药品一盒盒地追了回来。同仁堂经营不少高档药，廉价药品种也十分丰富。同仁堂人做大生意，也不拒绝小买卖。同仁堂永远自家卖药，而且永远卖好药，决不会为眼前利益丢弃养生济世的经营宗旨。

同仁堂在海外的影响也非常大，来大栅栏药店买药的海外游客很多，而且往往是大客户。许多导游借机向同仁堂索取回扣，同仁堂坚决抵制，宁可减少客源，也不助长歪风。“德、诚、信”使同仁堂美名远播，有口皆碑，许多顾客对它已形成了一种难解的“同仁堂情结”。

案例启示

成就百年同仁堂的秘诀是坚守、捍卫、传承一个明确不变的价值观，企业的价值观渗透到企业的各个方面，支配着企业的全部行为，决定着企业持续发展的动力。我们为拥有这样的典范企业而自豪，更要为能拥有更多这样的企业而努力。

特质二：注重“诚信”

百年企业传承诚信理念，得到了一代代人的尊敬和支持，在诚信大旗下，百年企业获得了令一般企业敬慕的成功。

企业不会为诚信而诚信，肯定是因为诚信收益大于诚信成本才主动投资的。马克思认为：“人们奋斗所争取的一切，都同他们的利益有关。”要做到诚信是要付出成本的。诚信的成本通常有被动成本，也有主动成本。支付诚信被动成本还处在为了企业生存的较低层次，支付诚信主动成本则处在为了企业发展的较高层次，但不管是哪一种，只要用持续发展的眼光看，诚信收益一定大于诚信成本。也许，在一段时间内诚信被动成本大于诚信收益，但从长远看，诚信被动成本小于诚信收益。所以，企业要想继续生存，就应该坚守诚信。

百年企业无一例外地非常看重诚信，这是它们上百年的经营经验总结——只有诚信才能为企业带来丰厚的利润，只有诚信才能让企业长久地生存。关于诚信的经济账，具有长远眼光的企业不会以一时的得与失来评价，这些企业用数百年的时间来恪守诚信，因为它们知道——如果全都折算成现值，诚信收益永远大于诚信成本。

案　例

山西人经商，从尧舜禹时代就已经开始出现，经历了秦汉、隋唐、宋元，到明代晋商已在全国享有盛誉。而清代，晋商的货币经营更是达到了鼎盛，他们的票号甚至垄断了当时中国的金融业。晋商不仅盘踞在中国北方的贸易市场，而且发展到整个亚洲地区和欧洲市场，以至于当时流传着“凡是麻雀能飞到的地方，就有山西商人”“海内最富”“晋商500年不衰”的说法。晋商能够取得这样的成绩，主要秘诀到底是什么？那就是诚信为本！

诚信第一的经营理念

晋商视诚信为命根子，始终把诚信放在第一位，强调做买卖必须踏踏实实，不投机取巧，不坑蒙拐骗，宁可赔本也不做有损诚信的事。当时，祁县的乔家在包头的复盛油坊，一次运胡麻油准备到山西销售，经手的伙计为了谋取高额利润在油中掺了水，掌柜发现后，立即令其将油全部倒掉重装。这件事虽让乔家在经济上蒙受了很大的损失，却让其声名远扬，很多商家知道这件事情后，不顾路途遥远来祁县与乔家做生意。还有一些晋商，父辈祖辈经商破产欠下债务，若干年后子孙经商再次发迹，对本来无须承担的陈年老债都主动还清，并不拖欠。诸如此类，屡见不鲜。外国人曾对晋商经营之道评论说：“这种品德在其他地域从未见闻。”梁启超也曾评论晋商说：“晋商笃守信用。”

重信讲义的价值观念

在义利问题上，晋商也有自己独特的见解和行为规范。他们主张“君子爱财，取之有道”，反对以卑劣的手段骗取钱财。因此各商号在经营中都规定“重信义、除虚伪”，“贵忠诚、鄙利己、奉博爱、薄嫉恨”，要求商人恪守“诚信仁义、利从义出、先予后取”的正道。晋商身入财利场却能守信耐劳，以诚取胜，时至今日，没有几人可以做到。清代晋商乔致庸曾提出：“首重信，次讲义，第三才是利。”可见诚信对晋商有着导向性的深远影响，因此当时山西民风中多以经商为荣。

善良诚信的企业文化

晋商有着高尚的商业道德和善良诚信的企业文化。晋商各票号都实施严格的管理制度和奖惩条例，上至掌柜，下至伙计，都要接受这样的制度，无论是谁，只要对商号有功，就都会得到相应的奖励报酬；而对贪污作假、营私舞弊、打架斗殴的员工，一律从商号开除，而且其他商号也永不会录用。因此商号的人一旦犯错，就会为同行所耻、乡里所卑、亲人所指，从此再无就业之门，更无颜回归故里。在这种氛围的长期熏陶之下，晋商逐步形成了良贾、善贾、诚贾的企业文化，“纵鲍叔之宏通，慕弦高之豁达”，为现代的商人树立了风范。

基于晋商的诚信经营，当时也涌现出了一批晋商巨富，如平遥的王家，祁县的乔家、渠家，太谷的曹家、孔家，等等。其实，从某种意义上讲，诚信也就是道德。只有诚信经营，企业才能获大利、获久利。俗话讲“小胜靠智，大胜靠德”。经商首先是做人、讲德。有德才能真心实意地征服人心。征服了人心，还愁赚不到利润？

案例启示

生活中，“老西儿”很“小气”，因为他们深知财富来之不易；投资于诚信，“老西儿”很慷慨大方，因为他们更明白只有这样才能续写辉煌。企业的诚信如同在银行的储蓄，首先要建立“账号”，其次要不断注入，但不得透支。否则，将被取消“账号”，甚至受到惩罚。可持续发展企业有始终如一的“诚信账号”。

案　例

◎　“安然事件”与安然公司在经营过程中丧失企业信誉是分不开的

究竟是什么原因让一个被华尔街视为非常安全的投资“宠儿”顷刻间“几度辉煌转眼空”了呢？

安然公司在发展过程中曾有许多成功的战略运作。比如当它仅仅排在美国天然气制造商第 13 位的时候，就非常有远见地建立了美国最大的天然气输送系统，并成功地利用本国和英国等开放能源市场的机会，将其在天然气上积累的核心竞争力推向动力和发电领域。

然而，安然公司为了追求更大的利润，为了实现从“全美最大能源公司”变成“全球最大能源公司”的目标，不仅从原来的天然气、石油的开发与运输扩展到包括发电和供电领域的各项能源产品与服务业务中，而且经营纸浆、煤炭、化工、风力、水力、投资、木材、广告等；不仅从提供贸易服务扩展到提供有关能源输送的咨询、建筑工程等服务，还向客户提供金融、风险管理及在线交易服务，并涉足金融证券和高科技领域；它还通过使用和完善金融重组技巧，建立起复杂的公司体系，使其各类子公司和合伙公司的数量超过了3000家。

而且，在美国经济持续强劲增长的20世纪90年代末期，安然公司自认为是一个新神话的创造者，肆意扩张、盲目增长，它以为可以靠自己的聪明来超越公理。同时，安然管理层为了达到既定的增长目标，开始以牺牲诚信为代价，大钻美国会计准则的漏洞，做假账，虚夸收入。安然发明了一套复杂的财务系统，即使华尔街的专家们也难以搞清楚；其股票不断增值，获利丰厚，也没人去深究它的财务系统到底是什么样的，就连素以严管闻名的美国证监会也不曾察觉。

按照华尔街银行的规定，公司只能把交易中获得的盈利作为实际收入，而安然为了证明自己是超级“巨无霸”，一贯把所有的交易额都归入收入，安然宣称的2000年1000亿美元的收入其实只有80亿美元而已。安然频繁利用关联交易隐瞒债务、虚报利润。更让投资者气愤的是，安然的高层管理者对于公司运营中出现的问题非常清楚，而许多董事会成员不顾职业道德，长期以来对此熟视无睹甚至有意隐瞒。包括安然首席执行官斯基林在内的许多董事会成员一边在鼓吹股价还将继续上升，一边却在悄悄抛售公司股票。而公司的14名监事会成员中有7名与安然关系特殊，要么正在与安然进行交易，要么供职于安然支持的非营利机构，对安然的种种劣迹都是睁一只眼闭一只眼。安然倒闭的原因终于慢慢浮出水面：为了追求最大的利润，不惜做假账蒙骗公众，使公众信赖的财务系统崩溃，也使公司的诚信完全丧失。

安然公司曾承诺用坦然和真诚与客户在一起，而且绝不做那些他们承诺不做的事。然而到倒闭的那一刻，安然所做的一切又有多少与它当初所承诺的一致呢？安然雇用了一批律师和会计师，使其成为即使违背了法规也不会被抓住的行家。安然通过由自己人掌控的合伙企业，降低其负债率，欺骗了公众，然而这种代价是昂贵的。失去了信誉的安然终究还是没有摆脱倒闭的厄运，还是没有让自己创造的神话成为永远的现实。

案例启示

企业追求利益最大化就是以最小的成本获得最大的收益。诚信可使企业持续地获得较大利益，“伪诚信”看似成本低、收效快，但很快就会导致企业在市场竞争中失败。我们在为安然公司惋惜的同时，也要切记“信誉透支”的教训。

特质三：修炼为学习型企业

随着知识经济时代的到来，企业竞争的实质变成了学习能力的竞争，学习型企业最大的优势是比竞争对手学习得更快、更扎实、更深刻。奥林匹克精神是“更快、更高、更强、更团结”，而企业组织发展精神也应如此，体现在企业管理中，就是学习型组织提出的“自我超越、改善心智模式、建立共同愿景、团队学习、系统思考”这五项修炼。

能够持续发展的百年老店大多是学习型企业。进入 21 世纪以后，知识经济必将以巨大力量改变整个人类社会的生产方式、营销方式乃至生活方式。面对知识和信息的爆炸性增长，学习和信息处理能力已经成为人们最核心的竞争力之一。美国《财富》杂志指出：“未来最成功的公司，将是那些基于学习型组织的公司。”壳牌石油公司企划总监德格认为：“唯一持久的竞争优势，或许是具备比你的竞争对手学习得更快的能力。”大批优秀企业纷纷掀起了按照学习型组织模式改造自己的热潮。美国排名前25位的企业中有20家提出用学习型组织改进自身，并取得了明显成效，如美国的福特汽车（Ford）、通用电气（General Electric Company）、摩托罗拉（Motorola）、科宁（Corning）、AT&T、联邦快递（FedEx）等。

启示

“心智模式”是学习型组织理论中很重要的一点，对于一家企业来讲，“观念决定思路，思路决定出路”。企业是由人组成的，一个人的行为是靠意识、认识支配的。可以说：“认识决定态度，态度决定行动。”观念和认识的提高皆来自学习，而且团队的学习比个人学习更重要。可持续发展企业的学习表现为“工作学习化，学习工作化”。

特质四：关注企业与社会的和谐发展

企业从诞生的那一刻起，就无法摆脱人的痕迹，它是人类社会发展的产物。因此，企业终究是人格化的企业。

可持续发展企业经常要重新审视自身的社会经济行为，把工业文明观转变为以人与自然和谐发展为特征的生态文明观，认识到企业对自然界具有根本的依赖性。SA8000标准主要源于《国际劳工组织公约》、《世界人权宣言》和《联合国儿童权利公约》，主要体现企业的社会责任。美国杜邦公司有一句名言：“尽量不在地球上留下脚印。”杜邦平均每年花费5亿美元用于环境的保护、改进和开发。可持续发展企业的竞争已不再是简单的价格竞争、质量竞争及服务竞争，其以人与自然的和谐发展为己任，在全球化进程中成为推动社会和谐发展的主力军。

案　例

从1993年开始，可口可乐就加入了赞助“希望工程”的行列，而且多年来始终如一。迄今为止，可口可乐公司已在中国捐建了52所希望小学、100多个希望书库，使6万多名儿童重返校园。此外，可口可乐还捐助成立两个江西可口可乐希望之星高中班，并捐赠800万元支持家庭贫困的第一代农村大学生。2004年可口可乐又启动爱心助学计划，用来帮助广东省各城市的困难家庭儿童重返校园：活动计划是从“爽白酷儿爱心助学基金”中拨出10万元，独立设置账户，专项用于爱心档案中贫困少儿助学。可口可乐将公益事业视为企业整体战略的一部分。企业不仅出钱，而且“出心”，形成了完善的公益事业体系。可口可乐（中国）有限公司董事长陈奇伟认为，一个好的可持续发展企业应关注企业所承担的社会责任。

案例启示

企业是社会经济发展的产物，也是社会经济组织的重要细胞。可持续发展企业以促进社会发展为己任，以奉献社会为追求。这既是一种境界，更是一种持续发展的秘诀。

特质五：趋向“以人为本”的管理

“以人为本”的主要内容是注重各利益主体间关系的平衡，尤其是在参与决策和利润分配等方面。

“以人为本”已成为管理主流，可持续发展企业提倡尊重人、理解人、关心人，为人才提供发挥能力的各种条件，创造适合人才发展的良好环境。

案 例

沃尔玛集团提倡十大成功原则，其中有七条与员工相关：第一，要成功就必须忠于你的事业。只有热爱工作，才会尽自己所能，把工作做到最好，并且可以用工作的热情，感染身边的每个人，也提高他们的效率。第二，我们相信，一家企业必须与员工分享利润。对待员工要像对待伙伴一样，这样员工也会把企业当成自己的合伙人。第三，要不断地激励员工。所谓激励，仅仅依靠金钱是不够的，我们必须想一些新的有趣的办法来激励员工。比如说设计一些有挑战性的目标。我们鼓励竞争，并且进行评分。第四，我们尽可能和员工进行交流。员工知道得越多，理解得越深，他们对工作也就越关心，那么什么困难也不能阻拦他们。第五，公司必须感激员工为公司做的每一件事。我们觉得，不管你是什么国籍、什么背景、什么宗教信仰，当有人赞赏你的工作表现时，你一定会感到非常高兴。我们公司会经常在适当的时机感激员工做出的贡献。第六，提倡要庆祝每一次成功，而且要在失败中寻找乐趣。无论什么时候都要充满激情，要在工作中寻找乐趣。第七，管理层必须听取员工的意见。尤其在零售业，零售业是关乎人的行业，这个行业中最了解信息的往往是最基层的员工，也就是我们的店员。所以，听取他们的意见非常重要。

案例启示

人是企业最宝贵的资源，企业如果拥有员工的忠诚、员工的奉献、员工奋发进取的精神，就拥有最大的财富，就可实现企业持续的价值最大化。

案　例

“顾客”一词在百年企业的企业文化中出现得非常多，其出现频率仅次于“员工”。

花旗银行认为客户至上。提高服务质量和以客户为中心是花旗银行的长期战略，并认为实施这一战略的关键是要创建吸引客户的品牌。目前花旗银行的业务市场覆盖全球100多个国家的1亿多名客户，服务品牌享誉世界，在众多客户眼里，“花旗”二字代表了一种世界级的金融服务标准。

沃尔玛集团的十大成功原则中，有两条与顾客相关：“第八，我们必须超出顾客对我们的期望。这是我们一贯的努力方向。只要你做到这一点，你就可以不断地吸引顾客来你的店里，使销售额不断增长。”“第九，我们必须比竞争对手更加节约成本。既然‘天天平价’是我们对顾客的不变承诺，那么为了实现这一承诺，就必须降低成本。我们必须严格地控制开销，控制损耗。”

企业由于所在行业不同，面临的顾客差异要比员工差异大，所以与顾客相关的理念差异要更大些。但是，我们仍能从中找到几个共同点：第一，顾客是非常重要的；第二，通过各种方式满足顾客的需要；第三，尽一切努力吸引顾客。

案例启示

百年企业共同关注的因素是员工、顾客、创新。这三个与持续发展紧密相关的因素都注重“以人为本”。问题是当这些“人”的意愿出现冲突时，以“谁”为本？企业决策权在管理者手中，管理者是用“管控”的方式体现管理者意愿为“本”，还是以企业持续发展为目的，采用“导控”方式，以员工、顾客为“本”？百年企业具有持久生命力的秘诀是以顾客为根本，以职工为资本。

特质六：具备转危为安的能力

灭亡必从危机开始，危机未必走向灭亡。“温水煮青蛙”的实验大家并不陌生，这是个非常有名的实验。实验第一次是将青蛙放入热水，青蛙马上感到不适、恐惧而立刻跳出。第二次是将青蛙放入冷水，再渐渐给水加温，青蛙没有觉察到潜在危机而留在水中，等它感到水温过高时，已来不及摆脱被煮熟的厄运了。这个实验被频频引用，给予人们各种各样的启示。而我们从这个实验中得出了一个重要的结论，那就是：青蛙被煮熟是悲惨的结局，但在这个悲剧发生前，危机就已经存在了。第一次实验中，危机被立即感知；第二次实验中，危机慢慢显现。虽然危机的表现方式不同，但死亡必定从某种危机开始。虽然都潜伏着被煮熟的危机，但青蛙的表现不同，结局也不同。第一次实验中的青蛙立刻奋力逃离困境，第二次实验中的青蛙麻木直至无力动弹，它们都遭遇了危机，但不一定都会走向死亡。

上面的结论对于企业完全适用。任何一家企业的灭亡都是从危机开始的，最常见的危机有财务危机、信誉危机、市场危机、人事危机等，有的危机是突发性的，有的危机则是经过长期滋长形成的。企业在灭亡前必会出现一些危机，关键在于有没有察觉到而已。而任何一家企业都不可回避的事实是——企业必然会遭遇危机！企业在经营过程中总会遇到一些危机，有的企业经不住考验，消失在商海中；有的企业顺利渡过难关，再创辉煌。事实上，出现危机并不可怕，可怕的是没有应对危机的能力。

每家企业都会遭遇危机，百年企业更不例外，在它漫长的发展过程中，遭遇危机的概率更高。危机可能来自企业内部的管理不善，也可能来自企业外部的环境威胁。一般来讲，百年企业都是管理卓越的企业，出现内部危机的可能性较低，所以比一般企业幸运而长寿。但是，在长久发展中，百年企业经历的巨大社会变动和环境变化带来的危机，是一般企业难以想象的。仅从社会的发展来看，环境会出现很多新的变化，这些变化都是对企业旧模式的考验。如果再考虑历史上出现的天灾人祸，则企业还需要痛苦地挣扎着渡过难关。所以，百年企业遭遇危机的可能性要比一般企业大很多。

百年企业最大的特点就是长寿，这说明它有很强的摆脱危机的能力，否则早就在某次危机中夭折了。几乎所有的百年企业领导在总结管理经验时都会提到危机，对此他们都有深刻的体会。美国的菲克普是《危机管理》一书的作者，他曾对《财富》杂志评选出的 500 强企业的董事长和总经理进行一次调查。调查结果显示：80% 的人认为企业面临危机就如同人面对死亡一样，是不可避免的事；14% 的人承认其所在的企业曾遭受过严重的危机。虽然仅有 14% 的人承认遭受过严重的危机，但需要注意的是：第一，这些人所经历的只是企业历史上危机中的一部分；第二，“严重危机”的定义不明，或许有人认为没有亏上几亿美元就不叫严重危机。可惜这份调查仅仅是针对世界 500 强，如果能找到针对百年企业的类似调查，也许那个结果会更加让人震惊。

世界著名公司的董事长和总经理都是相当杰出的人物，他们以战略眼光经营着“庞然大物”，这些人应该是感到无比荣耀、信心十足了，但他们对危机的警惕要胜于对成绩的欣喜，这从另一个侧面体现出他们不同于常人的理智。

通用电气公司董事长兼首席执行官韦尔奇说：“我们的公司是个了不起的组织，但是如果在未来不能适应时代的变化，就将走向死亡。如果你想知道什么时候达到最佳模式，回答是永远不会。”

微软公司原总裁比尔·盖茨的名言是“微软离破产永远只有 18 个月”。

英特尔公司原总裁兼首席执行官安德鲁·葛洛夫是世界信息产业的巨子，他有句名言是“惧者生存”，并将他的辉煌业绩归功于这四个字。

德国奔驰公司董事长埃沙德·路透的办公室中悬挂着一幅巨大的恐龙画，画的下方写着一句警语——在地球上消失了的不会适应变化的庞然大物比比皆是。

海尔公司总裁张瑞敏谈到海尔的发展时，将多年的感受概括为一个“惧”字，他认为市场竞争太残酷，“惧”就是如临深渊、如履薄冰、战战兢兢，只有居安思危的人才能在竞争中胜出……

William Heinecke 是泰国 Minor 公司的行政总裁，泰国 1997 年遭遇亚洲金融危机时，Heinecke 的职业生涯陷入最低谷。1998 年《福布斯》杂志对该公司估价 1 亿美元，但 Heinecke 认为只值“负 2000 万美元”，公司遇到了前所未有的危机。但后来 Heinecke 出色地带领公司走出困境，再创辉煌。Heinecke 在他的畅销书《成功企业家的 21 条黄金法则》中，深刻地阐述了他对危机的认识。他处理危机的原则是永远积极主动、对团队保持信心。当企业处于不利环境时，员工期待管理者带他们走出困境，所以管理者必须尽快知道该做什么事情，并迅速采取行动。要相信团队可以共渡难关，把危机作为可贵的学习机会，这样将来工作才会更加得心应手。同时，他还认为面对危机，极其重要的是及时调研、迅速行动。

启示

危机是普遍存在的，对待危机的态度决定企业的成败。敏锐地发现危机，主动地应对危机，成功地化解危机，可使企业得到持续发展，基业长青。不善于识别危机和应对危机，必然招致失败。居安思危是可持续发展企业的重要特质。

特质七：倡导并支持创新

“最重要的，是有能力不断地建立制度——从不停止，从不回顾，从未结束……最后分析来看，沃尔特·迪士尼最伟大的创造是沃尔特·迪士尼（公司）。”

《迪士尼之梦》的作者理查德·席克尔

任何行业中任何规模的公司，无论所处的行业有多么“成熟”，只要公司领导者有创新的视野，都有可能实现增长。企业价值增长的要素包括产品的成本结构、产品的质量、产品的开发周期、生产率、资产利用率、资金投入量、供应链结构、顾客满意度，以及其他所有保证良好运营的影响因素。创新则是对这些因素进行改善的广义创新。生产出更好的产品是创新，发明新的科学技术是创新，建立新的理论体系是创新，完善发展制度等也都是创新。可以说，没有“夕阳产业”，只有“夕阳思想”。可持续发展企业的创新是全方位的创新，是对所有可持续增长要素的综合、持久的创新。

案 例

贝塔斯曼集团认为在经营管理形象上，要倡导国际化和多元化。只要能赚钱，再新的领域也可进，而不应保守。互联网与多媒体正改变着人们交流信息与娱乐的方式，并为全世界带来无限商机。贝塔斯曼集团将互联网技术应用到传统媒体产业中，以寻求新的发展，进一步巩固其在媒体领域中的领导地位。

花旗银行倡导寻求创新，大至发展战略、小到服务形式都在不断创新。花旗银行相信转变性、大胆性决策是企业突破性发展的关键，如果能预见未来，就拥有未来。企业必须永无止境、永不间断地进行创新。

沃尔玛集团最后一条原则突出强调，我们必须逆流而上、另辟蹊径，不要墨守成规。越是历史悠久的企业，越是重视创新。它们不是为过去优秀的成绩骄傲，而是担心过多成绩会产生自满，妨碍进一步发展。越是有成绩的企业越有可能迷信过去的经验，而生存至今的成功企业正是认识到这一点，格外重视创新，生怕过去的成绩挡住前行的道路。

案 例

20 世纪 20 年代末期，乔治·默克绘就了默克公司的宏伟蓝图。1933 年默克研究所成立时，他说："我们相信，耐心、持久的研究工作会带给工商业新生命；而且我们深信，利用我们提供的工具，在这个新的研究所里，科学会进步，知识会增长，人类生命会赢得更多免于病痛的自由……我们发誓全力投入，使这个事业符合我们对它的信心；让你们的知识光照四方——以便追求真理的人，致力于使世界更适于居住的人，高举科学和知识的火炬照亮社会和经济黑暗时代的人，都能得到新的勇气，觉得自己备受支持。"他早在"远见宣言"还不流行的 90 多年前，就发出这种宏愿，尤其令人敬佩。

默克不仅创设了一个标准的工业研究发展中心，还制定了"胆大包天"的目标，要创造极为杰出的能力，使其足以和大学及研究机构平起平坐。

为进一步鼓励科学探讨和实验，默克尽可能给科学家"最大的空间，让他们从事自己的调查，给他们最大的自由以寻找希望的种子，不管他们追求的东西与实际回报多么不相干"。默克和大多数美国企业不同，禁止营销因素干涉纯粹的研究程序，除非产品已经明显进入开发阶段。就像 CEO 魏吉罗所说的那样："我们把基础研究完全交由研究部门控制，营销部门在产品开始人体试验之前都被排除在外。我们不希望把有关'市场潜力'的问题带到重大突破的基础科学研究和实验中。"

这类做法虽然有的违背了一般商业信条，但在默克保持了 60 年。

在这么长时间里，默克增加了其他做法，这些做法虽然不同寻常，但在默克完全行得通。例如，在研究发展方面，默克拒绝将预算作为规划和控制的工具。默克成立了很多产品计划小组，明确不设预算，小组领导（组长）必须说服专长不同的人加入小组，将他们的资源奉献给这个计划。这创造出一种适者生存的选择程序：只有最好的计划能够吸引资源，最差的计划只会灭亡。和大多数多元化发展的竞争者不同，默克采用不同寻常的策略，甘为制药业中多元化程度最小的公司，把所有精力放在发明突破性新药上；又甘于遵守自定的规则，要求新产品一定要胜过竞争对手的产品，否则就不能上市。这是一种风险很高的战略，如果研发不出好产品，就可能处于很长的干涸期。

案例启示

正如著名经济学家陈清泰所说：“技术是可以买来的，但技术水平是买不来的。”所以，真正的技术创新只有靠自己培养。如果说资金是企业的“血液”，那么创新就是企业的“造血器”，不注重创新的经营者，一定会视企业为别人的“躯体”。

特质八：注重企业文化建设

美国学者特雷斯·E. 迪尔和阿伦·A. 肯尼迪认为，价值观贯穿于人的各种活动的始终，也贯穿于管理活动的始终。

我们总能从百年企业中找到某种很独特的企业文化，而且对这种文化满怀崇敬，我们总是很自然地因尊重这种企业文化而尊重这家企业。

美国哈佛大学的约翰·科特和詹姆斯·赫斯克特对企业文化与经营业绩做过专项研究，他们比较美国的 32 家公司，发现有优良文化的企业在长期业绩方面要大大好于有不良文化的企业。由此可见，优良企业文化对企业长期业绩有着重要影响，如果能找出优良文化，那一定是一件很有意义的事情。但是企业文化具有很强的个性特征，根本就没有相同的企业文化，顶多只能找到相近的企业文化。我在分析众多百年企业的文化时发现，不仅是不同企业的“文化”有很大差异，甚至有的企业“内部文化”也会大相径庭。

IBM 公司总裁小托马斯·沃森说：“一个企业的基本哲学对其成就所起的作用，远远超过其技术或经济资源、组织结构、发明创新和时机选择等因素所能起的作用。”企业的基本哲学自然是非常重要的，但是要有现实价值才有生命力。如果这些企业文化是没有根基的、没有实用价值的，那仅仅是做给别人看的花架子，不是真正的企业文化。企业文化最重要的是一种理念，一种促进企业发展的理念。可持续发展企业的文化都是很朴素的，但它渗透进企业的每一个环节里。

案　例

中国白色家电业有两名非常有特色的企业家，他们被誉为中国的“和商”与“哲商”。“和商”就是率领荣事达持续壮大的陈荣珍。荣事达的企业文化是“和商”理念，无论是企业内还是企业外，都追求一个“和”字。在市场中，荣事达提倡“互相尊重、相互平等；互惠互利、共同发展；诚信至上、文明经营；以义生利、以德兴企”，并先后向社会推出《荣事达企业竞争自律宣言》和《市场竞争道德谱》，希望企业以“和”为重，通过道德规范形成共赢的市场局面。在 1988 年的抢购风中，荣事达设法不让商家空手而归，尽量给货，这使得那些在其他生产厂家受够了气的商家，在得到了荣事达的款待后，与其成了生意上的朋友，当 1989 年下半年经济大紧缩时，这些商家毫不犹豫地帮荣事达正常运转，而其他的生产厂家却出现了大量的产品积压。还有一次，一个经销商因水灾而遭受严重损失，荣事达为该经销商部分受损产品更换零件，对完全受损的产品则无偿退货，此举赢得了所有经销商的一致尊敬。

中国白色家电业的另一位著名“哲商”企业家，就是海尔的张瑞敏。张瑞敏是企业界少有的“哲商”，在他的倡导下，海尔有一套非常科学的管理文化。20 世纪 80 年代初，海尔前身还是一家面临亏损的电冰箱厂，在重重困难下，张瑞敏率众将 76 台存在严重问题的冰箱全部砸毁，决心在全厂树立新的价值观。在这种价值观的引导下，他创建了崭新的海尔模式，即具有海尔特色的 OEC 管理模式。OEC 管理，即 O—Overall（全方位），E—Everyone（每人）、Everything（每件事）、Everyday（每天），C—Control（控制）、Clear（清理）。OEC 管理也可表示为：每天的工作每天完成，每天的工作要清理并要每天有所提高，即“日事日毕、日清日高”。“日事日毕”要求当天问题当天解决，防止问题积累。每个车间设立“日清栏”，每个员工使用 3E 工作记录卡，督促每日工作顺利完成。“日清日高”要求不断改进工作，一天比一天做得更好。车间里挂有一块有员工名字的牌子，在员工的名字下有不同颜色的圆标签，以表示该员工的工作情况。新的价值观产生了科学的管理模式，员工们受到企业文化熏陶，也自觉自愿地坚持完成每日工作，提高每日工作质量。

案　例

“9·11”事件发生之后，人们对安全产生了前所未有的担心。在所有企业开始考虑安全问题时，一家有 200 多年历史的企业做出了典范，它就是以发明“黑色炸药”而闻名的杜邦公司。杜邦靠化学工业和军火工业起家，经营的是危险性极高的产品，第一家杜邦工厂经营到 10 年左右时就发生了一次严重的爆炸，这令老杜邦深受震动。为了杜绝类似事件发生，老杜邦发誓要让公司成为安全的地方，并将家搬到工厂仓库旁，以示决心，杜邦公司的安全文化从此诞生。

安全是杜邦的第一原则。办公室一定要设在安全的地方，一般以中低层居多，以便发生天灾人祸时员工能迅速逃生。公司经常对员工进行安全培训，很多员工都成了“逃生专家”，甚至有员工在发生灾情时，能镇定地指挥邻居逃生。在公司内，看不到任何急匆匆的身影，除非发生灾情，因为急跑会带来摔倒的危险。办公桌上的铅笔全都将削尖的一端朝下插入笔筒，或是平放，因为朝上放会带来扎伤人的危险。甚至直接上司必须在24小时之内知道员工在家宰鱼切伤手这种小事，还要视情节看是否需要在全公司通报，因为这样可以让所有员工知道事件发生的原因，以免同类事情发生。杜邦实实在在地灌输安全文化，以实现“本公司是世界上最安全的地方”的理念。

安全文化不只针对内部员工，还体现在向外销售的产品上。杜邦别出心裁地发明安全炸药，降低了炸药的危险性；发明夹层玻璃，避免普通玻璃的不安全因素对人的伤害。公司设计产品的理念，可以反映出公司文化是否真正内外统一。

事实上，杜邦的安全文化为其带来了巨大收益，只是一般人没有注意到。大多数厂家追求扩大产量、降低成本，相比之下，杜邦的安全机制影响了企业的扩张效率，甚至费时、费力、费财。然而正是这种安全机制，将公司发生事故的可能性降到最低，避免了支付大笔昂贵的赔偿金。而很多工厂每年都要准备一大笔资金，作为发生意外的赔偿。

杜邦甚至成立了一个“安全部”，专门“销售”杜邦的安全机制，为需要的企业提供安全方面的培训和咨询。在安全日益重要的今天，杜邦的这个新部门一年营业额可以达到5000万美元。

杜邦公司首创安全文化，并将其彻底执行，成为屹立世界之林的超强企业。

案例启示

百年企业的文化是企业长期保持的独特风格，是员工始终遵守的规范，令其他企业难以效仿。“百年老店”并不是长久拥有高技术，也不是股价持续“高位”，而是企业文化的代代传承。

第二节　现行绩效考核的基础和环境

本节思考：

1. 我国现行绩效考核的宏观、中观环境，以及微观基础是什么？
2. 哪些可以继承？哪些需要进一步健全完善？哪些需要改进？

说明：本节主要分析国有企业的绩效考核体系。

在企业发展过程中，绩效考核总是一个热点问题。1993 年提出国有企业改革建立“产权清晰、权责明确、政企分开、管理科学”的现代企业制度，但是存在“九龙治水”现象。2003 年成立国务院国资委，建立了中央政府和地方政府“统一所有、分级代表”的国有资产监督管理体系，建立了对国有企业负责人进行经营业绩考核的制度体系。2023 年，国务院国资委第 7 次全面修订《中央企业负责人经营业绩考核办法》及配套实施方案，形成了 8.0 版。2024 年以来，全面实施“一业一策”“一企一策”考核，围绕“一利”稳定增长、“五率”持续优化的考核目标，充分发挥业绩考核“指挥棒”作用，引导中央企业加快高质量发展步伐。在此，分别从宏观、中观环境及微观基础对绩效考核的现实需求进行分析。首先是绩效考核的“宏观环境”，就是国有资产的管理体制改革及国有企业的改革对绩效考核的政策影响及环境影响；其次是“中观环境”，改革开放以来，改革的主体是国有企业，改革涉及的本质是国有资产的管理体制，绩效考核是国有资产经营的重要手段，这就形成了绩效考核的“中观环境”；最后是“微观基础”，谈到绩效考核，很容易想到利润、资产等财务数据，这是绩效考核必要的历史数据，所以，财务数据以及会计制度是绩效考核的“微观基础”。由于绩效考核是考核者对被考核者做出的行为，考核的主动权掌握在考核者手中，所以国有企业经营业绩的考核主要是上级对下级的考核，考核的目标、规则等导向性因素取决于宏观政策的影响，考核的执行取决于中观层面执行机构的职能履行，不过考核微观层面的依据仍然以财务数据所反映的经营活动为主，辅以安全生产、节能环保、科技创新、乡村振兴等社会责任。

一、宏观环境：经济体制改革需要健全考核体系

宏观环境对业绩考核制度建立和运行的影响很大。尤其是中国企业在经济转轨过程中的具体国情形成了特殊的宏观环境。始于 20 世纪 90 年代的国有企业改革，经历了放权让利、承包经营、公司制改革及资产管理体制改革四个阶段，为业绩考核奠定了宏观基础。

第一阶段：放权让利，开始有了考核的必要。从 1978 年开始，首先在四川，然后面向全国，推行了扩大国营工业企业自主权、增加企业留利改革（以下简称“扩权”“让利”）；随后又于 20 世纪 80 年代中期推行了承包经营责任制和厂长（经理）负责制。政府陆续出台《关于国营企业实行利润留成的规定》及试行办法等有关文件，通过“简政放权”“减税让利”实行企业基金制、利润留成制，将企业的经营管理权逐步下放到企业行政负责人手中。当时，生产资料公有制被认为是社会主义的基本特征，所有权和经营权的分离不明确，在不触动生产资料所有权的前提下，将经营权下放给经营者，试图减少改革的阻力，降低改革的成本，解决信息不对称的问题。国家对企业“扩权”“让利”，使企业有了一定自主权，同时也加大了控制的难度。尽管政府通过审批企业的经营决策、控制企业的工资总额等手段，行使着所有权和经营权，但只能通过对企业提出一些经营的要求来实现对企业的影响。这个阶段有了考核的愿望，不过考核的责任不明确。

第二阶段：承包经营，需要落实经营责任。1984 年，党的十二

届三中全会通过《中共中央关于经济体制改革的决定》，确定了所有权与经营权适当分离的改革思路。以1992年7月《全民所有制工业企业转换经营机制条例》颁布和实施为标志，开始进行“转机建制”，重点是确立国有企业的法人地位，实行自主经营、自负盈亏、自我发展、自我约束，将企业控制权逐步下放到企业，以“两权分离”“政企分开”为特征的承包经营责任制、租赁经济责任制、资产经营责任制等开始出现。这个阶段考核的责任相对明确，但是考核的主体不明确，导致考核的责任难以落实到位。

第三阶段：公司制改革，迫切需要对企业进行价值评估。1992年，党的十四大明确提出，“我国经济体制改革的目标是建立社会主义市场经济体制”“就是要使市场在社会主义国家宏观调控下对资源配置起基础性作用”。在党的十四大精神推动下，我国成功地进行了计划、价格、财税、金融等宏观经济体制的改革，市场决定价格的机制基本形成。1993年，党的十四届三中全会提出，“建立现代企业制度，是发展社会化大生产和市场经济的必然要求，是我国国有企业改革的方向”，全会第一次将现代企业制度的基本特征用“产权清晰、权责明确、政企分开、管理科学”四句话进行了概括，国有企业改革的思路从放权让利转向制度创新。1993年12月颁布的《中华人民共和国公司法》（以下简称《公司法》）和1994年7月颁布的《中华人民共和国劳动法》（以下简称《劳动法》），加快了国有企业规范的公司制改革步伐，推动了国有企业的富余人员进入劳动力市场，这对国有资本经营结构调整起着决定性作用。1997年，党的十五大对国有企业改革强调指出要“调整和完善所有制结构”“公有制实现形式可以而且应当多元化”“要从战略上调整国有经济布局”“要着眼于搞好整个国有经济，抓好大的，放活小的。对国有企业实施战略性改组”，要“实行鼓励兼并、规范破产、下岗分流、减员增效和再就业工程，形成企业优胜劣汰的竞争机制”。从此，国有企业改革的思路从搞好每个国有企业转到搞好整个国有经济。1999 年，党的十五届四中全会通过《关于国有企业改革和发展若干重大问题的决定》，提出调整国有经济布局和结构要“坚持有进有退，有所为有所不为”，并第一次把国有中型企业纳入“放开搞活”的范围。国家对企业监管体制的这种转变，迫切要求对国有企业经营绩效进行科学评价，这是国家对企业管理的基础依据。此外，随着国有企业市场化程度的逐步提高，债权人、战略投资者、股民甚至企业职工等利益相关者，也都需要了解国有企业经营绩效的真实状况。在这个阶段，对考核的认识和需求都很明确，考核者与被考核者的关系基本明确。但是，考核的内容、标准不明确，原有的考核和评价方法不能适应企业监管的迫切需要。

第四阶段：资产管理体制改革，提供了业绩考核的政策及法律保障。2002 年，党的十六大提出：在坚持国有资产国家所有的前提下，建立中央政府和地方政府分别代表国家履行出资人职责，权利、义务和责任相统一，管资产与管人、管事相结合的国有资产管理体制；中央政府和省、地市地方政府设立国有资产监管机构。2003 年，党的十六届三中全会进一步提出，“大力发展国有资本、集体资本和非公有资本等参股的混合所有制经济，实现投资主体多元化，使股份制成为公有制的实现形式”“需要由国有资本控股的企业，应区别不同情况实行绝对控股和相对控股”“坚持政府公共管理职能和国有资产出资人职能分开”“建立国有资本经营预算制度和企业经营业绩考核体系”。党的十六届三中全会还明确提出“建立归属清晰、权责明确、保护严格、流转顺畅的现代产权制度，是构建现代企业制度的重要基础”。这些政策上的发展和创新，进一步完善了股份制改革和国有资产管理体制改革的指导方针，进一步推动了改革的深化。2003 年，国务院颁布了《企业国有资产监督管理暂行条例》，以法律制度的方式提出建立严密科学的业绩考核体系和公平合理的奖惩体系。

二、中观环境：企业发展需要完善“分类考核”机制

国有企业绩效考核的中观基础与宏观基础相匹配，经历了考核总产值和增长率、劳动生产率、经济效益、经营业绩等阶段，直到国资委实施经营业绩考核制度，大多数中央企业对内基本上建立起了经营业绩考核制度，即建立起“横向到边、纵向到底、激励有力、约束有方”的经营业绩考核体系，对中央企业管理效率的提高起到了重要作用，这些经过相关部门和企业实践多年已经取得的成果和成功经验，为战略绩效考核体系的建立和实施奠定了坚实的中观基础。大致分为五个时期。

第一个时期：生产效率的考核。1982 年国家经委及国家计委等六部委制定了包括总产值和增长率、上缴利润和增长率、产值利税率和增长率、产品质量稳定提高率、销售收入利润率和增长率等在内的 16 项主要经济效益指标作为考核企业的主要依据，同时规定从中选择 10 项指标进行考核。这种考核方法计算企业经济效益的动态发展指数，避免了单一指标的片面性。这种评价方法虽然在一定程度上改善了当时经济效益的一些问题，但是没有对考核指标按照重要性程度进行区分，不能较为客观地评价各企业当时经济效益的真实情况，导致出现了“鞭打快牛”现象，到 20 世纪 80 年代后期被淘汰。

第二个时期：生产效率向经济效益过渡的考核。经济承包制改革后，对企业实行利润留成，允许企业工资总额、福利与效益挂钩，这种粗放管理造成了一定程度的考核主体对考核客体的失控。为了克服这种弊端，1988 年，国家统计局、国家计委、财政部和中国人民银行联合发布了劳动生产率、销售利润率、资金利税率等 8 项考核指标，这些指标希望加强对财务过程的考核，但是由于没有制定有力的落实机制，在考核中没有得到运用，取而代之的是依据实现利润或上缴利税“以成败论英雄”的考核。企业为完成业绩，不惜让大量损失

和挂账长期“趴”在账上，使得国有企业不良资产比例连年上升，经营潜亏逐年扩大，客观上导致了国有企业经营行为的短期化，这也是造成20世纪80年代后期绝大多数国有企业包袱越背越重、不同程度地陷入经营困境的重要原因。

第三个时期：经济效益为主的考核。继承包制后，1991年中央工作会议提出强化经济指标，防止片面追求产值、速度和经济效益的现象，同时提出在工业企业的考核上要淡化产值指标，强化效益指标。为贯彻中央精神，国家计委、国务院生产办和国家统计局在1992年提出了6项考核工业企业经济效益的指标，具体包括产品销售率、资金利税率、成本费用利润率、全员劳动生产率、流动资金周转率、净产值率。同时根据指标的重要程度，对每项指标进行了权重分配，并采用了标准值的概念，适用全国统一的标准值进行评价计分。这是国有企业考核评价方法的历史性进步，对工业企业的经营管理行为具有明显的导向作用。1992年以后，中国经济体制和国有企业管理体制改革发生了质的飞跃。1995年财政部推出了一套包括销售利润率、总资产报酬率、资本收益率、保值增值率、资产负债率、流动比率、应收账款周转率、存货周转率、社会贡献率、社会积累率10项指标的企业经济效益评价指标体系。此外，1997年国家统计局将原来的6项指标调整为总资产贡献率、资本保值增值率、资产负债率、流动资产周转率、成本费用利润率、全员劳动生产率和产品销售率7项指标。在此强调的是，在这个阶段，企业绩效评价的方法，力求以企业价值最大化目标取代单纯的利润率和现金流等财务指标，即公司现实和未来企业价值的判断标准是拥有多少知识资本和社会资源，包括技术人才、创新能力、顾客认同程度、产品市场占有能力、管理信息系统是否有效、经营环境是否恶化等。这一阶段的进步是从财务指标扩展到非财务指标，但是，由于非财务指标的考核操作难度较大，很难在财务指标和非财务指标之间建立一种平衡关系，在实际操作当中仍然侧重于财务指标，不能全面反映企业的整体素质。

第四个时期：企业经营绩效的评价。1999 年，政府制定新的企业绩效评价体系，主要包括 4 个方面的综合评价指标和 8 项评议指标。4 个方面的综合评价指标：一是从企业盈利及资本营运状况对企业进行基本经营能力的综合分析，二是对影响企业资产运营的各项指标进行企业经营水平的综合分析，三是对企业偿债能力的各项指标进行企业信用状况的综合分析，四是对影响企业后续发展的各项指标进行企业未来发展潜力的综合分析。与之相配套的还有 8 项评议指标：经营者基本素质、产品市场占有能力、基础管理水平、经营发展战略、发展创新能力、在岗员工素质、技术装备更新水平以及综合社会贡献。需要说明的是，从以上定性和定量的综合分析全面评价企业的经营绩效，这些评价都是事后的评价。

第五个时期：经营管理者经营业绩的考核。2003 年，国务院国资委成立，以国有资产保值、增值为目标，颁布了《中央企业负责人经营业绩考核暂行办法》，国有企业逐步建立起一个“横向到边、纵向到底、激励有力、约束有方”的经营者经营业绩考核体系。2006 年 4 月发布《中央企业综合绩效评价管理暂行办法》，体现全面性、客观性、效益性及发展性原则，财务的定量评价包括盈利能力、资产质量、债务水平和经营增长 4 个方面，管理绩效定性评价包括企业发展战略的确立与执行、经营决策、发展创新、风险控制、基础管理、人力资源、行业影响、社会贡献等方面。这些考核办法对中央国有企业整体素质和竞争力的提高起到了至关重要的导向作用。2023 年，国务院国资委提出“一利五率”指标体系，推动中央企业提高核心竞争力，加快实现高质量发展，建设世界一流企业。2024 年，国务院国资委全面落实“一利”稳定增长、“五率”持续优化，引导中央企业增强核心功能，优化结构调整，提升资源配置效率，注重长远价值、核心竞争力、科技创新、品牌建设、人才和社会责任等全面可持续发展。2025 年的总要求是“一增一稳四提升”，要切实抓好自主创新能力建设、切实抓好国有经济布局优化和结构调整，切实抓好国有企业改革深化高质量完成。不过这些考核还需要把战略、预算很好地融入绩效考核的目标中，在高质量可持续发展的道路上，绩效考核这一核心管理手段要不断适应新质生产力发展的需要，对其科学性需要不断地深入研究。

三、微观基础：“三张报表”需要适应“数智经济”

财务管理的规范化和透明度是企业经营绩效的基石。会计是企业商务活动的“数字语言”，反映企业的价值。绩效考核要反映企业的价值，离不开企业的会计报表。随着世界范围内企业集团化进程的加快，以及企业经营业绩考核对各方面财务信息需求的日益增强，企业会计报表，尤其是合并会计报表逐渐成为企业财务管理的基础，其真实性、全面性对确认企业的价值及经营业绩至关重要。

（一）合并会计报表是企业经营业绩的重要依据

合并会计报表在中国的发展历史中体现着企业的账面价值。我国自 1980 年开始引入西方的会计准则，1988 年着手研究中国的合并会计理论和制度，1992 年起要求上市的股份公司凡存在母子公司产权结构的都要编制合并报表，但由于没有基本的制度规范，上市公司实际上报的是汇总会计报表。1995 年，财政部颁布《合并会计报表的暂行规定》；1996 年起，上市公司开始披露合并会计报表；1999 年开始，中央企业集团普遍编制合并会计报表。在这一历程中，不仅合并报表的用途不同，而且编制主体和范围也是逐步演变的。1992 年实施的《股份制试点企业会计制度》，提出了编报的主体是股票上市公司及对其他企业的投资占该企业资金总额半数以上的公司的会计要求。1993 年开始实施的《企业会计准则》中，还包括实质上被投资企业控制的会计约束。1995 年颁布的《合并会计报表暂行规定》提出，凡设立于中国境内，拥有一个或一个以上子公司的母公司，应当编制合并会计报表。2003 年执行《企业会计制度》，要求国有资产授权经营管理的企业、上市企业需要编制合并会计报表的外贸企业及需要对外提供合并会计报表的其他企业，必须编制合并会计报表。2006 年，颁布新《企业会计准则》。可见，合并会计报表编制主体和范围的制度规定经历了由模糊到清晰、由粗放到细化并具有很强可操作性的规范过程。

（二）会计准则的确定是企业价值判断的核心问题

会计基本原则在会计中的应用，以及各原则之间相互独立又相互渗透的关系，为了适应社会生产的发展和经济管理的需要而产生和发展的，为了真实、公平、公正地记录经济活动。新会计准则的变革主要体现在 8 个方面：

（1）公允价值成亮点。由于公允价值的应用，计量成为此次准则修改中的一大亮点。总体上说，新会计准则体系对公允价值的运用还是比较谨慎的。

（2）利润调节受限。38 项具体会计准则的变化，主要体现在存货管理办法等变革中。新存货准则下，取消了“后进先出”法，使用“先进先出”法和“平均移动”法记账，这对生产周期较长的公司将产生一定影响。如果计算库存产品占用资金的成本，则这一原则对企业的价值影响更大。

（3）资产减值准备计提变革。针对减值准备的计提和转回操纵利润的问题，新资产减值准则明确规定，计提的减值准备不得转回，这也是新会计准则与国际财务报告准则的实质性差异之一。

（4）债务重组方法变革。新债务重组准则改变了“一刀切”的规定，把原先将因债权人让步而导致债务人豁免或者少偿还的负债计入资本公积的做法，改为将债务重组收益计入营业外收入，对于实物抵债业务，引进公允价值作为计量属性。按照新规定，一些无力清偿债务的公司，一旦获得债务全部或者部分豁免，其收益将直接反映在当期利润表中，可能会极大地提升其每股收益水平。因此，那些负债金额较高且有可能获得债务豁免的公司，值得投资者关注。

（5）金融衍生工具表外业务表内化。为了及时、充分地反映企业的衍生工具业务所隐含的风险及其对企业财务状况和经营成果的影响。

（6）公允价值与实际利率摊余法能够更好地反映市场因素和时间价值，从而更准确地计量各类金融资产和负债。

（7）对于金融资产减值，未来现金流量折现法与目前的五级分类法相比，能提供更准确的信息，真实地反映贷款的价值。

（8）企业合并会计处理方法发生了变革。合并报表范围更关注实质性控制，母公司对所有能控制的子公司均需纳入合并范围，而不一定考虑股权比例。所有者权益为负数的子公司，只要是持续经营的，也应纳入合并范围。这对上市公司合并报表利润将产生较大影响。

（三）数字资产并入“三张报表”迫在眉睫

为规范企业数据资源相关会计处理，强化相关会计信息披露，中华人民共和国财政部于 2023 年 8 月正式发布《企业数据资源相关会计处理暂行规定》，自 2024 年 1 月 1 日开始施行。企业应当按照企业会计准则相关规定，根据数据资源的持有目的、形成方式、业务模式，以及与数据资源有关的经济利益的预期消耗方式等，对数据资源相关交易和事项进行会计确认、计量和报告。为了全面推动数据基础制度的建设，推动数字中国、数字经济以及数字社会建设，2023 年 10 月 25 日成立国家数据局，标志着我国在数据领域治理能力的规范化建设日趋完善，这就需要“三张报表”进行全面的调整适应。

第三节 战略绩效考核的发展需求

本节思考：

1. 战略绩效考核需要建立什么体系?
2. 战略绩效考核如何适应可持续发展企业的需要?

一种考核制度，如果使一部分人不满意，可能是这部分人的适应能力问题；如果令绝大部分人不满意，就要考虑这种制度是否适应生产力发展的需要。用“可持续发展”这把尺子将“千里马”识别出来，需要重新思考、深入思考：什么样的企业才是好企业？把企业管理成什么样才算管好了？把企业引导成什么样才算成功？对企业应该是“管控”“掌控”还是“导控”？考核这个“指挥棒”，在引导企业可持续发展的历程中，如何发挥价值观的引导作用？如何协调各层价值主体？如何才能保证出资人持续更多地得到回报？这需要鼓励经营者充分施展才能，积极地经营价值，更需要激励劳动者高效地创造价值。只有落实科学发展观才能最终实现社会的发展，实现国家财富的积累。科学发展观的核心思想是坚持以人为本，全面、协调、可持续发展。考核的关键责任是激励创造价值的组织把价值创造出来，在资产经营的过程中把价值激发出来，在价值转移的过程中把价值衡量出来，以引导企业持续发展，这就需要建立战略绩效考核体系。从可持续发展企业角度分析，企业只有按照科学发展观的思想树立价值观才能实现可持续发展。反之，科学发展观只有在企业层面得到落实才会发挥对社会的推进作用。正如德鲁克所说：“大企业的状态、取向和行为对整个社会有着重大而深远的影响。有健全的器官才能有健康的肌体。反过来，企业生长于社会之中，稳定、繁荣、和谐的社会环境是企业正常经营、成长壮大的必要条件。”所以，企业的发展必须与社会的进步、人民大众的需要联系起来。企业只有遵循科学发展观，推进生产力和生产关系、经济基础和上层建筑相协调，才能持续发展，才能承担国家经济建设的责任。

需求一：需要创新绩效考核理论

事物的发展对理论的掌握和研究提出更高要求。综观以上分析，无论是国外的先进经验，还是我国改革开放以来一系列的政策导向，都体现着深刻的理论意义。这些历史的演变都遵循着一定的规律，其中不仅出现一些新的概念，更重要的是这些概念与规律形成的理论。一些重大决策使价值理论提升到新的阶段。党的十四届三中全会提出建立现代企业制度，《公司法》和《劳动法》促使劳动力进入市场，对价值理论的需求趋向要素价值理论；党的十五届四中全会提出国有企业“有进有退”，对国有资产的经营质量提出要求，形成生产要素价值理论的根源。随着工业、商业和金融业的发展，有关价值的理论在不断发展，价值理论的分支越来越多，造成我们掌握这些理论越来越难。比如，关于价值最简单的解释是“值多少钱”，最简单的判断是“好与不好”，然而，在经济全球化、生产和生活环境日新月异的今天，我们需要掌握的规律越来越多，新生事物产生的新概念越来越多，导致政策制定“一箩筐”，而且制定每一项政策时都深思熟虑，可是执行政策时大家却记不住、掌握不准、运用不好，甚至只记住几个名词，贯彻执行有时要靠行政命令，结果就是政策往往很好，但执行的效应层层递减，甚至被曲解或误解。

需要建立对企业信息综合运用的、对企业价值综合判断的、能够被绝大多数公众认可的理论体系。绩效考核的理论伴随着生产力的发展而演变，对企业的发展起着引导性作用。这些年国外流行的“平衡计分卡”“经济增加值”等，以及沿用的“杜邦财务分析体系”“需求层次理论”等都对我们的绩效考核起着指导作用。但是，还没有能够系统地将中国文化的管理思想和企业实际紧密结合的理论，也没有体现有中国特色的、被广大企业认可的绩效考核理论。其实，很多对企业管理很好的政策和理论依据，在考核实践中没有得到很好的运用。比如，国有企业的监事会制度是很好的监督体系，而大量的成果却没有与考核、资源配置相结合；再如，要求国有企业制定发展战略，但没有将战略制定的质量以及战略的落实情况纳入考核，导致重要的信息没有被充分利用。更重要的是，企业实践中有丰富的经验和大量的案例，非常需要归纳为容易被广大企业经营者、考核者认同和运用的绩效考核理论。

需求二：需要提升绩效考核理念

重塑企业价值观，确立战略目标的理念。为什么中国的企业要“重塑”价值观？因为，中国的企业经历了价值观抉择的阵痛。在相当长的一段时间里，中国的企业更多地探索做强与做大、专业化与多元化、本土化与全球化、激进与保守、变革与稳定、企业利益与社会利益、短期利益与长期利益、物质激励与精神激励、开放与封闭……无论是国有企业、民营企业还是外资企业，都时刻处在众多难以取舍的企业价值观的矛盾中。我们熟悉的企业价值观有“致富价值观”“利润价值观”“服务价值观”“育人价值观”等，其中无一不是本土新旧文化以及中西管理文化的冲突、价值观的碰撞，最后都归结于企业哲学的差异。对我们影响较大的有“最大利润价值观”“经营管理价值观”和“社会互利价值观”，从对可持续发展企业的分析看，“综合价值观”和“以人为本”的价值观才能引导企业持续发展。“以人为本”的综合价值观是战略绩效考核的价值观。令我们深思的是，企业价值观的重塑迫在眉睫。价值观对企业发展产生潜移默化的影响，价值观的形成是日积月累的，价值观的改变难上加难。科学发展观在自然科学领域落实效果明显，比较容易被接受，但科学发展观在社会科学领域作用在深层细微之处，阻碍重重。客观的阻力是效果不明显，主观的阻力是权力和利益的冲击。

落实高质量可持续发展观，提高企业素质的理念。高质量可持续发展观是提高企业战略绩效考核的指导思想，主要体现在以下五个方面：一是高质量可持续发展观更新发展理念。“以人为本”“发展是硬道理”“发展是第一要务”等理念，绝不只是经济的范畴，更不能以 GDP 取代一切，高质量可持续发展观更加关注经济与社会、人与环境的协调。历史的经验告诉我们，在解决了温饱之后，发展初期那种不顾一切、“有水快流”的发展模式已经不能满足未来发展的要求；传统的、不惜代价解决温饱的发展模式，在使全国人民基本生活保障水平不断提高的同时，也带来了经济发展的一些不均衡，积累了一些矛盾；高增长、低效率的运行模式，使资源环境受到较严重的制约，提高人民大众生活质量的目标就很难实现。二是高质量可持续发展观转变经济增长方式。传统的不惜代价的高投入、高消耗、高污染、不协调、低效率的增长方式已经难以为继。要真正转向低投入、高产出、低消耗、少排放、可持续的经济增长。三是高质量可持续发展观加快结构调整。新技术，特别是信息技术、数字经济、人工智能对均衡发展起到能动作用，发展循环经济具有重要意义。要提倡合理消费，利用各种市场工具抑制过度消费和资源浪费，建设节约型社会。过去约占世界人口 15% 的少数国家，以当期世界资源消耗量的 50% ~60% 为代价，实现了现代化，成为发达国家。中国人口超过 14 亿，多于目前世界发达国家人口的总和，以长期占用全球当期资源消耗量的绝大部分为前提，实现工业化和现代化，会遇到很多困难。我们只能寻求消耗较少资源，以对环境影响较小的代价实现工业化、现代化和获得较高生活质量的道路。四是高质量可持续发展观提高经济增长质量。GDP 是一项重要的经济指标，但 GDP 增长并不等于发展。中国已经培育出一批具有竞争力的大企业，这些企业在规模上已经位居世界前列，已经成为支撑中国经济发展的中坚力量。未来，中国企业要从“数量增长”向“质量提升”、从“规模扩张”向“创新驱动”、从“加大研发投入”向“突破关键核心技术”、从“提升管理效率”到“改善公司治理”、从“国内主导”向“全球布局”的关键转型。五是高质量可持续发展观关注社会进步。以人为本的发展有财富积累问题，还有财富分配问题，分配的状况又会反作用于财富积累和社会稳定。高质量可持续发展要统筹科技教育与人才的发展，要培养国际化精英人才，要增强全球资源配置能力，要营造公平竞争环境，要完善创新生态系统，着力稳就业、稳企业、稳市场、稳预期，以高质量发展为核心，全面提高企业素质、承担国家安全、国民经济、民生福祉、智慧向善、人类文明等“中国式社会责任”，帮助企业应对国际国内风险，促进各类所有制企业共同发展，实现社会公正、安全、机会平等和社会保障等。

适应社会价值变化，建立和谐价值关系的理念。企业社会价值的体现方式主要有向国家纳税、提供就业机会及可持续发展，企业的长久生存是社会的根本问题，也是最大的社会价值。企业社会价值的表现形式随着时代的变迁发生了很大的变化，企业要持续发展，就一定要转变观念，重新认识社会价值，充分适应社会价值的变化，这样才能更好地实现企业价值。比如，建立和谐的利益相关者的价值关系，才能实现良好的社会价值。这与计划经济的上级与下级的关系完全不同，社会价值涉及供应商和顾客、供应商和供应商、顾客和顾客的边际利润，以及企业的成本优势和产品优势等。由于最终顾客支付的是所有边际利润的总和，所以企业的每一个行为都有可能顾及对社会产生影响的社会价值。又如，对企业品牌的社会价值需要给予足够的重视。创造品牌、塑造良好的品牌形象，已逐渐成为企业的共识。品牌的社会价值对企业的发展至关重要，与每一个公民的生活紧密相连。再如，股价是可持续发展企业社会价值的一种体现形式。股价是股民对企业未来价值的判断，股价的波动会牵涉很多股民。一些股价大起大落的企业会引发轰动性的社会效应。**总之，令人眼花缭乱的广告、股票、安全、保险、环保等在不知不觉中渗透到我们的生活中，以看得见的或看不见的形式，以量化或非能量化的价值变化，直接或间接地影响着企业的发展，体现在企业的价值中，企业的社会价值越来越不可忽视、越来越丰富、越来越明确。**

需求三：需要完善“分类考核”制度

国有企业完善以“一利五率”为核心的“分类考核”迫在眉睫。2003年国务院国资委成立以来，从“两利三率”到“一利五率”，从“横向到边、纵向到底”统一考核到“一企一策”分类考核，从“科研投入占比”到“科研成果加分”，从“能耗双控”到“碳排放双控”，从“安全生产”到“总体国家安全观”，从“脱贫攻坚”到“乡村振兴”，从“保值增值”到“社会责任”等，分类评价考核制度逐步完善（见表1-3），“分类评价考核”在改革发展的每个阶段都起到至关重要的作用。但是，国有企业的行业跨度大，市场化程度差异较大，一二三产业融合较为明显，而且，机械化、电子化、信息化、数字化、智能化“五化叠加”，单纯依据“三张报表”的财务结果很难全面体现国有企业的“经营绩效”，尤其是数智资产如何确权、如何确值及如何确定“组织经营绩效”，需要全面、综合、系统地构建“业绩考核生态”。

表 1－3　2019—2025 年国有企业考核指标变迁

年份	考核目标	经济考核指标名称	综合考核指标
2019	两利一率，持续增长	两利：净利润、利润总额 一率：资产负债率	节能环保、安全生产、科技创新
2020	两利三率，持续增长	两利：净利润、利润总额 三率：资产负债率、营业收入利润率、研发经费投入强度	科技创新、节能环保、安全生产
2021	两利四率，持续增长	两利：净利润、利润总额 四率：资产负债率、营业收入利润率、研发经费投入强度、全员劳动生产率	科技创新、节能环保、安全生产
2022	两利四率，持续增长	两利：净利润、利润总额 四率：资产负债率、营业收入利润率、研发经费投入强度、全员劳动生产率	社会责任、乡村振兴、科技创新、能耗“双控”、安全生产
2023	一利五率，稳定增长	一利：利润总额 五率：净资产收益率、资产负债率、营业现金比率、研发经费投入强度、全员劳动生产率	品牌建设、社会责任、乡村振兴、科技创新、碳排放“双控”、安全生产
2024	一利稳定增长，五率持续优化	一利：利润总额、净利润、归母净利润协同增长 五率：资产负债率；净资产收益率；全员劳动生产率；研发经费投入强度、科技产出效率；营业现金比率	品牌建设、社会责任、乡村振兴、科技创新、碳排放“双控”、安全生产

续表

年份	考核目标	经济考核指标名称	综合考核指标
2025	一利稳定增长，一率保持总体稳定，四率提升	一利：利润总额 一率：资产负债率 四率：净资产收益率；全员劳动生产率；研发经费投入强度、科技产出效率；营业收现率	品牌建设、社会责任、乡村振兴、科技创新、碳排放“双控”、安全生产

建立国有企业为主体“履行战略使命”的评价制度势在必行。党的二十届三中全会提出要建立国有企业履行战略使命评价制度，这意味着评价考核机构要对国有企业展开评价与考核。其实，国有企业的“战略使命”是与生俱来的，国有企业承担建设、改革、发展的“战略绩效”有目共睹，非国有企业主动承担“战略使命”的价值也远远超越“经济价值”，建立“履行战略使命评价制度”、引导企业充分履行战略使命势在必行。问题是，公益类、竞争类企业“战略使命”不同，企业的行业属性、发展阶段、规模大小、地区差异等“战略使命”迥异，没有可以引用的“统一考核制度”，也没有可以采用的“统一评价标准”。建立“履行战略使命评价制度”，要明确国有企业“战略使命”评价什么，要明确非国有企业由谁评价，要明确上市公司怎么评价，这些评价考核制度要在实践中不断完善。而且，各学术团体和理论研究机构需要建立评价理论、评价标准体系、评价方式方法、评价实施路径等规范，同时“政产学研企”都需要建立“综合评价体系”。

建立适应人力资本市场的激励与分配制度。中国目前的激励方式较多地依赖收入分配的激励，中央企业通过工效挂钩的方式有效改变了企业吃国家大锅饭的状况。职工工资总量增长逐步与企业经济效益相联系，以员工岗位工资为主的基本工资制度适当拉开了收入差距，需要深入探索人力资本、技术管理等生产要素参与收益分配的具体办法和途径，建立有效的激励制度。从管理学的角度讲，人是“人力资源”；从经济学的角度讲，人是“人力资本”，基于收入分配的激励就是要建立明确、详细的价值关系。规则令人服气，激励才能有效。最典型的激励是“奥林匹克”式的激励。**曾仕强在《领导与激励》一书中说，“激励活像一把双面刀”；不激励不行，激励不合理也不行；应该激励的给予激励，不应该激励的当然不可以给予激励。激励应该依需要而变、随层级而变、顺时间而变、因场合而变、视情势而变，也就是激励的目的是有利于发展，有效的激励方式要视实际而变。**

绩效考核需要协调利益相关者的价值关系。绩效考核主体与客体有时是对立的关系，且双方利益有时很难趋同。由于双方的契约关系有时不对等，属于“上下级”或“所有者与经营者”，考核者往往充当“警察”的角色，考核就是监督执行，绩效的责任主要是对考核客体的要求，绩效的利益大部分由考核主体支配，双方经常会出现冲突和对立的情况。双方关系的另一种表现是考核主体的主观意愿在绩效考核的规则、内容等方面占比较大，造成考核客体的认同度较低。建立和谐的利益相关者关系是检验一个科学的考核制度的重要标准。各利益主体的利益各有侧重、复杂多变，自然人或自然人的本位主义是人之常情，**只有“共赢”的利益关系才可能持续存在。理想的“共赢”是使投资人、债权人等出资人得到较高的回报；使经营管理人员实现自身价值、企业价值；使劳动人员得到应有的劳动报酬和保障；使政府、社会公众获得更多的利益，最终使社会财富增加。**当然，在建立基本价值关系的基础上要提倡高尚的、战略的价值关系，以集体利益及国家利益为重是模范，为别人的利益牺牲自己的利益是英雄、楷模。正如伟大的科学家爱因斯坦所说：“一个人的价值，不在于他取得了什么，而是看他贡献了什么。”这正是毛泽东思想所说的“先人后己”“个人服从组织”“一切以国家利益为重”等对个人利益与集体利益的精辟论述。

需求四：需要借鉴国外考核方法

采用账面价值衡量企业价值需要遵循企业发展和市场需要进行适度调整。第一，账面价值已不能全面准确反映企业的价值。关于财务会计目标，理论界有“决策有用观”和“经济责任有用观”两种观点。我国财务会计以“经济责任有用观”为主，在会计准则中广泛运用账面价值。但是，有的企业借助关联交易，打着债务重组和资产重组的旗号，弄虚作假，编造利润，粉饰财务状况。现实地讲，账面价值已不能作为判断企业价值的主要依据。第二，运用公允价值困难较大。在中国，国有资产规模数量较大，资产的属性、结构复杂，生产资料和产权市场的行业差异、地区差别较大，广大会计人员运用公允价值非常不容易。第三，运用公允价值是国际通用的方法，是必然趋势。公允价值的推广运用需要逐步适应市场化进程，但它作为一种国际通用的计量方法，迟早会被广泛采用。可见，以账面价值来衡量企业价值是不得不尊重历史，不过，为了适应现代企业发展和市场需要，对账面价值做必要的调整是符合实际的现实选择。

经济增加值（EVA）是科学的绩效考核手段之一。在美国成熟的资本市场环境下，EVA 的评价效果引人瞩目。美国的《财富》杂志连续 8 年发表了美国上市公司价值创造和毁灭排行榜，西门子、索尼、可口可乐等 400 多家世界知名企业采用了 EVA。《财富》在 1999 年刊登的资料表明，采用 EVA 的公司其平均资本回报率为 21.8%，而没有采用 EVA 的公司的平均资本回报率为 13%。同时，采用 EVA 的公司其股票价格高于资本市场指数及同行，其中金百利公司每 4 年股价就翻一倍；而英国 LIOYDS TBS 银行则在 15 年中，每 3 年股价就翻一番。数据表明，一些跨国公司通过运用 EVA，提升了价值创造能力。

EVA价值管理体系已成为国际上导向性管理方法。EVA在制造业、服务业、金融业及资源性行业等开始运用，提升了大部分企业的价值创造能力。应用EVA有利于提高劳动效率、降低成本支出、减少资本浪费、节约赋税、增加利润；有利于提高资本运营管理能力，通过对资产的重组，提高利用效率；有利于追求健康的、有经济利润的增长，使管理更科学；有利于优化资本结构、降低资本成本。例如，西门子自1998年起全面应用EVA管理体系，用于业绩评价、决策流程、激励机制等。西门子自采用EVA起，一直在完善这个系统，绝不动摇其应用EVA的决心；EVA实施采用自上而下的方法，且保持其连续性和稳定性；采用EVA对管理层的评价和激励也启示着员工。其应用的成功经验非常值得中国国有企业借鉴。国务院国资委2009年将EVA纳入中央企业负责人经营业绩考核体系，2010年起全面推行EVA考核。

考核既要注重考核结果，更要注重考核过程。对经营者的业绩及企业经营的绩效的考核都存在片面性，导致“独狼意识”及“业绩桶”。在对经营者及高管人员的考核上，一方面，个人的升职以个人能力指标为主，以长官意志为标准，忽视了对团队的考核，从管理角度看会导致经营者产生自利意识，并且为了升官发财而不惜破坏组织内部的协调关系及企业的长远利益，甚至使企业的素质及战略价值被破坏；另一方面，片面追求经济价值，会导致经营者想方设法获取利润，而忽视企业素质的全面提高，因业绩上存在“短木板”而产生“木桶效应”，从而降低整个“业绩桶”的承重能力或减少使用寿命。

定性与定量相结合。一些发达国家对企业绩效评价问题的研究比较深入，评价方法经历了从定量评价到定量评价与定性评价相结合的发展过程。相应的工作绩效评价也采用多种评价工具。例如，德国采用360度绩效考核方法，将员工的评价分为5级，进行全方位立体式的评价。韩国实行评价尺度法，将评价结果和员工的提升结合起来。该评价指标体系从形态上分为定量指标和定性指标，从性质上分为综合经营效率指标、经营目标指标和经营管理指标三类，指标权重大致按定量指标占60分、定性指标占40分进行分配，具体计分方法采用目标成果法、趋势分析法和5档结果分级法。与此同时，还将评价结果与奖金挂钩，即按等级和分数确定奖金。韩国实行企业绩效考核评价制度后，对国有企业经营管理活动起到了极大的推动作用，促进了国有企业的研究与开发活动，国有企业的经营效益得到明显改善，企业的公共服务质量有了较大提高。在美国企业评价系统中，一般都有统一的评价标准，但量化的数据资料标准所占比重较小，因此评价分析员的判断是确定评级的关键。在评价企业时，分析员考虑风险结构的影响，收集有关定量与定性信息，与评价标准进行比较，然后通过权衡选定一个级别。比较过程通常是根据不同企业与不同评级的特点，分析员会找一些特征与被评企业相似的已评企业，然后将已评企业的评级定给被评企业。尽管原则上风险因素的分析可以通过模型来做，但在实践中几乎所有的评级过程都依靠主观判断，模型也是主观判断评价的一部分。因此，在评价操作时，主要目的是增加评价结果的准确性和一致性，而非过分限制主观判断。日本则采用以平衡计分卡为基础的方法。而在我国，国务院国资委发布的《中央企业综合绩效评价管理暂行办法》在常规财务绩效的基础上，提出战略、决策、风险等八个方面的管理绩效标准，并将定性、定量相结合，让制度建设适应国际发展的趋势。一些大型企业集团内部绩效管理实践也普遍采用定量评价与定性评价相结合的方法。可见，各国对国有企业的经营绩效评价根据国有企业的“二重性”——经济性和社会性，将定量评价与定性评价有机结合，这样使得绩效评价结果更全面公正地反映企业的真实绩效。战略绩效考核将企业绩效归纳为“企业素质”和

"经济增加值"两个要素。

政府评价和中介机构评价相结合。美国对政府公司的绩效评价开始于二战结束以后。为监督政府投资行为，促进政府资源的合理利用，美国公众要求加强对政府公司的审计评价。在此背景下，1945年，美国国会通过了《政府公司控制法》。该法要求美国审计总署按照民间审计原则和程序审计政府公司，向国会报告公司的财务状况和资本损益，对政府资本报酬和股利支付提出建议，并对公司是否按照既定目标有效经营做出进一步判断。1947年，美国国会胡佛委员会的报告着重强调建立绩效预算制度，以目标实现情况为基础来评价政府公司的经营绩效。之后，美国审计总署每年都要对政府公司的经营绩效进行审计，这成为国会批准和追加预算拨款的重要依据。美国的一些州政府也被要求聘用独立管理咨询师对公用事业企业实施强制性评价，以考察政府投资的效率与效果。从1841年"商人信用机构"在纽约设立算起，美国企业信用评价业务的开展至今已有180多年的历史，并出现了以穆迪和标准普尔为代表的美国企业信用评价机构。经过近百年的实践，这些评价机构共同推动构建了美国企业的信用等级评价体系，其权威性也已经得到世界的公认。这些机构以企业咨询为基础手段，客观地判断企业的真实业绩，为企业出资人、债权人和企业其他利益方获取收益、规避风险等提供服务。20世纪70年代以后，政府评价和中介机构评价相结合的方式被引入企业管理诊断领域，并成为企业管理咨询最重要的内容。由于企业绩效评价具有全面、真实、准确评价企业经营业绩的功能，因此企业的业绩评价在美国企业咨询业中的应用取得了很大成功，并由此推动了美国企业咨询业的快速发展。目前，美国主要的企业咨询公司、会计师事务所的收入有50%以上来自企业咨询业。最后是对公司，特别是政府公司经营质量进行全面综合评价，以检查企业投资效率和效果。

总之，账面价值的记录是绩效考核的主要依据而不是唯一依据，

EVA 的考核引导企业注重资本成本，公允价值的衡量是大势所趋，考核要结果与过程相结合、定量与定性相结合、主体考核与中介考核相结合，这些方法都有值得借鉴之处。中国在运用 EVA 等方法考核企业的经营绩效时，一定要结合实际情况进行改良。

需求五：需要加强企业文化建设

在此把文化建设作为企业经营绩效的重要内容，是因为在改革开放、市场竞争的一个个浪潮中，有些中国企业忽视、淡化、虚化企业文化的现象比较严重。而通过本章第一节的分析可知，对于可持续发展企业，文化建设是至关重要的，文化的价值才是最长久的，文化的作用才是最深入的。目前，中国的企业需要更加深入加强文化建设，文化的形成要有先进的理念来引导，要用多样的方式去宣传，要用持续的机制做保障，要用考核的手段去促进。“文化自信”是在全社会形成对社会主义核心价值观的普遍共识和价值认同。

不仅要建设“以人为管理中心”的文化，而且要建设“自我管理”的文化。任何企业都是有文化的，只有不同文化的企业，没有无文化的企业。比如有积极文化的企业，也有平和文化的企业；有保守文化的企业，也有冒险文化的企业；有统一文化的企业，也有多样文化的企业；有不成文文化的企业，也有成文文化的企业。托夫勒说，未来将是全球竞争的时代，这个时代成功的企业，将是注重企业文化建设的企业。传统的文化主要表现为约束、管理和灌输的思想教育，这样的文化造就员工“让干什么，就干什么”，而且只能“服从命令听指挥”。企业文化管理则主张建立一种理性与感性交融的柔性管理，即以企业价值观为导向，由员工来营造一种积极和谐的文化氛围，来规范和统一企业整体的行为，这既有助于消除员工在制度管理下所形成的被动服从的消极心态，又有利于促使员工自觉地产生一种强大的自我约束和自我激励的力量。

要弘扬民族文化、先进文化，更要将文化体现为文化价值。“先进的企业文化”必须具备现代性，必须能够引领时代潮流，并且能为企业发展营造氛围。中国企业发展历程中培育的大庆精神、“两弹一星”精神、青藏铁路精神、载人航天精神等，市场中涌现出的“海尔文化”“华为文化”等，形成了中国企业文化的主旋律。但是，存在“墙上文化”、“纸上文化”、照搬照抄等“形式文化”，也存在“引经据典”、空洞、狭义等“无效文化”。不可忽视的是文化的冲突与融合时时发生，外来文化与本土文化的碰撞处处可见。西方国家向发展中国家大量倾销文化产品，既占据了发展中国家的文化经济暴利，又传播了它们的意识形态和价值观念。要建设先进文化，需要“洋为中用，古为今用”。建设具有中国特色的“先进文化”要注重大众性和民族性，要注重维护我们的文化利益，要保障国家的文化安全，实现可持续的文化价值。

要充分挖掘品牌的文化价值，更要创造和传播品牌的人文意义。如果把传播品牌的人文意义和塑造品牌形象仅仅当成企业的经营行为，为了暂时的经济利益，宣传腐朽落后的文化，宣传奢侈豪华的消费观念，甚至不分青红皂白地照搬腐朽的东西，那么，这样的文化宣传非但不能树立良好的品牌形象，而且会造成不良的社会影响。著名品牌之所以能赢得广大消费者的信任和忠诚，是因为其独特、实用的品牌意义。著名品牌成了一个储藏箱，不断收集、筛选具有典型意义的社会文化符号，并通过大众传播媒体的放大和扩散，不断地将这些典型意义提供给消费者，把商品的物质消费和精神文化的认同与幸福感有机融合，从而帮助消费者建立理想的文化生活。因此，从某种意义上说，人们在认同一种品牌意义的同时，也确认了自身的存在意义和社会位置。从营销的观点来看，我们从社会的、人性的和人文的角度归纳、提炼出品牌的意义，运用广告和行销的手段，具体生动地阐明和宣传品牌的意义，不断纠正和舍弃那些对品牌价值积累无益的文化，弘扬中华民族的优良传统和文化，就是在为社会创造丰富的物质财富和精神财富。对品牌人文意义的社会认知度越高，认知范围越大，其经济效益、社会效益也越高。以德治国是一个系统工程，品牌建设在其中发挥了至关重要的作用。优良的品牌不仅是企业的无形资产，能给企业带来直接和长远的经济效益，而且是社会的宝贵精神文化财富，对大众的思想意识和生活观念都有重要的影响。

要倡导“创新型”企业文化，更要将价值理念贯穿于企业制度。企业文化属于意识领域，创新型企业文化是指创新已经成为企业的核心价值观，创新理念已得到员工的普遍认同，人们坚信只有创新，企业才能生存，才能发展。一个组织的核心竞争力往往体现在对创新文化的培育上。如在与顾客的互动中，一方面输出组织对创新的实践，另一方面汲取顾客对创新的需求。组织正是在这种创新的正反馈中不断发展壮大的。组织学习是创新文化提倡的重要内容，组织鼓励不断创新并把这些思想表达出来。经营管理者深刻认识到只有不断创新，才能使核心竞争力动态化，同时使竞争对手难以跟踪模仿，从而创造持续竞争优势。要建立可持续发展的企业，需要建立战略绩效考核体系，将企业文化作为考核体系的一项重要内容，设计出合理的考核指标和评价方法。

要捍卫企业文化，就要将核心价值观落实于考核制度。“捍卫”就是想方设法地保卫，“捍卫企业文化”就是始终不渝地以企业行为体现企业的理念，更是自觉地保持行动一致。比如，“诚信”是可持续发展企业共同的文化“标识”，无论遇到什么艰难险阻，优秀企业绝对不以失信为代价。又比如，“核心价值”是企业文化的“生命线”，无论在什么情况下都恪守核心价值观，这是所有优秀企业都努力实现的目标。要能够自觉地捍卫企业文化，认识是基础和前提。可持续发展企业最需要的是坚持不懈地追求目标。一篇宣言可能是好的起步，却只是第一步，必须全面地、持续地、强化地将企业文化从上至下落实在行动中。优秀企业充分认识到，没有高层的以身作则和全力推行，没有努力把价值观落实到考核、激励、招聘、培训等企业行为上，企业文化建设就永远只能流于形式，而不可能对企业产生巨大的促进作用。

要进行企业文化鉴别，弘扬中国企业文化和中华民族精神。企业文化的内容十分丰富，企业文化涉及各个层次的人群，企业文化体现潮流性、渗透性及传承性等多重属性。现仅就较为突出的几种倾向进行分析。比如，由于信息不对称，员工对企业组织倡导的文化了解不深入、不全面；又如，随着改革开放的不断深入，市场经济的理念和竞争规则强烈地冲击着中国企业的文化建设，中国企业的“先进文化”和“不先进文化”都被质疑，甚至有的“先进文化”被抛弃、被否定，就像有人说的，“抛弃垃圾的同时也丢了不少黄金”；再如，在引入西方文化的同时也引入了个人主义的不健康文化，有的跨国公司为了在全球市场保持垄断，为了更快更多地赚取不正当利润，传播着一些不健康的文化，甚至可以说是“流氓文化”。作为按照市场体系建立的企业，谋求利益最大化是企业的存在之本，所以在满足既定的市场规则、法律体系、商业原则的前提下，“利益最大化”是被整个社会承认并提倡的，这也是这个世界的进步之源。但是，为了过分追逐利益将跨国企业的文化都视为先进文化一股脑儿地引进来，就相当于“在放进新鲜空气的同时，也放进了苍蝇和蚊子”。在此，对不良文化侵蚀的案例进行列举，目的是引起企业文化建设者的警觉。

02

第二章

战略绩效考核的立论基础

理论源于实践，又在实践中不断丰富和创新。有关考核的理论并不深奥，都是一些基本规律。考核即按照考核双方的约定或契约，考核者审核被考核者履行职责的程度和结果，并依此兑现承诺，使被考核者更好地履行责任。企业就是若干的考核双方不断地签订契约，并通过一系列的考核循循善诱地引导与企业发展有关的群体，逐步实现发展目标的组织体系。有关绩效考核的理论逐步探明考核双方确认责任、描述目标、兑现承诺的规律，以及考核者激励被考核者的行为准则。

本章研究相关理论，探究建立战略绩效考核的理论依据。一是研究契约理论、代理人理论、利益相关者理论等制度经济学的相关内容，揭示绩效考核从简单到复杂，从不完备到逐步完善，从监督、管制到激励、引导，从交换产品到交换生产要素等有关规律，探索如何建立科学的考核制度；二是研究马斯洛的需要层次理论、亚当斯的公平理论、赫茨伯格的双因素激励理论等，探索如何更艺术地激励人类幸福，快乐地做事，做有价值的事，做有意义的事；三是研究杜邦财务分析体系、平衡计分卡、经济增加值、供应链等考核方法，考证在不同阶段衡量劳动生产率、市场占有率、资本回报率对企业发展的作用，寻找能够引导企业高质量可持续发展的绩效考核理论和方法。

第二章 战略绩效考核的理论基础

20年再版"自我测评"

20年前，我思考"业绩考核"是管理学？还是经济学？《战书》总结"八大理论基础"和"五种方法"。

20年来，我参与起草《中央企业负责人经营业绩考核办法》，我践行EVA、KPI、BSC、ERP、ESG等，我见证国资委7次修订"考核办法"。我研究，两利三率、一利五率、市值"财务绩效"，科研投入占比、科研成果认定、市场化招聘、股权激励等"创新绩效"，能耗双控、碳排放双控"碳优化绩效"，"以成败论英雄""哪壶不开提哪壶""增长率"考核方法。我认为，"业绩考核理论"一定要结合中国实际和发展需要。

未来，我领悟，从工业文明到智慧文明，从产品到场景、从行业到生态、从生产力到生产关系变化很多很快。我探索，未来教育、科技、人才与按劳、按资、按智分配，"新三驾马车"与初次、再次、N次分配，未来人才学、管理学、经济学等，要研究时代之问。我认为"政产学研用"理论基础要"正"。

第一节　绩效考核相关基础理论

本节思考：

1. 管理的理论揭示哪些规律是考核应遵循的?
2. 这些管理的理论在考核管理中的意义是什么?

企业是一个不完备的契约，契约可以规定所有成员都是价值索取者，但是不能规定所有成员都有“满意收入”。从管理、控制的角度来看，有的理论对绩效的管理和考核揭示了一些发展的规律。契约理论是对企业最本质的认识，通过契约理论能够深刻地描述企业相关利益主体之间的关系。建立在契约理论基础上的代理人理论是绩效考核产生的理论基础，正是存在代理人和委托人之间的信息不对称，才导致绩效考核成为必要。无论是杜邦财务分析体系、平衡计分卡还是EVA，都通过建立奖惩机制对代理人的行为加以激励和约束，进而最大可能地降低代理人成本。信息不对称理论是对代理人理论的进一步阐释，信息不对称所产生的结果会降低企业的经营效率，增加企业经营成本。通过绩效考核对二者之间的信息进行公开，在理论上可以解决代理人问题。

一、契约理论

由科斯开创的企业理论被称为“企业的契约理论”，这一理论可以用三句话来概括：企业的契约性、契约的不完备性，以及由此导致的所有权的重要性。企业是一系列契约的组合，是人与人之间交换产权的一种方式，这一提法至少有两层重要含义：第一，作为签约人的企业参与者必须对自己投入企业的要素拥有明确的产权；第二，企业是由不同财产所有者组成的，企业所有权不等同于财产所有权，财产所有权是交易的前提，企业所有权是交易方式和结果。从这一角度而言，企业与市场在本质上的共性即都是人与人之间交换财产的一种方式，但企业具有其特性。

张五常（1983）认为，企业是要素交易的契约，市场是产品交易的契约，因而企业替代市场实际上是要素市场替代产品市场，就契约本身而言，企业与市场的区别主要在于契约的完备性程度不同。相对而言，市场可以说是一种完备的契约，而企业则是一种不完备的契约。完备的契约指的是这种契约准确地描述了与交易有关的所有可能出现的状态，以及每种状态下契约各方的权利和责任。如果一个契约不能全面地描述交易相关者，不能准确地描述所有未来可能出现的状态以及每种状态下的权利和责任，这个契约就是不完备契约。不完备契约的存在可以用不确定性以及由此导致的交易成本来解释，在一个不确定性的世界里，要在签约时预测到所有可能出现的状态几乎是不可能的，即使预测到了，要准确地描述每种状态也是很困难的。

契约理论的意义

将企业的边界划为交换的范围，市场成本对契约和交换产生影响，当市场的成本大于使用直接权威的成本时，活动就会被纳入企业内部。契约理论深刻揭示了企业的契约本质，对建立企业绩效考核制度具有重大意义：一是既然企业是一个契约组合，就非常有必要通过签订绩效协议来明确企业成员之间的责、权、利；二是鉴于契约的不完备性特征，企业绝对不能以绩效考核代替管理，忽视规章制度建设、流程优化以及日常监督等管理工作。

二、代理人理论

代理人理论认为代理关系是一种契约，在这种契约下，一个人或更多的人聘用另一个人代表他们来履行某些服务，包括把若干决策权委托给代理人。如果这种关系的双方当事人都是效用最大化者，就有充分的理由相信，代理人不会总是为了委托人的利益最大化而行动，委托人必须通过对代理人进行适当的激励，以及通过承担用来约束代理人越轨活动的监督费用，才可以使其利益偏差可控。

代理人理论是在企业的经营权和所有权分离的条件下逐步出现的。当一方当事人雇用另一方当事人完成一项服务，且这项服务要求委托人授予代理人一定的决策制定权时，就可认为二者之间存在着委托—代理关系。例如，拥有企业所有权的股东若不直接从事企业的经营活动，而是雇用经理人员时，股东和经理人员之间的关系就被称为委托—代理关系，这里股东是委托人、经理人员是代理人。

根据代理人理论的假设，经理人员将寻找收益与努力成本之间的平衡点。同时，代理人理论假定代理人没有道德负担。委托人的问题是设计一个激励合同以诱使代理人从自身利益出发选择对委托人最有利的行动。

代理人理论的意义

代理成本取决于经理人市场的成熟程度，规范的人才市场选择代理相对容易；代理成本取决于经营者业绩评估的难易程度，知识创造的业绩比体力创造的业绩更难评估；代理成本取决于经营者的道德风险，选择了不称职的经理必然会付出昂贵的代价；代理人成本取决于监督和约束的成本，一个人管一个人是管得好，可是不经济；代理人成本取决于激励的有效性和费用支出，“高薪养廉”把握不好“度”就会“养懒”或者无效。

三、利益相关者理论

按照契约理论，企业是一种“关系契约”网络。在这种网络中，拥有独立产权和契约自由的“利益相关者”，具有某种相通意识或共同目标，即他们按照正式或非正式的规则，形成特定的所有者结构，共同分担责任、共同分配权力和共同分享权益，并组合起来形成专业化组织，在不确定的市场环境中进行生产经营，在动态成长和发展过程中根据约束条件的变化，不断调整责、权、利关系。契约当事人作为企业“真实的利益相关者”，以独立平等的产权主体身份向企业投入某种“专用性”资产，其在企业所有权结构中的权力和利益，在市场原则和法律规范上是彼此平等的，他们都具有要求和分享企业所有权的平等地位与天然权利。

“利益相关者理论”还是博弈理论在绩效考核中得以运用的前提条件。无论利益相关者是企业的代理人、监督管理者还是生产劳动者，他们都应该获得固定收入或剩余收益，也可能获得双重职能和权益，并要求按一定的比例进行分配。在技术、资产、信息合理定价的前提下，监督管理、合理分配、有效约束等通过利益相关者进行理性选择而达到平衡。

利益相关者理论的意义

利益相关者理论指出，企业在价值实现及分配的过程中，必须满足利益相关者的需求，才能保证企业的可持续发展，最终实现企业价值的最大化。在现代社会中，企业是除政府组织以外的最重要的法人组织，其行为影响范围涉及社会各方面。利益相关者不仅包括股东、管理层和员工，而且包括消费者、供应商、社区乃至社会大众等，绩效考核体系应逐步将消费者利益、合作伙伴利益、社区利益乃至公共利益纳入其中。

四、信息不对称理论

在委托—代理关系中，委托人和代理人所获得的信息量是不对等的。著名的“莫里斯—霍尔斯特姆条件”证明，由于存在非对称信息，为了使代理人选择有利于委托人的行动，以最大限度地降低代理成本，就必须在契约设计中让代理人也承担一部分结果不确定的风险，并从这种风险承担中获得相应的补偿。一句话，就是按代理人的工作努力程度付酬或进行考核，以最大限度地整合双方的利益。通常情况下，代理人工作的“努力程度”很难观察到，或者只能部分观察到。可见，按工作努力程度决定代理人的报酬或任用的方式很难确定。然而，企业的投入产出是容易观察和量化的，企业的投入产出可表示为代理人的努力程度与环境因素的函数。如果建立以投入产出为核心的企业绩效评价体系来评价企业业绩，则是一种较为直观的管理方式，那样，能将代理人业绩与企业的投入产出以及代理人个人的努力程度结合在一起，并能促进委托人权益的最大化。但是信息不对称会产生两个问题，即“道德危机”和“逆向选择”。

“道德危机”的说法源自保险业务，是指投保人将财产投保以后，对投保财产的关心程度就大不如投保以前，甚至还有些投保人采用各种欺骗手段骗取保金。应用在代理理论方面，就是指委托人虽然通过会计系统提供的产出计量结果来推测代理人的努力程度，但这些计量结果不能准确地反映代理人所做出的努力。换言之，会计计量结果和代理人努力之间的联系存在着不确定性。正是由于委托人不能直接监督代理人的努力或不能通过某些产出的计量结果来准确推断代理人的努力，而代理人也会担心他们的努力得不到正确的评价，因此代理人就会按照不同于合同制度规定的方式办事，产生偷懒和舞弊的倾向，这种倾向即被称为“道德危机”。

“逆向选择”的说法也来源于保险业务，是指投保人由于知道保险人不了解的许多信息，从而可以选择对投保人有利，而对保险人不利的行动。应用在代理理论方面就是指，即使委托人能够直接监督代理人在行动上所做出的各项努力，但由于委托人不可能获得代理人进行决策时所应用的全部信息，所以不能够仅仅根据反映代理人业绩的指标，来判断代理人所做出的努力是否适当，是否逃避了责任，甚至还可能做出与事实相反的选择，这种现象就叫作“逆向选择”。

“道德危机”和“逆向选择”不做严格区分，统称为企业经理人员的“道德风险”。正是由于代理问题和信息不对称问题，代理人的行动与股东财富最大化的目标发生了偏离，从而产生代理成本。

信息不对称理论的意义

信息不对称理论高度浓缩了发生在企业委托人与代理人之间的管理困境问题，对于绩效考核的三点启示：一是企业应强化基础制度建设，完善会计核算体系，逐步建立起标准成本、标准消耗等标准制度，同时要加快信息系统的建设步伐，以尽量缩小上下级之间的信息不对称程度；二是企业要高度重视绩效考核工作，只有通过恰当的激励制度，才能很好地协调股东与管理层、上级与下级的利益，促使其共同努力做大“价值蛋糕”；三是在重视绩效考核的同时，也不要忘记实施“组织变革”，一些管理问题只有通过组织变革才能妥善解决。

五、激励理论

（一）马斯洛需要层次理论（1943年）

该理论的构成基于3个基本假设：

（1）人要生存，他的需要能够影响他的行为。只有未满足的需要能够影响行为，满足了的需要不能充当激励工具。

（2）人的需要按重要性和层次性排成一定的次序，从基本的（如食物和住房）需要到复杂的（如自我实现）需要。

（3）只有人的某一级需要得到最低限度满足后，才会追求高一级的需要，如此逐级上升，成为推动继续努力的内在动力。

基于3个基本假设，该理论提出需要的5个层次：

（1）生理需要，是个人生存的基本需要，如吃、喝、住。

（2）安全需要，包括心理上与物质上的安全保障，如不被盗窃和威胁，预防危险事故，职业有保障，有社会保险和退休基金等。

（3）社交需要，人是社会的一员，需要友谊和群体的归属感，在人际交往中需要彼此的同情、互助和赞许。

（4）尊重需要，包括要求受到别人的尊重和自己具有自尊心。

（5）自我实现需要，指通过自己的努力，实现自己对生活的期望，从而真正感到工作和生活充满意义。

马斯洛需要层次理论的意义

马斯洛需要层次理论认为，需要是人类内在的、天生的、下意识存在的，而且是按先后顺序发展的，满足了的需要就不再是激励因素。

（二）亚当斯公平理论（1965 年）

公平理论的基本观点是：当一个人做出成绩并取得了报酬以后，他不仅关心自己所得报酬的绝对量，而且关心自己所得报酬的相对量。因此，他要进行种种比较来确定自己所获报酬是否合理，比较的结果将直接影响今后工作的积极性。

一种比较称为“横向比较”，即他要将自己获得的“报酬”（包括金钱、工作安排以及获得的赏识等）与自己的“投入”（包括教育程度，所做努力，用于工作的时间、精力和其他无形损耗等）的比值和组织内其他人进行比较，只有相等时，他才认为公平。如下式所示：

$$O_p/I_p = O_c/I_c \quad \text{（式 2－1）}$$

其中：O_p——自己对个人所获报酬的感觉；

O_c——自己对他人所获报酬的感觉；

I_p—— 自己对个人所做投入的感觉；

I_c—— 自己对他人所做投入的感觉。

当式（2－1）为不等式时，可能会出现以下两种情况：

（1）$O_p/I_p < O_c/I_c$（自己获得的报酬与投入的比值小于他人）。

在这种情况下，他可能会要求增加自己的收入或减少自己今后的努力程度，以便使左方增大，趋于相等；他也可能会要求组织减少比较对象的收入或者让其今后增大努力程度以便使右方减小，趋于相等。此外，他还可能另外找人作为比较对象，以便达到心理上的平衡。

（2）$O_p/I_p > O_c/I_c$（自己获得的报酬与投入的比值大于他人）。

在这种情况下，他可能会要求减少自己的报酬或在开始时主动多做些工作，但久而久之，他会重新估计自己的技术和工作情况，终于觉得他确实应当得到那么高的待遇，于是工作便又会回到过去的水平。

另一种比较为“纵向比较”，即把自己目前投入的努力与目前所获得报酬的比值，同自己过去投入的努力与过去所获报酬的比值进行比较。如下式所示。

$$O_p/I_p = O_h/I_h \qquad \text{（式2-2）}$$

其中：O_p——自己对现在所获报酬的感觉；

O_h——自己对过去所获报酬的感觉；

I_p——自己对个人现在投入的感觉；

I_h——自己对个人过去投入的感觉。

当式2-2为“不等式”时，他会不断“调整”。只有式2-2成为“等式”，他才认为公平。然而，这种“调整”是动态中不断调整的过程，“公平”是“相对公平”。

亚当斯公平理论意义

影响绩效考核的财务指标不仅有绝对值，还有相对值。绩效考核的公平性取决于客观因素，也受主观判断的误差影响。绩效考核中绝对的公平是不存在的，盲目攀比、按酬付劳的想法是需要摒弃的。

（三）赫茨伯格的双因素激励理论（1966年）

该理论认为：能够对员工产生激励作用的因素可以分为“保健因素”和“激励因素”。

“保健因素”包括公司政策、管理措施、监督、人际关系、物质工作条件、工资、福利等。当“保健因素”恶化到不能被人们接受时，人们就会产生对工作的不满意。但是，当人们认为“保健因素”很好时，它只是消除了不满意，并不会导致积极的态度，这就形成了某种既不是满意，又不是不满意的中性状态。“保健因素”不能直接提高“健康水平”，但有“预防疾病”的效果。

“激励因素”包括能带来积极态度、满意和激励作用的因素，也包括能满足个人自我实现需要的因素，还包括成就、赏识、挑战性的工作、增加的工作责任，以及成长和发展的机会。如果具备“激励因素”，就能对人们产生更大的激励。传统的“激励因素”，如工资刺激、人际关系的改善、提供良好的工作条件等，随着社会发展和人类需求提高，只能消除不满意、防止产生问题，但是，即使达到最佳程度，也不会产生积极的激励。赫茨伯格告诉我们，满足各种需要所引起的激励深度和效果是不一样的。物质需求的满足是必要的，没有它会导致不满，但是即使获得满足，它的作用往往也是很有限的、不能持久的。只有不断提升“激励因素”才能使人们有更好的工作成绩。

赫茨伯格双因素激励理论的意义

双因素激励理论促使企业管理人员注意工作因素的重要性，特别是要调动人的积极性，不仅要注意物质利益和工作条件等“外部因素”，更要注意工作的安排，量才录用，使之各得其所，注意对人进行“精神鼓励”，给予表扬和认可，注意给人以成长、发展、晋升的机会。

（四）麦克利兰的成就动机理论（1966 年）

该理论提出了三种需要，认为个体在工作情境中有三种重要的动机或需要：

（1）成就需要（need for achievement）：争取成功并希望做得最好的需要。

（2）权力需要（need for power）：影响或控制他人且不受他人控制的需要。

（3）亲和需要（need for affiliation）：建立友好亲密的人际关系的

需要。

麦克利兰认为，具有强烈“成就需要”的人渴望将事情做得更完美，提高工作效率，获得更大的成功。他们追求的是在争取成功的过程中克服困难、解决难题、努力奋斗的乐趣，以及成功之后的个人成就感，而并不看重成功所带来的物质奖励。个体的成就需要与他们所处的经济、文化、社会、政府的发展程度有关，社会风气也制约着人们的成就需要。麦克利兰发现高成就需要者的特点是：他们寻求那种能发挥其独立处理问题能力的工作环境；他们希望得到有关工作绩效的及时明确的反馈信息，从而了解自己是否有进步；他们喜欢设立具有适度挑战性的目标，不喜欢凭运气获得的成功，不喜欢接受那些在他们看来特别容易或特别困难的工作任务。“高成就需要”者事业心强，有进取心，敢冒一定的风险，且比较实际，大多是进取型的现实主义者。

“权力需要”是指影响和控制别人的一种愿望或驱动力。不同的人对权力的渴望程度也有所不同。权力需要较高的人喜欢支配、影响他人，喜欢对别人“发号施令”，注重争取地位和影响力。他们喜欢具有竞争性和能体现较高地位的场合或情境，他们也会追求出色的成绩，但他们这样做并不像高成就需要的人那样是为了个人的成就感，而是为了获得地位和权力或与自己已具有的权力和地位相称。“权力需要”是管理者成功的基本要素之一。

“亲和需要”就是寻求被他人喜爱和接纳的一种愿望。高亲和需要的人更倾向于与他人进行交往，至少是为他人着想，这种交往会给他带来愉快的感觉。高亲和需要者渴望友谊，喜欢合作而不是竞争的工作环境，期待彼此之间的沟通与理解，他们对环境中的人际关系更为敏感。有时，亲和需要也表现为对失去某些亲密关系的恐惧和对人际冲突的回避。“亲和需要”是保持社会交往和人际关系和谐的重要条件。

麦克利兰成就动机理论的意义

测量和评价一个人动机体系的特征，对于如何分派工作和安排职位非常重要。了解被激励者的需要与动机有利于建立合理的激励机制。动机是可以训练和激发的，有效的考核、有效的激励机制可以训练和提高员工的成就动机。

（五）波特和劳勒的期望激励理论（1968 年）

该理论认为：

（1）“激励”关系到一个人是否努力及其努力的程度。

（2）在一定的环境条件下，工作的实际绩效取决于能力的大小、努力程度以及对所需完成任务理解的深度。

（3）奖励要以绩效为前提，不是先有奖励后有绩效，而是必须先完成组织任务才能给予精神的、物质的奖励。当职工看到他们的奖励与绩效关联性很弱时，奖励将不能成为提高绩效的刺激物。

（4）奖惩措施是否会令人满意，取决于被激励者认为获得的报酬是否公平。如果他认为符合公平原则，当然会感到满意，否则就会感到不满。众所周知的事实是，满意将导致进一步的努力。

（5）一个人在做出了成绩后，会得到两类报酬。一类是外在报酬，包括工资、地位提升及安全感等。按照马斯洛的需要层次理论，外在报酬往往满足的是一些低层次的需要。另一类是内在报酬，即一个人由于工作成绩良好而给予自己的报酬，如感到对社会做出了贡献，对自我存在意义及能力的肯定等。它对应的是一些高层次需要的满足，而且与工作成绩是直接相关的。

波特和劳勒期望激励理论的意义

要形成“激励→努力→绩效→奖励→满足→努力”的良性循环，取决于奖励内容、奖惩制度、组织分工、目标导向行动的设置，以及管理水平、考核的公正性、领导作风、个人心理期望等多种综合性因素。不要以为设置了激励目标、采取了激励手段，就一定能获得所需的行动和努力，并使员工满意。

激励理论综合启示

以上各种“激励理论”都存在一定的局限性。

第一，“激励理论”与个人的主观判断有关。无论是自己的或他人的投入和报酬都是个人感觉，而一般人总是对自己的投入估计过高，对别人的投入估计过低。

第二，“激励理论”与个人所持的公平标准有关。例如，有人认为助学金应改为奖学金才合理，有人认为应平均分配才公平，也有人认为按经济困难程度分配才适当。

第三，“激励理论”与评定人有关。绩效由谁来评定，是领导者评定，还是群众评定或自我评定，不同的评定人会得出不同的结果。由于同一组织内绩效往往不是由同一个人评定的，因此会出现松紧不一、回避矛盾、姑息迁就、抱有成见等现象。

六、博弈理论

博弈理论假定所有决策者都是理性的，每一方都试图预期对手的可能行动和反应，并在此基础上寻求决策最优化。基本要素如下：

（1）博弈方：在博弈中独立决策、独立承担结果的个人或组织。当博弈规则确定后，各博弈方平等地按规则行事。

（2）博弈的信息：博弈双方掌握信息的多少往往关系到决策的准确性，从而影响博弈的成败。

（3）博弈对象：博弈双方选定的决策内容，称为博弈对象。

（4）博弈行为或策略的集合范围：每个博弈方在进行决策时可以选择的全部方法或决策。

（5）博弈次序：在博弈中，当存在多个博弈方进行决策时，有时必须同时做出决策，但大多数时候则是有先后次序的，并且在一些博弈中每个博弈方还面临着多次决策，这同样存在着一个先后次序问题。

（6）博弈方收益：对应于各博弈方的每一组可能的决策选择，都有一个结果表示各博弈方在该策略组合下的所得和所失。

博弈理论的意义

博弈理论指出企业上下级之间时刻进行着互动行为，有时下级并非被动地接受上级的安排，而是通过种种途径、手段来应付上级的指令以及企业的各项制度。博弈理论的意义主要有三点：一是企业上下级之间会在绩效考核问题上反复博弈，企业绩效考核制度的完善就是不断解决问题的过程；二是上下级之间主要是“一对多”的博弈方式，企业绩效考核制度唯有科学、合理和公平，才能平衡发展；三是良好的绩效考核制度是博弈的平衡结果，平衡是有条件的，绩效考核制度需要依据相关条件及时调整。

七、人力资本理论

人力资本的计量是一个博弈的过程，就是人力资本的“价值”随着具体契约“平衡”与“失衡”的过程。

首先，从表现形态上，人力资本是异质型生产要素（智力、创新能力、创造性、无形性），其各种功能不能用一定的货币单位来表示。人力资本的形态不同于普通职工，因为普通职工是一种同质型的生产要素（确定性、程序性、可考核性、可监督性）；也不同于确定性的物质资本要素，因为物质资本是可以用货币表示的一定的资本量。

其次，人力资本是其所有者本身的一种特质，与先天的遗传、后天的锤炼、环境的磨砺以及教育培训都可能有一定的关系，但不可能与某一个因素有直接的线性联系。教育程度、培训时长、阅历多少等对人力资本价值的增加起着复合的作用。

最后，人力资本的形成都要经历两个阶段。人力资本包含的各种能力，是其所有者具有的一种潜在的能力，无法直接定价，所以第一阶段是一种潜能阶段。第二阶段是由潜在人力资本转化为现实人力资本的阶段。要使人力资本的潜能得以激发，必须有相应的制度安排。没有激励的制度，潜在的人力资本就不会变成现实的人力资本。

人力资本理论的意义

人力资本是异质型生产要素，每一个人创造价值的能力、潜力、表现力都不同，而且不同的制度安排会导致不同的结果。人力资本的评价标准和评价体系不同，所创造的价值肯定也不同。所以，人力资本是激励程度、环境、主观情感及偏好的复合函数，是“数智经济”时代的“核心要素”。

八、学习型组织理论

“学习型组织”这一概念是美国哈佛大学佛睿思特（Forrester）教授于 1965 年在《企业的新设计》一文中首先提出的。20 世纪 90 年代初，美国麻省理工学院斯隆管理学院的彼得·圣吉（Peter

M. Senge）教授出版了《第五项修炼——学习型组织的艺术与实践》一书，提出“应变的根本之道是学习，这乃是竞争求生存的基本法则”；在其后出版的《变革之舞》中，圣吉又强调“21 世纪企业间的竞争，实质上是企业学习能力的竞争，而竞争唯一的优势是来自比竞争对手更快的学习能力”。

“学习型企业”的特征是“发明新知识不是一项专门的活动……它是常态化、持续化、自觉化的工作生态，而且每个人都是知识工作者”。对于“学习型组织”的构建，彼得·圣吉提出了五项修炼：一是系统思考。二是自我超越。“自我超越”以个人追求不断学习为起点，是一种自我拓展、终身修炼的过程，是学习型组织的精神要素。三是改善“心智模式”。“心智模式”是人们深植于心的、自我感觉良好的、局限性的“价值观”，“心智模式”会僵化地抵触新生事物，阻碍发展，因此，学习如何将我们的“心智模式”摊开，并加以检视和改善，有助于改变心中对世界的既有认知。四是共同愿景。“共同愿景”不是一种想法，而是在人们心中一股令人深受感召的力量。“共同愿景”之所以重要，是因为它为学习提供了焦点和能量。在缺少愿景的情形下，充其量只会产生“适应性学习”，只有当人们致力于实现某种他们深切关怀的事情时，才会产生“创造性的学习”。五是团队学习。“团队学习”是发展团体成员整体搭配与实现共同目标能力的过程，并且建立在发展“共同愿景”和“自我超越”之上，因为有才能的团体是由有才能的个人所组成的。1994 年，圣吉与他在麻省理工学院组织学习研究中心的同事出版了《第五项修炼——实践篇》，对学习型组织的架构设置及运转问题给出了具体的方案。

马恰德在他的组织学习系统理论中指出：“系统地看，学习型组织是能够有力地进行集体学习，不断改善自身收集、管理与运用知识的能力，以获得成功的一种组织。”鲍尔·沃尔纳对学习型组织所下的定义为：“学习型组织就是把学习者与工作系统地、持续地结合起来，以支持组织个人、工作团队及整个组织系统这三个不同层次上的发展。”郭咸纲的定义为：“学习型组织，是指通过培养弥漫于整个组织的学习气氛，充分发挥员工的创造性思维能力而建立起来的一种有机的、高度柔性的、扁平的、符合人性的、能持续发展的组织。”曹世潮的定义为：“所谓学习型组织，即组织是否具有学习的欲望、机制、环境和全体一致的自觉。”

“心智模式”是学习型组织理论中很重要的一个要素，是一种看待旧有事物而形成的特定思维模式。“心智模式”一旦形成，将使人自觉或不自觉地从某个固定的角度去认识和思考发生的问题，并用习惯的方式予以解决，这在一个急剧变动的社会环境中会影响我们看待新事物，影响我们采取正确的行动。培养良好的“心智模式”可以帮助管理者做出有效和及时的决策，进而获得良好的组织绩效。

“心智模式”有 3 个特点：

（1）根深蒂固。

（2）自我感觉良好。

（3）“不完美”是常态，需要不断改善。

世界上人无完人，那些很成功的人、很伟大的人的心智模式也都有不同的缺陷，所以必须唤起人们的注意，必须改善自己的心智模式。这不仅影响自己，而且影响他人的权力、威力及魅力等所涉及的范围。

改善“心智模式”的 3 种方法：

（1）把镜子转向自己。不能首先把责任推给别人，必须学会首先把镜子转向自己，看看自己的心智模式有哪些不妥的地方，即要学会照镜子。只有不断自己“照镜子”，不断改善“心智模式”，决策才能避免片面性，业绩才能越来越辉煌。

（2）有效地表达自己的想法。很多同仁有时候在工作中会感到心情不舒畅。在这种情况下，建议反思一下自己是否能有效表达自己的想法。有效表达自己的想法是一个人在社会上能取得成功的很重要的、需要修炼的一项因素。自己不能有效地表达，还要别人理解，那就是强人所难了。

（3）开放心灵，容纳别人的想法。世界上有两种人：一种人始终把自己的思想紧锁，不开放自己的心灵，听不进别人的声音；另一种人是现代人，一个心灵开放的人，接纳别人的想法，改善自己的心智模式。

彼得·圣吉告诫许多公司的高级管理人员："通常高级管理人员说我们应该构建学习型组织，结果只让下面的人去参加培训，单单把自己排除在外，结果反而是最严重的心智模式问题得不到解决。"

彼得·圣吉说："领导力不是居高临下地告诉别人应该做什么，那只跟权威和权力有关系。英文中'领导'的原意就是往前跨一步，在拉丁语系中'领导'的原意是跨过一个门槛。所以说领导力显而易见就是领导要身先士卒，你要先跨出一步，这才叫领导。"

学习型组织理论的意义

学习型组织具有持续学习能力，学习型"组织绩效"高于"个人绩效总和"，也高于"部门综合绩效"。学习型组织的高级管理人员要身先士卒改变"心智模式"，学习型组织的部门、岗位规则和程序应该具有弹性、动态调整、协商修改，学习型组织的考核评价体系是为了学习和发展服务，而不是为了奖励和处罚而"考核"。

第二节 绩效考核方法演进

本节思考：

1. 伴随着管理的内容和时代的变化，有哪些绩效考核的方法？
2. 各种绩效考核的方法都有什么特点？

一、杜邦财务分析体系

以杜邦财务分析体系（以下简称杜邦体系）为代表的财务指标体系在20世纪初由美国杜邦公司首创并流行至今。该体系突破早期单纯评价销售额和利润的做法，揭示了一些具有重要意义的财务指标的内在联系，对净利润、总资产进行层层分解，从而系统地评价企业财务状况，并依此对企业绩效进行考核。这种单纯的财务指标考核体系今天已经被普遍认为是传统的考核体系。

杜邦体系体现的管理思维是企业的一切为了利润，股东利益至上，所以该体系以盈利能力指标为核心，重点考察总资产报酬率，根据杜邦公式把考核指标层层分解至部门，对微观经济中各财务指标的变动进行分析，为企业决策提供有价值的信息。在管理上主要以财务管理为主线，实现企业价值的最大化。杜邦体系选取的是财务指标，其中以“总资产报酬率”“销售利润率”“总资产周转率”“权益报酬率”等为中心指标，把考核指标分解细化，细化的程度要符合企业自身需要。这种体系可以非常复杂，也可以相对简单，但不管怎样都可以把指标分解到各职能部门和各层次（总部、分公司、车间、班组等），从而保证核心指标的实现。

杜邦体系分析方法所用的评价指标基本上都是财务指标。选用财务指标最大的优点在于其可以量化，且操作方便。财务指标的数据来源于会计系统，取得比较方便，可信性较高，能够对“经营目标”进行量化分解，进而总括评价，其评价结果具有较强的公信力。

1. 税后利润

“税后利润”可以直接从会计报表上取得，相对来讲，其获取的成本最小，但是该指标的误差相对最大。由于传统的业绩评价体系以及激励机制都以税后利润作为对经理层奖励的唯一指标，因此，管理层可以操纵会计报表上的这一指标为其所用。在权责发生制会计制度下，由于会计制度的可选择性以及会计报表编制的相对弹性，这一指标有了很大程度的失真。

2. 投资报酬率

“投资报酬率”是总部为了对企业各分部经理的经营业绩进行考核而设立的指标。在使用投资报酬率这个指标时，一般将业务单位的资本成本或者公司的资本成本作为其达标比率或者最低可接受的收益率，然后将该指标与资本成本进行比较，如果投资报酬率大于资本成本，则认为创造了公司价值。这一方法最大的问题是，投资报酬率这个指标是应计收益，而资本成本是投资者所要求的经济收益。因此，两者不具备可比性。主要体现为以下三个方面：一是单一项目或整个战略的经济收益率仅取决于未来投资的现金流，然而会计上投资报酬率指标的大小不仅取决于未来投资的现金流，而且取决于过去期间的未折旧投资。因此，如果两个企业有相同的战略和预测，但如果其中一个企业的起始投资基数大，那么该企业在计划期内就有较低的投资报酬率。二是投资报酬率在评估战略和业绩时忽略了企业未来的剩余价值，而这一数值往往占整个公司市值的较大比重。三是各部门经理在决策时往往只考虑本部门的利益，而不顾其是否有损于企业整体的利益，即当一项投资的投资报酬率大于企业整体投资报酬率却小于分部的投资报酬率时，分部经理就会放弃该项目，这样的行为有损企业整体的价值，违背企业价值最大化的目标。

3. 股权回报率

“股权回报率”是指股东通过股权投资获得的效益与公司资产总额的比率，也叫净资产收益率或收益报酬率。股权回报率反映了公司所有者权益的投资报酬率，具有很强的综合性，是整个杜邦体系指标的核心。该指标对财务杠杆比较敏感，通过财务杠杆，可以降低股东权益的比例。另外，无形资产投资增加和知识企业的大量出现，也对投资报酬率及股权回报率等传统指标产生了很大冲击。

4. 每股收益

“每股收益”是指本年度净收益与流通在外的普通股总数的比值。其是衡量上市公司盈利能力最重要的一个指标。但是，每股收益也会受到会计数据缺点的影响，在计算企业净收益的过程中，存在利润操纵的可能性。而且，该指标是一个绝对数指标，投资者不能对股价不同的公司进行比较，存在公司每股收益很大而市盈率并不高的现象。该指标仅仅是衡量财务绩效的一个传统指标，并不能完整地反映公司价值。

5. 总资产收益率

“总资产收益率”是企业净利润与平均资产总额的百分比。该指标越高，表明资产的利用率越高，说明企业在增加收入和节约资金使用等方面取得了良好效果。该指标也会受到产品价格、单位成本、产品质量和销售数量以及资金占用量多少的影响。

6. 市盈率

“市盈率”是普通股每股市价相对于每股收益的倍数。市盈率又称“本益比”，是衡量股价高低和企业盈利能力的一个重要指标，它是对公司过去收益的跟踪，反映公司过去经营的绩效。但是，该指标不能用于不同行业间公司的比较，充满扩展机会的新兴行业市盈率比较高，而成熟工业的市盈率相对较低。同时，市盈率还间接受到会计政策和市场操作行为的影响。

二、平衡计分卡考核体系

20世纪70年代之后，卖方市场逐渐向买方市场转变，企业竞争显著加剧。尤其是进入信息时代后，企业的内外部环境都发生了重大变化，企业如果要获得持续且稳定的发展，就必须拥有核心竞争优势，具有战略眼光，关注客户需求，重视企业长远的利益。“平衡计分卡”是由罗伯特·卡普兰（Robert Kaplan）和大卫·诺顿（David Norton）提出的以“战略导向”的财务、客户、内部流程和学习与成长“四个维度”衡量企业绩效的理论与方法，弥补了传统财务绩效考核忽视非财务指标、过于侧重短期目标和缺乏对未来的指导意义等缺陷，符合时代发展对企业绩效考核体系的要求。

平衡计分卡考核体系体现了战略中心主义，也体现了“平衡”这一重要的管理思维。这种战略中心主义表明的不仅是它通过全面考核企业业绩可以更好地反映企业的战略实施，更重要的是它参与了战略管理的全过程，有利于全体员工对企业战略目标和经营计划的理解，从而成为战略管理的重要工具。“平衡”思维体现在平衡计分卡实现了长期与短期、内部与外部、财务指标与非财务指标等的有机结合，并且所要考核的四个方面不是完全独立的，而是有着因果关系的。在平衡计分卡产生之前，大多数公司的经营和管理控制系统都是基于财务指标建立起来的。这些指标只反映公司的短期财务绩效，而与长期战略目标的实现联系不大，从而导致公司偏重于短期财务指标，使长期战略开发与具体实施之间产生脱节。

平衡计分卡考核体系的指标选取扩展到了非财务领域，在“客户”方面选取了顾客满意度、市场份额等指标，在“学习与成长”

方面选取了员工满意度、员工流动率等指标，在“内部流程”方面选取了相应时间、新产品开发周期等指标。“四个维度”仍然以财务指标为根本，其他三个维度的指标成效也仍然要体现在财务指标上，当然在具体决策时要充分考虑所有指标的影响。以战略为核心的四个方面存在密切关系，共同构成一个完整的评价体系。罗伯特·卡普兰和诺顿还强调了指标的选取应该力求精简，以不超过 20 个为宜。需要说明的是，只要坚持了“战略中心”与“平衡”的思想，即使不是“四个维度”，而是因地制宜地提出分类标准和选取考核指标，也都可以称为“平衡计分卡”。

平衡计分卡是一种全面的业绩评价体系，它将财务指标与非财务指标相结合，并把企业的战略转化为财务、客户、内部流程、学习和成长等四个方面的目标，用财务指标反映企业在生产经营中的结果，同时通过顾客满意度、内部程序及组织的创新和提高活动对经营者进行测评，以弥补财务衡量指标的不足。该方法具体从四个方面来考察企业：一是顾客满意度，二是企业的优势，三是企业创新能力和学习能力，四是财务效益。卡普兰等第一次将创新能力和学习能力作为重要的评价指标，说明在知识经济时代企业要在激烈的市场竞争中立于不败之地，必须不断创新和积累知识。

平衡计分卡将企业的远景和战略转化为一系列可以执行的指标体系，这些指标体系涉及战略和战术两方面，将未来与现在连接起来，为战略目标的实现提供了坚实的基础，再将战略目标转化为一系列具体可以衡量的指标体系。由于战略管理具有不同的层次，因此战略管理的目标应视组织结构的不同分解为不同层次的目标，根据不同层次的目标设计相应的业绩评价指标体系。例如，如果是事业部制，企业战略目标应首先分解为事业部层次的战略目标，再由事业部将战略目标分解为职能层次的战略目标，职能层次的战略目标再分解为作业层次的战略目标，利用因果关系层层分解，从而将战略目标分解为组织内部各个不同层次的目标。组织内部的各个组织层次，根据分解的战略目标开展相应的活动，从而将企业的战略转化为企业的具体经营活动，使战略构想转化为可以通过财务、客户、内部流程、学习与成长“四个维度”进行评价、考核和管理的指标。

1. 财务方面

“财务方面”的评价指标显示了企业战略及其执行是否有助于利润的增加。典型的“财务目标”包括盈利、增长和股东价值。常见的“财务指标”有营业收入增长率、权益报酬率、经营活动现金流。

有一种观点认为，由于竞争的条件已经改变，传统的财务指标不能用于改善客户满意度、质量、循环周期和员工激励状况。他们认为，财务绩效是经营活动的结果，财务上的成功是基础工作做好后的自然结果。有人说，企业应当停止使用财务指标。其实，宣称财务指标不必要的观点是不正确的。实际上，精心设计的财务控制系统，确实能增强而不是阻碍企业的总体质量管理规划。当然，要清醒地认识到，经营绩效的改善和财务上的成功之间虽然存在联系，但这种联系是不确定的、脆弱的，并不是所有的产品质量改善、客户满意度提高都能够转化为财务绩效。定期的“财务指标考核”，只是质量、生产时间、新产品、客户满意度等方面的改善手段之一，“财务指标”无法全面记录生产、销售、研发和客户满意度等价值创造与实现“综合绩效”。

2. 客户方面

企业的收入来自客户，只有关注客户价值才能为企业的持续增长奠定基础，为有益的财务绩效创造条件。常见的客户方面的考核指标主要有客户满意度、客户保持程度、新客户的获得、市场份额等。

3. 内部流程方面

“平衡计分卡”以股东价值和客户的需要为出发点来制定针对企

业内部经营过程的目标和评估手段。“内部流程”的评价指标应当来自对客户满意度产生最大影响的业务程序，包括影响周转期、质量、员工技能和生产率的各种因素。企业还应努力确定和测量自己的核心能力，即保证持久的市场领先地位所需的关键技术。企业应当清楚自己必须擅长哪些程序和能力，并一一具体规定考核指标。“内部流程”方面的考核指标主要集中于时间、质量和成本三个方面。

4. 学习与成长方面

平衡计分卡本身的战略导向决定了企业应该满足未来战略的需要。要适应未来的变化，企业必须不断地更新，发展新的能力。“学习和成长”是企业未来发展的前提条件。企业的“学习与成长”来自三个主要的资源：人员、信息系统和企业学习培训制度。企业必须对这三个方面投资，以使员工获得新的技能，加强信息技术和信息系统建设，并理顺企业的程序和日常工作。

平衡计分卡的特点：平衡计分卡为企业测评当前与未来业绩提供了手段与框架；有效平衡财务与非财务尺度、业绩激励与成果尺度、短期尺度与长期尺度；以企业的宗旨与战略为指导原则，促使高层管理人员从财务、客户、内部流程和学习与成长四个角度分析公司，分析它们的相关性及连续性，对目标值的结果进行跟踪和分析；尽早发现问题，根据分析结果及时调整战略、目标和目标值，建立战略实施的架构以确定重点。

平衡计分卡的工作步骤：

（1）分析公司的业务现状（包括企业生命周期、优势、劣势、机会、威胁的分析和价值定位分析）；

（2）基于以上分析结果确定公司战略；

（3）根据公司战略设定四个角度的战略绩效目标：财务、客户、内部流程和学习与成长；

（4）在组织内传达战略并把绩效目标逐级分解落实到组织内各级

单位甚至个人；

（5）把平衡计分卡与绩效管理、能力发展和浮动薪酬挂钩，并运用信息系统为高层提供便利，使之易于跟踪和检查，必要时可以及时调整战略以实现公司目标；

（6）定期汇报组织绩效结果，根据评估分析，对战略做相应调整，并重复上述流程；

（7）确定明确的战略及组织重点；

（8）为战略性绩效管理建立系统的基础框架；

（9）重视员工激励、能力发展和组织学习，把人力资源提升为可管理的组织资产；

（10）管理组织发展的变革流程，实现战略目标；

（11）建立系统的战略管理流程，帮助高层管理团队发现并解决组织发展过程中的基本问题，化繁为简，扭转组织的混乱状态。

平衡计分卡改变了以往仅仅围绕财务层面开展绩效评价的做法，通过寻找企业财务层面与非财务层面之间的因果关系，树立财务与顾客的双重目标。财务与顾客这两个目标的实现依赖于企业作业流程的发展与完善，以及核心竞争力的形成与发展，并且需要企业通过不断地学习来进行创新，以保持企业在市场竞争中的比较优势。与传统指标体系不同，平衡计分卡从财务、顾客、内部和创新四个层面得出的信息，可使公司在内外部绩效测评指标之间达到平衡。

三、经济增加值考核体系

经济增加值（EVA）考核体系是美国 Stern Stewart 公司提供的一套适用于公司内部管理的评价理论体系。截至 2024 年 10 月，全球已有超过 400 家大型企业应用了这一管理评价体系，并取得了引人注目的成就。世界上一些著名的大公司，像西门子、可口可乐和索尼等，都是 EVA 方法的忠实用户。EVA 指标是该评价系统的核心指标。这一指标是由美国 Stern Stewart 公司于 1982 年正式提出的，提出的背景是 20 世纪 80 年代以来股东价值观念在美国的第二次兴起，“价值基础管理”和“股东价值分析”的观念更加深入人心。企业管理思想的这种改变也影响着传统企业经营业绩评价方法的改变，在美国先后出现了几种新的企业经营业绩评价方法，其中最引人注目和应用最广泛的就是 EVA 方法。

1. EVA 的概念

EVA——经济增加值，比较简单的定义是指在扣除投资的资本成本之后所剩下的利润，也就是长期以来被经济学家称为“剩余收入”或者“经济利润”的概念。它是对真正“经济利润”的评价，或者说是表示净经营利润超过或低于投资资本机会成本的数值。因此，EVA 公认的标准定义是：公司税后经营利润扣除债务和股权成本后的利润余额。

EVA 衡量的是企业资本收益和资本成本之间的差额。具体来说，EVA 就是指企业税后营业净利润与全部投入资本（借入资本和自有资本之和）成本之间的差额。如果这一差额是正数，说明企业创造了价值，创造了财富；反之，则表示企业出现价值损失。如果差额为零，说明企业的利润仅能满足债权人和投资者预期获得的最低收益。EVA 指标的实质是作为一种新的财务业绩评价指标，把剩余收益的概念在现代企业财务的原则下表现出来，将获取的比资本成本更高的收益称为股东创造的价值。与以往的财务业绩评价工具不同的是，EVA 量化了企业能够提供给投资者的价值，强调资本的有效使用，衡量的是一个企业创造的真实利润。

EVA 的本质是从股东的角度重新定义企业利润。如果 EVA 大于零，说明经营者为企业创造了价值，为股东增加了财富；如果 EVA 等于零，说明企业利润仅能满足债权人和股东预期获得的最低收益，企业价值和股东财富并没有实质性增加；如果 EVA 小于零，说明经营者不仅没有增加股东财富，反而是在毁灭股东财富（见图2-1）。

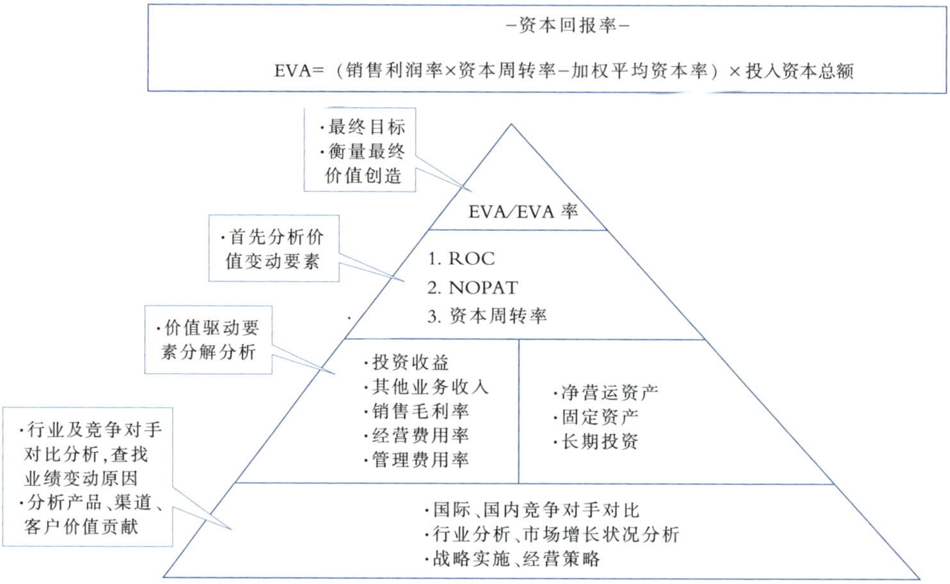

图2-1 EVA考核体系

2. EVA的计算公式和方法

EVA的计算公式：

经济增加值（EVA）=税后净营业利润-资本加权平均成本

=营业净利润-资本总额×综合资本成本率

=(资本回报率-平均资本成本)×投资资本总额 （式2-3）

其中，资本回报率（ROC）、平均资本成本（WACC）、“营业净利润”和“资本总额”的数据需要在对会计报表相关项目进行一些调整后才能确定。

投资资本=付息债务+所有者权益 （式2-4）

EVA的计算方法分为三步：

(1) 计算营业净利润。营业净利润的计算以会计“税后净利润”

为起点，并需要进行“资本结构差异调整”和“会计方法差异调整”。

营业净利润 = 税后净利润 + 资本结构差异调整 + 会计方法差异调整

（式 2 - 5）

其中，“资本结构差异调整”包括利息费用、少数股东损益等项目，“会计方法差异调整”包括研发费用资本化金额扣除本期摊销额后的余额、商誉本期摊销额、各种准备金额的增加、递延税项贷方余额的增加等项目。到目前为止，计算 EVA 可做的调整已达 200 多种，调整的数量越多，计算结果就越精确。由于过多调整会增加计算的复杂性和难度，所以调整并不是越多越好，也不是越复杂越好，必须在精确性和复杂性之间做出权衡和选择，从而确定调整的限度。通常调整的内容包括研究与开发费用、递延所得税、后进先出存货计价、商誉以及教育和培训费用。

（2）计算资本总额。与营业净利润相对应，资本总额的计算以会计“股东权益”为起点，同样需要进行“资本结构差异调整”和“会计方法差异调整”。

资本总额 = 股东权益 + 资本结构差异调整 + 会计方法差异调整

（式 2 - 6）

其中，“资本结构差异调整”包括长期借款、短期借款、一年内到期的长期借款、少数股东权益等项目；“会计方法差异调整”包括研发费用的资本化金额、累计商誉摊销额、各种准备金余额、递延税项贷方余额等项目。

（3）计算综合资本成本率。综合资本成本率是企业债务成本率和权益成本率按其市场价值比重的加权平均数，其中债务成本率的计算以债务利率为基础，并扣除所得税因素的影响，权益成本率的计算主要采用资本资产定价模型。具体的计算公式为：

综合资本成本率 = 债务成本率 × 债务市场价值/（债务市场价值 + 权益市场价值） + 权益成本率 × 权益市场价值/（债务市场价值 + 权

益市场价值）　　　　　　　　　　　　　　　　　　　　（式 2－7）

其中：

债务成本率＝债务平均利率×（1－所得税税率）　　　　（式 2－8）

权益成本率＝无风险利率＋公司股票的 β 系数×

（股市预期收益率－无风险利率）　　　　（式 2－9）

计算 EVA 时应注意对调整因素的选择。执行 EVA 考核意味着企业必须对自己的投资回报负责。任何一个投资项目的回报水平只有高于资本成本，才能保证股东价值最大化目标的实现。当前，国有企业不同程度地担负着一部分社会职能，如电信企业的普遍服务。这部分投资的回报水平明显低于资本成本。执行 EVA 考核之后，可能会激化企业的经济效益和社会效益之间的矛盾。

3. EVA 驱动因素分析

从 EVA 的角度看，提升企业价值有四条途径（见图 2－2）：首先，提高现有资本收益，即在不增加投资规模的条件下，通过提高资本的使用效率和加速资本周转速度来增加收益；其次，在投资报酬率高于资本成本的条件下，通过增加投资规模来增加收益；再次，减少投资报酬率低于资本成本的资产，如关停低效率的业务部门、减少不必要存货等，因为资产的沉积就意味着成本的增加和财富的损失；最后，有效地改善资本结构，降低综合资本成本率，在低利率的环境下，加上负债的利息成本可以抵税，适度的负债经营能显著降低企业综合资本成本率。

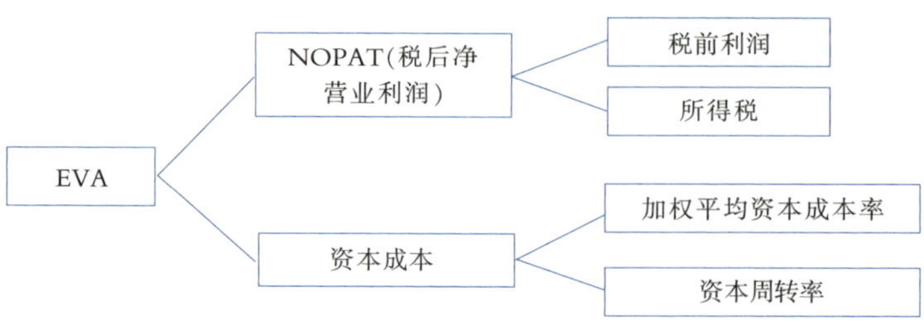

图 2－2　EVA 的形成过程

EVA 体系进行价值创造的实施策略可以从四个方面入手，分别是提升经营业绩、投资于创造价值的项目、从不产生价值的资产或行为中撤出资本和通过优化资产结构来减少资本成本等。

（1）提升经营业绩。EVA 是股东考核企业经营水平、进行投资决策时的最好工具，同时它也是企业经营者加强公司战略规划、加强财务管理、衡量员工业绩、设定奖罚机制的最佳武器。通过提高现有资产的经营利润，可以在不投入更多资本的情况下直接提升 EVA。

（2）优化项目结构。通过投资于新设备和增加运营资本，增加销售额，开发新产品、新服务、新市场和新客户，从而获取更高的经营利润。只要这些新投资能够产生比资本成本高的回报，股东价值就会增加。这就是 EVA 所能产生的导向作用。

（3）强化资产管理。如果一个业务或者资产不能产生高于资本成本的回报，就需要对其进行优化、清算或缩减投资。EVA 鼓励积极的资产投资管理，可以将优化存货结构、管理应收账款和应付账款作为增加 EVA 的手段。

（4）调整资本结构。债权人和股东所能承受的风险不同，期望的回报率也不同。优化资本结构，降低资本成本率，是提高企业 EVA 的主要手段。

4. EVA 的特点

（1）将资本成本理念引入企业业绩评价指标中，从而促使经营者关注资本的使用效率，提升企业创造价值的能力。从 EVA 的概念和计算公式可知，EVA 来源于经济学中的经济利润。与会计利润有所不同，企业收入要弥补经营费用，还要弥补资本成本。这里的资本成本不仅包括支付给债权人的利息，而且包括股东投入资本的机会成本。尽管资本成本的理念早已被财务学者广泛接受，但现行的财务会计并没有把它纳入资本的机会成本。而 EVA 业绩评价系统能将资本成本的理念传达给企业的各级经营者，使他们意识到资本成本包括在 EVA

的考核当中，从而影响到对他们的业绩评价，并最终影响到其自身利益。

（2）突出了“增值”的概念。EVA 并不是一个简单的利润或回报率的概念，而是代表了企业投资所产生的回报与投资机会成本之间的差额。会计上计算的企业最终利润是指税后利润，而附加经济价值原理认为，税后利润并没有全面真正反映企业生产经营的最终盈利或价值，因为它没有考虑资金成本或资本费用。通过 EVA 评价企业的经营绩效以投资者利益最大化为目标，它所蕴含的基本思想是：只有投资的收益超过资本成本，投资才能为投资者创造价值。这一概念纠正了企业规模差异、经营风险、资本结构以及行业不同所造成的不可比性，可以更加全面地评价企业管理者“有效使用企业资本”和“为股东创造价值”的能力，体现了现代公司最终的经营目标。

（3）EVA 尽量剔除会计失真的影响，使业绩评价建立在更加真实可比的基础之上。尽管传统的财务会计报表是计算 EVA 的主要信息来源，但在计算 EVA 之前，要求对报表的相关项目进行必要的调整，以尽量消除会计准则和会计制度的某项功能性缺陷对会计信息的不利影响，从而更加真实、完整地评价企业的经营业绩。

（4）EVA 可以将多种评价指标统一于一身，并且能兼顾企业的短期效益与长期效益，注重企业的可持续性发展。传统的业绩评价体系中，不同的评价目的往往采用不同的评价指标。如评价企业战略规划时，以收入或市场份额的增长为依据；评价长期投资项目效益时，以净现值或投资回收期为依据；评价各部门的业绩时，以投资报酬率或预算规定的利润水平为依据；等等。EVA 结束了这种混乱状况，将众多的评价指标集于一身，并将企业各种经营活动归结为一个目标，即如何产生 EVA。在这一目标的指引下，各部门会自动地加强合作，部门之间的利益冲突便迎刃而解。

（5）将股东财富与企业决策联系在一起。EVA 指标有助于管理者将财务的两个基本原则融入经营决策中。首先，企业的主要财务目标是股东财富最大化；其次，企业的价值依赖于投资者预期的未来利润能否超过资本成本。根据 EVA 的定义可知，企业 EVA 业绩持续增长意味着公司市场价值的不断增加和股东财富的持续增长。所以，应用 EVA 有助于企业进行符合股东利益的决策，如企业可以利用 EVA 指标决定如何在其各个不同的业务部门分配资本，通常一家多元化经营的公司需要在不同的业务部门分配资本。

（6）注重企业的可持续性发展。EVA 不鼓励以牺牲长期业绩为代价来夸大短期效果，也就是不鼓励诸如削减研究和开发费用的行为。EVA 着眼于企业的长远发展，鼓励企业的经营者进行能给企业带来长远利益的投资决策，如新产品的研究和开发、人力资源的培养等。这样就能够杜绝企业经营者短期行为的发生。因此，应用 EVA 不但符合企业的长期发展利益，而且符合知识经济时代的要求，以知识为基础的无形资产将成为决定企业未来现金流量与市场价值的主要动力，劳动不再以成本的形式从企业投入中扣除，资产不再是企业剩余的唯一分配要素，智力资本将与权益资本和债权资本一同参与企业的剩余分配，甚至前者将处于更重要的地位。

5. EVA 的局限性

（1）规模差异。EVA 方法不能充分反映企业或部门之间的规模差异。相比较而言，较大的企业或部门趋于创造更高的 EVA。

（2）财务导向。EVA 是个计算出来的数字，它依赖于收入实现和费用确认的财务会计处理方法。为了提高部门的 EVA，部门经理可能会通过设计决策的顺序来操纵这些数字。有三种典型的做法，可以帮助我们理解这一点。首先，部门经理通过确认的营业收入，在本会计期间的后期，加速执行收入相对较高的订单，在商定的交货日期之前送达用户手中。而获利较少的订单就可能被推迟执行，在商定的交货日期或本会计期间结束之后交货，这么做的最终结果虽然提高了本会计期间的EVA，却降低了用户的满意度和忠诚度。其次，终止一些可自由处理的费用。如在本会计期间结束之前，暂时停止一项由外部咨询公司指导实施的雇员培训项目，节省下来的咨询费用就可以用于冲减当期确认的费用。最后，部门经理可以不更新已完全折旧的资产，保持已超龄设备的继续使用，可以不再确认折旧费用，从而降低会计账面上的资产基数。这样看，可以认为管理者的这些选择是不道德的，但也从另一角度反映出，公司仅仅以EVA来评价管理者的绩效也会造成激励失灵或功能失调，调整会计数字的诱惑对任何管理者都是实实在在存在的，管理者清楚通过不在会计账目上反映出来的办法，能够显著地提高自己的绩效水平。

（3）EVA的调整项目可能并不符合成本效益原则。EVA的倡导者认为，为了消除会计信息的失真，必须对有关会计信息进行调整，调整的数量越多，计算结果就越精确。到目前为止，计算EVA可做的调整已超过200种。因此，他们认为在计算EVA时对营业利润和投资资本进行必要的调整并不符合成本效益原则。

（4）结果导向。会计师注重报告陈述，但不能为非财务部门经理提供解决方案。例如，生产部门经理注重过程导向，对生产率、生产能力等非财务方法更感兴趣，他们往往采取统计方法对生产过程进行控制，以保证机器设备保持在可控状态，提高生产效率，或者在瓶颈工序进行行为分析，以识别无价值的行为，提高生产能力。财务信息的有用之处是可以将其分解为行为成本，从而培养与非价值附加行为相联系的成本意识。通过计算各备选方案的潜在节约量，将创新能力的持续提高放在优先地位。通过计算可能实现的资本投资节约量，提出现金支出的理由。综合而言，EVA在一个会计期间以结果导向累积的财务数据，并不能帮助生产部门经理找到造成企业经营无效率的根本原因。

四、供应链运作参考模型考核体系

供应链运作参考模型（SCOR）是由1996年成立于美国的国际供应链协会（SCC）提出的一个标准的供应链参考模型，是供应链的诊断工具。该模型整合了人们所熟知的业务流程再造、标杆管理和流程度量等领域，构造了一个多功能的供应链绩效评价体系。这个体系的大框架建立在五个基本的管理流程基础上，即计划、资源、生产、交付和退货。按流程的定义可以将其划分为三个层次，虽然这些层次中的流程定义不包括在供应链运作参考模型中，但是我们可以借鉴SCOR模型的思路与方法，寻找企业内部的关键流程及其关键指标，这样就几乎可以对企业的任何流程和流程节点进行绩效考核。目前，供应链管理协会中的300多家会员企业都在使用该体系，包括英特尔和惠普这样的著名公司，但是尚未广泛地推广开来。

供应链运作参考模型考核体系体现了“以流程为核心”的全新思路和“横向一体化”的更加广阔的视野。流程的效率被认为是企业效率的关键，只有为整体业务流程带来价值增值才能满足企业发展战略的需要。以部门责任为基础的考核却在考核层面上人为地割裂业务流程，从而形成利益主体林立的本位主义状态，过度的专业化也使得内部交易成本增加。于是从企业内部看，管理思维从刚性的职能观向柔性的流程观转化，变部门考核为流程考核，打破了部门之间的界限。

在企业内部建立绩效考核体系时将视角定位在企业的通用业务流程上，通过找出流程及其子流程的关键控制点来设立考核体系，建立流程导向的关键事件考核指标集合。这样，即使企业组织有着重大的变革，由于流程是基本稳定的，考核指标不需要有太大的变化，只要在全集的范围内对原有考核指标的取舍微调即可满足企业发展的需要。随着信息技术的发展，各种信息的收集、整理和分析也变得及时与容易，所以涉及的考核指标可以有很多，这里的关键在于流程的识别与理顺。供应链运作参考模型考核体系考核了企业所处供应链的绩效，反映了所有利益相关者的要求，其结果有必要让链上的所有节点企业了解，从而共同努力，提高整条供应链的效率。但如果利用该模型对企业内部流程进行考核，则相关信息也应该保密。

五、以安全为中心的考核体系

（一）国际职业安全协会

NOSA 是国际职业安全协会（National Occupational Safety Association）的简称。NOSA 五星管理系统是南非国家职业安全协会于 1951 年创建的一种科学规范的职业安全卫生管理体系。该体系以风险管理为基础，强调人性化管理和持续改进的理念，目标是实现安全、健康、环保的综合风险管理。当时，由于南非工矿企业较多，工作环境差，人员素质低，经常发生人身伤亡事故，南非政府迫切需要改善这种不安全状况。由南非劳动局制定的一系列安全审核制度，通过对企业进行定期安全审核，为安全表现提供客观的评估，指出需要改善的地方，以减少企业不安全因素，从而有效提高了安全水平，取得了显著成绩。而 NOSA“安全五星”管理系统是在此基础上从 20 世纪 70 年代发展起来的，经过 10 万多次的调查、考察和评估，至今已形成一个集安全、环保、健康于一体的管理体系。

1987 年，NOSA 开始对邻国提供服务。目前，已有 10 多个国家和地区采用 NOSA“安全五星”管理系统，如美国、加拿大、澳大利亚、南非、印度、印度尼西亚、孟加拉国、智利、巴基斯坦、肯尼亚、尼日利亚、巴西、中国香港等。广州蓄能水电厂在 1995 年引进 NOSA 安全五星管理系统。1996 年 11 月，南非 NOSA“安全五星”评核员对该厂进行正式评核，该厂取得了“三星级”良好成绩，并获得“三星级”证书。可以说，中国已成为采用 NOSA“安全五星”管理系统的国家之一。

NOSA“安全五星”管理系统给用户带来的利益包括：

- 减少意外事故的发生；
- 改善工作环境；
- 提高员工的积极性及职业道德；
- 增加产品数量，提高产品质量；
- 增加公司效益；
- 改善沟通和合作关系；
- 减少资金或其他方面的损失。

NOSA“安全五星”管理系统评审内容主要包含以下两个方面：

（1）五大项目73个元素（共2000分）。

楼宇和管理（含10个元素，占320分）；

机械、电气和个人安全防护（含23个元素，占600分）；

消防及防火（含9个元素，占220分）；

意外事故的记录及调查（含7个元素，占160分）；

安全管理（含24个元素，占700分）。

（2）工伤意外事故率（DIIR）。

工伤意外事故率是一个关键指标，表示每年受伤员工占员工总数的百分比率。

工伤意外次数：由工作导致或工作时所受到的损伤，使伤者无法或无法完全履行日常指定职务工作达一个或一个以上工作日的次数。

（二）HSE管理体系

HSE是健康（Health）、安全（Safety）与环境（Environment）管理体系的简称。HSE管理体系是由组织实施健康、安全与环境管理的组织机构、职责、做法、程序、过程和资源等要素有机构成的整体。这些要素通过先进、科学、系统的运行模式有机地融合在一起，相互关联、相互作用，形成动态管理体系。

HSE 管理体系主要以系统安全的思想为基础，把企业中人、物、环境、信息等综合起来作为一个系统，将整个系统中导致事故的根源——危险源作为管理核心，通过危险源辨识、风险评价、风险控制等手段来达到控制事故发生的目的。HSE 管理体系对系统实施全员、全过程、全方位的全面安全管理，并在管理过程中持续不断地根据预先确定的安全管理工作程序，定期审核和消除系统的不安全因素，使企业（系统）能够达到最佳安全状态。

在实施 HSE 管理体系过程中存在如下难题：

一是难以改变以往管理部门各自为政的局面，无法全面整合 HSE 资源、实现 HSE 管理经验共享。

二是难以改变从业人员习以为常的工作方式，员工对自己的职责不明，难以明确岗位责任制。

三是 HSE 管理情况、文件、信息在各环节流转需要耗费大量的人力和物力，短期内，表面上看工作效率不高。

在生产营销易燃易爆、有毒有害和易腐蚀产品的石油化工等企业中，安全环保已成为企业生存发展的最重要问题。没有安全，企业就无法生存，而忽视环保，企业将无法得到可持续发展。HSE 作为一种安全管理体系，已经在实践中证明了其先进性、实用性及可靠性，成为安全环保管理的“必修课”。

HSE 管理体系还根据信息化管理特性，结合石油化工企业安全环保的具体要求，开发出了适合危险品企业安全环保工作的“HSE 信息管理系统”。该系统具有如下特点：

一是利用计算机网络和服务器技术，使 HSE 情况记录工作可在网络中的任何一台拥有 Windows 操作系统的机器上进行，加快 HSE 工作进程，提高 HSE 管理的及时性和准确性。

二是应用本系统的各部门和科室都将管理信息汇入“HSE 信息管理系统”中，由系统汇集各种 HSE 信息，消除了不同部门和科室资源分离、无法共享 HSE 管理经验的现象。

三是“HSE 信息管理系统”对工作流程进行了细分，将工作分配到每个人的岗位，每个相关岗位都有明确的 HSE 工作任务，落实岗位责任制。

以往需要由人工来统计汇总的 HSE 管理信息改由“HSE 信息管理系统”自动完成，既可提高统计汇总的准确性，又可节省 HSE 管理人员的时间和精力，使其更能集中精力投入隐患、事故分析及风险评估中，从而减少隐患、事故，促进 HSE 管理体系良性发展。

该体系由国际知名的石油化工企业不断完善。1996 年 1 月，ISO/TC67 的 SC6 分委会发布 ISO/CD14690《石油和天然气工业健康、安全与环境管理体系》，1997 年 6 月中国石油天然气总公司参照 ISO/CD14690 制定了企业标准 SY/T 6276－1997《石油天然气工业健康、安全与环境管理体系》、SY/T 6280－1997《石油地震队健康、安全与环境管理规范》、SY/T 6283－1997《石油天然气钻井健康、安全与环境管理指南》；2001 年 2 月中国石化集团公司发布了《中国石油化工集团公司安全、环境与健康（HSE）管理体系》《油田企业安全、环境与健康（HSE）管理规范》《炼油化工企业安全、环境与健康（HSE）管理规范》《施工企业安全、环境与健康（HSE）管理规范》《销售企业安全、环境与健康（HSE）管理规范》和《油田企业基层队 HSE 实施程序编制指南》《炼油化工企业生产车间（装置）HSE 实施程序编制指南》《销售企业油库、加油站 HSE 实施程序编制指南》《施工企业工程项目 HSE 实施程序编制指南》《职能部门 HSE 职责实施计划编制指南》，形成了系统的 HSE 管理体系标准。

综观各家理论，每种理论都从各自的角度，在不同层面揭示了一定规律。契约理论侧重于明确企业运行和组织的基本原理，明确多个主体的责、权、利关系。代理人理论则细化多个主体间的复杂关系，着重强调了企业所有者和经营者之间的委托—代理关系。信息不对称理论将切入点转向行为结果产生的内在因素和外在因素。从最开始马斯洛的需要层次理论，分析人的内在因素从而提出激励途径，到麦克利兰的成就动机理论，具体剖析管理层特有的内在需求，发现人已经不能仅仅满足于最基本的物质和精神需求，还要实现满足感和成就感，再到期望激励理论，将预期实现和达到的目标作为人发展的动因。

契约理论、代理人理论、博弈理论等经济学理论主要基于“经济人”假设的观点，即人都是自私自利的，追求个人利益最大化，能够理性地考虑问题。经济学理论对绩效考核的启示主要是要求企业重视个人利益，激励制度的设计要科学、合理。而以马斯洛为代表的行为科学理论主要基于“社会人”假设，即人既追求个人利益，也追求群体利益，注重公众利益；既能理性看问题，也会非理性地带着感情看问题。行为科学理论对绩效考核的启示在于激励制度的设定不仅要注重科学，还要注重人文主义关怀，尽量设计人性化的绩效考核制度。

从以上有关绩效考核的基础理论看，绩效考核主要经历了三个阶段：一是主要以劳动价值论为指导，企业管理以生产为中心，考核的指标主要是企业规模和劳动生产率等，激励企业多生产、多提供物品；二是主要以效用价值论为指导，企业运营以市场为中心，对企业考核的指标主要是销售收入、利润等，激励企业多销售、降成本、获得价格优势；三是以不断丰富的价值理论为指导，企业经营以资本为中心，主要考核资本成本率、资本回报率等资金使用效率的指标，激励企业多做有价值的事。可见，每一种理论都对解决某个阶段的某些问题起到一定的指导作用，同时，都有一定的片面性，需要在实践中不断丰富和发展。绩效考核理论的创新需要综合运用各种理论，形成集合效应。

绩效考核的方法伴随着管理的改革而改进，有几种代表性的方法：一是以杜邦体系为代表的财务比率考核体系，突破早期单纯评价销售额等行为目标的考核，揭示了一些具有重要意义的财务指标的内在联系，因为“财务指标”具有量化、直接、易操作等优点而沿用至今，但是，只对结果进行考核，不能反映过程中那些影响企业绩效的重要因素；二是平衡计分卡、供应链、安全体系等考核方法，较好地反映企业战略实施的绩效，体现了平衡、过程等管理思想，但是，过多的指标很难描述企业经营绩效的考核目标；三是EVA考核体系，以经济价值为中心，较为合理地剔除财务结果中的非经营性收入，并对科研投入等有利于企业持续发展的投资进行资本化处理，较为科学地反映企业绩效的改善程度，但是，战略、文化等影响企业价值的重要因素并没有体现在绩效考核的目标中。可见，每一种绩效考核的方法都是为了达到一定的管理目的而制定的，都有一定的条件限制。这对绩效考核的方法提出了更高的要求，就是要适应生产力发展的需要，要恰当地运用不同的考核方法，要从被动管理转变为主动管理，要从“管控”转变为以激励为主的“导控”管理。

启示

各种考核方法的产生好像是一个人生病时求来的“良方”，用后确实有效，但颇有些“头痛医头，脚痛医脚”的味道，而且往往在“吃药治病”的同时伤了胃。吃过药的人都能感受到，西药治标，显效“明确”，但副作用大；中药治本，很难衡量疗效，但副作用小，而且中医药能在治病的同时对患者进行全面调理。“中西医并重，中西药并用”才能统筹兼顾。

考核不是解决企业改革所有问题的“良方”，也不能代替企业管理，但科学的考核理论有利于引导企业树立正确的价值观，综合、平衡地运用绩效考核方法有利于建立科学的考核体系，“企业素质”全面提高才能达到“健康、长寿、有活力”的高质量可持续发展。

03 第三章 战略绩效考核的理论框架

实践出真知。通过分析可持续发展企业的综合价值观、以人为本、诚信、创新及文化建设等“特质”，可以发现这些正是高质量可持续发展的佐证，也符合有关绩效考核理论揭示的基本规律。经过很多企业许多年的实践总结出来的绩效考核的理论就是关于企业的价值观、价值主体、价值建设、价值审定等方面的系统规律。理论必须经实践者广泛地、反复地检验，绩效考核的理论必须被考核者与被考核者共同接受、不断实践才有实际意义，能被考核双方自愿、自觉、自如地运用才是有用的理论。

本章探索性地提出战略绩效考核的理论框架，一论“三维价值”“四层价值主体”及“价值环”等价值观点，“谐统”考核者与被考核者的利益，揭示全面、协调、共赢的价值关系；二论“五度”的战略观点，体现长远、深入、综合地构建与审视绩效考核的战略目标；三论“六个结合”的业绩观，阐述创造价值、提高绩效的全面、可持续发展的唯物观点；四论以战略绩效为目标的考核观点，强调企业持续发展的关键是建立良好的素质和有生命力的绩效。从多角度论述建立战略绩效考核的必要性和充分性，深层次分析各价值主体在考核与被考核这一矛盾中的重要性，并提出一些解决实际问题的理念和方法。战略绩效考核旨在探寻让人类更快乐地创造价值、更经济地付出成本、更有效地改善生活的科学规律和行为艺术。

第三章 战略绩效考核的理论框架

20年再版"自我测评"

20年前，我思考"业绩考核"与生产力、生产关系相关性。《战书》提出价值环、三维价值观、四层价值主体、五度考核、六个结合等哲思。

20年来，我经历"机电信数智"时代叠加，我参与保值增值、急难险重、科技创新、节能环保、乡村振兴、社会责任工作。我体会，"三维价值观"是战略绩效考核"启点"，"四层价值主体"循环推进考核，破考核"价值环"，"五度考核"是指标体系和方法论，"六个结合"是生态建设。

未来，我领悟，正心正举，致善致美，人类命运共同体。提升人财物、产供销、责权利"九宫格"管理理论未来模式，完善点线面、信数智、链网云"九连环"治理理论未来生态，坚守心中有爱、眼里有光、手上有事、脚下有路、未来有梦使命，深入研究"未来考核学"，理论探索，力求言之有"悟"！

第一节 “三维价值观”和“四层价值主体”

本节思考：

1. 企业应如何树立以高质量可持续发展为目标的价值观?
2. “四层价值主体”的价值观在企业绩效中应如何体现?

在此研究的价值是管理学范畴的价值，主要以货币等形式衡量公司的价值为主体，同时以马克思主义政治经济学中的价值为指导。企业价值观融于企业经营思想和管理哲学之中，并构成强有力的支撑企业最基本信念或信仰的体系，是企业最根本的内在约束，是企业制定一切制度和措施的前提。战略绩效价值观是与企业各价值主体相关联的，关于企业生存、发展意义的总的看法和总的观点。通俗地说，就是指企业对什么是最有价值的，企业为什么而存在，企业采取什么样的行为方式求发展等问题的看法。它表现为企业对所期望的目标做出的价值选择，对自身存在的意义的认识，确定企业行为合理性原则以及指导企业健康发展的价值取向。

一、“价值环”的四个环节

（一）企业可持续发展的“价值环”

从价值观的角度，重新审视企业的价值创造。价值创造是一个过程，而且这一过程需要是永动的，这个价值环要保持持续的转动，才能完成价值创造。当然，不同的行业、领域、阶段等，保证其转动的要素组合也不同（见图3－1）。

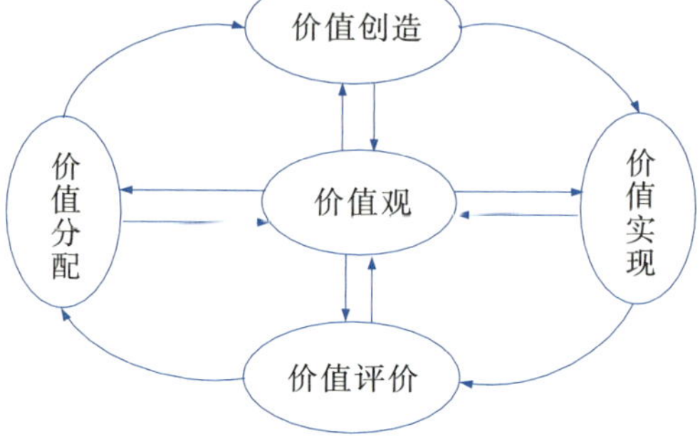

图3－1 企业行为的价值环

企业的价值观渗透到企业生存与发展的每个环节，价值观的确定是企业的首要任务，价值观能够决定企业的行为导向，制定正确的企业发展战略，价值观是整个价值环的核心。可持续发展企业的价值观以全面的可持续发展为支撑点，需要建立在正确的自然价值观的基础上，并体现企业和社会的协调发展。

企业日常的采购、生产、销售、库存等管理行为都可以看作企业价值的创造过程，在这个过程中，既包括每个环节的经济价值，例如，企业的现金流、收益、风险等，也包括企业的规模、市场、存续期等，价值创造是企业生存与发展的前提条件。

企业的绩效考核制度则是对企业价值的一种评价制度，从价值论角度分析，企业的绩效考核制度不能仅仅局限于对财务指标的考核，还必须包括对企业管理能力、社会责任等非财务指标的考核。结合可持续发展企业价值实现的方式，价值评价方式必须强调和突出内在主动性、组织协调性和学习持久性等，其价值评价方式应该在宽口径、多维度的基础上，实现对经济价值、文化价值和社会价值“三维价值”的综合评价。

企业的激励制度和薪酬制度则是对企业所创造综合价值的分配过程，这个过程不仅能够影响企业的发展战略和文化，而且反作用于企业的价值观，影响员工对已有企业价值观的认同感。可持续发展企业的分配机制综合按劳分配、按智分配、按资分配、按需分配等思想，充分激发每位员工的内在动力和积极性，构成以人为成本、以人为资本、以人为智本、以人为根本的“以人为本”分配制度，“价值分配制度”将成为企业长远发展动力机制的重要组成部分。

可持续发展企业的价值管理注重在每个环节都以价值观为基础，通过不同的组合决策分析，制定出合理的战略决策，激励企业高效率、低投入地创造价值，有效地、最大化地实现价值，全面、动态地评价价值，合理、协调地分配价值，使“价值环”持续、平稳、健康地运行。

（二）价值观是战略绩效考核“价值环”启动的引擎

可持续发展企业的“价值观”是制定战略、实现系统价值的综合观点。因此，“价值观”对可持续发展企业战略制定至关重要。在越来越激烈的市场竞争中，可持续发展企业的战略应该建立在顺应现代经济发展和企业自身要求的价值理念基础上。企业的“核心价值观”决定着企业的兴衰成败。

1. 价值观是企业长久发展的基石

企业的价值观就是企业的最高理想、信念和最高目标。价值观属于意识形态范畴，是企业精神的基础，是企业发展的精神驱动力，在企业文化中居核心地位。因此，企业价值观在企业的发展中有“定盘星”的作用。

第一，导向性。企业价值观作为一种价值目标、价值取向和价值标准，为企业内部提供走向共同目标的指导性意识，也为企业员工的日常行为规范提供方向性前提；它决定着企业发展的取向和企业行为的选择，因而决定着企业的生死存亡。如果仅以“利润最大化”作为基本价值观，就可能使企业成为一味追求金钱、唯利是图的赚钱工具，最终在市场竞争中被社会淘汰。而以“服务至上、兼顾利润”为基本价值观的企业，则会朝着不断满足社会需要的方向发展，实现可持续发展。

第二，凝聚性。企业价值观为企业职工提供了共同价值尺度。这种价值观内化后，可以成为联结职工个人目标与企业目标的精神纽带，也为企业员工提供了强大的精神支柱。它能使员工把个人利益同企业利益紧密地联系起来，使员工把维护企业利益，促进企业发展看作自己的责任和义务，从而激励员工以高昂的士气为实现企业目标而奋斗。

第三，规范性。企业价值观作为一种精神力量，能够使企业员工在思想观念上把握前进的共同目标，从而支配每个员工的行为方向。在企业价值观的支配下，每个员工都会自觉地按照企业共同价值取向的要求，不断地修正自我的价值取向，使个体的理想信念、行为方式不断地和群体的价值相互融合，从而在生产经营活动实践中发扬共同的企业精神，遵循共同的企业道德，齐心协力地去实现企业目标。

第四，塑造性。企业因为有了自己的价值观，才有了自己特殊的思维方式和行为方式，从而形成企业独特的个性，进而塑造企业的特有形象。正因为如此，可持续发展企业都把企业价值观的建设作为企业管理的重要手段，并且十分重视企业价值观的研究和塑造。

战略价值观的优劣关系着企业战略质量的高低，战略价值观是否得到认同，关系企业发展的“持续度”，因此战略价值观是可持续发展企业的根本所在。围绕战略价值观制定战略后，不能只停留在企业高层管理者和战略研究人员层面，而应该让执行战略的所有人员都能够了解企业的发展方向，利用共享价值观这条精神纽带团结所有的人员，使这条纽带具有导向、约束、凝聚、激励及辐射作用，从而激发全体员工的热情，统一企业成员的意志和欲望，齐心协力地为实现企业战略目标而努力。价值观正是激发人们的热情、统一全体成员意志的有效手段。

2. 战略绩效考核价值观的分层

（1）核心价值观。

战略绩效考核价值观的“核心价值观”是指导企业所有行动的原则，也是企业文化的基石，是企业价值观的核心。战略性绩效“考核价值观”通过对企业素质和价值创造能力的考核而不断提升，“核心价值观”随着企业文化、战略、战术、竞争或政策的改变而不断改良，“核心价值观”随着企业的长久生存而不断演进。

（2）目标价值观。

战略绩效考核价值观的“目标价值观”是指企业通过努力能够实现，但目前暂时没有实现的价值观。例如，某家公司需要发展一种新的价值观以支持新的公司战略，或者满足不断变化的市场和行业的需求。要谨慎处理目标价值观，以保证其不会削弱核心价值观，而是成为核心价值观的有益补充。战略绩效考核价值观的“目标价值观”是指企业在一定时期必须实现的，就经济价值而言就是一定数量的经济目标，如企业的 EVA 必须达到某个目标值。阶段性的投资、市场、规模等也属于“目标价值观”的内容。

（3）基本价值观。

战略绩效考核价值观的“基本价值观”是建立以价值为基础的企业文化和社会责任感，通过基本价值让企业的所有成员都认可和执行，“基本价值观”是每一位员工都必须遵循的行为和社交的最低标准。不同公司的“基本价值观”差异不大，尤其对同一地区或同一行业的公司来说更是如此，这就意味着不可能凭借基本价值观把一家公司及其竞争对手区分开来。但是，以基本价值观为基础，对那些新型战略的价值观念进行“细化”，形成与战略目标相吻合的价值观，才能形成企业员工的价值观、行为准则与战略实践目标，进而使生产关系适合生产力发展的需要，才能促进企业生产力的发展。

（4）附属价值观。

战略绩效考核价值观的“附属价值观”是自然形成的，它不是由领导者有意培植的，会随着时间的推移在公司生根。“附属价值观”通常反映了不同时期、不同地域组织中员工的共同利益或特性，对公司起着很好的润滑作用，可以帮助企业营造一个包容的氛围。

（三）价值创造是战略绩效考核“价值环”可持续运行的“发动机”

从哲学的角度分析，价值创造活动包括物质价值创造、精神价值创造和制度价值创造。战略绩效提出的三维价值观正是从这三个方面引导企业，渗透到企业价值创造的每个环节的。“价值创造”是企业生存的“发动机”，时代给我们提出的重大课题就是如何高质量可持续发展。因此，我们需要特别关注“价值创造”的动力、功率和持续性。

“价值创造”是一种广义的创造，一切为了满足不同主体需要而进行的创造活动都可以看作价值创造。生产出适合人们需要的物质产品是价值创造，发明出新的科学技术是价值创造，建立新的理论体系是价值创造，改革和完善社会的发展制度也是价值创造。可以看出，价值创造的内容是十分丰富的。回顾现代化的历史进程，“工业文明”时期，无论是“原发式发展”模式还是“后发式发展”模式，走的都是大量使用能源和资源、消耗周边生存环境的“途径”。中国是世界上人口多、资源相对贫乏的发展中国家，面临着发展经济、走向富强和保护生态环境等可持续发展的多重任务，可持续发展将成为企业必须承担的社会责任。企业不能继续采用大量消耗资源、损耗生态环境的粗放式发展模式，而需要探索经济、社会、资源和环境相互协调发展的“价值创造”新路。

（1）物质价值创造。“物质价值创造”包括物质资料的生产与再生产，是企业赖以生存的基础，也是推动企业发展的根本动力，更是企业实践的基础和整个社会的实践基础。战略绩效考核通过利润、净利润、EVA 等经济指标，以及利润和成本的对比关系等，考察企业、“物质价值制造”的运营效率和效果。

（2）精神价值创造。“精神价值创造”表现为精神产品的生产和再生产，是从物质生产中分化出来的一种生产形式。精神生产以物质生产为基础，又对物质生产有一定的反作用。精神生产为人们的精神生活提供丰富多彩的精神食粮，满足人们对精神生活的追求。战略绩效考核就是基于精神价值创造对物质价值创造的作用和影响，将精神价值作为一项重要的考核内容。“精神价值创造”突破传统的绩效考核模式，强调企业的文化价值和社会价值。

（3）制度价值创造。“制度价值创造”表现为通过根本性的社会制度革命或社会体制改革使之科学化、合理化和完善化，以适应社会生产力发展的要求。战略绩效考核所关注的是企业公司治理机制、组织结构和创新能力等，强调企业自我突破和可持续发展的制度基础。新质生产力发展需要不断改善“制度价值创造”。

可持续发展企业的“价值创造”能力充分体现在学习上。没有成效的学习，不能形成强烈的学习氛围，不能让学习成为干部、职工工作和生活的有机组成部分，企业的学习力和创新力就缺少了成长的土壤。学习应该成为企业的精神，而不只是提高队伍素质的途径和手段。学习能力最终将转化为创新能力，也只有不断地创新才会不断地超越和发展。在内外部条件相同的情况下，创新能力大小拉开了企业间的差距，进而我们会在发展、创新方面获得效益。创新能力是学习能力的综合体现，我们必须通过各种形式的努力，营造一个鼓励创新的文化氛围，让创新成为人们工作和生活的重要内容。

（四）价值实现是战略绩效考核“价值环”可持续运行的“传动机制”

“价值实现”是在价值创造的基础上通过多种方式将所创造的价值体现出来。如果说价值创造的过程是产品加工和生产的过程，那么价值实现就是产品在市场上进行交易的过程。价值实现的透明程度、合法程度、科学程度都将对创造的价值产生影响。对于企业而言，能够适应市场化竞争的需要，按照公平竞争的原则成为市场合规的参与主体，才能保证最终实现的价值是有效的。

可持续发展企业的“价值实现”可以通过规章制度、计划要求等去实现，但这些都很难避免“人为因素”。“价值实现”要倡导道德、信念及行为规范形成人们的自觉行动，达到自我控制和自我协调。不同的价值观将引导和塑造不同的行为，也就会相应地导致不同的结果，最终达成不同的目标。所以，员工认同的优秀“价值观”对企业价值的实现尤其重要。如果员工从内心认可企业的“价值观”，那么员工主动地自我控制、员工间的非正式监督与“公序良俗”道德准则结合在一起，员工会比在正式制度下更愿意服从，“引导”员工行为就会比只有正式“管控”更为有效，在“价值实现”过程中就会减少一些有意“钻空子”的行为和恶意的破坏行为。

（五）价值评价是战略绩效考核“价值环”可持续运行的“仪表盘”

“价值评价”是人们在日常生活和社会实践中经常进行的认识活动，表现出人们对客观存在的价值关系的肯定或否定的态度。“价值评价”是“价值环”的重要环节，“价值评价”是考核主体对考核客体“客观评价”和“主观评价”的综合评价。“价值评价”绝不是主观自生的东西，但是，价值评价的发生、内容、方式都是由价值评价者认定的，而且人们只有通过“价值评价”才能认识价值、把握价值、创造价值，进而消费价值。“价值评价”实际上是价值评价者对价值创造“客观存在”的“主观认可”，是评价者对价值创造者“有无价值”及其“价值大小”所做的判断。

企业“价值评价”在企业经营决策中极其重要。企业财务管理的目标是企业价值最大化，企业的各项经营决策是否可行，必须看有关决策是否有利于增加企业价值。在现实经济生活中，往往出现把企业作为一个整体进行转让、合并等情况，比如企业兼并、购买、出售、重组联营、股份经营、合资合作经营、担保等，都涉及企业整体价值的评价问题。在这种情况下，要对整个企业的价值进行评价，以便确定合资或转卖的价格。所以，企业“价值评价”并不是对企业各项资产的评估，而是一种对企业资产综合体的整体性、动态的“价值评价”。

战略绩效考核观的“价值评价”具有综合、动态的特性。战略绩效考核的“价值评价”标准源自可持续发展企业的特征和发展需求，战略绩效考核的评价指标涉及经济和非经济、个人性和社会性、理性和非理性、多维性和统一性、变动性和稳定性的统一。

（六）价值分配是战略绩效考核“价值环”可持续运行的“油门”

“价值分配”是对价值评价结果的实践和反馈。通过价值评价，价值评价者的主观认知可以决定和影响价值分配的内容和形式。按照公平和公正的原则，通过一定程度的惩罚或奖励，“价值分配”的结果能够对价值创造者产生激励或约束作用，使之自觉发挥主观能动性，多创造价值。“价值分配”应该引导价值评价者更自觉地客观地反映、评价价值，同时，“价值分配”也要激励价值创造者、价值评价者自觉警惕和抑制不合法的行为，“价值分配”更要控制好“价值环”可持续这样的“油门”。

1. 价值分配对战略绩效考核价值观的协调性

首先，“价值分配”体现在对绩效考核结果的反馈环节。战略绩效考核是一个动态的考核体系，始终保持较强的针对性和适应性，对于每个环节所反馈的信息及时进行整理和分析，对战略绩效考核体系进行调整。其次，“价值分配”已经成为价值环中不可或缺的“能量表”，能够及时反馈价值创造过程中的认识程度，提示管理者主动按图索骥地去进行思考和检查。

2. 价值分配对战略绩效考核价值观的适应性

价值分配机制具有很强的调节能力，表现为很强的针对性和时代特征，需要针对企业的特点和需求，设计不同的分配方案。经历了技术、管理和企业制度深刻创新和变革后，现代企业管理已将管理耗费、研发耗费、营销耗费等列入“价值分配”过程中应予补偿的重要因素。党的十六大首次确立劳动、资本、技术和管理等生产要素按贡献参与分配的原则，这就将财富的创造与财富的分配内在地统一起来。党的十六大明确指出：“要形成与社会主义初级阶段基本经济制度相适应的思想观念和创业机制，营造鼓励人们干事业、支持人们干成事业的社会氛围，放手让一切劳动、知识、技术、管理和资本的活力竞相迸发，让一切创造社会财富的源泉充分涌流，以造福于人民。”“一切合法的劳动收入和合法的非劳动收入，都应该得到保护。”战略绩效考核所倡导的价值分配机制，首先要符合企业可持续发展和市场经济发展的要求，其次要在企业微观主体充分体现公平和公正，再次要强调实现个人物质和精神的需求。

对于可持续发展企业，价值分配机制应密切结合创新型的激励机制，以个人对企业的贡献为基础，通过有效的分配方式真正激发个人学习的潜在动力，建立一个激励创新的分配机制，渗透全员、全面、全过程参与的思想，成为各级组织改善工作的有效途径。“数智经济”

时代，“数智资产”的确权、确值、确品都将成为“价值分配”的重要依据。

二、“三维价值”协调发展

企业价值观是制定公司战略和制度的出发点和归宿，是实现企业制度与企业经营战略的重要思想保证。战略绩效考核价值观立足于可持续发展企业所倡导的经济价值、文化价值和社会价值，在科学发展观的指导下，建立高质量可持续发展的价值考核生态体系。

（一）经济价值是战略绩效价值观的重心

企业是出资人出资办起来的，没有出资人出资就没有企业。出资人出资的根本目的是实现保值增值，其中，“以本求利”是市场经济的主要形式，企业要强化“资本成本”观念，即出资人的投资不是白给的，他们不但要通过分红在尽可能短的时间内收回等额的资金，而且期望赚钱，获取更多的利益。如果企业经营没有创造出大于机会投资成本的价值，没有实现经济增加值，甚至经济增加值长期为“负数”，就是从某种意义上侵蚀出资人的价值，那么出资人对企业投资不如存入银行获得利息收入，出资人将不会再注资，继而移资他用，甚至让经营者“下课”，最终导致企业倒闭、破产。

从可持续发展企业自身的发展来看，这些企业都注重追求卓越的价值观，注重在企业内部创造一个追求卓越的良好环境。我国企业面对各种挑战，逐步建立可持续发展企业模式，建立中国式企业管理理论，构建世界一流企业。与此相适应，做强做大做优都要追求经济增加值，实现真正创造财富的企业价值。

（二）文化价值是战略绩效价值观的核心

从表面上看，企业文化对企业的价值观也许不是最直接的作用因素，但综观世界成功的企业，其长盛不衰的原因大致有三点，即优质的产品、精明的销售和深厚的企业文化底蕴。企业文化是最具魅力的因素，所以战略绩效考核尤为关注企业文化的价值。

从“以人为本”来分析，企业文化价值是指管理活动中能满足人和社会行为的正确性、做事的有效性及分配的公平性等精神文化的需要，“文化价值”的战略性体现在主观意志的合目的性和社会发展的合规律性相统一。

战略绩效企业“文化建设”的五个方面：

第一，战略绩效“文化建设”要着眼于系统化。文化的系统性表现在企业的不同部分和不同层面，形成具体的文化内容，进而形成一个统一、协调、张弛有度的文化体系。由于人必须进行价值选择来满足自己的各种需要，但人的这种价值选择是自觉的选择，所以，它既按外在客观事物的尺度，又按内在需要的尺度进行选择。这就要求企业文化既要保证价值的整体性和核心价值体系的统一性，又要充分考虑不同群体特点，调动其进行文化适应的积极性。

第二，战略绩效“文化建设”要处理好继承与发展、国际化与民族化的关系。文化是最具连续性的财富，这就要求企业文化建设必须很好地继承过去文化中的优秀成分。“文化建设”不能将过去的文化全部推翻，另起炉灶，更不能崇洋媚外。“文化建设”要正确理解国际化的内涵，充分考虑中华民族文化背景下生活、工作的员工文化特征，在植根于中国文化的基础上体现与国际接轨，处理好国际化与民族化的关系。

第三，战略绩效“文化建设”必须以人为主体。文化的变革和构建要以人为本，真正把员工的发展作为企业发展的主要目标之一，运用新型的、员工乐于接受的工作方法，将企业文化导入每个员工的心灵深处。社会主义企业文化价值观的核心是“以人为本”，这主要是从个人与集体、企业与社会、企业与顾客等方面进行考察的。社会主义企业要以职工为本，以顾客为尊，以“为了人、依靠人、塑造人”为企业价值观建设的出发点和落脚点，推进企业改革和管理。从企业内部看，企业要以职工为本，这是企业永葆活力之“魂”。其基本要义是企业从基本理念到具体的管理原则和方针，都要从职工出发，以职工为核心和目的。从企业与顾客的关系看，企业要以顾客为尊，追求顾客满意。

第四，战略绩效“文化建设”要与国家文化建设相融合，要有持之以恒的决心。“文化建设”是精神领域的责任，而企业是社会组织中最重要、最广泛的主体。一方面，文化建设必然要以企业文化为依托；另一方面，企业的微观文化要统一于国家的宏观文化。企业文化的建设要从宏观文化体系中汲取爱国主义、集体主义等内生动力，应在企业落实、生根。国家倡导实施全民道德建设，企业道德建设是重中之重。

第五，战略绩效倡导持续创新的企业“文化建改”。“机电信数智”五代叠加，科学创新和技术创新日新月异。每家企业和每位企业家都应当树立持续创新的价值观，只有不断创造，才能为企业赢得竞争优势，才能为企业持续发展提供“新鲜血液”。事实证明，优秀的企业无不重视创新价值观的培育。在我国，创新更是企业走向市场不可缺少的制胜法宝。上市公司、世界500强、卓越企业等所有企业都需要持续全面创新，只有在企业内部培育和形成一种良好的创新文化氛围，并按照市场需求不断优化，从开放的角度理解领会政策，不断探索经营管理的新途径、新方法，创造和开发新产品、新工艺、新管理、新流程、新经营理念等，才能走向持续发展振兴之路。

企业文化作为企业的核心竞争力可以成为战略优势，它主要依靠一股强大的思想力量——核心价值观。“企业文化”推动全体员工向同一目标不懈努力，“核心价值观”必须是特有的，而且不容易被模仿。优秀的“核心价值观”往往体现了企业的历史积累，作为企业文化的核心，企业的“核心价值观”是坚定的，如果一家企业的核心价值观频繁变动，那么价值观念对员工的约束作用和导向作用就会消失，甚至会混淆视听，产生负面效果。

（三）社会价值是战略绩效价值观的基础

可持续发展企业要实现“社会价值”，就必须承担相应的社会责任。目前，关于企业的社会责任主要有两种观点：第一种观点是照顾利益相关者的利益，使企业变得更有利可图；如果忽视利益相关者，则是冒风险，而与重要的利益相关者对立更可能危及企业自身的生存。第二种观点是论证说，公司无论如何发展，都有一种伦理责任，应对利益相关者的要求做出恰当的回应。前者可以称之为“工具性观点”，后者则可以称之为“正义性观点”。

“工具性观点”立足于是否对完成公司目标有利，包括近期目标和长期目标。“工具性观点”总是考虑“利益关系”，特定的利益相关者可能对组织施加压力，或证明他们对公司达到目标起了支持作用。“工具性观点”还考虑利益相关者与公司进行对抗会给公司造成多大损失这样的问题。以“工具性观点”看，企业对利益相关者承担责任，就是一种最好的广告，有助于企业提升形象，提高知名度，获得商机。事实上，“工具性观点”在利益相关者的要求与企业社会责任不一致时经常难以取舍。

“正义性观点”强调做“正确的事”，它可能超出对公司的净成本分析。当公司决定给顾客的商品要保证安全时，所考虑的是消费者或用户等利益相关者人身安全方面的合法利益。比如，当一家生产热水器的企业发现相当一部分热水器有严重的安全隐患时，做出了收回其所售产品的决定，也许因此要蒙受巨大损失，甚至危及企业生存；但这家企业的经营者做出决定的出发点绝对不是企业自身的利益，而是用户或消费者等利益相关者的利益。可见，持“正义性观点”的企业有着强烈的诚信责任感、道德责任感和法治责任感，并以此作为企业经营的约束底线。

“正义性观点”最大的可取之处在于它认识到企业社会责任对企业发展的意义：不是把企业社会责任当作一种负担，而是把“社会责任”当作市场竞争日趋激烈条件下竞争制胜的宝贵资源。“正义性观点”在一定程度上防止了“急功近利”及“鼠目寸光”。其实，企业社会责任对企业的意义更大程度上是通过促进整个社会文明进步，促使社会秩序和市场经济环境良性发展来实现的，而正义性企业社会责任观为此提供了保证。因此，虽然企业存在的理由主要是赚钱，但这只是企业存在的第一理由，并不是唯一理由。企业还需承担社会责任，为促进市场经济环境良性发展做出贡献。

“战略绩效”的企业价值观，要求企业应从社会发展和自己应尽的社会责任的高度来处理经营管理问题，树立正确的义利观，为社会提供优质产品和优质服务，实现企业经济效益与社会效益的统一。

三、“四层价值主体”的价值观

对价值主体进行合理分析，为的是更好地协统“四层价值主体”的价值观，形成学习型企业的共同愿景。不同的价值主体客观地兼顾经济价值、社会价值及文化价值，才能实现兼顾出资人、经营者、劳动者、社会公众四个方面利益，能够充分实现企业相关利益主体之间利益的平衡与制约，实现企业和社会的协调发展，这也是可持续发展企业系统思考的特征。

战略绩效考核基于可持续发展企业的“八大特质”，从管理学的角度对价值主体进行分析，提出出资人、经营者、劳动者、社会公众“四层价值主体”。“四层价值主体”的定位非常重要，业绩考核过程中，是只顾一个主体，还是兼顾各个主体？先后顺序是什么？相互关系是什么？业绩考核的核心就是价值观的问题。研究企业价值观，应将企业价值观与构成企业的利益相关者的价值观予以明确，主要包括出资人的价值观、经营者的价值观、劳动者的价值观及社会公众的价值观。办好一家企业，企业要做的事情很多，政府和社会各界对企业的要求很多。因为事物都是有联系的，从任何一个角度，都可以设想出一系列的价值理想，经过不断提炼都可以形成一种观点，并在一定范围内传播。每一个利益主体都希望以自己的利益为中心推动事物的发展，以有利于达到自己的目的。每一个利益主体都有自己的价值观，自己的价值观一定要平衡利益相关者的价值观，这样才能更加有利于践行自己的价值观。当然，一个事物的利益相关者的价值观对事物整体价值的影响程度有很大区别，企业决策层的价值观对企业的价值观起着方向性作用，甚至是生死存亡的作用。也就是说，企业价值观可以分为几个层次进行论述。

（一）出资人的价值观

战略绩效“出资人”的价值观是完成战略目标及“保值增值”。也就是说，无论是国企还是非国企，一般意义上企业以赚取利润为中心，可持续发展企业首先要有立企之本，才能持续获取利润。在市场经济条件下，出资人的原动力是赚取利润，越来越多的出资人认识到赚取利润的原动力是刚性的，而且出资人的价值观必须与企业可持续的价值观相融合，才能持续分得企业的“合作剩余”。企业要持续发展，就一定要有较强的整合资源的能力，一定要有充分发挥人力资源、实物资源、资金资源等综合作用的能力，也就是要有良好的“生产关系”，才能有持续创造经济增加值的能力，才能使出资人的投资持续增值。

对于国有独资企业而言，“出资人”是国家。国家投资办企业一般有两个目的，首先是实现国家“战略目标”，其次才是“保值增值”。出资人这样的价值观与一般意义上的股东价值观不完全相同，不能轻易踩“刹车”，不能不赚钱就关门。这不是因为中国国有企业太“慈善”，而是体现了可持续发展企业“以人为本”的价值观。要说明的是，出资人不能轻易因暂时不盈利而关门，但对于破坏人类生存环境的企业应及时“叫停”。国务院国资委逐步规范“公司制”建设，董事会在经营过程中需要从出资人利益出发考虑问题，维护国有资产“人民至上”的利益。

对于国有控股公司而言，随着产权制度的改革和股份制改革的完善，以及股票市场和上市公司的健全，股东成为公司最为重要的利益相关者之一。国家投资也以股东的身份出现，维护国有股东和中小股东的利益成为企业的共同经营目标。

股东投资办企业的目的是获取利润。如果企业利润丰厚，股东分红甚多，就会吸引更多的投资，扩大企业的经营规模，或介入其他生产领域。如果企业没有利润，甚至亏损，股东的利益受到损害，股东就会设法抽走资金，企业就难以经营下去。股东还可以通过企业法人治理结构行使决策权，对经营者进行选择和监督。随着产权制度改革的深入和现代企业制度的完善，我国绝大多数企业将成为以股份制为主要组织形式的混合所有制企业，股东的价值观是企业发展的必要条件。

（二）经营者的价值观

“经营者”是企业中能够对社会资源和企业资源（包括人力资源）进行配置的主体，配置效率取决于经营者对资源的“复合函数”，配置效果取决于企业家的水平和努力程度“复合成果”。经营者的努力程度反映经营者的价值观。“经营者”也是自然人，“经营者”的原动力也来自经营者个人的效用最大化，这个效用可以是金钱、地位、权力等，也可以是成就感和奉献精神。“经营者”的价值观与企业的价值观有时是一致的，有时是不一致的。

1. 经营者首先要确定自己的核心价值观

“经营者”承担着领导的责任，“经营者”有时体现领导岗位价值观，有时体现“当官”的价值观，同时还要有完成经营业绩的能力。俗话说，“经营者”既要“当官”，更要“做事”。有的人“做事”只是为了能“当官”，有的人“当官”是为了把握“做事”的舞台和权力，“经营者价值观”会体现多重价值观。战略绩效对“经营者价值观”要求以“做事”为前提，起码是为“做事”而“当官”，不能为“当官”而“做事”，甚至只“当官”不“做事”。经营者如果一切以有利于“当官”为前提，就会出现不惜一切代价做表面文章，不顾员工、顾客，只满足个人利益的恶劣行径。不过，“经营者价值观”是可以变化的，这种变化在很大程度上取决于对经营者的激励机制。激励机制针对经营者价值观形成“内在价值”和“外部价值”。“内在价值”是经营者个人效用最大化，最直接的激励是经济激励；“外部价值”是为出资人增加利润、为员工谋取福利和为社会做贡献。经营者的价值观就是要将这些利益予以平衡，保持企业的持续发展。实践证明，经营者的利益首先与激励程度和代理成本相关，而且经营者总是面对持续变革的挑战。所以，经营者坚定自己的核心价值观非常重要。

2. 经营者是价值观沟通的桥梁

“经营者”作为出资人的委托人，就要实现出资人的价值要求。同时，经营者作为一个团队的领导，重要的任务是必须同时生存在多种价值观中，既包括创新的、学习的、先进的价值观，也包括更大范围的、基础的与传统的价值观。这就需要“经营者”了解被管理者的不同思维和不同想法，进行充分的沟通，才能将出资人的价值观融入整个企业的价值体系。

3. 经营者的考核以企业价值观为中心

“经营者”既是出资人考核的对象，也是考核企业员工的主体。

出资人对经营者考核以企业价值为中心，经营者对内部考核还要兼顾员工、顾客等的价值观。不可忽视的是经营者也是自然人，也会追求金钱、地位等，在错综复杂的价值观的矛盾中，战略绩效考核要求对经营者的考核要以有利于企业持续发展为核心价值观。考核企业的管理层是考核企业的一项必不可少的内容。管理层的执行效率、管理方式、经济利润的创造能力都成为管理层考核的内容。作为被考核者，考核的结果和评价能够对“经营者”形成制约和激励效果，引导“经营者”自觉约束管理行为，降低委托—代理成本。

（三）劳动者的价值观

从管理学的角度说，劳动者是人力资源；从经济学的角度讲，劳动者应作为“人力资本”。“市场竞争归根结底是人才的竞争”这句话是老生常谈，但是真正能理解并落实这句话的企业目前还不多。很多企业长期习惯于人力资源的“被动安排”，要求劳动者“无私奉献”“无条件服从”，人力资本的价值以简单的劳动时间和价值实现为标准，而忽视了智力资本及价值创造过程的差异，没有充分发挥人力资源的作用，没有充分体现“人力资本”的价值。市场经济时代人力资源管理的革命性是显而易见的，“人力资本”价值的发掘、实现更要引起足够的重视。

从企业内部来看，充分发挥每一位员工的积极性、创造性和潜能，是企业获得生存与发展的基本前提。长期以来，各种管理都不同程度地存在忽视广大员工积极性的现象。在很多公司，由于员工价值观没有充分发挥作用，员工被认为是“有钱就行”的机器，因此有些员工的工作就成了单纯的应付。为了充分调动每个人的积极性，很多管理者和管理学家费尽心机，但要充分发挥员工的全部潜能，就必须深入分析员工的价值观。

“劳动者价值观”是从低层次向高层次转变的。按马斯洛的需要层次理论，人首先要满足的是低层次需要，低层次需要被满足后则转向高层次需要。劳动者是优质产品和优质服务的直接提供者，也就是利润的直接创造者。越是高新技术企业，人的作用越大。无论何种资本形态，都必须依靠劳动才能获得资本收益。越是复杂的知识型劳动，劳动者“智力资本”的收益越高。可持续发展企业推行以人为本，必须在生产管理中注重关心人、尊重人、信任人。树立关心员工、尊重员工、信任员工的人文思想理念，创造一种和谐的企业环境，以此激发员工的内在潜力，为实现企业目标服务，激发员工工作的使命感。

可持续发展企业通过调动员工的能动性，尊重员工的首创精神，充分体现员工的人生价值，为员工营造发展和提升的空间，提高员工工作和生活质量，从而使员工成为企业发展和提高“企业素质”的动力源泉。“胖东来”创始人于东来说：“员工好了，企业的凝聚力就强了，员工愿意干了，管理层操心就少了。”

（四）社会公众的价值观

企业是员工与“社会公众”相互沟通、联系的中介，企业盈利不仅提高了企业员工的生活质量和工作质量，也为出资人带来了持续利润，更重要的是为“社会公众”提供了有价值的产品或服务，满足了人类物质和精神上的需求。可见，社会越进步，为企业提供的基础的、法律的、科技的、宏观调控的条件就越好，企业发展就越快。因此，有关企业合法经营、依法纳税、保护环境、节约能源、维护安全、增加就业、奉献回报社会、不断促进社会进步都是“社会公众价值观”。

战略绩效价值观要让企业意识到，顾客、供应商、社区、税务、就业、环保、政府部门等“社会公众价值观”统筹兼顾才是最终的价值源泉。企业要实现战略绩效的价值，就要综合关注经济价值、社会价值及文化价值。只有使出资人、经营者、劳动者及社会公众的价值观协同为“共同愿景”，企业才能持续发展，才能实现战略绩效。战略绩效要求企业树立一个为顾客、为消费者等“社会公众”服务的观念，使企业的服务方式和服务态度不断提升，企业要盈利，就必须把企业的产品和服务投入市场参与竞争，谁注重“社会公众”的价值观，谁就能争取到顾客、争取到市场，就能获得较高的市场占有率和盈利率。

总之，不同的考核主体对于企业业绩有不同的要求，战略绩效考核倡导对企业业绩做出公正和客观的评价，满足不同主体的不同需求。

四、借“企业汽车说”比喻“战略绩效考核”

（一）“企业汽车说”概述

为了较形象地说明、理解、评价《战书》中提出的“四层价值主体”“价值环”“五度考核”之间的关系，我把“企业”比喻成大家最熟悉的“汽车”，称为“企业汽车说”。在此，“汽车”泛指各种动能、各种品牌和各种功能的四轮动力车。

“企业汽车说”主要内容包括三个方面：一是借汽车“驾驶员”比喻企业“总经理”，借汽车“发动机”比喻企业“领导班子”；二是借车主“价值观”比喻企业“战略决策”，借汽车“价值认同”比喻企业“主责主业”；三是借汽车“运营维护”比喻企业“社会管理”，借有关汽车的道路建设、加油加电、交通规则、节能环保、导航系统等比喻国家对企业的“社会管理”。

（二）“企业汽车说”核心内容

《战书》仅借汽车的“有形结构关系”比喻企业的“管理机制关系”，在此，对“企业汽车说”部分比喻简述如下。

1. 借汽车“驾驶员”比喻企业“总经理”

我认为“总经理”与“驾驶员”非常相似，“企业高管”与汽车“发动机”非常相似，汽车启动、机电传动、车轮转动与企业确定目标、逐级落实、创造价值非常相似。比如，“驾驶员”决定汽车“东南西北”行驶方向、“适配挡位”行驶快慢、“停车泊车”归位方向。又比如，“驾驶员”要通过启动、挂挡、踩油门、刹车实现汽车前进、后退、停止等“运行”，必要时需要“紧急刹车”。如果“驾驶员”挡位选错，方向盘转错，油门刹车踩错等“操作失误”可能造成“交通事故”，“醉驾”则可能导致“车毁人亡”。再比如，“驾驶员”要间接管理汽车轮子完成行程，如果方向盘方向不正确，轮子拼命转动也是徒劳；如果轮胎胎体异常、胎体受损、不及时更换等，也可能造成“车毁人亡”。可见，“驾驶员”拥有掌控汽车行驶方向、启动发动机、控制速度快慢、保障运行安全等“汽车驾驶使命”“该用哪挡用哪挡”。借此比喻“总经理”发挥的高管作用—— 确立正确的战略目标和经营目标，充分发挥各位副总经理的作用，合理安排各职能部门开展工作，每一个项目都需要启动机制、责任传导机制、价值运营机制、及时纠偏机制、适时调整机制“全流程”，“总经理”如果经营失误可能造成企业亏损、破产。

2. 借车主“价值观”比喻企业“战略决策”

大家对汽车的“价值认知”从交通价值、工业价值、商业价值到品牌价值、文化价值等，逐步形成“综合价值体系”。比如，汽车具有以车代步、自由出行、载人旅行、公共交通等“交通价值”，以及与汽车相关的“经济价值”。正如“上海人”很经典的一句话：“买车非常不合算，租车是很合算的。”又比如，“汽车”可以完成救护救火、载物运输、施工清洁等“服务价值”，“赛车”则可以完成“竞技价值”。再比如，“名牌汽车”可以显示车主身份、体现车主品位，“高档汽车”带给人舒适体验等“社会价值”和“文化价值”。

可见，“汽车”使用者、购买者、租车者等车主“价值观”决定汽车“综合价值”。借此比喻企业发展目标、方式、路径等“战略决策”是企业可持续发展的“导航系统”，“差之毫厘，谬以千里”。

3. 借汽车“运营维护”比喻企业“社会管理”

汽车运营需要多方维护保障“公共秩序”。比如，加油站、充电桩设置必不可少，如果没有加油（电）站，汽车将寸步难行；又比如，道路修建、“红绿灯”设置、“交通规则”制定等至关重要，“交通管理”规范保障了交通顺畅运行，如果没有“交通管理”，汽车运行秩序将杂乱无章；再比如，汽车尾气排放不合格“不能上路”。有人说“汽车尾气排放监督管理没有必要”，也许“一辆车”的尾气排放合格不是汽车运行的“必要条件”，但是，“所有车辆”的尾气排放将决定汽车是否可以有良好的公共环境，每一辆车的环保才能保障所有汽车“持续行驶”。

（三）“企业汽车说”综合启示

综上所述，以上三个比喻构成“企业汽车说”。这些比喻对“战略绩效考核”绩效观、价值观、考核观、战略观、发展观都有较多启示，在此，仅以“五度”进行简述。

1. “战略高度”决定企业可持续发展

借喻“汽车价值认知”对“战略决策”启示，有利于理解企业战略的重要性，有利于理解政策引导的必要性，有利于理解“综合价值观”的充分性。尤其是，新能源车、网约车、自动驾驶等模式、场景、业态变化“更新迭代”，正如张瑞敏所说：“所有的产品都会被场景覆盖，所有的行业都会被生态覆盖。”

《战书》认为，“战略高度”决定企业能否可持续发展。如果仅以“经济价值”确定战略，那么，各种急难险重、老弱病残、农林牧副等低盈利或不盈利的事业就没有人做。如果只以“财务价值”进行考核，就可能引导企业过度追求“造船不如买船，买船不如租船”的“经济价值”规律。其实，著名的“租船价值”只在一定时期、一定行业、一定区域适用。“卡脖子”事件令企业更加注重“创新战略”，注重引导企业注重科技创新、原始创新、持续创新。也许早一点认识到“核心技术是买不来的”，在“卡脖子”问题上就可以超前谋划。落实“中国式现代化”，“战略高度”应该做好人财物、产供销、责权利“九宫格”价值管理，更应该在“数智时代”做好点线面、信数智、链网云“九连环”生态管理。

2. “价值广度”要统筹兼顾时代发展需要

借喻“汽车结构功能”对“责任管理”启示，有利于理解潜在价值、共有价值、未来价值等“责任考核”，有利于落实“四层价值主体”的“分类考核”“量化考核”。比如，“总经理”对“高管”要人尽其才、才尽其用，“高管分工合作”落实市场开拓、稳健运营、关系协调、科研突破等“经营责任”；又比如，“总经理”对“中层管理者”要分解目标、明确“责权利”，考核不能“上下一般粗”；再比如，“基层员工”如同“汽车轮子”一圈一圈转动创造价值，“基层员工”是“创造价值的主体”。但是，“方向盘”方向不正确，那么“汽车轮子”转动，创造的就是“无用价值”，“汽车轮子”转得越多，离行驶目标越远。同样，如果企业高管“指挥错误”，就可能导致“基层员工”创造很多“无效价值”。其实，破产、倒闭是“企业高管”的责任，“基层员工”是无辜的。

《战书》认为，可持续发展的宗旨是“人民至上”，而且“一把手”的价值观至关重要。如今，火车不点火了、汽车不用油了、生产车间没有工人了，无人驾驶车上路了，企业不能只是简单以产值、利润、生产效率等 KPI 进行“绩效考核”。尤其不能对“基层员工”进行制定战略、开拓市场、产品研发等“无效考核”，基层员工只能按照战略要求、责任目标、时间进度等具体要求“创造价值”。如果战略正确，“四层价值主体”都能获得“共赢价值”；如果战略失误，企业有可能亏损甚至破产。可见，绩效考核要兼顾出资人、经营者、劳动者、社会公众“四层价值主体”，兼顾价值创造、价值实现、价值评价、价值反馈“价值环”平衡协调运行，兼顾经济增加值、市值、节能环保、公平共享、美丽中国建设等“综合价值体系”。正如宁高宁所说，战略的起点是“价值观”。

3. “创新深度”要引领市场需求

将“汽车”比喻成“企业”，只是为了理解企业“多因多果”的复合关系。“汽车”诞生于德国、成长于法国、成熟于美国、兴旺于欧洲、普及到全世界，100 多年来，车型实用美观、生产效率提高、能耗降低、排放减少等逐步改善，“汽车”与“创新”密不可分。尤其是“卡脖子”事件让我们反思，技术依赖问题、市场换技术问题、经济规模大而不强问题、数智时代适应问题、国际市场复杂性问题，这一系列问题，对业绩考核如何引导科技创新、制度创新、管理创新都提出了很多世界性难题。

《战书》认为，“绩效考核”的考核指标、考核方式、考核主体等都需要“升级换代”。比如，生产线普及了、物联网升级了、智能制造日新月异，原来的 6S 管理、质量管理、财务管理等都坐在“中控室”监督管理了，绩效考核需要“与时俱进”；又比如，世界 500 强、中国 500 强、可持续发展“成熟度测评”都需要不断创新；再比如，企业“数智化”、数智“产业化”、产品“场景化”、产业“生态化”等时代特征、发展态势国际化，“绩效考核”需要“全方位创新”。

4. “发展速度”要适应生产力和生产关系

汽车工业发展家喻户晓，借喻“汽车企业”的发展有助于理解企业的“发展速度”。

“汽车企业”从造出第一辆车、批量化生产、自动化生产到智能化制造“快速发展”，“汽车行业”从卖方市场、买方市场、供大于求、市场饱和到限号管制“快速变化”，“汽车”生产速度、销售速度、创新速度、更新速度与经济发展和GDP增长“同步加速”。

“绩效考核”要适应生产力、生产关系变革。企业管理如同“汽车运行”，任何一个项目都需要启动机制、传导机制、纠偏机制、反馈机制等“管理制度”，必要时还需要缓建、暂停、禁止等“制动机制”。而且，企业一定要以人为本、因地制宜、适“度”管理，否则，管理缺位、管理错位、管理越位都是不好的“管理制度”。

《战书》提出，创造价值、实现价值、评价价值、反馈价值形成“价值环”，而且“价值环”要平衡发展，企业才能“可持续发展”。可见，如果“发展速度”过快、过慢都不利于可持续发展，如果企业不能高质量可持续发展，企业责任就是“纸上谈兵”。

5. “文化温度”要体现和谐共赢

“机电信数智”时代叠加，汽车的生产方式、经营模式、驾驶要求、使用需求都有多重变化，汽车使用者对汽车的安全性、舒适性、美观性、品牌忠诚度等方面的需求具有“文化多样”性。“社会公众”对企业的认知变化、文化观念变化，如同对“汽车”的感知、认知、消费理念等的颠覆性变化，“社会公众”关注企业的税收、道路、环保、就业等“社会管理”已经成为“社会共识”。

《战书》认为，“绩效考核”应该统筹经济价值、社会价值、品牌价值、潜在价值等“综合价值观”，应该关注节能、环保、降碳等企业的“社会责任”，应该兼顾责任、价值、效率、公平等“综合考核体系”，应该以“碳优化”为导向引导企业高质量发展、绿色发展、可持续发展。“战略绩效考核”要统筹劳有所得、资有能增、智有所获、美有所感、价有所值等理念，牢记“劳动者”薪酬激励、福利保障一定要体现“人民至上”宗旨。正如胖东来创始人于东来所说，如果不能解决员工的生存问题，反而要求员工担负起更多管理责任和工作任务，这是非常荒谬的。

精要提示

提出以价值观为核心的“价值环”，并将其分为价值创造、价值实现、价值评价及价值反馈“四个环节”，探索解决市场秩序混乱、企业“唯利是图”以及“做假账”等问题。“价值环”的分析明确了四个环节的关系，揭示了企业产成品（库存）成本价值及市场交易价值等账面价值的片面性，分析绩效考核、价值界定和经营改善程度等认定价值的评价活动，阐释价值评价和价值反馈对企业做“挣钱的事”及做“有意义的事”等行为的引导作用。

提出“三维价值观”的理念，引导企业克服片面追求经济价值的传统“效用经济”价值观，引导企业更加关注爱护环境、更加关注社会公平、更加关注提高员工的幸福生活水平，更加关注解决不平衡不充分发展问题，更加关注美丽中国建设，更加关注国家安全和社会责任，加快构建快乐生活、高质量可持续发展价值体系。

剖析“四层价值主体”的关系，探索激励理论的实践运用。战略绩效考核探索自然人对价值追求的“不同心愿”，从管理学角度探索“人力资源”开发途径，从经济学角度探索“人力资本”价值规律，从社会学角度探索“以人为本”综合效应，助力落实高质量可持续发展的生态建设。

第二节　“五度考核”的理念和内容

本节思考：

1. 如何认识战略绩效考核？
2. 如何构建战略绩效考核体系？

一、“五度考核”的战略视角

考核标准的多样性，并不否认考核理念的统一性，因为“统一”不是“单一”，而是各个方面的联系和综合，即多样、多维的评价标准有一个共同的基础、公正的尺度和统一的归宿。战略绩效考核将考核的多样性和多维性最终统一在企业的高质量可持续发展战略上。

（一）高质量可持续发展观的“高度”认识战略绩效考核

关于企业发展的目标，存在以下三种观点：一是单纯追求经济增长的片面发展观，二是以人为根本价值取向的全面、平衡、可持续综合发展观，三是经济、政治、文化、社会、自然协调的发展观。如果以单纯的经济增长为发展目标的片面发展观，将发展简单归为经济发展、经济增长、GDP 增长，将会导致经济结构和产业结构失调，效率与公平、发展与稳定的对立，社会关系的全面紧张，资源的极大浪费和环境的极大污染等“不可持续发展”。如果绩效考核片面运用市场经济追求利益最大化的本性，过度激发短期行为的负效应，再加上社会制度的不完备，就会使得人们不能普遍清楚地认识到片面经济增长造成人与社会、人与自然的严重的紧张关系，以致把经济增长视为发展的唯一内涵，使人们饱尝“有增长无发展”“恶增长”以及“增长与发展负相关”的恶果。

战略绩效考核提出经济价值、社会价值及文化价值的价值观，体现高质量可持续发展观的价值观，不断解放和发展生产力，统筹协调是经济、政治、文化、社会的全面发展，经济发展是政治、文化发展的基础，政治、文化的发展为经济发展提供制度保障、精神动力和智力支持。当然由于物质、经济的需要是人的基本需要，因此要以经济建设为中心。同时，由于人的需要是多重的，除了物质的、生存的需要，还有政治的、社会的、文化的需要，有安全、尊重、认同以及自我实现的需要，有享受和发展的需要。所以在发展经济的基础上，要完善良好的政治生态，要发展先进文化，全面发展社会各项事业。

战略绩效考核制度要求企业不能仅仅满足于经济目标的实现，更重要的是，建立正确的企业价值观。企业之所以能在社会中存在和发展，就在于它以其独特的生产经营活动在激烈的市场经济竞争中占有一席之地。因此，可持续发展企业的价值观，应该是在对企业有周密的调查分析和深刻认识以及坚持共性的基础上建立的，应该突出反映企业鲜明的特征与个性。可持续发展企业的价值观是“共同愿景”，是对先进群体意识的概括、提炼和升华，是企业振兴和发展的精神力量。一般来说，可持续发展企业有良好的、个性鲜明的企业价值观，可持续发展企业是根据本企业的具体情况和所处的环境来从事生产经营的，在长期的生产经营实践中，凝炼出先进的群体意识。企业价值观不仅是企业过去经验的总结，而且可以统一全体员工的信念和目标，指引企业的振兴和发展。可持续发展企业可以通过培育、倡导具有个性的企业价值观，解决本企业振兴和发展中的主要矛盾，激励和引导企业广大职工争创一流的工作水平和业绩，指导企业的现在和未来。

（二）企业发展与社会和谐的“广度”构建战略绩效

企业目标与社会目标的关系问题是企业价值观的难点问题，能否使两者统一，决定企业价值观塑造得成功与否。企业在追求自身价值目标（经济利益）的同时兼顾与社会目标（为社会文明和社会进步做出贡献）的统一，是企业本身生存和发展的内在要求，毋庸置疑，企业要生存便要盈利。但是有些企业目光短浅，视金钱为全部，这种“急功近利”的价值观往往适得其反，使企业经营陷入困境。传统的自然价值观作为工业文明的反映，信奉“人是自然的主人”的哲学信条，人们总是把能够在尽量短的时间内最大限度地发展经济、增加物质财富、满足人们物质生活需要作为判断自身行为的价值标准。按照这样的标准，人们借助科学技术不断增强对大自然的征服与控制能力，通过大规模的工业生产，无限度地开发和利用自然资源，把向自然界的索取能力当作生产力是否发达的标志。这种“反自然”性质的价值观导致人们产生了一种“三无”思想，即“资源无限、资源无价、资源无主”，结果导致资源的无偿占有、掠夺性开发和浪费性使用，造成资源浪费，生态破坏严重，生存环境急剧恶化。

企业社会“互利价值观”，是20世纪70年代兴起的“价值观”，要求在确立企业利润水平时，把员工、企业、社会的利益统筹起来考虑，不能失之偏颇。所以，要在残酷的竞争中立于不败之地，企业就必须追求社会综合价值，而不是单纯的利润价值。只有把承担“社会责任”这一价值合理性与“盈利”这一目的工具合理性统一起来，即企业在追求自身利益的同时不排除追求“社会价值”，企业的生命力才能永不衰竭。

党的十八大提出经济建设、政治建设、文化建设、社会建设、生态文明建设“五位一体”。党的二十大概括了中国式现代化五个方面的中国特色，即人口规模巨大、全体人民共同富裕、物质文明和精神文明相协调、人与自然和谐共生、走和平发展道路的现代化。建设中国式现代化是“百年大计，需要推动”，推动经济发展质量变革、效率变革、动力变革，不断解放和发展社会生产力，需要坚持创造性转化、创新性发展，需要在发展中保障和改善民生，需要在发展中促进社会公平正义，需要坚持在幼有所育、学有所教、劳有所得、病有所医、老有所养、住有所居、弱有所扶等方面不断取得新进展。战略绩效考核应该引导企业坚持人与自然和谐共生，引导企业形成节约资源和保护环境的空间格局，引导企业改善产业结构、生产方式、生活方式，引导企业实现和谐、共赢、美丽和持续发展“广度”。

（三）“以人为本”的“深度”激励创造战略绩效

1. 提高市场竞争力

市场竞争力是企业可持续发展的“命脉”。从市场到产品，是从宏观到微观、从战略到实务的过程，开拓企业的市场占有份额重要的措施是提高产品和服务的质量，通过提高产品的市场竞争力、产品的认知度、服务的质量，从而实现企业的战略目标，通过考核产品服务的相关指标，能够将产品服务和企业的战略有机结合起来。

彼得·圣吉曾经说过，现在全世界的管理和思维方式正在酝酿一个新的趋势，这就是学习型政府和学习型企业的脱颖而出。在激烈的市场竞争中，企业没有学习就没有变化，没有变化就没有发展，没有发展就没有生命力，没有生命力就意味着消失或倒闭。因此，企业必须通过持续学习来求得生存，否则迟早会被淘汰。然而，学习都是通过自然人的活动吸纳知识，进行思考，所以只有从“以人为本”的“深度”，增强人的学习能力才能提高市场竞争力。

战略绩效考核在继承与发展中，结合传统考核体系，不断改良企业的生产能力、技术更新、降低生产成本等“考核指标”，同时从“以人为本”的角度，将考核与激励机制相结合，激发企业学习的动力，提高技术创新、生产效率和数智生产力等“市场竞争力”。

2. 完善企业的组织结构

战略绩效考核，不仅仅是考核企业的财务指标，更重要的是对可持续发展企业的组织管理起到导向性作用。一个组织的规范化程度是高是低，需要看其人员构成、企业文化、规模、公司治理等，战略绩效考核将考核指标与人员、管理层的考核相结合，可以较好地评价领导层的管理能力和组织结构的合理性，并按照考核指标传递的信息，及时调整企业的组织结构。

战略绩效考核体系鼓励建设企业“发展共同体”，就是把企业建设为一个与全体职工荣辱与共、休戚相关的群体。由于企业的经济利益是国家利益和职工利益的结合点，所以需要把企业建成一个使企业与每一个职工的利益连在一起的“发展共同体”。任何一个企业要建立“发展共同体”，都应当保持横向和谐，上下配合有序，完成企业既定任务。而建立和保护企业“发展共同体”，就要求领导者具有较强的影响力，需要领导者正确有效地使用自己的权力，努力提高企业的素质。建立企业“发展共同体”，需要使职工爱护企业，使每个职工都感到自己所在的企业是一个值得留恋并愿意为之奋斗的群体。只有每个职工都把自己的命运和企业的兴衰紧紧联系在一起，深刻认识到“厂兴我荣，厂衰我耻”时，企业才能持续发展，企业综合价值观才能贯穿于企业发展全过程。也就是说，只有企业中每个成员都明白企业综合价值观及其重要性，才能赋予企业价值观以生命力。战略绩效考核就是引导企业建立一个完善的“上下贯通，左右协调”的发展生态，将员工的创造力汇集到企业的业绩中来。

3. 文化教育、文化建设武装人

企业文化的本质要求是通过文化教育、文化建设形成人的“文化自觉”。企业文化应处处体现“以人为本”的思想，企业战略、共同愿景、使命宗旨、经营管理、制度建设等都要把“员工”视为企业文化的主体和企业文化的首要因素，体现“人为根本”的企业文化。比如，抓安全不应该简单地通过行政管制、经济惩罚和责任追究等方法手段，更应该强调人的责任和主观能动性，全员、全方位、全过程培育“安全文化”；又如，抓经营不只抓指标和效益，更应该注重企业宗旨和敬业爱岗精神的融入，应该以提高人的全面素质为中心来提高管理水平和优质服务水平，为企业发展提供强有力动力支撑和坚实保障；再如，正确价值观念的教育传播不能只是“说教式”讲解宣传，而要构建贴近员工、贴近时代的“场景体验”。企业价值观主导和支配着企业文化的其他要素，公司“特色系列文化”的理念文化把“追求卓越，奉献社会”作为企业价值观，需要建立企业的道德文化、营销文化和安全文化等，通过贴近不同岗位、不同年龄、不同工作目标的“场景体验”，让员工主动接受正确的价值观念，并成为行动的“文化自觉”。

战略绩效考核引导企业加强文化教育、文化建设“规范性”。对员工基本行为规范和一般行为规范进行具体阐述，包括本职工作讲责任，做到尽心尽职；上下工序讲效率，做到高效有序；相互之间讲协作，做到主动配合；职业纪律讲自觉，做到遵纪守法；履行承诺讲诚信，做到对方满意等，要求人人自觉遵守。“文化教育”明确员工每个岗位的责任、价值和行为规范，“文化建设”强化主动担责，构建积极工作、互相配合、合规合情合理的相互合作的“文化生态”。

（四）可持续的“发展速度”实现战略绩效

“发展速度”是我们经常用来衡量发展的指标，尤其是 GDP 的增长速度，可以说耳熟能详，“发展速度”往往和计划、业绩联系在一起。“十五”期间的投资产出系数是“八五”期间的 1.4 倍，是“九五”期间的 2.3 倍。“十五”期间增长 1 个百分点的 GDP 所需要的能源是“八五”期间的 2.6 倍，是“九五”期间的 18.7 倍（见表 3 - 1）。

表 3-1 “八五”时期至“十五”时期经济指标

时期	GDP增长率	投资增长率	投资产出系数	能源消费总量增长率	能源弹性系数
“八五”	76%	137%	1.8	32.9%	0.43
“九五”	49.8%	55%	1.1	3%	0.06
“十五”	57.3%	144%	2.51	64.2%	1.12

注：表中所列数据引自房维中同志《中外名家》的讲话稿，无法同口径更新。

“十五”期间经济增长以高投入、高消耗、高污染为代价，然而拼资源、拼环境的状况已经难以为继。

可持续发展企业的成长离不开“创新速度”。只有不断地创新才会不断地超越和发展，在内外条件相同的条件下，创新能力大小使企业拉开距离。创新力也是学习力的直接体现，创新能力给企业管理注入新的活力，推动公司的管理创新。把创新纳入思想管理，把对各种创新结果的奖励、激励、表扬等纳入工作方方面面，使创新成为各级组织改善工作的有效途径。具体来说，应该包括以下几个方面的创新：

一是资源要素的创新。企业的运营过程实质在于对资源要素进行合理配置，其资源要素包括材料、设备、人员等多类。要素创新包括材料创新、设备创新、技术创新、人力资源管理创新。材料创新是开辟新的材料来源，开发和利用成本更低的替代性材料，提高材料的质量，改进材料的性能。设备创新是将先进的科学技术成果用于革新设备，采用全新的装备，代替原来的设备。人力资源管理的创新是不断从外部吸纳高素质的人力资源，对企业现有的人员进行培训并使其素质不断提高。

二是要素组合方法的创新。要素组合方法包括生产工艺与生产过程的组合。工艺创新主要是指创造出新的加工方法和工艺条件。生产过程的组合创新是指企业研究和采用更合理的空间布局与时间组合，以提高劳动生产率，缩短生产周期。

三是产品创新。产品创新主要包括品种、结构、效用等方面的创新。品种创新要求企业根据市场需求的变化及时调整生产方案，开发受市场欢迎的、适销对路的产品品种。结构创新是指通过改进使产品结构更合理、性能更高、使用更安全、操作更方便、更具有市场竞争力。

战略绩效考核制度建立在可持续发展企业制度的基础上，将提高市场竞争力作为企业管理的核心，积极推动企业进行管理创新。通过有效考核和反馈机制，帮助企业发现运行中的薄弱环节，逐步建立和完善扎实的管理基础工作，在加强实物资源和有形资产管理的同时，不断采用适应市场需求的新的管理方式和管理方法，以人为本，重点加强知识资产管理、机遇管理和企业战略管理，有效运用企业资源，把管理创新、技术创新和制度创新有机结合起来，形成完善的动力机制、激励机制和制约机制，不断提高产品的技术含量，创造有效供给。

战略绩效考核制度要适应"机电信数智"五代叠加的"发展速度"。"考核制度"是生产关系的重要内容，新质生产力的"发展速度"无法用传统的考核指标予以衡量，战略绩效考核助力建立"新质生产关系"以促进"新质生产力"的发展。战略绩效考核本身没有统一指标和模式，而是强化在把握可持续发展组织本质和特点的基础上结合自身的实际，创造性地进行综合考核，以各种有效的形式显示"战略绩效考核"的主动性和创造性。

（五）以企业文化为依托保持战略绩效的"温度"

企业管理的最高境界是实现个人创造价值最大化与企业价值最大化的"持续发展"，建立战略绩效考核制度，关注企业发展的非经济因素，鼓励企业实现以人为本，注重人的能动性和创造性，侧重于人力资源开发和人力资本的投资，建立物质激励和精神激励相结合的多层面激励体系，实现企业与员工共同发展。

企业绩效考核的“最大难点”是评价企业文化建设的“温度”。优秀的企业文化是企业宝贵的无形资产。“企业文化”是超越管理体系和制度时运用的一种激发“自律自爱”的行为艺术体系。企业管理制度最基本的要求是“遵纪守法”，这是员工达到公司要求的一个基本底线。随着公司的发展，特别是公司进入成熟期后，需要更多的主动担当、主动沟通、主动创新、主动帮助别人等“柔性管理”。大家开始意识到用纯粹的制度来管理企业很难激发员工的工作热情，于是人们开始研究中国5000年的历史，结果发现激发一个国家和民族最有效的管理是“文化”。

1. 企业应该保持落实国家战略的“温度”

国有企业是中国先进生产力的重要组成部分，是社会稳定的“压舱石”，是实现人民根本利益的经济支撑。党的二十届三中全会《中共中央关于进一步全面深化改革、推进中国式现代化的决定》明确指出，要建立国有企业履行战略使命评价制度，完善国有企业分类考核评价体系；健全国有企业推进原始创新制度安排；健全以职工代表大会为基本形式的企事业单位民主管理制度；完善国有资本经营预算和绩效评价制度，强化国家重大战略任务和基本民生财力保障。落实“国家战略”不只是开几次大会、搞几次活动就能完成的，而是要把“国家战略”的综合要求全面地、持续地、深入地融合在企业的每一个行为中，也就是持续重视、持续落实、持续保持有效的“温度”。

2. 企业应该保持与市场融合的“温度”

实践经验表明，衡量企业与市场融合应该充分考虑三个方面：一是以市场为导向，就是说企业经营一定要适应市场的需要和用户的需要，能够体现出市场价值和企业特质。二是适应市场的变化，就是说企业经营一定要以市场为导向，不断优化有利于企业盈利的市场经营方略，起到对接市场、引领市场的作用。三是坚守“诚信”贯穿始终，就是说“诚信”不是一种政治口号和文学语言，而是支配企业和员工创造效益的行为宗旨，而且能够转化为企业经营管理人员的带头作用和员工的行为规范。“诚信”二字是企业与市场保持“温度”的最佳良方，强化把“以诚取信”作为企业建设的经营观，并将其扩展覆盖其他各个方面，保持企业在市场经济中以“信誉为本”的文化色彩，永远与市场保持应有的“温度”。

3. 企业应该以企业品牌建设保持企业素质的“温度”

如果说企业价值观和经营理念的建设是内在素质的要求，那么企业品牌建设就是外部形象建设的要求，二者互相依存，并互为促进。“品牌”是企业综合素质的集中体现，是各个竞争主体市场形象的鲜明标志，是企业对社会负责的庄严承诺。如中国建筑通过实施 CI（企业识别）战略，使人们在全国的许多大中城市都可以看到鲜明、统一的“中国建筑”标识，凸显了中国建筑的整体形象，直接推动了总公司系统施工现场的管理升级和市场形象升级，扩大了“中国建筑”品牌的社会知名度和影响力，有效地带动了市场开拓和经营。

按照可持续发展企业的建设要求，战略绩效考核强调以人为本，以文化引导为手段，以激发员工自觉行为为目的的企业文化。通过企业文化建设提升管理层次，激发员工投身企业发展的积极性、主动性和创造性。在企业内部，建立一种有利于人际沟通的良好氛围，实施爱心管理，使管理者与员工之间能相互尊重、相互沟通，靠高尚的人格和互动的心灵建立良好的上下级关系。经营者要不断地以激情保持员工的积极性，以经营者的“温度”保证企业文化建设的温度，使企业持续发展。

经营者的“三天工作的温度”，即要继承“昨天”，干好“今天”，想好“明天”，决定了企业的“温度”。经营者是否保持一种积极工作的态度，对企业的发展至关重要。可以说经营者的能力、努力程度和“工作温度”最终决定企业的绩效。经营者的“温度”要注重创新精神、敬业精神、合作精神等“精神温度”。对经营者“温度”的评价要依据过去的业绩，评价今天的业绩，承诺明天的业绩。注重经营者的“温度”，有利于克服经营者因历史业绩不佳而继续经营的困难，有利于约束经营者不管未来发展的“急功近利”，不鼓励经营者靠市场价格、靠投机、靠运气等，“躺着”完成业绩。正如国务院国资委原主任李荣融常说的“不在状态就换人”，无论学历多高、资历多老，如果经营者没有使企业持续发展的“温度”，就会为企业的持续发展埋下潜在危机，就会让出资人付出昂贵的代理成本，就会影响劳动者价值创造，进而会影响企业持续发展。

总之，战略绩效考核体系的建立涉及企业发展的各个方面，有利于企业发展、经营管理、产品质量等战略制定，有利于企业的技术创新、组织结构调整、人力资源价值实现等战略实施。战略绩效考核不仅仅是一种考核指标体系，更是企业持续发展的必由之路。中国要保持一定数量的“百年老店”，就要始终保持企业文化建设的“温度”。企业经营者要始终保持工作的激情，才能保持创造佳绩的“温度”。

二、“五度考核”的要素和关系

战略绩效考核就是引导企业在全面提高企业素质的基础上持续创造价值。“企业素质”主要包括企业要素的拥有量及经营能力，在合规性、有效性前提下不断提升经营效率和管控能力，综合提高企业的价值创造、价值实现和责任担当能力。“考核主体”对一个复杂而综合的“考核客体”仅用几个 KPI 考核很有可能失之偏颇，如仅关注利润的增长，必然会导致“考核客体”对其他诸多要素的漠视。战略绩效考核综合激励“机电信数智”五代叠加的生产力发展，尽可能反映各个要素的变化，不断优化适应新质生产力的生产关系，不断完善能够助力高质量发展的“长效机制”，逐步构建可持续发展的“导航系统”（见图3－2）。

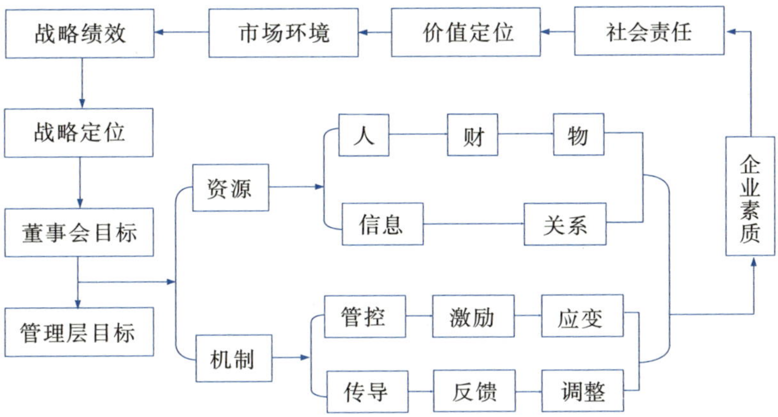

图3－2 战略绩效考核的“导航系统”

（一）战略绩效考核的内涵

公司战略决定了公司发展的方向。在制定公司战略时，首先应该具体分析公司的现实情况，如公司的经营范围、竞争优势、经营模式、机遇及挑战，然后在此基础上做出公司的战略规划。

所谓“战略绩效”，第一层含义是指考核内容的战略性，是对企业素质、公司治理、管理绩效、公司文化的综合评价；第二层含义是目标的战略性导向，考核的最终目的是实现企业综合价值最大化，尤其侧重于衡量企业未来的长远价值，注重企业的可持续发展；第三层含义是指以“三维价值观”为导向，将企业自身优势与发展战略相结合，关注企业的市场占有率、价值实现率和社会责任；第四层含义是指考核指标的导向性，包括财务指标和非财务指标，为企业提供客观评价标准，鼓励企业改善公司治理结构、提高资本经营效率、落实战略举措，实现战略绩效。

企业是在一定的环境中生存的，企业的生产经营活动必然要与环境中各种各样的因素发生联系。企业战略的制定必须在正确处理各种关系的基础上，分析自己所处的环境和现有资源的经营能力，而且要动态地分析在战略实施过程中各种资源可能发生的变化，以及由此对企业竞争力的影响，以保证企业的发展，实现企业的战略目标。

战略目标的调整要在与外部企业和谐发展中保持“独立优势”。企业通常选择合适的经营范围来确定与自己有关的外部企业，并设法通过联合经营、合并、购买等形式，与外部企业建立有利于自己的联系。为了维护企业的独立性，在各种重大决策的各个环节上，企业一定要独立做出决定。

战略绩效考核并非单独的一项管理步骤，而是一个连贯的管理体系和管理生态，战略绩效考核的起点始于企业使命和“三维价值观”，战略绩效考核的目标是引导各行业、各地区、各组织、各企业持续发展，更加关注综合发展、创新发展、高质量可持续发展，战略绩效考核的特点是制定可持续发展“导航系统”。

（二）战略绩效考核“导航系统”的制定

1. “战略”制定原则

一是战略要实行差别化，要和竞争对手的战略有所不同。二是战略要集中资源，尽力控制资源使用的成本，以提升资源的使用效率。三是战略要把握好时机，企业应该选择适当的时机推出自己的战略，时机要由自己积极创造。四是战略要利用自己已有的成果，发挥更大的优势，扩大影响。五是企业战略要能够激发员工的士气，以便增强信心。六是战略要有不平衡性，企业不能长期稳定，要有一定的不平衡，造成一定的紧迫感。七是战略要能巧妙组合，企业战略应该能把企业的各种要素巧妙地组合起来，使各要素产生协同效果。

2. “战略绩效”制定步骤

企业“战略绩效”制定要考虑内部的影响因素、企业文化和个人的价值观念。其中，企业文化和员工共同的价值观念对整个战略绩效制定至关重要，特别是高层领导人的个人价值观念、抱负和胆识，对企业战略绩效有着重要影响。在其他因素相对稳定的情况下，企业文化与个人价值观念对整个战略绩效起到举足轻重的作用。

（1）识别和鉴定企业现行的战略。在企业运营过程中，随着外部环境的变化和企业自身的发展，企业的战略应该及时做相应的调整和转换。尤其是制定新的战略时，必须识别企业的现行战略是否已经不适应“数智经济”时代发展的要求。

（2）分析企业外部环境。调查、分析和预测企业的外部环境是企业战略制定的基础。通过环境分析，战略制定人员应该认清企业所面临的主要机会和威胁，觉察现有和潜在竞争对手的图谋和未来的行动方向，了解未来一段时期社会、政治、经济、安全、文化等动向，以及企业由此而面临的机遇和挑战。

（3）测定和评估企业自身素质。企业可以通过内部分析来测定和评估企业的各项素质，摸清企业自身的状况，明确自身的优势与劣势。

（4）准备“战略绩效目标”方案。根据企业的发展要求和经营目标，依据企业所面临的机遇和机会，列出各部门、各板块、各分公司应该达到的“战略绩效目标”。

（5）准备战略绩效目标“评价和比较方案”。企业根据股东、管理人员以及其他利益相关团体的价值观和期望目标，确定战略绩效目标的“评价标准”，并依照标准对各项备选方案加以“评价和比较”。

（6）确定战略绩效考核指标方案。在评价和比较方案的基础上，企业选择一套最满意的作为正式的战略绩效“考核指标体系”。有时，为了增强企业战略的适应性，企业往往还选择一个或多个方案作为后备的战略绩效考核方案。

（三）战略绩效考核的实施

企业战略绩效制定出来之后，企业必须将战略绩效、考核目标转化为“考核指标”，三者相互联系是非常重要的。

1. 确定战略绩效的目标和指标

企业利用年度目标、部门战略与沟通等手段，使战略绩效最大限度地变成可以具体考核的“指标”。

2. 战略绩效考核制度化

企业通过组织结构、资源配置等方式，使战略绩效考核指标进入企业的日常生产经营、研发、销售、管理等“部门考核指标”。

3. 战略绩效考核评估与控制

战略绩效考核是在变化的环境中实施的，企业只有加强对执行过程的评价与控制，才能适应环境的变化，完成战略绩效目标。战略绩效考核实施阶段的任务主要是建立全过程控制系统，监控过程中的偏差，进行评估、协调与反馈。

（四）战略绩效考核的提升

1. 提高企业市场影响力

“战略绩效考核”关注市场集中度、市场认可度和市场美誉度。战略绩效考核引导企业集中精力做好现有的业务，并且布局长线业务和开拓未来发展场景，培育现有客户使用产品比率保持较大的潜力，保持市场占有率持续上升，销售额、利润、净利润持续增长，使企业具有行业影响力。

2. 提升企业的竞争力

提升产品和技术创新能力。企业需要针对相关市场顾客的需要，不断更改现有的产品，不断开发企业的生产能力，不断促进企业向全球迅速发展，不断调整或改良产品应用场景，以便公司能够扩大其在现有客户群中的渗透力。战略绩效考核引导企业不断开发新产品，吸引客户经常来尝试企业的新产品或经改良的产品，企业在所处的行业不断提升竞争力。

3. 加强企业间联合

横向联合是指一家公司兼并某一个主要竞争对手，或者是与一家竞争对手合并，以实现整合企业的核心业务，达到企业的战略协同效应，减轻税务负担的目的。

纵向联合常常涉及兼并价值链、供应链、产业链等公司产品或服务企业，这种纵向联合可能是反向或者是前向的。如果企业的供应商费用不合理、不可靠，不能满足企业关于零件、部件、配件或者是原材料供应方面的需要，企业可以通过前向或者反向联合，可以稳定企业的原材料成本以及产品的价格，从而提升竞争力、战略定力和未来发展力。

4. 注重业务的多元化发展

通过技术或者营销方式，使企业的产品和服务进入那些同类产品和服务的市场，形成协同优势。同时，注重多元化战略。增加新的相关性产品能够大幅提高现有产品的销售额，新的产品能够以比较高的竞争价格销售，在季节性、周期性、波动性等方面可能平衡企业的销售峰谷，使得企业保持稳定的现金流。

5. 关注拓展国际业务

国际化的战略包括可以对海外市场进行投资，可以采用合资、特许经营权以及许可证的方式，可以通过与大型跨国公司和经营地所在国的国有企业合作，从而较好地融合到该国市场。比如，特许经营权授予为合资企业带来特殊优势，在向协议中引入已得到认证的产品和系统的同时，也获得了市场和组织方面的经验，还为企业提升认知和战略拓展提供实践案例。又如，通过许可证方式将发明成果和应用成果的使用权授予合资企业，较好地与国际市场融合。

依据战略绩效考核体系的结果，对实现的价值进行合理的分配，形成对员工的有效激励和自我提升，从而鼓励每个人更多地创造价值和更自觉地创新，以提升企业素质和价值创造能力。

案 例

1999 年 9 月，一套结合华润自身实际管理多元化控股企业的运行模式——6S 管理体系设计完成，并于 2000 年 1 月正式实施，标志着华润的管理进入了一个新的阶段。在评价与考核不断调整的过程中，管理重点逐步集中到集团发展战略实施，为了推进战略执行力，引入了战略性的平衡计分卡，以平衡计分卡的多维思路进一步完善 6S 管理体系的评价与考核，以评价推进战略执行，从而将评价与考核工作提到一个新的高度，6S 管理体系也由此发展成为一套独具特色的华润战略管理体系。

（一）华润业绩评价与考核的管理系统

华润的评价与考核是通过 6S 管理体系统一进行的，6S 管理体系是华润的基础管理系统，其目的是使华润的管理重心和管理方法与集团整体业务情况、资产状况相适应，由管理公司转到管理集团的主要业务和主要资产上来；由分别多元化管理，转变到各自专业化管理上来，最终通过整合，推进集团发展战略的实施。

6S 管理体系是 6 个体系的简称，具体是指：

利润中心组织编码体系（profit center code system）；

利润中心预算体系（profit center budget system）；

利润中心管理报告体系（profit center management system）；

利润中心审计体系（profit center audit system）；

利润中心评价体系（profit center measurement system）；

利润中心经理人考核体系（profit center manager evaluation system）。

6S管理体系是将华润多元化的业务及资产划分为责任单位并作为利润中心进行专业化管理的一种体系。6S既是一个全面预算管理体系，也是一个评价与考核体系，还是一个多元化的信息管理系统。它以管理会计理论为基础，以全面预算为切入点，以评价考核为落脚点，其目的不仅是解决会计管理方面的问题，更是要解决集团的系统管理问题，如以往经营中存在的企业发展方向不明确、管理重点不突出、管理信息反馈不及时、财务及经营风险控制不到位、约束机制不健全、人才激励机制不科学等问题，最终确立以战略为导向的管理系统。

6S管理体系的系统化构想是：以专业化管理为基本出发点，突破财务会计上的股权架构，把集团及下属所有业务及资产分成多个利润中心及利润点，并逐一编制号码，同时进行动态调整；在利润中心推行全面预算管理，将经营目标层层分解，落实到每个责任单元的日常经营上；每个利润中心按规定格式和内容编制管理会计报告，并将其汇总成集团总体管理报告，作为决策的依据；对利润中心经营及预算执行情况进行审计，保证管理信息的真实性；根据利润中心不同的业务性质和经营状况，建立切合实际的业绩评价体系，按评价结果确定奖惩；最后对利润中心负责人进行每年一次的考核，并兑现奖惩，拉开薪酬档次，同时通过实行利润中心负责人考核上岗制，逐步建立起选拔经理人的科学程序。

（二）6S管理体系的主要内容

1. 利润中心组织编码体系

在专业化分工的基础上，将集团及下属公司按管理会计的原则划分为多个业务相对统一的利润中心（称为一级利润中心），每个利润中心再划分为更小的分支利润中心（称为利润点），并逐一编制号码，使管理排列分类有序。这个体系较清晰地包括集团绝大部分资产，同时使每个利润中心对自身的管理也有清楚的界定，以便对每项业务实行监控和整合。这样，任何一项业务经营得好或者不好，都不会因为互相混在一起而使做得好的被做得差的掩盖。

2. 利润中心预算体系

在利润中心分类的基础上，推行全面预算管理，将经营目标落实到每个利润中心，并层层分解，最终落实到每个责任人每个月的经营上，这样不仅使管理者对自身业务有较清晰和长远的认识，还能从背离预算的角度去发现问题，并及时加以解决。预算的方法由下而上，由上而下，不断反复和修正，最后汇总形成集团整体的全面预算报告。预算管理对于一家多元化集团企业尤显重要，如果没有预算，集团将难以预计下一个年度乃至今后几年能够达到什么样的目标，也就不可能在资金安排、投资决策、人力资源等方面进行总体规划。

3. 利润中心管理报告体系

在利润中心预算体系的基础上，每个利润中心按规定的格式和内容编制管理报告，具体由集团财务部统一制定并不断完善。其中的报表不是对外的财务会计报表，不一定是一些非常复杂的、必须为适应会计原则而进行调整的会计账目，而是一个相对明晰、直接的报表，甚至不需要讲解就能看明白。管理报告每月一次，包括每个利润中心的营业额、损益、资产负债、现金流量、成本费用、盈利能力、不良资产等情况，并附有公司简评。对每个利润中心报表进行汇总并按行业进行分析，最终形成集团的管理报告，由此解决了集团以往财务报表过于概括并难以适应管理需要的问题。

4. 利润中心审计体系

预算的完成度、管理报告的真实性以及集团统一管理规章的执行情况，都需要通过审计进行再认定。集团内部审计是管理控制系统的再控制环节，集团通过审计来强化全面预算管理的推行，提高管理信息系统的质量。

5. 利润中心评价体系

预算执行情况需要进行评价，而评价体系要能促进战略执行与经营目标的实现。根据每个利润中心业务的不同，量身定制一个评价体系，但总体上主要通过财务、顾客、运营、学习等方面进行评价。每一个维度下再根据各行业的不同情况细分为能反映该利润中心经营业绩及总体要求的许多关键业绩指标，其中有些是量化指标，有些是非量化指标，目的是做到公平合理，既可以兼顾到不同行业的经营情况，又可以促进业务改进提高，加强企业管理。集团根据各利润中心业务好坏及其前景，决定重点支持单元，同时根据业务发展方向统一决定资金使用和派息政策。而利润中心非经营性的资产转让和会计政策的盈亏调整，则不能与经营性业绩混在一起评价，仅视具体情况在奖惩时适当考虑。

6. 利润中心经理人考核体系

经营责任具体落实到各级责任人，从而考核也要落实到利润中心经理人身上。利润中心经理人考核体系主要从业绩评价、经理人标准两方面对经理人进行考核，据此得出利润中心经理人目前的经营业绩、工作表现、发展潜力、能够胜任的职位和工作建议。根据考核结果，进一步决定对经理人的奖惩和使用。

（三）6S 管理体系的业绩评价

1. 评价体系的构建原则

（1）以发展战略为起点。首先明确各利润中心的发展战略，在细化发展战略的过程中确定关键成功要素，同时找到关键的绩效驱动力，在此基础上分别构建利润中心评价指标。

（2）以经营业绩为基础。评价指标反映经营业绩，经营业绩是评价的主要内容，包括财务、顾客、运营和学习等方面，同时考虑对利润中心的总体要求，除此以外的非关键事项则不在评价指标的范围之内。

（3）以个性化指标为依托。由于利润中心经营的业务不同，评价指标必须体现个性化，要求能够反映业务本身的特殊要求，使评价更有针对性和切合实际，但也不能以个性化为借口将非关键业绩指标混入评价内容，从而偏离评价的目的。

（4）财务与非财务相结合。财务指标在评价中占有重要地位，一般能够占到60%的权重，但财务指标的局限性要求我们需同时关注非财务指标，如市场占有率、学习培训等方面的业绩。

（5）结果与过程相结合。结果固然重要，但产生结果的过程同样不可忽视，如果过程控制好了，结果往往是可以预期的，因而我们将过程内容纳入评价范围，如制度建设、管理创新及推行ISO标准等。

（6）外部与内部相结合。针对外部的评价是首先要考虑的，最重要的是满足股东回报要求的指标，但还要考虑直接提供回报的顾客，如顾客满意度指标。而内部评价主要针对业务流程和员工学习等方面。

2. 评价体系的指标要求

（1）利润中心的发展战略和业务重点。利润中心处在不同的发展阶段，战略内容和业务重点存在差异，评价指标要进行区分，如项目建设期就要评价成本控制和工程质量等，行业扩张期就要评价市场占有率以及并购方面的业绩，准备退出的行业就要评价资产重组或出售的情况。

（2）利润中心的行业特点和个性化需要。不同的行业有不同的业务特点，对个性化评价指标的需求不同，如超级市场要评价存货的周转，制造企业要考虑安全生产，微电子企业要鼓励科技研发，出租物业要关注出租率和租金水平等，评价指标要因企业而有所侧重，具备适应性。

（3）利润中心应予关注和改善的事项。利润中心存在不足或出现预警的方面必须在评价中体现，如应收账款问题严重的要评价信用控制和收账情况，存货积压严重的要评价采购控制和库存处理情况，成本或费用偏高的要评价成本费用水平，业务整合不好的要评价管理协同等。

（4）指标本身的相对客观性和可操作性。有些指标尽管很重要，但由于难以客观评价或评价成本过高，则尽可能少选或不选。如利润中心的客户满意度指标需要委托中介机构调查，考虑到成本问题则没有全部选用，目前我们仅对经营物业出租的利润中心采取直接向租户发放满意度调查表的做法。对于不能量化而确实重要的指标，则纳入总体要求中，由集团领导直接评价计分，以提高客观性和可操作性。

3. 评价体系的指标组成

评价体系包括量化指标和非量化指标两部分。有关指标在年度预算编制、汇报和审核工作完成以后，由集团财务部与利润中心按要求进行具体协商，逐一确定关键业绩指标及各自权重，同时计算出目标值。首先，经利润中心负责人同意，并由其上报该利润中心的集团主管领导认可，再由该利润中心负责人签字确认。其次，集团主管领导一并提出该利润中心的总体要求指标，逐一列出项目及指标权重，并签字确认。最后，两部分内容以平衡计分卡的形式分五个方面列示，正式作为年度6S评价与考核的业绩合同。所有的业绩合同由集团6S管理委员会汇总管理，集团财务部、集团人事部作为执行部门分别留存。利润中心及主管集团领导留存各自相关的业绩合同，集团总经理、集团董事长也据此对利润中心有关集团主管领导进行年度评价与考核。

（1）量化指标（含定量指标和可以量化的定性指标）。包括财务、顾客、运营、学习四个方面，具体由集团财务部负责，根据与利润中心协商的结果选择其中可以直接计算或衡量的指标，分别设定权重，总权重为80%。为了提高可靠程度及减少评价成本，有些虽重要但难以取值的指标暂不列入，纳入集团主管领导的总体要求中，如确有需要单独列示的，将在总体要求之外一并由集团领导打分。

实际上，集团与利润中心协商指标是为了得到经营上的认同，有利于业绩合同的推行，但吸纳利润中心意见的更多的是个性化指标，对股东资金回报率及经营性现金流等核心财务指标一般不能变更，否则将有可能出现错误的评价导向。

（2）非量化指标（定性指标）。主要指作为第五个方面的总体要求，具体由集团主管领导负责，根据利润中心实际情况和量化指标不能涵盖的方面提出若干评议要点，分别设定权重，总权重为20%。

实际上，集团主管领导对利润中心评价指标的认可，以及提出总体要求的规定，是一种认识经营和思考管理的内在压力，这在一定程度上可以解决很多企业集团总经理对副手难以评价和考核的问题。

4. 评价体系的指标计分

以行业的标杆值进行评价最能反映利润中心在行业中的位置，但由于短期内难以取得各利润中心所在行业的标杆值，或缺少可类比的目标，从而确定自身在行业中的位置并按百分制计分存在一定的困难。因此在评价指标计分时，我们只与自身目标进行比较，并将上年实际和本年预算综合起来计算比较目标值，同时选择按100分上下浮动50%的简易计分制，即评价结果为50~150分。

（1）量化指标：与目标值比较，按50~150分制打分。其中目标值一般包括上年实际和本年预算两项。计分时对每一项量化指标先按两种目标分别打分，再将上年实际目标得分与本年预算目标得分按一定的比例（如70%与30%）加权平均，接着按该指标权重计算最后得分。如果目标值仅有其中一项，则直接将该项按100%权重计算得分，如新设或在建的利润中心就只有预算目标。以上各项指标的得分汇总即为量化指标的得分。

（2）非量化指标：与上年情况比较，按50~150分制对每项评议要点打分，由集团主管领导、集团总经理、集团董事长及其他有关领导分别打分。以上打分结果按单项权重折算计分，并对各项进行汇总，即为非量化指标的得分。

需要说明的是，在对预算目标进行打分时，在计分上侧重预算准确性的同时也鼓励超预算。如预算完成120%以下的，按同比例计分；预算完成120%~180%的，在120分的基础上加上预算完成120%以上区间的一半合并计分；预算完成180%以上的，均按最高分150分计分。以上这种安排实际上是为预算编制留足20%的误差空间，有意压低预算的利润中心并不能从中得到评价的好处。

5. 评价体系与奖金计算

评价是奖励的依据和考核的前提，评价体系的评价结果与利润中心的奖励挂钩。在计算奖金时，我们设立奖励系数与奖励基础，两者共同决定利润中心的奖金额。

奖金额 = 奖励系数 × 奖励基础

（1）奖励系数：是确定利润中心奖金的权重。各利润中心评价得分值的百分比为该利润中心的奖励系数。

奖励系数 = 本年评价得分值%

（2）奖励基础：是确定利润中心奖金的基础。奖励基础原则上以年度净利润或净利润增量按一定的计奖比例进行调整，其中净利润或净利润增量的确定可根据利润中心的同比口径差异、个性化经营特征及非经营性损益影响等因素进行适当修正。

奖励基础 = 本年净利润或净利润增量 × 计奖比例

以上计算需根据利润中心实现增值利润的前提条件而定，奖励基础有时直接为零，即无奖金。具体计奖办法分为几种不同情况：利润中心有增值利润的；利润中心没有增值利润，但股东资金回报率达到或超过上年水平，同时评价得分值达到 100 分及以上的（包括减亏和转亏为盈）；利润中心没有增值利润，同时股东资金回报率未达到上年水平或评价得分值未达到 100 分的；不适用以上情况的特殊情形。其中，增值利润为税后净利润减去股东资金成本的差额，股东资金包括股东权益和股东免息贷款，股东资金成本则参照同期银行优惠利率计算并定期调整。另外，为了防止利润中心奖金数额的不合理波动，集团常务董事会最终可以保留一定幅度的调整权。

当利润中心评价结果不具备计奖条件，但其所属利润点经营业绩优良或比上年有明显改善时，可参照利润中心奖励办法计算利润点的奖金额。但有关计奖方案须经集团财务部和集团人事部审核，并报集团 6S 管理委员会审议。

6. 评价体系与奖金分配

根据评价结果确定的利润中心奖金额是该利润中心既定范围内所有人员全年的奖金控制总额。任何在评价以外发放的奖金，都必须在年度奖金总额中扣除。在具体分配奖金时，利润中心经理人（负责人）在其中应占的奖金份额需要根据该经理人的考核结果确定，其他人员的奖金由利润中心负责人与集团主管领导协商后提出内部分配方案，报集团人事部备案。

7. 评价体系与审计监督

为了保证评价结果及奖励系数和奖励基础的客观性，有关数据需以经会计师事务所审计的年度审计报告为依据，并按管理口径进行调整。集团审计部在对利润中心进行审计的过程中，同时将关注有关评价指标所涉及资料的真实性，如发现不适当的计算，需提出审计意见，并报集团 6S 管理委员会审议处理。

（四）6S 管理体系的经理人考核

评价体系决定整体奖励，但在确定利润中心负责人的奖金份额及其他有关奖惩任免时，还需要进行经理人考核，进而涉及一家企业如何判断、挑选、评估经理人的问题。做法是将业绩评价与经理人考核结合在一起，即在利润中心业绩评价的基础上，再按经理人标准进行考核。其中利润中心业绩评价得分占 70% 的权重，经理人考核得分占 30% 的权重，两者共同形成利润中心负责人的评价结果。

在构建经理人标准的过程中，必须明确什么样的人可以做企业经理，即具备什么素质，以体现企业对经理人成长的导向和要求。过去沿袭行政管理体制，对企业领导的要求很综合、苛刻，但又较片面、表面，混合了很多非企业因素和标准。经过集团高层的多次研讨和广泛征求意见后，我们将经理人的特质分为无形的和有形的加以衡量，包括灵魂的、肉体的，品性的、技能的，隐性的、显性的，阴的、阳的，先天的、后天的，软的、硬的，虚的、实的，易度量的、难度量的，等等，并最终确定为两个层面的 12 条标准，具体为激情、学习、团队、诚信、创新、决断、学历、经历、智力、表达、体质、环境。其中无形的特质在职务越高时影响越大、越重要，有形的特质在完成一项特别任务时更重要，但要通过无形的东西逐步释放出来。

1. 无形的层面

(1) 激情：坚毅，顽强，投入，目标性强，坦率，易激发，冲锋，不计较，敢牺牲，求胜；主动性强，推动性强，责任心强，不推诿，价值观透明，敢于面对自己、面对困难，自信心强。

(2) 学习：理性思维，领悟力，观察力，自我反省能力；适应环境，变通自我；行业洞察力；有意识地学习，自我完善，总结，回顾。不断推动进步，与新的世界同步。逻辑分析及推理能力，战略思维，前瞻性。

(3) 团队：领导能力，用人、选人、发展人的能力。性格完整健康；领导风格，团队一致性，分权能力；团队威信，团队互补，调查人的积极性，团队气氛与文化；评价奖惩的能力，团队的组成与调整，组织建设；制定目标，率领团队努力，自己与团队的关系；民主与独断，团队的活力，团队的激情，襟怀宽广；团队整体的竞争力；吸引他人的能力，有亲和力，包容；向员工提供支持。

(4) 诚信：言行一致，前后一致，上下一致，情况好时坏时一致。对股东、对员工、对公司、对客户公开透明，坦诚，讲求商业道德、为人原则；自律；对家庭、对朋友忠诚负责，不谋额外私利；平实，不夸大；处事公正，无私欲。

(5) 创新：改变现状，突破条条框框，有不断超越的意识，对原有业务的改善；业务不同层面创新；敢冒险，有灵感；有在对现有事物深刻了解下的求变，以变创新，来带动发展；智力发展推动，不仅是资产推动；不甘于现状。

(6) 决断：制订方案，执行能力，实际完成，有真的发展，不找借口，不退缩；有决断能力，在大战略下有果敢的执行力，充分利用各种资源，完成任务，敢承担，少顾虑；执行方法有力度；重结果，重目标。

2. 有形的层面

(1) 学历：教育背景，系统训练，专业资格，基本技能，如专业、外语等；学术研究的兴趣，如理论功底等。

(2) 经历：工作经历，地方，层次，责任，难易；工作中的竞争性，市场环境，锻炼程度；业绩的取得，成功与失败的分析，个人的成长，成熟；过往经历使专业技巧形成。

(3) 智力：聪慧，悟性，数字的敏感性，判断力，反应能力，智商，文字能力，谈判能力，分析争辩能力。

(4) 表达：沟通能力；表达力，感染力，鼓动性，对团队的影响力。

(5) 体质：身体，年龄，心智健康，对生活环境的适应，对艰苦工作的承受。

(6) 环境：家庭环境，父母，子女，配偶；成长环境，生活环境的稳定及个人工作动力。

华润经理人考核按照上级、同级、下级180度的方式进行。经理人12条标准的每一条都设置5个等级，经理人通过考核相应地可以得到5个级别的评价：T级，大大超出期望值；A级，超出期望值；B级，达到期望值；C级，未达到期望值，但有改进余地；D级，达不到期望值。根据经理人考核评级结果，同时结合各利润中心的业绩评价结果，集团人事部对利润中心经理人做出实事求是的评价，确定经理人的职务工作绩效以及担任更高级别职务的潜力，同时提出对经理人的任用意见，从而使得集团的人事管理更加有助于整体经营目标的实现。

（五）6S管理体系的实施效果

6S管理体系保证了集团全面预算管理的运行，促进了集团发展战略的执行，并为全面业绩评价提供了依据，实际上是华润的战略管理系统，也是一个系统化的企业管理实施方案，它对集团管理的变革性推动作用从多个角度得到了反映。

1. 基础作用：为管理层的重大决策提供依据

通过6S管理体系，集团决策层能够及时、准确地获取管理信息，加深了对每个利润中心实际经营状况和管理水平的了解。利润中心主业清晰，便于决策层抓重点，同时逐步处理一些非主营业务，从而使公司的运作架构、业务分类、资产组合等方面清晰化，促进了资产的结构调整和资源的合理配置。

2. 导向作用：以战略为导向的行业经营管理

正是在6S管理体系运行的基础上，华润的战略定位逐步清晰，并能将原先较为庞杂的业务及资产重组为九大行业和24个一级利润中心，从一般的业务经营转向行业经营，并以行业的视角专业化管理业务，从而由多元化经营走上了“集团多元化、利润中心专业化”的发展道路。

3. 促进作用：促进企业对自身业务的理解

6S管理体系的实施，提供了一种科学性和前瞻性的思维指导原则，利润中心要根据自身实力和市场判断实实在在地测算自己的目标，避免将预算变成简单的数字游戏，进而通过对市场认识和竞争分析的过程，促进利润中心对自身业务的理解。

4. 渗透作用：企业管理更深入细致

6S管理体系的深入实施，使经理人的注意力盯住了每个利润点的具体经营情况。决策层能够直接了解每个利润中心的经营状况，及时发现和解决问题。另外，6S管理体系中的信息系统，使利润中心经营状况透明化，成为一个有效的监督制约机制，有效地防止了内部问题的积累。

5. 互动作用：推动企业的良性互动

6S管理体系要求能不断发现问题，同时不断研究和解决问题。集团财务部通过定期管理分析，审计部通过不定期的审计检查，发挥两方面日常监督的作用，及时提出问题；利润中心非常正面地利用所提供的信息，积极做出有效回应和改进。这些都源于6S管理体系实施过程中培养出来的企业良性互动意识。

6. 规范作用：评价考核机制相对合理

利润中心评价体系和利润中心经理人考核体系体现了业绩至上的指导思想，同时推动战略执行，促使集团的管理重点和激励机制发生转变，减少了管理导向、人事政策的随意性，集团的业务得以沿着健康的轨道良性发展，经理人团队进一步向专业化标准靠拢。

6S管理体系虽然算得上是一个战略管理系统，也突出了评价与考核在整个管理循环中承前启后的关键作用，带动了企业业绩文化的形成，但它并不是一个完美无缺的体系，还存在许多有待改进、有待深入、有待强化的地方。尽管如此，这一体系对于华润这样一个股权关系复杂的多元化大型集团企业来说，是当前运用得最为成功的管理系统，它对华润管理体系的逐步形成发挥着重要的作用。

案例启示

华润6S管理体系以发展战略为起点，“高度”定位，以经营业绩为基础，每个利润中心以个性化指标为依据；全过程地联系每个人的业绩，这就是“深度”；将外部与内部相结合，这是业绩的“广度”；华润的资产规模在扩大，华润的利润水平不断增长，这就是“速度”；华润始终注意文化建设，尤其是这套体系自1999年施行以来，形成了“华润人”的文化特色，这就是业绩的“温度”。

精要提示

战略绩效考核提出“五度”是系统思考的结晶。“高度”是将企业业绩考核这个微观的行为上升到经济、社会、文化的宏观层面，揭示绩效考核在微观上对生产力的作用，滞后、深远地通过生产关系影响着企业及社会宏观发展的规律；“广度”是因为企业的行为越来越广泛，揭示生产关系、管理关系、价值关系、产业关系、国际关系等规律，引导企业关注“多因多果”利益相关者的“复合关系”；“深度”是“以人为本”思想的具体化，是对以人为成本、以人为资本、以人为智本、以人为根本等自然人主观能动性的回归；“速度”主要挑战增长“越快越好”的惯性思维，论证速度不是简单的数字的加大和物质的增加，提倡创新、高质量及持续的发展速度；“温度”是因为目睹企业以“钱”为核心、广告泛滥、欺诈腐败等造成“忽冷忽热”的混乱局面，以及经营者的责、权、利不匹配造成“功过难辨”的尴尬现象，提出企业文化及经营者的激情对持续发展有着长远影响、深层影响和广泛影响。

第三节　“六个结合”业绩观

本节思考：

1. 如何创造出战略业绩？
2. 如何制定出战略业绩的评价制度与考核政策？

战略绩效考核的“企业绩效”包括经济价值保值增值、文化价值提升和社会价值的传承，不同于简单的企业“经营结果指标”概念。战略绩效考核“业绩观”是与组织和个人有关的，体现与目标相关的复合行为指数。“企业素质”比平衡计分卡更能反映企业的发展历程，“六个结合”是对学习型组织的行为目标。“六个结合”包括与组织目标有关的行动或行为，无论这些行为是认知的、生理的、心智的还是人际的活动，都能够表现为可以被奉行的“业绩”，并且能客观评定等级。“业绩”不仅仅是行为的后果或结果，更主要的是行为本身。“绩效”是由组织认定与行动目标相关的“集合效果”。“战略绩效”就是从培养企业潜在价值、长远价值、综合价值的角度出发，全面提高“企业素质”。考核“战略绩效”就要综合运用平衡计分卡、供应链、经济增加值等考核方法的核心思想，在考核经济价值的基础上，考核“综合价值”，提升“企业素质”及公司治理水平和持续发展的能力。

一、建立“企业与社会”的和谐发展

（一）强化社会责任推动企业管理

“市场经济万能化”导致企业追逐利润最大化思想自由放任，由此带来了经济周期性震荡、自然环境恶化、劳动条件恶劣、消费者权益常常被侵害等各种经济和社会问题。1924 年美国谢尔顿提出的“企业社会责任”概念已被普遍接受，但是没有统一的定义。ISO 8000 有了相对详细的具体内容，目前在一些发达国家和跨国公司范围内有一定的使用。“企业社会责任”的重要内容是指企业在创造利润、对股东负责的同时，还要承担对员工、消费者、社区和环境的社会责任，包括遵守商业道德、生产安全、职业健康、保护劳动者合法权益、保护环境、支持慈善事业、捐助社会公益、保护弱势群体等。企业的经营目标由单一的“利润”取向变为兼顾利益相关者的“多重目标”，因此不应简单地把公司看成“股东们的联合体”，而应是物质资本所有者、人力资本所有者以及债权人等利害关系人组成的“契约组织”和“愿景共同体”。无论是在理念上还是在现实上，“股份公司”都是股东利益、公司债权人利益、社会公共利益等各种利益的复合物。同时，“公司”作为社会中的一分子，其发展也必然会受到其他利益者的制约。中国一些发展较好的公司，如娃哈哈、京东、海尔等公司都十分重视在公司与员工、消费者之间建立良好的关系，让更多的利益相关者参与到公司的管理中来。因此，适当地强化公司的社会责任不仅不会导致公司的低效益，还有利于公司的长远发展，从而更加有利于社会经济的稳定发展。

在市场竞争中，有些大企业往往会为了自身的利益，凭借其强大的经济实力以及相对信息不对称优势，不择手段地去损害处于相对弱势地位的利益相关者的利益。例如，消费者买到假货，债权人拿不回自己的债款等。所以，强调企业的“社会责任”，完善相关法律法规、制度流程和文化宣传制度将显得特别重要。

（二）建立社会价值和企业价值“双赢”绩效观

1. 生产管理体现的业绩

“生产管理”是指完成任务量、完成质量、完成进度和特殊属性。

“生产管理业绩”是指实际工作量与项目立项计划应该完成的工作量进行对比，考核其实现程度。“生产质量管理”是指将国家、行业有关质量标准以及项目立项时的质量目标与考核的实际工程质量状况对比，考核其实现程度。

2. 项目管理体现的业绩

“项目管理”主要是针对项目工程考核其项目用途、项目配套和项目达产。“项目业绩”是指考核项目完成后实用性和功能用途的满足程度。“项目达产”是指考核项目完成后，实际达产能力与计划值的偏差程度。

3. 资金管理体现的业绩

“资金管理”侧重于资金管理的规范性、资金使用的有效性、配套资金的筹措能力等。“资金管理业绩”是指考核项目经费管理制度是否健全、执行力是否有效、是否符合国家及有关部门的规定、资金违纪率的大小等。资金使用的有效性是指考评经费的使用效率。配套资金的筹措能力是指被考核企业对资金的配套能力和筹措能力等。

4. 经济效益体现的业绩

“经济效益”侧重于企业的经营财务数据，主要是指 EVA，通过计算资本成本，能强化管理人员审慎考虑他们用于拓展业务的资金需求量。同时扣除了营业外收入的 EVA，能够更加突出企业主营业务的盈利能力。“经济效益业绩”为保证价值创造成为新项目的中心目标，“经济效益”的核心要素应该是以 EVA 为基础的经营业绩。

5. 公共效益体现的业绩

“公共效益”是从社会责任的角度评价企业业绩，包括企业所实现的社会效益、环境效益、扶贫减灾效益和可持续性影响。企业的“社会效益”是指项目实施后所产生的社会综合效益，并与立项计划社会效益目标进行对比，提升其实现程度。“环境效益业绩”是指考评项目实施对环境所产生的积极或消极影响，并与立项计划环境效益目标项对比，体现其实现程度。“扶贫减灾业绩”是根据不同类型经济建设项目的特点，与立项目标进行对比，体现其实现程度。“公共效益业绩”就是在实施扶贫减灾、劳动就业或协调发展等方面发挥更大的效益，对人、自然、资源等方面的“公共效益”就是和发展与立项计划进行对比，体现其实现程度。

（三）中国企业承担社会责任的必要选择

跨国公司实践推动着社会责任运动，中国企业积极参与国际竞争，积极适应国际上对“社会责任”的评价标准。《公司法》明确规定，“公司从事经营活动，应当遵守法律法规，遵守社会公德、商业道德，诚实守信，接受政府和社会公众的监督”，“承担社会责任”。国家相关部门已经逐步引入国际上相关社会责任的规范和标准。2022年国务院国资委成立社会责任局，2023 年 3 月成立中央社会工作部，推动社会责任工作全面发展。承担社会责任已成为跨国公司核心竞争力的重要组成部分。中国企业“社会责任”内容规范、评价标准、认可路径等将面临各种新的挑战，也会遇到各种投资或贸易方面的壁垒，“中国式社会责任”既要有中国特色，也要与国际评价体系接轨。

1. 承担合理使用有形资源的社会责任

尽管有人将经济描述为工业经济、知识经济、“无重量”经济或“信息经济”，但这种经济可持续发展面临的最直接、最大的威胁仍然是能源供应的问题。

企业价值的创造过程就是整合资源的过程，其最基础的资源就是有形资源。因此，业绩实现最基本的途径就是提高资源运用的能力和使用的效率。因为资源使用不代表企业就会创造较多的价值，企业资源的浪费会导致企业成本的上升，最终削弱企业价值创造的能力，所以，企业必须提高资源的运用效率。尤其是在我国资源相对不足的前提下，要从战略和全局的高度，提高企业资源的运用效率，培养员工有效使用资源的责任感和使命感，牢固树立和落实科学的“发展观”和正确的“业绩观”，通过多种形式的宣传、教育和培训，使员工认识到有效利用资源是国家的要求、社会的需要、企业的责任，也是提高企业核心竞争力的需要。

通过健全企业资源节约管理机制，建立落实资源节约责任制，细化完善企业资源节约管理规程，坚持从企业资源消耗和循环利用的计量、台账、统计、测试等基础工作入手，制定和完善各类资源管理的定额、规范、标准和体系。加强企业成本管理和信息化建设，积极推进“能源合同管理”，从而持之以恒地做好全面质量管理，不断降低物耗和能耗。同时，应建立与国外企业交流和合作的平台，在企业之间加强合作、取长补短、密切配合、协调联动，积极发挥先进案例的示范和引导作用。

可持续发展企业合理使用有形资源，一方面可以降低能源消耗量，另一方面还可以开发可替代的能源。合理使用资源不仅有利于企业的长期经营，也有助于企业与社会的和谐发展。合理使用资源已被视为承担社会责任的重要方面。

2. 承担综合使用无形资源的社会责任

在以知识经济为主的时代，知识和信息越来越成为价值的主要载体和实现工具，而驾驭知识和信息的主体是人。因此，围绕“以人为本”的企业管理和经营模式必须关注员工的行为和需求。基于此，企业更多的资源体现在企业文化、组织结构、信息资源和社会关系等“无形资源”上。“无形资源”的管理手段不同于有形资源，具有很强的灵活性和可变性。因此，应该采用以激励手段为主的管理方式，提升员工对企业价值观的认同感和对企业的主人翁意识，树立先进的企业文化，建立综合性的信息管理系统，充分有效地利用企业的内部信息以及客户信息，建立客户的信息库，从而提高对信息和客户关系的管理效率。除此之外，还可以通过访谈、调研、电话采访和网络收集等多种形式，收集客户对产品的反馈意见，并加强和客户的联系。因为，无形资源存在形式的多元化和不稳定性，所以企业必须制定灵活多变的管理方法和对策，实现主体和客体之间的积极互动式管理。

3. 承担企业与社会和谐发展的社会责任

“和谐”是社会公众普遍接受、遵守规则、文明友好的社会秩序，可持续发展企业具备实力及影响力，有的企业以其诚信、创新、守法、安全等企业素质承担兼顾各方利益的责任，营造和谐社会的生态。有的企业主动杜绝假冒伪劣、超标排污、恶性竞争、肆意违规等不良行为，尽力履行社会责任。其实，可持续发展企业在改善社会环境的过程中，会扩大企业影响，提升企业形象，赢得市场占有率，实现更高质量、更健康、更持久的经济增长。社会责任与企业追求盈利并不是对立的，而是相互促进、相互协调的。

需要强调的是，国有企业社会责任建设与企业办社会职能是有区别的，企业与社会应该有边界地划分职能和分工。建立社会主义市场经济，国有企业是竞争的主体，历史的重负严重影响企业的发展，但是，国有企业承担社会责任也是必然选择。企业与社会只能分工，不可能分家，企业是社会的经济主体，社会的责任主要靠企业承担，社会价值是企业创造价值的重要组成部分。国有企业的社会责任既不能推诿或虚化，也不能成为无边界的社会重负，要共建和谐共荣的社会责任。

二、追求“经济与文化”的综合模式

（一）企业成为经济社会的主体

在市场经济条件下，企业是生产资料和劳动力得以聚集结合的最佳、最大的场所，是对全社会经济资源予以配置的最为重要的市场主体。从整个世界的发展来看，企业的经济力量只会越来越强，社会财富越来越向企业集中。据统计，世界500强企业的财富占全世界的一半以上，而且一些跨国公司的实力可以和一些小国的实力相提并论。因此，企业对社会的影响力将日益增大，强调企业的社会责任可以预防企业的经济力量被人为地滥用来损害社会利益。

（二）企业的文化建设与企业价值创造紧密关联

有关企业文化建设，在此仅对经济与文化的关系及文化建设对经济的作用加以论述。“企业文化”建设已经成为新经济条件下中国企业建设的重要组成部分，“企业文化”将成为企业生存和发展的内在推动力，“企业文化”将融入并影响着企业管理、社会发展和国际关系等所有层面。

宏观环境的变化以及现代企业制度改革，要求企业在塑造企业文化、确定企业经营理念时，要注重把握社会文化变化的趋势和企业环境的变化。企业环境包括技术环境、人力资源环境、金融环境、投资环境、市场需求环境等，这些企业发展依存的客观环境，直接影响着企业的短期效益和长期生存。企业还要充分关注政策、法制、社会评价、公平竞争、社会信誉等由人为因素控制的社会发展软环境，“企业文化”对企业长期的价值创造和持续竞争力将产生潜在而深刻的影响。

在新经济发展过程中，很多新崛起的企业之所以取得成功，一个很重要的因素就是这些企业非常重视建设与新经济相适应的“企业文化”。例如，联想集团的企业文化是讲贡献、讲效益的价值观，跻身于国际市场的共同理想，同舟共济、协同作战的整体意识，求实进取、拼搏创业的公司精神，高技术企业的社会形象。这些都为联想集团更好地参与国际、国内竞争提供了良好的文化基础，也为其未来发展创造了条件。海尔集团“以人为本、以德为本、以诚为本、君子之争、和气为本”的企业文化，更是为企业的发展壮大提供了坚实的基础和前提。

对可持续发展而言，“企业文化”是价值管理的延伸和体现。无论是企业的价值观、经营理念还是品牌建设都是与企业文化紧密联系在一起的。所以，强化企业文化，把企业文化作为可持续发展企业建设的重要内容，更有利于使企业文化产生强大的社会影响力。从这个特性出发，将“企业文化”建设融入企业管理的日常活动中，凝聚在企业产品质量、信誉、品牌和市场竞争力之中，体现于企业各级管理者的管理行为之中。“企业文化”应该全面赋能企业的高质量可持续发展。

（三）“先进文化”保障企业经济价值的持续增长

“先进文化”是发展的、具体的、形象的认识过程和行为规范，需要用一个个活生生的形象来体现。如果说“推广形象、创造商机”是运用市场营销学的“生存策略”，那么“内炼素质，发展持久”则是针对有的企业“四肢发达、头脑简单”情况的“发展战略”。

先进典型、先进思想和模范行为都是企业做强做大的精神财富和宝贵资源。开展“创优争先”活动，把员工身边那些最能体现企业价值观和理念的先进个人与集体树为典型，可以使企业的价值观和理念“形象化、人格化、事迹化”，成为推动企业发展的强大动力，这样企业和员工学习有目标，赶超有方向，强化以人为本的支撑力和价值观的支撑力。战略绩效考核的“三维价值”是综合价值观，引导企业持续发展。战略绩效考核的“四层价值主体”提倡价值主体追求自然属性，倡导集体与个人的和谐关系，而不是口头上“大公无私”、实质上“损公利己”。战略绩效考核鼓励提高企业素质，维护企业形象，形成大家积极努力、奋发向上、诚信、敬业等充满先进企业文化的良好生态。

三、注重“水平与素质”的共同提高

（一）“水平与素质”的结合就是“量与质”的结合

战略绩效考核把企业作为“企业公民”，企业的水平通常体现为技术水平、管理水平及盈利水平。企业的水平还体现在“四层价值主体”关注的水平。如出资人关注企业保值增值的水平，关注企业的技术领先水平，关注代理成本的水平等；经营者关注自己能支配的资源水平，关注经营者的报酬水平，关注组织经营的水平等；劳动者关注工资水平，关注劳动强度和劳动保护水平等；社会公众关注企业的贡献程度，关注企业环境的维护程度，关注企业的发展持续性等。对这样一些水平的体现，需要能够衡量这些水平的相应标准。比如，企业价值创造水平、价值评价水平、价值实现水平及价值反馈水平都是体现单项水平的“量化标准”。功能、投入、产出等能够反映和改变企业价值水平的综合指数就是企业“素质标准”。任何一项指标的水平都是一个指标的函数，而“素质”是多个指标的“复合函数”。不过，任何水平和素质都需要进行比较，能够考量出来才能作为考核的依据。

战略绩效考核关注“企业素质”。主要内容如下：

一是“企业素质”的基本内涵是企业各要素的质量及其相互结合的本质特征，是决定企业生产经营活动所必须具备的基本要素的有机结合，是维持企业持续发展的“复合指数”。从这个定义可以看出，“企业素质”既是一个“质”的概念，也包括“量”的概念。因此看企业不能只看其规模、利润等，而是要注重“企业素质”。

二是“企业素质”的特性是各个要素的整体概念。分析“企业素质”，不仅要分析企业各个部分的质量，更要注重各个要素之间的内在联系和相互整合。构成“企业素质”的基本要素就是企业的人力、物力、财力资源和生产关系的运行状况，以及生产关系是否可以促进生产力发展。

三是“企业素质”主要包括企业所具备的潜在品质与能力。“企业素质”的高低最终都是通过它们在具体经营活动中所表现出的品质与能力来体现的。“潜在品质”主要包括企业所具有的价值观、企业的凝聚力、企业员工对企业目标的认同感；“潜在能力”主要包括企业的“智商”，即企业的学习能力和企业的应变能力。

四是从管理的角度来讲，“企业素质”包括人员素质、技术素质、管理素质及资产素质。随着科学技术的不断进步与发展，“企业素质”的差别将更大程度地体现在企业的人员素质和管理素质上，“企业素质”更多地体现为潜在性、整体性、动态性。“技术素质”是企业素质的基础，主要包括劳动对象素质和劳动手段素质；“劳动对象素质”即原材料、半成品和产成品的质量及水平；“劳动手段素质”即企业的设备、工具装备及工艺水平；“企业管理素质”是企业素质的主导，是技术素质得以发挥的保证，主要包括企业的领导体制、组织结构、管理方法、管理手段、管理制度、经营决策能力、企业文化及经营战略的水平；“企业人员素质”是企业素质的关键，包括经营者素质和劳动者素质；“经营者素质”包括企业经理人员的政治素质、文化素质、技术素质及身体素质，以及对各种工作结构的协调状况；“劳动者素质”包括科技人员、主业员工、辅业员工的政治思想素质、文化技术素质及身体素质等；“人员素质”包括企业各部分人员的结构性素质，即各类人员的搭配状况，以及各部分人员的积极性和主动性的高低。

（二）以“五度”提高企业水平与素质

“水平与素质”就是对各主体进行横向和纵向的比较，或依公共标准进行“度量”“考量”。战略绩效考核提出的“五度”，主要是针对企业全面的、共性的要求，具体标准要根据不同的企业、不同时期的具体情况确定。企业的“水平与素质”与“五度”的指标很有关系，对“五度”的认识、运用、把握又作用于企业的“水平与素质”。尤其要强调的是，企业的“素质”不是一个简单的函数，每一个“度”都与其他维度有着众多的联系，也可以说“五度”反映企业的“综合素质”。

（三）水平与素质的提升途径

一是营造学习环境。学习是提升素质的主要手段，包括学习型组织和学习型人员。学习不仅能提高经营者的决策能力，而且能提高员工的素质，能增强企业对市场的适应性。学习应注重实效，提倡“行动学习”，也就是不仅要“学”，更要“习”，学习本是一种行为过程，其价值在于实践，在于行动。

二是不断提升“四层价值主体”的素质。我们要认识到不同价值主体对企业素质提高影响程度的差异很大。比如，“经营者素质”对企业的发展影响很大。企业家要诚信、自信，要勤于学习，增强使命感与事业心，培养不断开拓进取的创新意识、良好的思想品德和工作作风，对人、对事要充满热情，要扎实掌握经济、管理知识，要摸清楚本企业、本行业的“家底”，不断提高分析决策能力、组织管理能力、沟通协调能力、开拓创新能力和对企业的影响力，加强自身修养，提高身心健康水平；又如，提升“劳动者素质”会影响企业素质的细节，包括提升技术人员、经营管理人员、操作人员等广大员工的素质，强化科技与人才资源意识，营造一个尊重知识、尊重人才的良好氛围，充分认识企业科技人员的素质对企业形成技术开发、产品创新能力的影响，为技术人员提供更多学习、进修、提高的机会，为科技人员提供创新发展的平台。鼓励“四层价值主体”主动学习，不断提高自己的业务能力，保持健康、积极的心理品质，勇于创新、不甘落后，认可企业价值观，高度忠诚于企业发展目标。

三是不断更新企业的“硬环境”。“硬环境”更新主要是在材料创新、设备创新、生产工艺创新、产品创新、数智生态建设等方面综合改善，以提高企业的“硬环境”素质。一个好的企业往往有很先进的装备作为后盾，如尽力购置配备先进的、适用的技术设备与装备，或通过技术改造提升企业现有的技术设备与装备水平等，不然就不能持续发展。有时候正是设备决定了竞争的成败，正如先进的武器通常是打胜仗的基础和决定性因素一样。

四是提高企业管理水平。实践表明，基础管理水平的差异，直接关系着企业管理水平的高低和经济效益的好坏。许多企业对基础管理工作重视程度不够，或只是抓了其中的一部分，而忽视了其他部分；或是“以改代管”“以罚代管”；或是“赶时髦”，搞形式主义；或是希望通过一两个所谓的新方法或几个大张旗鼓的活动，替代企业的全部管理，其结果只能是“空中楼阁”，因基础不牢而“地动山摇”。如果企业的内在功力不够，即使企业具备了良好的外在条件，企业的价值也很难实现。强化企业内部管理水平将是可持续发展企业漫长的修炼工程。

五是更新企业价值观和企业文化。企业文化的核心是企业价值观，企业价值观为企业全体员工提供了共同的思想意识、信仰和日常行为准则，企业文化是企业持续发展的必要条件。企业价值观可以说是企业的“大脑”，支配着企业的各项活动。现实经济活动中，许多企业由于长期受“资本万能”“技术至上”等思维与意识的影响，很少从价值观的角度来考虑其经营问题，而且真正从价值观的高度来考虑企业文化建设的企业并不多。为此，战略绩效考核提出“三维价值观”，是在了解企业文化的发展历史、分析企业文化的建设状况、调查企业文化传承的优良传统，从而建议对企业文化进行定位提升，进而精练、准确地表达有企业特色的企业文化精髓，重构企业文化。

六是提升企业凝聚力。企业在管理中，应本着“以人为本”的思想了解人、关心人、凝聚人。其中，了解人是前提，关心人是核心，凝聚人是目的。了解员工的需要，并针对员工的不同需要开展关心、教育、激励、培养和塑造员工的相关工作，而且，企业要尊重员工的人格，尽力做到员工的个人目标与企业目标一致，帮助员工实现自我价值，促进员工与企业共同成长，提高员工对企业的忠诚度。企业要加强团队建设，培养员工的团结与合作精神。企业要让员工参与企业的管理与决策，使其真正体验主人翁的感受。企业要为员工创造可持续发展的环境，培养员工的归属感和使命感，充分调动每一位员工的积极性、主动性和创造性，不断增强企业的凝聚力。

七是加强组织修炼。企业竞争力的本质是企业素质的竞争。为了提高企业的整体素质，必须进行组织修炼，建立学习型企业。增强企业应变的能力以改善心智模式、团队学习与系统思考为主，增加自创未来的能力则以自我超越和建立共同愿景为主，而且，企业应变能力只是自创未来能力的必要条件。就好比人并不只是为了生存而生存，应该是为了更有意义的生活而生存。组织修炼是提高企业整体素质的基本手段，学习型组织“自我超越、改善心智模式、建立共同愿景、团队学习及系统思考”五项修炼，就是企业对人、财、物、信息、数据等持续地平衡和协调，按照系统组织模式去提高企业素质。

四、考核“结果与过程”的全面绩效

（一）企业素质提升确保实现良好的发展结果

企业要保持良好的发展结果，就要不断地提高企业素质。抽象地描述“企业素质”的概念固然容易，但对于企业而言，要将价值观、责任使命、理想信念传达给管理人员和员工，并使其共同努力以履行“静态责任”和“动态责任”绝非易事。甚至让高级管理人员准确地描述“企业素质”，是一件非常不容易的事情。因此，企业有必要从战略的高度重视“企业素质”。

“企业素质”提高是“从始到终”都需要坚持和维护的工作。企业经过长期努力所形成的高素质，也存在着随时衰减的问题。这主要有以下两个方面的原因：一是随着时间的推移及技术的发展，较高的素质往往会递减为一般的价值创造能力。如苹果公司“用户界面友好”，在20世纪80年代有良好的企业素质，并实现了巨大的价值。但随着软件产业和技术的发展，如今“用户界面友好”已经成为所有软件竞争的基本前提条件，参与竞争的软件厂商都必须具有“用户界面友好”的能力。二是由于企业对素质培育问题没有给予足够重视，导致企业曾经的“高素质”因管理不到位而出现下降趋势。

应当指出的是，“企业素质”在发展过程中“不进则退”。因此，企业应从主观方面做出努力。例如，企业不仅要不断提高“经营者”的素质，更要有高级经理专门负责“企业素质”的培育，专职的高级经理要经常组织部门经理进行跨部门的交流活动，以利于部门之间的信息沟通和知识共享，同时要特别注意“企业素质”诸要素的跨部门、跨文化、跨业务的整合等问题。

在提高“企业素质”的过程中，首先，企业要以战略为核心，审视企业内外部环境，以此作为企业发展的依托，确定企业发展目标，审视产业演变趋势，测度本企业的市场竞争地位，衡量本企业已有或掌控范围内的专业技能和战略资源等。其次，企业要做好战略资源的配置工作，尤其是人力资源的配置。哈默和普拉哈拉德在总结日本公司的经验时认为，最关键的是要设置机制，保证把最优秀的人才配置到最具潜力的竞争岗位上。最后，经营者、管理者与员工之间的交流有利于提高“企业素质”，“四层阶值主体”的思想交流、文化交流和经验交流有利于价值的“传递”和“放大”，“企业素质”不断提升才能保持企业高质量可持续发展。

（二）建立“动态目标”适应市场变化

企业是否有利于价值创造，关键在于“动态目标”的合理确定。当企业发展的环境发生了重大变化或企业自身的经营条件发生颠覆性改变后，原有的价值就会降低，合理地调整企业的“动态目标”很有必要。也就是说，企业要认识到价值创造能力及企业价值实现程度是会转变的。企业要始终维护领导力、经营资源的能力、价值创造的能力、创新能力、社会贡献能力、利益分配能力等“动态目标”，需要灵活地运用价值创造的动力机制、传导机制、激励机制、管控机制、应变机制及反馈机制，“动态目标”适应市场变化调整才能实现有效的动态管理。

价值创造能力的动态管理，是企业为应对内外部环境变化而做出的反应，也就是说，通过改造甚至变革原有的核心竞争力，构建能够适应新形势、新要求的具有足够革新性、适应性、持续性的新的核心竞争力。“动态目标”的动态管理是使核心竞争力更符合组织存续和发展要求的努力过程。一般来说，“动态目标”的调整方式有两种：一是“动态目标”的效率、效力调整。这种方式并不改变原有核心竞争力的整合能力，只是在原有能力的基础上，通过技术革新或产品革新，增强发展速度和发展强度。二是“动态目标”的赛道场景调整。这种方式就是重新认识企业的整合力，应用新的技术，改变企业原有的能力优势，通过重新整合企业的内外部资源，寻找新的途径，重新构建企业的核心能力体系，发展新的核心产品和核心技术。相对于第一种改革方式来说，第二种方式将对组织产生很大的影响，要求企业重新进行组织结构设计、人员配置和资源分配，更重要的是，企业首先要具备不断创新和学习的能力。在这一点上，沃尔玛是成功的典范，凯马特则是失败的代表。美国超级零售商凯马特在 20 世纪 60 年代率先进入折扣销售网，成为当时美国的第二大零售商。凯马特在传统营销的方法和策略上有很多独到的地方，甚至当时是营销教学的典范。但是20世纪80年代后，凯马特没能继续将自身的核心竞争力与时代的发展相结合，因而丧失了竞争优势。凯马特公司于2002年1月22日向芝加哥联邦破产法院申请破产保护，从而成为美国历史上寻求破产保护的最大零售商。沃尔玛却与其相反，紧跟时代发展步伐，与时俱进，应用了当时先进的IT技术，改变了原有的营销运作方式，产生了较高的生产效率。

（三）核心竞争力贯穿于“过程与结果”

核心竞争力需要注意两个问题：一是原有核心竞争力对动态管理的阻碍作用。因为原有的核心竞争力给企业的成长带来了巨大的竞争优势，使企业产生一种满足感，并极易表现出自大自满的情绪，与之形影相随的是维持现状、墨守成规的心理。在这种情况下，企业往往认为原有的核心竞争力能给企业带来更多的成功，很容易墨守成规，不积极主动地适应新的游戏规则，从而阻碍核心竞争力的升级。二是要防止随意丢弃原有的核心竞争力。核心竞争力的培育并不是一件容易的事，改变核心竞争力是在预测企业的内外环境可能发生变化的情况下进行的。如果预测不准确，随意丢弃原有的核心竞争力，就会使企业失去原有的市场竞争优势。可见，培育核心竞争力是漫长的过程，改变核心竞争力不能“断章取义”、丢弃原有核心竞争力，需“谨慎而行”。

（四）“多因多果”集聚到共同的结果

企业价值的“驱动因素”与绩效考核的“结果要素”相辅相成。企业人、财、物、信息、关系等是多方面价值的“驱动要素”，企业资源的充分性、价值有效性、目标完备性是企业实现战略绩效的“结果要素”，“多因多果”的关系特征集聚成“战略绩效”。

1. 人力资本要素的驱动是战略性业绩的“原动力”

从表面形态上看，人力资本是异质型生产要素（智力、创新能力、创造性和无形性），这种形态的资本不同于普通职工，人力资本也有同质型生产要素（确定性、程序性、可考核性、可监督性），这些不同于确定性的物质资本要素，是人力资本所有者本身的一种特质，与先天的遗传、后天的锤炼、环境的磨砺，以及教育培训有一定的关系。

“人力资本”的形成需要经历两个阶段，第一阶段是“人力资源”转化为“人力资产”潜能阶段，第二阶段是由潜在“人力资产”转化为现实“人力资本”的阶段。不能将人力资源、人力资产和人力资本混为一谈。第一阶段的“人力资源”和“人力资产”，对具体的某个人来说，在同一时点是相同的。而对于第二阶段的“人力资本”，不同的制度安排，就会导致不同的结果。如在一个受到充分激励和良好人文环境的企业里和一个没有受到激励、人文环境恶劣的企业里，其“人力资本”的输出肯定是不同的，所创造的价值肯定也是不一样的。所以，现实的“人力资本”是激励程度、环境甚至与“人力资本”所有者的主观情感、偏好有关的“复合函数”，是一个不确定的量。要使“人力资本”的潜能得以激发，必须有相应的激励制度。没有激励的制度，潜在的“人力资产”就不会变成现实的“人力资本”。

2. 经济资源要素的驱动是战略性业绩的“血脉”

“三张报表”是资本运营、业务计划和激励体制的纽带，“三张报表”是经济活动的“数字语言”。比较准确体现“创造价值”的数字语言就是 EVA。EVA 可用来考核业绩表现，也可以用来评估项目可行性、设定目标和决定奖金水平。用 EVA 作为财务评价指标反映企业经营状况，不仅可以反映企业的主营业务盈利能力，而且能够反映企业的经营成本和资金成本，较好地反映企业的经营素质。

企业要实现EVA的考核结果，客观要求企业必须实现财务集中管理。对于分支机构众多、组织层次复杂、管理链条长的企业集团来说，如何有效地监控集团内各级公司的经营运行和资金运作？如何确保经营行为规范、安全和高效？这些都是众多企业集团力图解决但又很难解决好的问题。EVA要求“财务集中管理”有利于实现企业集团各子公司的资金合法、安全和有效管理，便于“监管”相应的计划、合同等信息，有利于在集团内部融通资金、盘活资金、调剂资金余缺、提高资金使用率。通过资金的回笼和资金的调度，管理层能够全面了解各部门的运营情况，强化资本经营，同时有利于提高对资金的时间价值和成本认识，促进业务单元注意经济核算，合理有效地运用资金，从而通过财务业绩的管理过程实现企业经营业绩的良好效果。

3. 实物资源要素的驱动是战略性业绩的“载体”

“实物资源”包括企业的土地、厂房、机器设备等组织生产的物质基础。资源节约是人类社会发展的永恒主题，是树立和落实科学发展观，实现我国经济社会全面、协调、可持续发展的长久之计。随着经济增长方式的转变，科技含量高、经济效益好、资源消耗低、环境污染少、人力资源充分发挥等综合要求越来越多，尤其把节约资源、降低消耗、保护环境放在突出位置，统筹规划、协调发展、产品结构调整和整体系统优化，统筹速度、品种、质量、安全、环保和效益等“实物资源”要素的过程才能实现“战略绩效”的结果。

4. 信息资源要素的驱动是战略性业绩的“中枢”

战略业绩考核并非单纯地遵从会计准则，还应该包括对信息（如统计信息、管理信息等）进行跟踪和分析，分析哪些方面运营良好，哪些方面需要改进。企业需要建立良好的信息系统，实际操作中涉及大量的财务与非财务指标，这些指标都要通过一定的统计渠道进行收集、整理、加工与分析才能形成有效的信息，这需要一个完整的信息“过程监控”，以保证考核期间进行及时、有效的过程控制与决策。

总之，“战略绩效”可以导向企业成为价值创造的“永动机”，考核“结果与过程”全面绩效，才能真正实现以人为本的目标，实实在在地为社会创造财富，以企业的长久发展促进社会的永久繁荣。

五、坚持“继承与创新”的相互结合

（一）正视“非战略绩效”形成的基础

1. 账面价值是企业价值的重要依据

“利润”及其他财务结果，都是企业通过财务数据所表现出来的一部分“货币价值”，是最基础的“财务价值”。“企业价值”的范围比利润要广泛得多。从所表现的内容上讲，“价值”是企业经营活动的综合结果，“利润”是企业商务活动数字语言的简单体现。从时序上讲，“价值”包括历史的结果、当期的状况及潜在的趋势，而“利润”仅是历史的财务结论。从形成要素上讲，“价值”是企业素质的综合体现，而“利润”是财务数字的简单运算。可见，企业的价值可以通过财务、数字、货币这些具体的符号表现出来，但是财务数字、货币价值往往不能全面代表“企业价值”。换句话说，价值创造的过程会导致一个价值表现的结果，反之，价值表现的一个结果往往并不能全面地体现价值创造的过程。

2. 完成工作任务是业绩的首要目标

对于一线生产工人或体力劳动者来说，最主要的问题是“这个工作怎么做”，或者说“把这件事做到最好的方法是什么”，他们的绩效就是“完成所分配的生产任务”。这个论断直到今天仍然沿用，对一线工人或体力劳动者有一定的合理性，但是对一些职能部门和管理层就远体现不出其“智能价值”的内涵。尤其是对“智能”工作者而言，“任务是什么”变得异常模糊，难以界定。现在越来越多的管理者发现，原先对体力劳动者进行管理的方式，用在产品研究人员身上，被证明是失败的。产品研究人员整天坐在计算机旁，甚至有的时候好像一点事情都不做，大部分时间处于沉思状态，对他们的“业绩”以时间评价已不能适应生产力要素变化的需要。

3. “数字目标”是显而易见的业绩目标

从实物量考核阶段到经济效益考核阶段，数字作为衡量业绩的标准是最易操作的常用指标。但是，对综合部门长期运用这样的业绩体现方式，有时会误导被考核者以完成这些数字为己任，对数字代表意义的思考有时处于麻木状态。例如，GDP 朝着“绿色 GDP”的方向发展，企业的责任也不仅仅是经济责任。显而易见，以完成数字为业绩的导向是不符合长期发展要求的，对这种认识进行挑战的意义不可忽视。

4. 吸引投资是改革开放初期的重要业绩

在招商引资工作中，有些地区领导和企业集团决策者，迫于完成“招商引资”的考核目标，有的不计成本地出国考察、请客吃饭甚至泡在“酒精桶”里，不仅伤了个人的胃，而且造成了不良社会影响。回顾这段历史，虽然外资的投入曾经助推了一些企业的发展，但是盲目引资、过多引资导致不少企业背负上了沉重的“包袱”，有些不正确的业绩观造成了资产质量不高、产业结构不合理、企业“低价出让”等不良后果。

5. 盲目扩大规模积累了一些问题

在快速发展期，很多人过度追求生产规模、资金规模、土地占用规模等发展模式，造成的一些不良影响有目共睹。尤其是，“跑项目”“要投资”曾被一些人认为是“为企业做出的巨大贡献”，但是有些项目“上项目之时就是亏损之日”的现象时有发生，有些土地占有规模、信贷规模也成为企业不必要的“包袱”，这些都是不正确的业绩观留给企业的“不良遗产”。

6. “资本成本”没有引起足够重视

随着银行的商业化改革和财政的预算管理，银行债务的成本已被企业普遍接受，但企业对“权益成本”至今仍不够重视。有的企业几乎没有资本成本的概念，有的企业只看产出不计成本。有的用利润或净利润衡量“业绩良好”的企业，如果考虑资本成本、用 EVA 来衡量业绩，也许“绩效考核”结果将大相径庭。可见，不同的“业绩观”导致结果存在很大差异，也有可能由盈利变为亏损。

（二）创建战略绩效业绩观

1. 建立“价值创造”业绩观是实现战略绩效的首要条件

价值管理的经济学含义是当企业创造的利润超过了资本成本的时候才是为出资人创造了价值。显而易见，企业业绩评价的真正标准是净利润扣除公司资本成本等的差值，就是我们通常所说的经济利润。也就是说，必须建立价值创造正确的业绩观才有可能实行企业价值的科学管理。“经济增加值”最重要的优点就是提供了根植于价值的通用语言，这样可以促进公司之间的交流，减少暗箱操作。我们发现，只有树立正确的“业绩观”，才能引导企业持续提升价值管理，才能有利于持续“创造价值”。

2. 注重“创新”的业绩观

“业绩观”是企业价值观的具体体现。“追求卓越”的价值观是世界上成功的企业乐于接受的，但不能片面地认为“卓越”就是“产值第一”“规模第一”，而应该深刻认识到“卓越”是企业素质的全面提高和持续的价值创造。战略绩效“业绩观”的核心思想，就是实现效益、价值创造、责任等“综合业绩观”。

战略性业绩观指导价值管理，可以从以下几个方面拟订“方案”：一是适度的财政方案，二是以价值管理“过程和结果”为核心的战略方案，三是以价值驱动因素贯穿整个管理的操作方案，四是深入公司整个系统的综合性价值管理应用方案。需要强调的是，企业在全盘实行价值管理的过程中，这些“方案”是动态的，而且在不同阶段是可以相互转换的。

3. 加强“正向激励”机制

“业绩观”为企业经营者业绩评价提供“业绩考核标准”，基于不同的考核结果会产生不同的激励和导向作用。因此，不同的业绩观产生的激励作用也会有很大的差异。这种差异也许不会在考核当期表现出来，但是，如果创新、责任、贡献等绩效的“正向激励”力度不足较为普遍，潜在的导向差异将会产生长久的影响。“业绩观”产生的作用是利益驱动导致的，尽管被考核者的素质、知识、能力、责任心和其他“潜在因素”会得到一定程度的认可和激励，但经济利益驱动是最直接的，所以，加强“正向激励”机制是建立战略绩效业绩观的前提。

总之，注重“创新”的企业价值观会给企业注入活力。企业只有不断创新，才能持续赢得竞争优势，这是不容争辩的。事实证明，优秀的企业无不重视“创新”价值观的培育。在我国，虽然“技术创新”工作被列入决策层的议事日程，但从投入的费用和精力上看，有的是为了体现表面上的重视程度，远远没有融入企业的业绩观，自然不能实现企业战略性绩效。战略绩效“业绩观”就是引导企业全面创新，在企业内部培育和形成一种良好的“创新文化氛围”，并按照市场需求变化，从开放的角度理解领会政策，不断探索经营管理的新途径和新方法，创造和开发新产品、新工艺、新管理、新流程、新责任等新的经营理念。只有这样，企业才能在世界经济的激烈竞争中立于不败之地，从而实现持续发展。

六、实现“目前与未来”的持续发展

（一）战略绩效业绩观充分认定当期努力程度的效益

从经济学的角度看，“绩效与薪酬”是员工和组织之间的“对等承诺”关系。绩效是员工对组织的承诺，而薪酬是组织对员工所做出的承诺。一个人进入组织，必须对组织所要求的绩效做出承诺，这是进入组织的前提条件。当员工完成了他对组织的承诺时，组织就实现其对员工的承诺，这种“对等承诺”关系的本质，体现了“等价交换”的原则，而这一原则正是市场经济运行的基本规则。建立基于正确战略性业绩观的激励制度，能够激发员工的主动性和创造性，使之成为企业快速成长的真正动力源泉。

（二）战略绩效业绩观激发“潜在价值”的实现

从管理学的角度看，“绩效”是组织期望的结果，是组织为实现其目标而展现在不同层面上的有效输出，包括“个人绩效”和“组织绩效”两个方面。“组织绩效”建立在“个人绩效”实现的基础上，但个人绩效的实现并不一定保证组织是有绩效的。“组织绩效”按一定的逻辑关系被层层分解到每一个工作岗位以及每一个人的时候，只要每一个人都达到了组织的要求，组织的绩效就实现了。但是组织战略的失误，可能会导致个人绩效目标实现而组织绩效失败。如果业绩观只是强调片面的“财务利润”、短期的“当期效益”，则很有可能导致“潜力不足”的业绩效果。战略绩效业绩观注重企业价值创造的全过程，关注企业“潜在价值”的持续激发。

（三）战略绩效业绩观有利于放大今天的价值对未来负责

从社会学的角度看，“绩效”意味着每一个社会成员按照社会分工所确定的角色承担他的那一份“职责”。每个人的生存权利是由其他人的绩效保证的，而每个人的绩效又保证其他人的生存权利。因此，出色地完成个人的绩效是其作为社会一员的义务，个人受惠于社会就应该回馈社会。战略绩效业绩观将价值与自然人紧密联系起来，将企业的利益与价值创造者的利益有机结合，这就有利于形成整体效应，在平衡协调的环境中，在建立个人业绩的基础上，铸成企业业绩、社会业绩及战略绩效。

案　例

联想集团的评价实施体系结构围绕“静态的职责＋动态的目标”两条主线展开，建立起目标与职责协调一致的大岗位责任评价体系。下面主要以联想集团为例进行介绍。评价实施体系的框架包括四个部分：静态职责分解、动态目标分解、动态目标与静态职责结合、绩效考核方案评价。

（一）静态职责分解

联想集团从1995年开始尝试建立岗位责任体系，当时的目的是为岗位定编服务，确定需要有多少个岗位、每个岗位大概做什么，在内容上仅涉及岗位职责；1996年，采用了从下至上建立针对每个具体岗位的责任制的做法，使岗位职责—评价—权力—素质—工作条件与待遇得到统一反映，但由于从“树梢儿”做起，部门接口问题、部门之间的职责及其互动关系难以厘清，也没有解决职责与目标的关系问题；1997年，借鉴惠普的工作流程，采用从上至下的做法，以职责和目标为两条主线，开始从“树根”理顺；1998年，建立以“工作流程”和“目标管理”为核心，适应新的组织结构和管理模式的大岗位责任体系。

1. 明确宗旨、明晰职责

（1）首项是明确公司的宗旨，即公司存在的意义和价值。

（2）在公司宗旨之下确立公司的各个主要增值环节和增值流程，

如市场—产品—研发—工程—渠道—销售等。

(3) 确立完成这些增值环节、增值流程需要的组织单元，构造组织结构，如产品流程牵头部门为各事业部和产品部，服务流程牵头部门为技术部，财务流程牵头部门为财监部等。

(4) 确立部门宗旨。依据公司宗旨和发展战略，在相应的组织结构下，阐述部门存在的目的和在组织结构中的确切定位。比如1997年《物控部宗旨》：在公司宗旨和发展战略指导下，健全并完善合理的库存结构，有效地利用资金，在有竞争力的时限内最大限度地满足用户订单需求，不断优化公司的物流运筹模式，提高公司经营效益和竞争力。确立宗旨，对明确部门的定位、指导业务方向、职责界定、对外工作协作、员工指导等有重大意义。

(5) 确立部门职责。部门职责指部门为实现其宗旨而应履行的工作责任和应承担的工作项目，它确定了部门在公司增值流程中的工作范围和职责边界。宗旨是确定部门职责的方面和方向，职责是对宗旨的细化和具体演绎。职责不是具体的工作事项，而是同类工作项目的归总，一般从以下几个方面考虑：部门在增值流程中所处的业务环节；依据穿过该部门的若干业务主线确定部门所涉及的主要职责；工作模式的改进与创新。可见，部门职责能起到明确工作职责边界、减少部门之间工作职责交叉、确定部门岗位设置、制定工作流程的作用。

2. 建立工作流程

工作流程包括工作本身的过程、信息与管理控制过程。它在部门内部，在独立的部门与部门之间、处与处之间建立职责的联系、规章和规范。联想非常重视建立覆盖各个工作环节的工作流程，并在全员范围内培训指定工作流程的方法，这为部门协调、运作规范、揭示问题、持续改进、提升效率打下了坚实的基础。

3. 岗位职责

厘清了由公司宗旨—部门职责—部门为履行职责而应遵循的工作流程后，才能具体将职责落实到每个岗位上。岗位职责具体明确一个标准岗位应承担的职责、岗位素质、工作条件、岗位评价等具体规定，以《岗位指导书》的形式出现。岗位职责来源于部门职责的细化和工作流程的分解。一个部门经理的职责由三部分组成：一是由本人完成的职责；二是将一部分职责分解为下属承担的责任；三是由本部门牵头，并由几个部门共同承担的职责，其职责和工作关系有机地协调起来。但是一个岗位知道“做什么”“怎么做”还不够，还要知道什么时间要做到什么程度，达成什么目标。

（二）动态目标分解

1. 目标分解——战略规划的过程

将企业目标具体化的首要过程是战略规划。公司战略更多关注的是在哪儿竞争的问题，而不是如何竞争的问题。公司范围的战略分析可以导致增加业务、保持业务、强调业务、弱化业务和调整业务的决定。业务部门将战略落实到组织每个单元的活动中。联想的战略规划分为三个层次：集团战略发展纲要、子公司战略规划和业务部门战略规划。

（1）集团战略发展纲要。

联想集团的中长期战略目标及路线是公司最高层（执委会）定期会议的主要内容，其形成过程不遵循定式，但也是一个反复沟通分析的结果。为了适应 IT 产业的快速变化，集团高层每年会回顾一遍战略目标及路线，并视情况予以局部调整。集团战略目标及路线通过各种会议、发言等形式向集团内外传达。公司战略目标及路线对公司的各项活动起着重要的指导作用，为此集团规划部门制定了“联想集团的规划管理大纲”，对目的、原则、规划职责、阶段做了指导性说明。

（2）子公司战略规划。

在集团长期战略规划和战略路线的指导下，子公司的战略规划基本按上—下—上—下的方式展开。业务层次的业务规划和经营预算业务层次的业务规划在联想受到全集团上下级高度的重视，联想集团在 1998 年和 1999 年两次召集全国各地的所有高级经理集中进行了 1 ~ 3 天的关于如何做业务规划、经营预算的培训。在联想内部，评价成绩时，清晰地区分不同的执行程序。另外，联想业务规划的意义，不仅限于规划结果，更重要的是业务规划过程本身，对推动各级经理人思考和总结、强化经营意识、树立“说到做到”的联想文化起到巨大作用。

子公司层次的战略规划是业务部门年度业务规划的重要指导，业务规划的结果落实到每年的经营预算，各业务模块的预算都必须与业务规划相联系，在“能量化的量化，不能量化的细化”的原则指导下，业务规划按职责和时间进度，分解落实成具体的成本、利润、销量、时间、满意度等指标。

(3) 业务部门战略规划。

要求首先确立宗旨和职责，根据宗旨和职责，在非常详细的环境分析基础上得出全年的目标。之后，进行经营预算、业务规划和管理规划。以下是联想台式机事业部一个五步规划的酝酿过程。

第一步，启动点是干部的务虚研讨会，基本上所有处级以上干部都要进行务虚研讨。这一步的任务是：明确整年工作的指导思想；说出全年的工作目标；确定整个大预算的框架；分工合作，明确谁负责哪一块；确定推进时间表。

第二步，分块多轮次地研讨。各个层次开了很多会，几乎涉及所有员工。提出每一块的规章草稿，让全员参与，提高规划的准确性，减少阻力，建立沟通平台。

第三步，分块汇报和修改。这个汇报层面基本是以事业部所有总经理级以上干部的联系会的方式，对每块的规划进行研讨和修正，之后变成分块和定稿。

第四步，事业部的经营管理部进行整体整合。

第五步，向总经理室进行汇报，然后定出大的修改意见，从而产生规划结果。这一过程历时将近3个月，几乎是全员参与。规划制定以后的执行过程，也大致分成了五步：第一步是对全员的宣传贯彻；第二步是分解到各个部门，对不同的详细规划进行宣传贯彻；第三步是根据相应的规划内容，制订一整套分季度的评价方案，来评价这个大预算的相应内容；第四步是写入目标任务书，整个集团都运用推进目标任务书这样一个管理方式，每个目标任务书都可以结合大预算来写；第五步是强调每个季度都要按照目标任务书进行总结。

2. 目标分解——落到实处

（1）目标分解。

① 为保证各项规划的实施，各牵头部门在与相关部门进行沟通与交流的基础上，将目标按职责分解到相关部门。年初制定《年度发展规划与目标》。

② 各部门《年度发展规划与目标》将本部门的年度目标和策略按职责和时间分解为部门内各处的年度目标、各季度的工作目标和实施计划，形成《部门季度计划》。

③ 处级经理以上干部要按季度分解季度目标，并列入处级经理以上干部的评价之中，形成《处季度（月）工作计划》。

④ 重要干部或岗位要按月分解，制订月工作计划。

（2）落到实处。

与岗位责任书对应，联想采用了“目标任务书”进行方针目标管理。其要点是：

① 针对部门目标和薄弱环节，重点抓关键环节和重要步骤，对重点工作推进监控实施，以保证最终实现目标。

② 确定最重要的又确实有能力实现的工作目标。一个部门或岗位一个季度的重点工作有3～4项；日常职责则不在“目标任务书”上体现。把企业宗旨和目标分解到个人的“岗位责任书”和“目标任务书”后，为监控和评价打下了扎实基础。

通过以上介绍可以看出，联想通过对评价的周密设计，在体制和人员方面都得到了切实的保证。

（三）动态目标与静态职责结合

分解经营指标应在“能量化的量化，不能量化的细化”的思想指导下制定。一方面，业务规划的结果必须落实到每年的经营预算上，各业务模块的预算财务标准都必须与业务规划建立联系；另一方面，达到设定目标需要的是企业运作环节各方面的持续改进，将这些目标落到实处。首先需要在目标与职责之间建立清晰的分解和对应关系，为了建立这种联系，管理部门协助建立了大量的运作核算模型，最具特色的是联想电脑公司的“屋顶图”和“双链模型”。

1. “屋顶图”

“屋顶图”是联想电脑公司根据管理会计原理，结合自己的产品成本结构，建立的一个量化的产品经营核算体系。

联想台式机事业部通过“屋顶图”，将所有的费用细分成广告费、部门费，成本分成材料、制造、技服、积压、财务，再把前两年的历史数据装进去，就得到清晰的产品成本，实施5分制评价，具有20种指标，总分是100分；评价表有8种，各评价表评价要素不同；评价期是每年12月到次年1月；将公司全体员工作为评价对象；一次评价者是直属上级，二次评价者是一次评价者的上级。

2. 调整

调整采用强制分配法，各部门分别实施分步调整。将二次评价分数作为基础进行部门间调整，然后进行全公司内的调整。最终分别按照不同资格进行排序。

3. 能力评价的结果

能力评价的结果30%反映在奖金和升级上，70%反映在晋升上，当然同时也参考业绩评价。

4. 管理职位的能力评价

管理职位的能力评价要素和一般职位不同。管理职位的能力是更加抽象的。在评价高级管理者和一般管理者的综合判断力时，不应从水平的差异而应从质的差异上去把握。

（四）绩效考核方案评价

1. 优点

该考核方案对战略目标进行动态分解和静态分解，全面概括企业发展各个阶段的目标，并把目标落实到各个部门甚至个人，将战略目标变得具有可操作性，并随时能够控制战略目标的进程。

2. 缺点

评价指标仍然过于传统，停留在以“会计利润”为基础的财务指标分析层面，非财务指标所占的比重较小，同时考核仍然属于事后考核，缺少对企业经营的前瞻性和导向性的作用。

精要提示

“六个结合”不是随意的拼凑，也不是对每个企业、每个阶段的统一要求。每一个“结合”都按照可持续发展企业的要求，针对中国企业发展的现状，提出有利于企业可持续发展的理念、内容及措施。“企业与社会”的结合，是针对企业边界越来越模糊的趋势，以及企业改革不能把包袱“甩”给社会的局势，是企业应该面对的现实选择；“经济与文化”的结合，提醒企业不能仅在“经济浪花”里翻滚，不能漠视“文化旋涡”的威力，在经济全球化的浪潮里，只有能传承文化的企业才能持续发展；“水平与素质”的结合，充分说明“企业公民”的素质对企业持续发展的重要性，业绩考核要注重“量与质”的结合；“结果与过程”的结合，是对“以成败论英雄”的论断增加过程合规的要求，避免不择手段、不计成本等不良现象；“继承与创新”的结合，建议企业要正视绩效考核的历史基础，也要与时俱进，企业要做历史的主人，不做历史的奴隶；“目前与未来”的结合，说明今天的价值是过去行为的累积，明天的价值是今天行为的必然反映。企业不能否定昨天、埋怨今天、不管明天，而要总结昨天、干好今天、想好明天。

第四节　企业素质和经济增加值理论

本节思考：

1. 为什么要用“战略绩效”考核企业的经营绩效?
2. 怎么才能衡量和评价企业的“战略绩效”?

绩效考核，从法律的角度看是一场测评，其结果直接影响被考核者的切身利益，甚至改变被考核者的命运。绩效考核是一种工作分析的方法，而且有“信度”和“效度”的衡量标准。“信度”是指考核结果的一致性和可靠性；“效度”是指考核结果与需考核内容的相关程度。“信度”影响“效度”，如果考核主体仅根据某一件事情打分，就不如对一些事情进行综合打分。要使效度更全面，需要用不同方法从多方面取得数据。“效度”包括内容效度、预测效度和结构效度。战略绩效考核克服单一指标信度的不全面，从企业素质的内容效度和企业潜在价值的预测效度，以及价值综合衡量的结构效度，建立全面、综合、长远的绩效考核体系。

一、提升“为什么要考核”认知

（一）以哲学思想审视企业业绩考核

生产关系一定要适应生产力发展，这一哲学思想是战略绩效考核最基本的理论基础。马克思主义哲学强调，社会的物质生产力发展到一定阶段，便同它们一直在其中运动的现存生产关系或财产关系发生矛盾，于是这些关系便由生产力的发展形式变成生产力的桎梏，那时生产关系变革的时代就到来了，随着经济基础的变革，庞大的上层建筑也就或慢或快地发生了变革。在考察这些变革时，必须时刻把下面两者区别开来，一种是生产的经济条件方面所发生的物质的、可以用自然科学的精确性指明的变革，另一种是人们借以意识到这个冲突并力求把它克服的那些法律的、政治的、宗教的、艺术的或哲学的形式。我们判断一个人不能以个人的看法为根据，同样，我们判断这样一个变革的时代也不能以片面的意识为根据，而必须从物质生活的矛盾中，从社会生产力和生产关系之间存在的冲突中解释。无论哪一种社会形态，在它所能容纳的全部生产力发挥出来以前，是绝不会消亡的。新的更高的生产关系，在它的物质存在条件的胚胎成熟以前，是绝不会出现的。所以，人类始终只是提出自己能够解决的任务，因为只要仔细考察就可以发现，任务本身只有在解决它的物质条件已经存在或者至少是在培育过程中的时候才会出现。

因此，社会变革的终极动因是社会物质生产力的发展与现存生产关系的矛盾。战略绩效考核的指导思想旨在遵从新质生产力发展的需要，建立符合生产力发展要求的考核观，从而真正符合经济的、企业的和社会的发展规律。

（二）用辩证的方法分析企业绩效考核

辩证法之所以成为一种科学的世界观和方法论，就其理论内容来说，是因为其反映了事物运动、发展的辩证关系，本质上是从它们的联系、运动、产生和消失方面去考察。“辩证法”按照客观世界的本来面目来认识客观世界，把它理解为各种事物和过程相互联系的统一整体，分析各种事物、过程之间的相互区别、相互渗透、相互过渡、相互转化，在区别中看到联系，在联系中看到统一。同时，“辩证法”认为事物之间的普遍联系构成运动，运动是一种动态的联系而非静止的联系，普遍联系本身就是普遍相互作用，正是这种相互作用才构成了事物运动的终极原因。

“绩效考核”必须充分考虑“利益相关者”的需求，满足不同考核主体的需要，以人为本，建立满足经济发展、适应结构调整的动态绩效考核体系。战略绩效考核体系就是基于上述的构建原则，建立动态的、全面的考核体系，能够根据外界环境的变化，时刻保持与时俱进的“动态管理”。战略绩效考核是“一企一策”，不同行业、不同发展阶段、不同战略背景下的企业，“绩效考核”的目的、手段、结果运用等都不相同。即使是同行业、同系统下的不同企业，在绩效考核这盘棋上也不能千篇一律。并且，“绩效考核”与企业的整体现状、人力资源管理等其他系统有着千丝万缕的联系，各系统间必须“兼容”，绝不能彼此孤立地看待。战略绩效考核是各项制度的有机结合体，是各项制度间的内联性、互动性、制约性、激励性和惩罚性的有机结合，体现出考核体系的完整性、考核信息的统一性及考核资源的有效性，避免闭门造车、各自为政，以及出现“信息孤岛”的现象，切实推动考核工作的发展。

（三）以人为本的唯物主义战略思想

马克思主义哲学将辩证法与人的实践活动联系起来，强调人的思维是最本质的和最原始的基础，正是人促进了自然界的变化，而不仅仅是自然界本身。因此，建立战略绩效首先要体现“以人为本”的原则。在制度建设中，人的价值是举足轻重的。绩效系统的设计不能脱离实际工作，避免建成“空中楼阁”，出现“中看不中用”的“肥皂沫”。“绩效考核系统”的设计目的不仅仅是依靠计算机完成考核运算，也不是传统考核资料的简单数字化，而是要运用现代科学技术的力量来构建“考核生态”。只有把人的思想真正统一到企业发展目标上才是最根本的，才能切实解决调动和发挥企业员工积极性的途径问题，探索以哲学思想指导考核创新途径，真正发挥其“以人为本”在动态管理、量化管理和民主集中管理等方面的作用。

（四）从“人民至上”战略高度构建考核内容

绩效考核所体现的可持续发展观是关于企业发展的战略性含义，可持续发展需要解决的一个重要问题就是处理好各种利益关系。在经济体制改革中，不仅要促进产业结构和产品结构的调整，而且要促进就业结构的调整。收入分配政策，不仅要有利于促进经济的增长，而且要使广大人民群众能够分享经济增长的成果。因此，人民的利益高于一切，成为战略绩效考核出发点和归宿。战略绩效考核把解决与人民群众切身利益密切相关的问题放到重要位置，其目的就是公开、公正、公平地对利益相关者进行考核，便于制定发展的政策，切实从人民的需求出发，急人民之所急，想人民之所想。

二、构建战略绩效考核体系

（一）战略绩效考核目标——实现人民及股民利益

现代企业管理的核心是“以人为本”，基本人性假定是更加宽泛和现实的“复杂人”。其基本特点是，人是其本身利益和行为合理性的最知情者和最佳判断者，他们各自有不同的“目标函数”。人不仅是复杂的，而且是随着时间、环境的不同最容易发生变化的，人能够对各种不同的管理策略和挑战做出反应。

人在战略执行中的重要作用是毋庸置疑的。从本质上说，战略执行中的许多问题都是人的问题，战略绩效考核体系正是以人为中心，从各个方面看，都体现出“以人为本”的管理思想。在主体上，战略绩效考核拥有立体式、多元化的考核主体，包括上级对下级、同级之间、下级对上级等；在实施上，战略绩效考核的管理是“以人为本”的人本管理；在目标上，战略绩效考核的目的是激励人创造价值、实现价值；在范围上，战略绩效考核是公众参与的管理；在措施上，战略绩效考核是“系统化的科学体系和人文艺术”的结合；在指标上，战略绩效考核采用经济指标和非经济指标评价相结合的方式。企业价值最大化以及长期实现市场价值，最终目的就是持续满足员工、客户、金融支持者、供应商、监管者、管理层、董事会及股东的利益要求。

结合我国的实际情况，战略绩效考核“以人为本”的精髓从以下几个方面得到体现。

（1）考核的主体是人民及股民。根据国有企业的基本定义，国有企业的所有者应该是全体人民，但是人民不能以自然人的身份具体行使管理企业的权利、参与企业的经营决策。随着资本市场的发展和成熟，国有企业通过上市发行股票，引入战略投资者和个人投资者，将企业的所有权联系到有形主体自然人身上。战略绩效考核以“市值考核”提供股东对企业的经营状况做出客观评价的机会和权益，股东通过是否继续持有企业的股票，从而影响股票的价格，促使企业改善自身的经营管理，实现考核的目的。

（2）考核的客体是董事会。董事会是由董事组成的，董事都是自然人。董事讨论、制定企业的经营战略规划和重大决策，董事的业绩反映在企业的经营绩效和决策效果中，董事工作的价值体现在由上至下的价值创造过程中。所以考核的真实客体是一个个的董事，董事的价值观、价值创造能力及组织能力与董事的激励、约束等人力资本的运用能力密切相关。

（3）考核的目的是实现人的价值和社会价值。企业价值最大化的最终受益者都是自然人，从这个角度讲，战略绩效考核的最终目的是实现自然人价值的最大化。衡量个人价值，不仅要考虑其薪资、职位、任期，还要考虑其未来的发展前景以及对社会的价值反馈等。通过注重企业内部个人的绩效，结合全社会对企业的评价，最终提高企业的整体价值和社会价值。

（4）考核的结果是赋能人类命运共同体。企业的生存环境是企业自身发展的重要条件，创造一个良好的生存环境能够有效地控制系统风险，并且促进企业的公平竞争。只有改善企业的外部环境，形成良好的自然生态、人文生态及商业生态环境，才能实现人类社会的和谐发展。

（二）战略绩效考核对象——董事会

现代公司制管理，“董事”作为股东的代表，为广大股东的利益而行事，“董事”对公司的影响作用越来越突出，人们也越来越关注对董事的考核。“董事”本义是主导公司方向的专家人士。从法律上看，“董事”是公司法律责任的直接承担主体，对公司违规承担着个别、集合的法律责任。“董事”在公司治理系统中居于专业主导地位，是公司持续为股东创造价值、维护公司法人资产安全、保持持续规范运作的核心人员，是推进公司遵循专业化、职业化经营规律的主导力量。目前，对“董事会”的考核主要是针对上市公司的考核和国务院国资委对中央企业董事会的考核。目前上市公司是现代经济组织，公司制发挥效能关键在于形成现代公司治理的文明。董事会通过指定的委员会，对董事的技能、经验、工作等情况进行年度总结，并在年度报告中披露。上市公司存在一些资产被大股东或实际控制人占有、财务风险、诚信危机等问题，主要根源是董事未能有效发挥作用。在中央企业中，有一些实现了 IPO，有一些实现了主业资产整体上市，上市公司不断提升竞争力、创新力、控制力、影响力、抗风险能力的“五力建设”，“董事会”建设推动高质量可持续发展。国务院国资委主任张玉卓表示，到 2029 年，在中央企业集团和各级应建董事会的子企业全面建立科学、理性、高效的董事会。

“董事会建设”是中国特色现代企业制度的重要内容。“董事会建设”的核心在于创建董事主导型的公司治理文化。建设董事主导型的公司治理文化是一项系统工程，当前主要努力的方面：一是要形成以人民至上、守住国家安全和国民经济命脉为初心使命的董事团队，这个团队应具有协调性、结构动态优化、效率持续改进、拥有创新精神和较高综合素质等特点；二是要做到董事尊重股权意志与独立履行职责的统一，公正地对待每一位股东，要能够阻挡任何人及组织（包括股东）对公司权益的侵犯，要从公司总体利益出发而非从个别股东意志出发，确保公司资产的安全；三是要以风险识别与控制为底线要求，强化董事的风险意识和防范化解风险的责任，避免恶意违规或侥幸、无知的违规；四是要加强董事主导型治理机制下的公司职能建设，重点在于强化董事履职、信息传递以及问题沟通等职责，建立健全审计、薪酬、发展战略、提名等决策机构；五是要充分发挥保荐人及其他中介服务机构对公司董事机制建设的促进作用；六是要加强对董事的专业培训及教育，重点是针对公司董事团队，强化公司组织服务的内部培训；七是要促进董事行业自律机制的形成，外部董事作为一个团队是阻止外部人不合规、不合法等行为的关键屏障，是防止内部人控制的制约力量，是公司民主、文明的基元，是公司“三权分立”和有效制衡结构的理性主导力量，是“公司经理革命”的主导力量，是形成职业经理人的一种形式，因此，要改善董事规制、自律的操守要求；八是要推动遵循公司章程和公司内部管理制度的变革；九是要强化董事会秘书功能的专业化；十是要推动公司监管的变革，形成一种董事主导型的监管思路。

董事会制度主要运用于上市公司，中国企业的董事会建设可以借鉴有关经验，但是国有企业的董事会建设一定要体现“中国特色”。促进董事会建设是落实国有资产经营监管责任制的契机，有利于促进“高管”履职尽责和勤勉敬业，有利于形成一种“自问、自省、自责、自律”的适度监管压力，有利于促进公司形成规范运作的积极监管环境。同时通过强化市场的诚信自律，探索建立上市公司风险信息源的跟踪和发现机制，在继续坚持事后监管的同时，着眼于上市公司风险的事前监管和事中的过程监管，在总结过去成功经验的基础上进一步探索监管的有效性和科学性。这项制度的实施将以风险监管为底线，促进上市公司内部管理的全面进步。董事会制度推行后，风险信息的发现、采集、汇总、共知共识，履行报告义务和进行披露，进行化解处置等逐步规范，初步形成一种以风险控制为基本内涵的公司环境。董事会制度将公司董事履职尽责的业绩落到实处，促使董事会秘书更好地履行公司规范运作的“守门员”、“卫道士”和“敲钟人”的职责。

从国际上看，尽管董事会绩效评价很重要，但相关评价受到了一些冷遇和限制，因为董事会工作难以量化和评估，还没有形成一套客观、清晰的评价标准体系。有关调查显示，国外大多数公司董事会的业绩评价是非正式的或临时的，董事会业绩评价并没有一个较为一致的标准。一般来说，董事会的绩效评价应与其所承担的职能紧密相关，董事会绩效评价标准应根据董事会的职能加以确定。

战略绩效考核体系考核的主要对象是企业的“董事会”。“董事会”作为企业的决策机构，代表企业管理者和所有者的全部利益，通过对董事会的考核，可以了解企业的经营效率，控制企业的经营策略。随着我国股份制企业的增多，国有企业开始通过资本市场来拓宽融资渠道，改善公司治理结构，国有企业的所有者越来越注重公司董事的作用，出资人希望董事会能够代表人民的利益，要保证董事会能够充分发挥其作用，就必须对董事会实施监督，进行有效的考核。

对“董事会”实施考核的必要性主要体现在以下两个方面：一方面，股东对董事会寄予较高的期望，要求董事会能够高效运作，以此为股东带来更大的回报。因此，对董事会进行考核，可以加强董事们的“责任心”，从而提升公司的业绩。另一方面，董事会也需要对候选人进行考核，通过考核董事，发现品德高尚、诚实守信、科学决策、履职贡献的优秀董事，可以吸引优秀称职的专家进入董事会，从而优化董事会结构，有效加强法人治理结构。

政府对国有企业的监督主要通过对企业董事会成员的任免和奖惩来实施其监督管理权。董事会决定公司的战略和方针，监督战略的实施和业绩的实现，指导和监督公司业务，考核高级管理层，制订高级管理层继任计划，审查内部管理体系及内部、外部审计报告。提名委员会负责对董事会的任命提出建议。薪酬委员会负责向董事会提出高级管理层的薪酬框架，决定执行董事和 CEO 的具体薪酬。审计委员会负责检查审计结果及外部审计员的独立性和客观度，确保内部审计和外部管理体制的有效性，并对公司财务报表做独立审查。

对国有企业“董事会”的考核应该体现以下原则：

（1）董事会整体评价和董事个人评价相结合的原则。为充分鼓励董事团队合作，同时激励个人的工作积极性，评价指标应考虑董事会整体评价结果、专门委员会评价结果和个人评价结果按权重分配的综合。基于董事个人的评价结果，应考虑对派遣的所有外部董事进行综合评价，对表现突出的给予系统内表彰。同时，在对下属公司的评价结果排序时，应该考虑评价目标公司所处的具体行业情况、企业成长周期等因素，横向进行标杆比较，以体现评价指标的公正性。

（2）硬指标和软指标相结合，长期指标和短期指标相结合的原则。评价指标不但要包括市场份额、市场表现及投资决策正确率等量化指标，而且必须包括团队建设、总经理后备人选培养、勤勉诚信等定性指标，根据其战略目标确定评价权重。保证战略性指标和当期业绩指标的平衡，要综合考验和衡量企业战略决策水平，要有利于企业提高战略决策水平及执行能力。

（3）外部董事、内部董事评价指标的共性和个性相结合的原则。外部董事的引进体现了出资人加强第三方监督，以约束“内部人”的不合规意志。董事的个人评价体系应该考虑对内部董事、外部董事评价的共性与个性，同时，要加强对外部董事话语权的导向，其评价体系要考虑逐步与国际接轨。

（4）以非经济激励机制为主的原则。根据现状，对董事会及董事的评价结果不与薪酬和津贴挂钩，而采用荣誉激励、社会地位提高等方式给予激励。有人认为，要让外部董事有效履行义务，应让董事享有较高的社会地位和相应的权利、责任，并且要逐步建立“职业董事”人才库，逐步形成职业董事尽职尽责的良好生态，壮大诚信、敬业的董事队伍，培育壮大能带动企业高质量可持续发展的“火车头”。

案 例

淡马锡控股公司（以下简称淡马锡）成立于1974年，是新加坡财政部全资拥有、新加坡最大的一家国有控股公司，专门经营和管理新加坡政府投入各类国有企业资本的国家资产；公司以控股方式直接管理着23家国有企业，间接管理或控制的企业达到2000多家，在金融、电信、传媒、能源、公共事业、基础设施与工程、运输与物流等产业领域都有较大的发展。其下属的企业包括新加坡发展银行、新加坡电信公司、新加坡航空公司、新加坡电力公司等一些知名企业，其所控制公司的营业额占新加坡国内生产总值的13%。成立以来，淡马锡的经营业绩是净资产收益率年平均超过18%，给国家股东的年分红平均超过6.7%。作为国有企业，淡马锡能够有如此好的经营业绩，原因是什么呢？我认为，新加坡国有企业管理之所以如此成功，是因为新加坡解决了一般国有企业管理的四大弊端：国有企业的“责权利”界定问题，国有企业经营者素质及积极性评价问题，政府对国有企业干涉过多问题，政府对国有企业监督不到位问题。

新加坡对国有企业有明确的盈利要求，经营者的经营业绩也根据利润指标来考核。政府一般不干涉企业的日常经营管理。无论是政府与淡马锡之间，还是淡马锡与下属企业之间，都贯彻“一臂距离”原则①，其根本的精髓是将企业推向市场。但这并不意味着政府不参与企业管理，政府在不干预企业日常经营管理的同时，参与企业的重大投资、并购决策，对企业董事会进行提名、任命；依据淡马锡的经营业绩对企业高层进行考核、奖惩。

淡马锡的经营层对利润指标负责，一旦政府要求国有企业协助实现政府的某些举措，政府就必须给予淡马锡及相关企业一定的补偿。新加坡政府另外一个比较开明的地方是：不谋求控股，搭民营资本便车的经营思路。淡马锡投资的竞争性行业企业，很多情况下并不谋求控股地位，等于搭私人股东们的“便车”，借助私人股东的监督积极性和监督机制来降低投资风险，并避免国家的不当干预，保证公司完全按照非常规范的市场游戏规则运作，这也是很独到的方法。

新加坡政府对国有企业的监督主要体现在对淡马锡这种控股公司的监督。淡马锡再按照市场规则，监督下属企业。淡马锡董事会成员中有2～3位是政府公务员，这些人代表政府对企业的日常经营管理进行监督，为了斩断他们与企业之间的利益关系，这几个人不在淡马锡领取薪酬，其薪酬由政府支付，这在一定程度上保证了监督的公正性。

董事会的公务员董事不在淡马锡领取薪水，虽然可以保证其公正性，但这也有可能导致这部分公务员因收入与淡马锡的业绩关系不大而积极性不高；针对这种特点，新加坡规定：新加坡政府根据公司经营状况对委派的董事实行奖惩，经营业绩好的，董事可以升迁，担任更重要的职务，获得更多的薪金。如果公司经营业绩不佳，董事将不再被委任为管理人员。如果董事不按政府的意图办事或者经营效益不佳，不能对下属子公司的经营活动进行有效监督管理以保证资产增值，则政府

① “一臂距离”原则是指队列中的伙伴与前后左右都保持一定的距离，该原则用于经济领域，针对的是一些具有隶属或密切关系的经济组织，如母公司与子公司、厂商与经销商等。针对这一原则，这些公司在日常经营管理、营销策划、处理利益纠纷乃至纳税义务上都具有平等的法律地位，一方不能取代或支配另一方。

可以随时向总统申请予以撤换。

除此之外，淡马锡还定期向财政部报送财务报表，使财政部随时了解淡马锡的经营状况。政府作为所有者，也可以随时对国有企业进行检查。另外，社会公共监督也非常有效。为了防止信息不对称可能导致的内部人控制问题，新加坡规定：国有企业无论上市与否，其经营状况都应当公开，任何机构或个人只需交纳很少的费用，就可以在注册局调阅任何一家企业的资料，这样，公众舆论对国有企业有一定的监督作用——舆论和媒体就像企业状况的晴雨表，由于记者的无孔不入，任何违规的冒险都将付出很高的成本和代价。

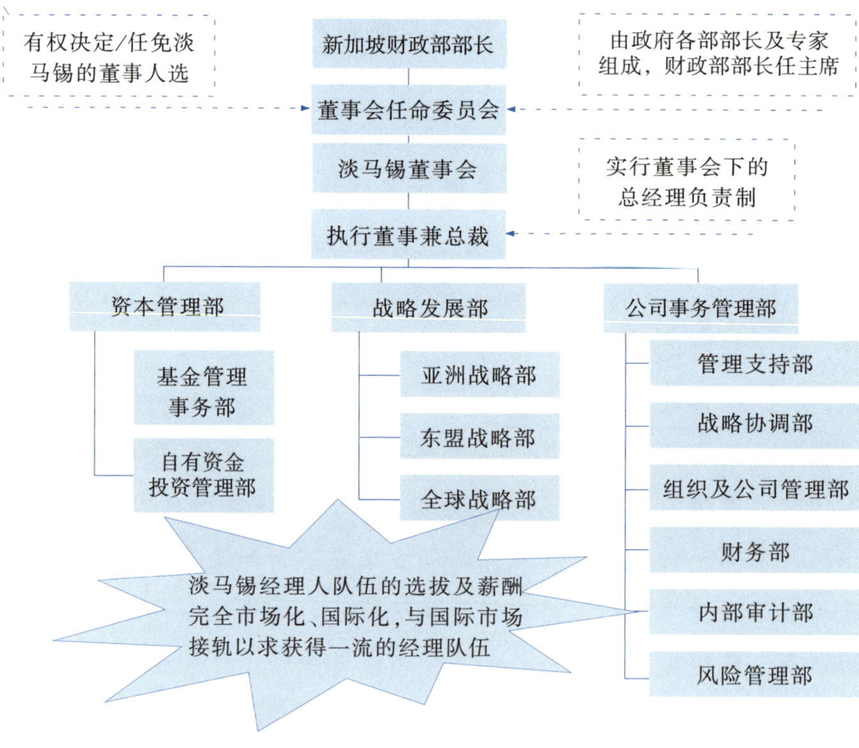

图3－3 淡马锡的治理结构和组织架构

从淡马锡的治理结构及组织框架（见图3－3）中可以看到，对于淡马锡控股的管理，由新加坡财政部部长牵头成立董事会任命委员会，董事会任命委员会由财长及各部部长与行业专家组成，不是财政部部长的

“一言堂”；同时，委员会内的各部部长与财长是平级关系，没有隶属关系。这种政府内部的制约关系保证了淡马锡董事会人才选拔的公正性，也保证了被选中的淡马锡经营者不受政府内部哪一个特权人物的左右。

另外，新加坡考虑到，淡马锡控股要以新加坡的长远利益为前提管理其投资。新加坡的长远利益有别于新加坡政府的利益。所以淡马锡董事会人员的任免虽由财政部部长牵头，由各部部长及专家组成的董事会任命委员会提名，但必须经总统同意后才能任免（新加坡总统代表新加坡的长远利益）。这在历届政府与代表国家利益的总统之间形成了制衡机制，可以防止各届政府滥用职权。一旦政府乱发指令，淡马锡控股董事会有权驳回政府的指令，只要总统支持淡马锡管理层的举措，政府就没有办法免掉现有的董事会成员及管理层。同样，如果政府提名的管理层不利于淡马锡或新加坡的长远发展，总统也可以否决政府提名的名单。这种机制给了淡马锡董事会及其行政总裁一个信号：他们有保护公司的利益与资产的责任，万一遇到一届任意挥霍的政府，或面对一些有损公司效益的行政指令时，要能够确保公司的利益不受到损害。

新加坡国有企业经营者的选拔完全市场化运作，强调要从国际人才市场上选拔人才，同时，薪酬水平也与国际接轨，保证了国有企业能够获得高素质的管理者，并保证经营者有足够的积极性。从国际经理人市场招聘人才，使淡马锡及所投资的公司能获得世界一流的管理团队，相应地，淡马锡及其下属企业的薪酬标准完全和国际市场接轨——因为他们选人是在国际市场上选的，所以工资水平必须要有国际竞争力，这样也就能够保证淡马锡获得一流的人才，保证新加坡能够从国际市场上选拔到优秀的经营管理人才来经营企业，同时，薪酬有竞争力，经营者经营结果与个人收入挂钩，这就提高了国有企业经营者的积极性。

（三）战略绩效考核要素——企业素质及 EVA

第一要素：企业素质评价考核。

通常讲，“企业素质”包括企业的公司治理结构、管理模式、经营策略、企业文化和“员工素质”等内容。“员工素质”就是区分员工在特定工作岗位和组织环境中的特征，以及各种个人工作业绩特征的集合，包括技能、知识、社会角色和自我形象等价值和智慧。“数智经济”时代，“员工素质”是“企业素质”的重要内涵，是评价企业的一个综合性概念。未来，企业能否可持续发展取决于“企业素质”，强调“企业素质”，可以引导企业的绩效考核不再仅关注企业利润及个人的知识、经验和技能，而是更关注对绩效形成起综合性作用的整体因素，尽可能地全面评价企业的综合绩效，逐步实现以“企业素质”为基础的绩效考核。战略绩效考核提出“企业素质”如图3－4所示，“企业素质”的第一层面包括战略、企业文化及价值创造能力；第二层面包括企业资源、社会责任及管理机制。其中社会责任、企业资源属于目标指标，管理机制属于流程指标。“企业素质”不仅包含企业发展所需要的资金和物质，还明确企业所应担负的社会责任，“企业素质”不断提高才能保证企业的可持续发展。

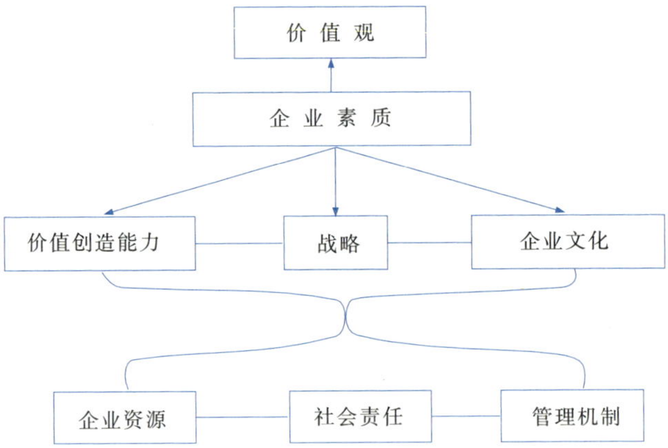

图3－4 战略绩效考核的“企业素质”结构

“企业素质”以战略为中心。绩效考核的核心是确定“考核评价指标”，“考核评价指标”的选择不仅是对指标本身的研究，还要看能否适应企业的战略要求。战略绩效考核体系引入“企业素质”这一新概念，目的在于充分体现企业的发展战略，全面衡量企业的发展水平，引导企业内部有效地沟通企业的战略目标，引导企业实现流程的最佳组合，并控制流程风险，引导员工齐心协力实现企业的战略目标。

第二要素：EVA 系统考核。

战略绩效考核选择的 EVA 考核绝不仅仅是将财务结果中的税后净营业利润减去资本成本得出的一个数字，而是一个系统的考核方法，其科学性体现在很多方面，探究企业的价值创造能力是 EVA 的核心。我们知道，企业的可持续发展离不开企业可持续创造价值，尤其是保持持续的竞争力以及创造充足附加值的能力，要适应当代“智慧经济”的特征，要把“智慧指标”转换成对员工的激励，要通过历史记录判断未来的趋势，要把出资人、经营者、劳动者的利益联系在一起，要让社会公众相信财务的信息，目前较为科学的就是选择“经济增加值”（EVA）考核体系来考量企业的“经济价值”。

EVA 的科学性分析如下：

（1）EVA 比“利润”更重视信贷资本的成本。会计利润低估资本成本，留存收益被无偿使用，因此，股东的权益没有获得合理的回报。另外，会计利润中的借贷成本通常也低于实际借贷资金的成本，因为考虑到公司使用借贷资金而带来的财务风险，其资金成本高于会计账上所记的税后利息支出。EVA 等于税后净营业利润与全部资本成本之间的差额。其中“资本成本”既包括债务资本的成本，也包括股本资本的成本。

（2）EVA 注重库存占用资金的成本。按照原有的会计标准，6 天或 60 天的存货时间对利润的影响是没有差别的。而事实上，缩减存货时间，提高资本的营运效率，可以降低资金成本，可以提高企业的 EVA。可持续发展企业的核心就是经济增长，增长的关键是能够利用新技术，降低成本，这也包括降低资金的使用成本。

（3）EVA 比资金利润率指标更能体现经济利润。“负利润率”也能创造 EVA 吗？比如，银行的个人支票服务是亏损的，但是银行通过运用在途闲置资金放债所带来的投资收益大于支票服务的开支，两者相抵，银行通过支票服务赚取了利润。又比如，互联网书籍零售商亚马逊（Amazon. com）能够及时收到顾客付款，但是亚马逊通常过一段时间才会向供货商支付货款，像银行一样，亚马逊有大量的在途闲置资金，从而形成负的流动资金需求。按照原有的会计准则，负的流动资金对会计利润没有贡献，但是从 EVA 的角度来看，它增加了企业的经济效益，原因是负的流动资金减少了对现有资金的需求，从而降低了资金使用成本。这些案例表明会计意义上的损失有可能转化成正的经济利润。许多成功企业都是低利润率的企业。“低利润率”可能代表着良好的客户满意度、一种面向未来的投资，或者代表着加速资金周转、减少资金沉淀的结果。在许多情况下，“低利润率”并不意味着差的经营业绩。

（4）EVA 鼓励技术创新。EVA 鼓励技术创新主要体现在对“研究发展费用”“市场开拓费用”“商誉”等会计处理方面。现行会计制度规定，公司必须在“研究发展费用”和“市场开拓费用”发生的当年对期间费用一次性予以核销。这种处理方法实际上否认了“两项费用”对企业未来成长所起的关键作用，而把它与一般的期间费用等同起来。而且，如果我们以利润作为考核目标，这种处理方法的不良结果是迫使经营者减少对这“两项费用”的投入，这在效益不好的年份和管理人员即将退休的前几年尤为明显。美国的有关研究也表明，当管理人员临近退休之际，“研究发展费用”的增长幅度确实有所降低。然而，计算 EVA 时则将“研究发展费用”“市场开拓费用”进行“资本化”处理，即将当期发生的“研究发展费用”“市场开拓费用”作为企业的一项“长期投资”加入资产中，同时根据“复式记账法”的原则，资本总额也增加相同数量，然后根据具体情况在几年之中进行“摊销”，摊销值列入当期费用抵减利润。摊销期一般在3～8年，根据公司的性质和投入的预期效果而定。这样，公司投入的“研究发展费用”和“市场开拓费用”不是在当期核销，而是分期摊销，从而不会对经营者的短期业绩产生负面影响，鼓励经营者进行创新发展和市场开拓，为企业长期发展增强后劲，有利于公司在未来提高劳动生产率和经营业绩。

（5）EVA对“商誉”的会计处理。当公司收购另一公司，进行会计核算时，购买价格超过被收购公司净资产总额的重要部分是“商誉”。根据我国《企业会计准则》的规定，“商誉”作为无形资产列示在资产负债表上，在一定的期间内摊销。这种处理方法的缺陷在于：一是“商誉”之所以产生，主要是与被收购公司的产品品牌、声誉、市场地位等有关，这些都是近似永久性的无形资产，不宜分期摊销；二是“商誉”摊销作为期间费用会抵减当期的利润，影响经营者的短期业绩，这种情况在收购高科技公司时尤为明显，因为这类公司的市场价值一般远高于净资产。但实际上经营者并没有出现经营失误，利润的降低只是会计处理的问题造成的。其结果就会诱使管理者在评估并购项目时首先考虑并购后对会计净利润的影响，而不是首先考虑此并购行为是否会创造高于资本成本的收益，为股东创造价值。计算EVA时则不对“商誉”进行摊销。由于财务报表中已经对商誉进行摊销，调整时就将以往的累计摊销金额加入资本总额中，同时把本期摊销额“加回”到税后净营业利润的计算中。这样利润就不受“商誉”摊销的影响，从而鼓励经营者兼并重组“商誉”较好的企业。

（6）EVA的观念纠正了对“无形资产”的价值处理。会计制度把“无形资产”投资列为需要控制的费用开支，如果否认“无形资产”的潜在价值和长远价值，将会导致许多高层管理人员忽视“无形资产”在会计报表上的价值反映，而对现有的会计财务标准颇有微词。为了反映这些“无形资产”的价值，公司管理层通常用客户满意度和其他一些“非财务指标”作为近似的衡量标准。但是，许多管理人员没有意识到“非财务指标”不能替代财务指标的“经济价值”。EVA 则把“无形资产”作为资产负债表中一种需要培育的新型资产，并且将“无形资产”在将来的 EVA 中相应摊销。采用这种处理方法是为了促使管理层自始至终注重培养潜在生产力以获得持久的经济效益。可持续发展企业都用 EVA 的方法注重对“无形资产”的投资。

（7）EVA 对“谨慎性原则”的补充。“谨慎性原则”的一个显著表现就是对各种准备的会计处理，包括坏账准备、存款跌价准备、长短期投资的跌价或减值准备等。根据我国企业会计制度的规定，公司要为将来可能发生的损失预先提取准备金，准备金余额抵减对应的资产项目，余额的变化计入当期费用冲减利润，其目的是出于稳健性原则，使公司的不良资产得以适时披露，以避免公众因过高估计公司利润而进行不当投资。作为对投资者披露的信息，这种处理非常必要。但对于公司的管理者而言，这些准备金并不是公司当期资产的实际减少，准备金余额的变化也不是当期费用的现金支出。提取准备金的做法一方面低估了公司实际投入经营的资本总额，另一方面低估了公司的现金利润，因此不利于反映公司的真实现金盈利能力；同时，公司管理人员还有可能利用这些准备金账户操纵账面利润。计算 EVA 时将准备金账户的余额加入资本总额中，同时将准备金余额的当期变化加入税后净营业利润。

（8）EVA 注重“人力资本”的会计处理。人才的作用越来越重要，但“人力资本”投资并不能在传统的财务报表上得到充分而合理的反映。举例来说，一个公司需要花费 20 万美元招聘、培训一名软件工程师，这名软件工程师将与工作小组的其他成员一起或开发新产品，或建立网站，或编写用于收集和分析用户信息的软件。在传统会计处理中，不管其工作性质如何，公司会计人员都会从现期收入中扣减20万美元作为成本开支。但是依据EVA的原则，20万美元的开支应被视为一种“智力资本”，虽然这个开支是在一个财务阶段实现的，但是这个被购买的“智力资本”会在未来的很多阶段对销售和收入有较大贡献。就此例而言，如果工程技术人员在公司服务4年，并假设现期的资金成本为10%，则他需要每年至少创造63100美元的利润才能抵销公司对他的20万美元投资。要想获得最好的收益，就要让EVA成为员工一切行为的指南。因为EVA能够如实、准确地记录“人力资本”投资，用于招聘、提高和保留关键员工的开支，至少从内部管理角度来讲是一种资产，这些开支不再用于冲抵现期收入的费用，而是被计为资产，在员工能够发挥其预期的生产效率期间予以摊销。

（9）EVA注重股东的利益和风险。当前的大多数激励机制都基于盈利或每股盈利，而这无疑会刺激操纵盈利的动机。这一标准存在诸多缺陷，在很大程度上是由于它来源于一个并非为衡量价值或业绩而设的会计体系。“财务会计”最初是作为一种“债权人”（而非股东）监督管理者的手段出现的。而债权人最关心的是能不能收回债务，对企业的发展潜力并无多大的兴趣。这也正是会计准则中保守主义传统的根源所在。因为债权人关心的是借贷者到期无法还款时他们能得到多少补偿，会计准则要求摊销几乎所有无形资产投资。虽然“财务会计”方法反映了借贷成本，但是根本没有体现股东要求的风险约束最低回报率。股权搭了“便车”，其结果是会计盈利总是高估利润，还经常会在企业其实并不能满足最低必需风险回报要求的情况下，粉饰企业的盈利。彼得·德鲁克也在1995年《哈佛商业评论》上撰文指出：“我们通常所称的利润，即用于发放股利的金额，其实根本不是利润。只有当某业务项目获得了超出资金成本的利润我们才能说‘盈利’二字。交纳税款看似产生了真正的利润，但其实这无足轻重。企业的回报仍然少于资源消耗，这并不创造财富，而会损害财富。"财务会计中对"资金成本"的低估无疑能解释为什么很多企业会在成熟产业重复投资，把股东财富浪费在低效率的生产能力扩张上。因为这虽然不能给股东带来足够的回报，却能提高利润并增加管理者奖金。哈佛商学院资深教授麦克尔·简森将这种进行负净现值投资的双重浪费称为"再投资"（reinvestment）风险——这一风险是指管理者会以低效扩张的形式浪费自由现金流。

（10）EVA 与市场增加值密不可分。除了对决策具有重要指导意义，EVA 还是直接衡量任何企业"市场价值"的重要指标。具体来说，EVA 与市场增加值直接联系。成熟的投资者使用许多不同方法对股票进行"估价"，但所有这些方法都基于市场估值基本原理。任何企业的市场增加值事实上都是通过加总投资者预测的未来 EVA 的折现值得出的。市场增加值是一个关键的业绩衡量指标，表明了股东投入的资本的增值部分，直接与股东财富的创造相关。市场增加值标志着一家强大的公司合理运用稀缺资源的能力。EVA 能起作用的原因在于它扣除了资金成本，减去了投资者期望的最低投资回报。所以，当市场认为企业的 EVA 将为零的时候，从 EVA 的角度看，企业只是做到了收支平衡，投资者只获得了最低回报，而企业的市场增加值也将为零。此时，企业的市值与资金的账面价值更趋于相等。了解 EVA 与市场增加值的联系，对企业的业绩考核相当关键，无论是用 EVA 来评估新的投资项目，还是通过核算折现新投资所能产生的预期 EVA，EVA 都能对开发新产品、建立新厂房、进入新市场等企业决策提供有效的依据，投资人也可以借助 EVA 做出支持企业创造价值的投资决策。

采用全面、深入的"非财务性指标"。1993 年 C. D. Ittner、D. F. Larcker 和 M. V. Rajan 对美国 317 家公司进行了调查，除 5 家公司以外，所有公司都使用了 1 个以上的财务衡量标准，有 114 家公司使用了"非财务性指标"。统计结果表明，"非财务性指标"作为衡量企业未来价值的指标，是考核体系不可或缺的重要组成部分。企业内部考核体系中所采用的平衡计分卡能够较为全面地考核一家企业的各个层面。“平衡计分卡”包含四个方面的重要信息：财务、客户、内部运营和学习成长，工作环境、人员选拔和市场需求都成为绩效考核的“评价指标”。从战略发展而来的“平衡计分卡”能够为企业提供一套从公司到部门，再到个人清晰定义的“绩效目标”，对公司进行较全面的综合评价。

由于“财务性指标”无法避免滞后性的内在缺陷，需要与“非财务性指标”配合使用。EVA 体系中的“非财务性指标”是基于平衡计分卡的“四个方面”。与“财务性指标”不同的是，“非财务性指标”的制定主要是根据战略目标、产品或服务质量、雇员的安全感等方面的衡量标准，“生产性指标”主要是效率、生产能力、市场份额、新产品开发、技术创新、流程的改善和重塑等，“非财务性指标”还包括雇员的培训和潜力开发、客户满意度、节能环保等社会责任的多种衡量标准。

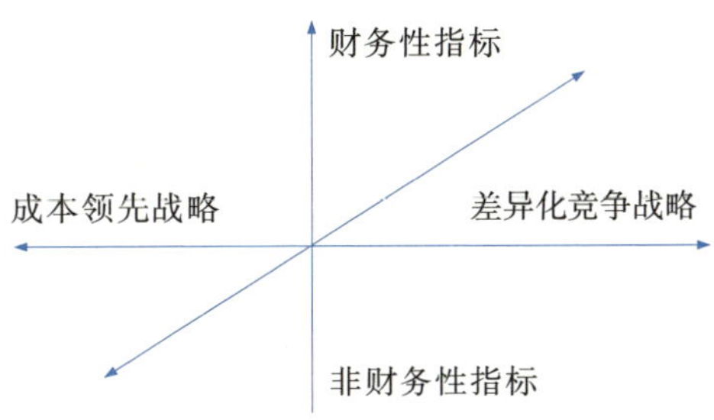

图 3－5　财务性指标与非财务性指标的关系

如图 3－5 所示，对于不同性质的企业来说，各种“非财务性指标”发挥的作用是不同的，因此，“财务性指标”和“非财务性指标”在考核体系中所占的比重大小，应根据企业的不同行业、不同时期等特点进行灵活调整。企业在市场竞争中主要是谋求“成本领先战略”和“差异化竞争战略”。实行“成本领先战略”企业发展的重点是尽力为公司界定的市场提供稳定的产品和服务，通过提高运营效率等方式降低成本，通过成本优势赢得市场份额。实行“差异化竞争战略”企业的发展重点是努力寻找新的市场机会，开发与众不同的产品和服务，对外部市场的反应比较敏感，有大量的异质产品投放市场，在短期一般投入较大。当前的财务性指标着眼于衡量未来公司的业绩，经营成果多年以后才能在财务数据上体现出来。与实施“成本领先战略”的公司相比，实施“差异化竞争战略”的公司更依赖于“非财务性指标”。

可见，EVA 并不是一个简单的利润或回报率的概念，其蕴含的基本思想是只有投资的收益超过资本成本，投资才能为投资者创造价值。EVA 可以对企业规模、经营风险、资本结构以及行业之间的差异性、不可比性和前瞻性等问题开拓新的“认知模式”，可以更加全面地评价企业经营者“有效使用企业资本”和“为股东创造价值”的能力，体现高质量可持续发展的目标导向。

（四）战略绩效考核目的——人类文明发展

未来绩效考核的演进过程就是寻找创造价值动因的过程，企业创造价值的动因是指企业实现价值或者增值的关键因素，“创造价值”是企业核心战略、核心流程、核心竞争力的“引擎”，企业潜在经济增长点才是企业“保值增值”的重点。“创造价值”面对的不仅是企业本期的状况，更要关注企业长久的竞争力和可持续发展能力。需要注意的是，不同企业的价值观不同，同一企业在不同时期的价值动因也不同，这主要受制于企业所处的环境、生命周期及企业的经营目标等。从微观上讲，价值最大化并不是一个愿景、一个战略、一个目标，而是企业服务于客户及社会的“场景建设”，阐明价值的逻辑结构，并以此引导企业持续地创造价值。因此，业绩考核指标体系在未来演进中的关键还在于构建“导航系统”，用于链接各种指标，即关键在于如何对指标进行“组合”。从宏观上讲，未来绩效考核演进的关键在于“生态建设”，而“生态建设”要适应“机电信数智”五代叠加，要综合经济学、管理学、社会学、人才学等理论创新，统筹劳动价值论、效用价值论和战略价值论，逐步完善战略绩效考核“生态建设”。

“企业价值”可以分为“当前经营价值”和“未来增长价值”，对于增长机会较好的公司，“未来增长价值”占公司整个价值的比例较高，相应的业绩考核指标必须能够衡量企业未来的增长因素，非财务指标在此方面的贡献远远大于财务指标。遵循企业价值的核心理念，要求所构建的考核体系必须将“财务指标”和“非财务指标”两者融合在一起，唯有如此，才能对企业做出更有引导性、长远性、战略性的考核。

企业要持续保值、增值，就要提高企业素质。从战略绩效考核的“企业素质结构”（见 216 页图 3 –4）可以分析，提升企业素质主要在于提高企业资源使用的效率，以及改善企业的管理机制。“企业资源”是“有形资源”和“无形资源”，不仅包含人、财、物等“有形资源”，更包含企业的客户关系、成长能力、企业文化、生存环境等“无形资源”。“管理机制”不是简单的规章制度，从第 155 页图 3 –2 战略绩效考核的“导航系统”中可以看出，“机制”包括管控、激励、应变、传导、反馈及调整机制。企业资源的利用效率，有利于战略的实施，有利于激发企业的价值创造。战略绩效考核就是要不断地驱动与企业素质有关的要素，有效利用及合理组合持续创造价值的要素，更重要的是引导“科教文卫企”碳优化、数智向善和人类文明发展。

（五）战略绩效考核架构——主体考核及中介评价

战略绩效考核是对“组织绩效”进行考核的“生态系统”。以“公司价值”为核心的考核体系，就是组织功能各异的生产部门、研发部门、销售部门和职能部门资源共享，共同努力，为企业发展产生最大的“协同效应”。

依据“绩效考核”工作的宗旨、目标和要求，企业“绩效考核”可以分为监管主体考核和委托社会中介机构评价考核两种工作方式。第一种是由监管主体直接实施考核，就是确定考核工作人员，成立考核工作实施机构，具体执行考核程序及撰写考核报告，并根据考核工作的需要选聘有关咨询专家、成立专家咨询组等，关于考核的一系列工作都由考核监管机构组织完成。其中，考核工作执行机构和专家咨询组的工作任务和工作要求等都由考核监管机构予以明确。第二种是委托社会中介机构组织实施评价考核。委托社会中介机构的评价考核是指考核评价组织机构将企业绩效评价考核的具体操作业务委托给社会中介机构实施的评价考核。战略绩效考核体系将“主体考核”和“中介机构评价”等不同的评价结果汇总分析，按照考核主体的“考核目标”对比审核，统筹各种价值体系的要求和责任目标要求，尽可能全面客观地形成“考核结果”。

对于企业内部的考核体系，主要采用“主体考核”直接监管实施“全过程”考核，特别强调“考核委员会”的重要作用。在企业绩效考核中，“考核委员会”以多种方式对被考核企业提出考核建议。“考核委员会”通过对被考核企业的了解，提出对被考核企业生产经营、管理控制、发展策略与方向等方面的建议，明确考核主体的确认意见，并明确被考核者的发展目标。

对于企业外部的考核体系，应该主要采用第二种工作方式——委托社会中介机构组织实施考核。突出强调社会中介机构所发挥的重要作用，是因为中介机构依靠其特定的职能和服务，能够客观评价微观主体的经营活动，逐步成为影响企业经营管理行为的权威评价者，以及企业财务状况的鉴别者、投资人权益的维护者、资本流动的引导者。同时，在宏观经济领域，社会中介机构依据政府指定的法律、法规和政策对市场主体进行规范和调整，将其活动纳入规范化、法制化的轨道，成为社会经济活动的监督者。从社会中介机构的职能和发展实践来看，各类社会中介机构独立于政府与企业之外，通过运用专门知识和智力劳动提供特定的社会服务，发挥其沟通、公证、鉴证作用，已成为市场机制运行的重要鉴证体系。正是由于中介机构在市场经济中发挥的重要作用，在发达市场经济国家，经济鉴证类社会中介机构被形象地比喻为经济警察。

（六）战略绩效考核手段——“信数智”技术

随着信息化、数字化、智能化时代的发展，绩效考核的手段和实现方式如果还停留在原来的直线式、一对一的简单方式，对考核应发挥的作用将是莫大的损失。这就提醒我们，应尽快地、全面地利用这些现代手段来加强业绩考核工作。从业绩考核的基本要求来看，“信数智”是绩效考核体系必不可少的组成部分，它可以帮助收集和管理数据，提供以数据库为基础的“链网云”，既用于数据收集，也用于考核结果汇报。“信数智”技术较易支持调研数据收集和信息汇报，也可以监测整个过程的工作流程和作业成本活动，并可以提供沟通的直接渠道。

1. 充分运用“信数智”技术构建“立体式”考核评价系统

企业的“三张报表”作为记录一切商务活动的“数字语言”，历史作用众所周知。但是，统计报表、财务报告等评价手段在未来已不能只用纸质文件来完成，在电子化、数字化、智能化时代，企业业绩考核手段的改进决不能远远落后于技术革命。从战略的高度讲，按照战略绩效考核观的主要内容，构建分析和评价企业素质的考核模型，并结合先进的“信数智”技术，将其核心思想和考核流程制作成软件系统，通过向系统输入相关的数据，就可以得到相关的评价报告和考核结果。

2. 综合“财务和非财务”信息，做出“定量和定性”的全面分析

在信息爆炸的时代，企业的业绩绝不是简单的生产流程运行、资本经营效果及经济效益，而是综合效益的体现，并且文化效益、社会效益等公共效益的比重越来越大，对业绩的评价绝不是根据单一的指标或简单的评价就能够做出的。信息的采集工作是建立考核评价系统的必要条件和重要基础，通过对企业的生产经营状况进行分析和跟踪，得到相关的大量数据，然后对数据进行筛选和汇集，并将它们录入信息系统进行及时判断。

所需获取的信息包括“考核主体”的信息和“考核客体”的信息。“考核主体”的信息包括把握考核主体的价值观、发展目标及相关需要的信息，把握价值主体的发展趋势和规律；“考核客体”的信息必须提供能够帮助考核主体做出判断的信息，包括企业的各项业绩数据以及企业素质指标要求的相关内容。

3. 考核评价的全过程、动态式网络沟通

过去受信息采集、信息传输等手段的限制，考核评价只能是事后的、阶段性的静态考核，导致只重结果、不重过程等现象，是企业考核基于当时技术水平的无奈选择。信息化提供了改善这种状况的可能，“企业素质”考核评价系统能够根据输入数据的调整和变化及时做出判断，并进行跟踪分析。“企业素质”考核评价系统的设计应符合及时性、真实性和有效性的原则，为考核主体提供实时数据支持，不仅这种考核评价目标和结果是高度理性化的，而且评价过程也是理性和感性相结合的。

4. 考核结果的及时反馈和效应跟踪

在传统考核结果的运用中，考核对公司治理水平的提高及全员激励的作用，远远没有得到充分发挥。考核结果只是被狭义地作为

薪酬分配的依据，偶尔作为干部提拔任用的参考依据。战略绩效考核运用“信数智”手段，借助于人工智能和网络建立起来的“企业素质”考核系统，其最终目的是帮助考核主体对客体做出更加客观的价值判断，包括企业有无价值、有何价值、价值大小等，并将系统得出的评价结果及时反馈给考核客体，帮助考核客体及时发现存在的问题，及时解决相关问题，提高其公司治理水平。

（七）战略绩效考核结果运用——薪酬、投资及人才任用

1. 改善公司治理结构

公司内部治理体系是由管理者掌控的，并在公司战略、规划和决策等层面运行。如果正确建立该体系，则公司的资源可以得到优化配置，公司的业务可以得到高效管理，公司的运作也会更有效率。最为重要的是，优化公司内部治理体系才能确保管理者和投资者利益的统一。完善的公司内部治理结构才能确保全体员工理解公司的短期和长期目标，明确的业绩衡量标准才能激发个人贡献在企业成功中的作用，兼顾战略和资源配置的“匹配度”，才能平衡业绩和薪酬之间的联系。一个“价值为本”的强大公司并不一定能保证持续发展，但它能提高企业在商品和资本市场中的价值。

战略绩效考核制度的全面贯彻实施，相关的财务管理制度和激励报偿制度的改善，有利于促进公司的治理结构、企业文化发生深远变化。在战略绩效考核引导下，所有财务运营功能都从企业可持续发展多角度出发，构建不断创新、相互成就的开放式“治理结构”，为各分支部门的交流合作提供有利条件，为决策部门和营运部门建立有效通道，并且有利于消除部门之间的成见，不断完善战略绩效考核治理结构。

2. 提高公司治理水平

战略绩效考核除了能够帮助管理层选择经营战略和财务结构外，还可以帮助管理层在业务层面及其子业务单元层面做出评估，并对收

购和重组对象做出估价。战略绩效考核，有助于为公司价值评估提供较为全面的数据，有助于监管公司的股票是否在以公允价格进行交易，有助于加强公司与投资者的沟通，有助于公司在转型升级、调整重组、战略退出等方面提供决策依据。可见，战略绩效考核对企业的战略导向、价值评估、员工持股和“市值管理”都是至关重要的。尤其是可以帮助劳动者、社会公众、监管机构等提供评估依据，可以帮助管理层了解其创造价值的市场认可度，有助于提升经营战略、财务结构和公司治理水平。

3. 完善激励机制

战略绩效考核结果最主要的运用之一，就是提升组织激励机制的有效性，为提高人力资源使用效率服务，为提高组织绩效提供决策依据。为实现有效激励，直接以提高组织绩效为目的考核是大部分企业经常采用的。在激励机制中，薪酬与绩效的关系是相当微妙的，绩效出薪酬，薪酬出绩效，与绩效正相关的薪酬会有不断强化的正激励效应，而与绩效负相关的薪酬会有不断强化的负激励效应，“薪酬奖励”和“责任处罚”是一个组织激励机制的“两个方面”，其运作的有效性直接取决于考核体系的科学性和正确性，考核结果的一个重要运用就是为组织薪酬奖励和责任处罚提供“合理的”实施标准和“有效的”执行依据。

4. 优化资源配置

企业的管理流程就是对企业资源的运用过程，在企业内高效率地分配资源能够提高企业的价值创造能力。战略绩效考核的主要目的是对企业的资源配置能力做出评价并加以改善。企业的资源包括人、财、物、信息及客户关系，企业的人力资源配置决策包括晋升、降职、调转、下岗、辞退等方式，判断资源配置有效性的基本依据应该是战略绩效考核的结果，同时，业绩考核的结果能够准确地反映企业的财务状况以及资金成本。尤其是对于实物资源的配置，如果不能加以合理运用，就会造成巨大的浪费和消耗，使企业承受巨大的运营成本。随着信息管理在企业经营中地位的提升，企业对各种信息应该加以综合运用，并注意信息的更新和保密。“客户关系”是企业扩大产品销量、占据市场份额的重要因素之一，已成为绩效考核的基础和制定战略的数据来源之一。战略绩效考核通过考察和衡量企业同客户的关系、客户对产品的认可程度，以及企业同政府的关系，来考察企业是否能够得到客户的认可，以及持续地为客户提供周到的服务。

三、健全“中国式绩效考核模式”

如果没有一种方法能够模拟出各种经营战略、财务结构和企业价值的关系，那么“决策制定”就会成为无休止地主观臆断和争论的过程。当然，不可否认基于经验判断也会起作用。但是，如果有一些基于对未来成本、收益、风险及回报预测的“价值评估”，就能更好地帮助公司选择那些真正被市场高度认可的经营战略和财务结构。

在业务单元层面进行“价值评估”，可以发现哪些业务单元正在创造价值，哪些业务单元正在毁灭价值，哪些应该被出售或重组，哪些应该被扩大和加强。如果资金源源不断地投入到那些根本无法弥补资本成本的业务中，就会导致大量的价值流失。“价值评估”还可以对业务单元内的竞争优势和比较劣势进行辨别和区分，以改善资源的配置。通过继续强化有竞争优势的组织单元，调整或处置“价值创造”劣势的组织单元，可以使各单元经营者知道什么才是他们真正应该做的，对高层管理者而言，了解“价值评估”的结果，能加速决策制定的过程，并推动公司上下的有效沟通。

（一）顾及考核主体的多层次

1. 对劳动者价值的全面判断

中国经济发展处于“机电信数智”五代叠加，一二三产业融合，影响劳动者价值的有人口数量、教育水平、技能培训等因素，也有企业和组织的需求因素，还有经济增长速度、技术进步、自动化和智能化发展等环境因素，劳动力价值不能只是“按劳分配”。战略绩效考核的“价值分配”打破过去仅仅停留在“工资薪酬”范围的局限，充分考虑员工的价值创造能力，对考核对象进行深入的剖析，不仅局限于其工作岗位，而且要关注劳动者内在的价值创造能力和发展能力，统筹按劳分配、按智分配、按资分配和按需分配等“价值分配”方式，对“劳动者价值”做出合理的、全面的“价值评估”，才能激发“劳动者”主动创造价值。

2. 改善政府与企业的价值关系

从实践情况来看，“政府调控”和“市场调控”都有局限性。政府对企业及社会管理的“信度”和“效度”需要兼顾市场规律和企业发展规律。主要表现在三个层面的价值关系。有些属于政府职责范围内的事情，政府可以提供无偿的公共服务，也可以提供有偿的公共服务；有些政府不必进入的领域、不必要从事的活动，政府可以授权给市场相关机构完成；有些应由企业管理或微观层面的事情，政府可以监督企业完成。“战略绩效考核”强调政府在市场经济中充当引导者、指导者和监督者，充分发挥政府对社会发展和企业发展的导向作用，以综合的价值观和考核观，引导政府转变观念，优化管理机制和组织架构，协调好政府与企业之间的关系，为企业的发展提供服务和支持，并且减少政府监督管理的成本，加强政府与企业和谐发展的关系。

3. 适应不断提高的“社会公众”要求

生产力决定生产关系，经济基础决定上层建筑。这一哲学原理成为我们构建战略绩效考核观的指导思想。经济结构调整不断升级，从原来的粗放式经营逐步过渡到精细化经营，从农业和工业占据绝对优势到不断提升服务业的比重，从重工业经济到知识经济，从自力更生到国际化、开放式经济发展，这些都要求对经济制度进行相应的调整，其中包括绩效考核方法的转变。战略绩效考核正是从这一角度出发，满足经济结构调整的需要，建立一种动态、灵活的考核机制，能够应对外界环境的调整和变化，及时做出判断和评价。使“社会公众”更多地理解调整改善不平衡、不充分的过程，是非常复杂、非常漫长的艰难历程，应使“社会公众”更了解、更理解、更好地支持企业可持续发展。

（二）考核方式灵活多变

1. “上级考核下级”常用的考核方式

“上级考核下级”是传统的业绩考核方法，也是管理者常用的一种引导和监督管理方法。选择由上级直接考核下级，是因为通常上级是最熟悉员工工作状况和工作结果的人，绝大多数情况下，直接上级是执行考核任务的最佳人选。通常上级对员工进行绩效评估时，必须依靠工作记录来对员工进行业绩考核，如果缺少可靠和正确的衡量方法，这样一种评估表面上看是准确的，实质上是“表面绩效”。这就需要由员工“上级的上级”对评估结果做出“复核”，这样有助于减少肤浅的、不公平的、有偏见的评估结果，因为“间接上级”在进行复核时，通常比“直接上级”更能把握平衡标准，并且能够对员工的工作做更全面的指导了解。此外，对于上级主管而言，考核是管理的手段，上级通过对计划、组织、预算、创造力、分析能力等方面进行评估，来实现对企业的管理和引导。事实上，既要授权上级考核下级，体现上级对下级的管理和责任落实，也要“逐级复核”体现平衡、协调、公正的考核。

2. “自我考核”成为激励员工的有效方式

由员工对自己的绩效“自我评估”，其一般形式是员工在综合绩效考核以前就自己的绩效水平填写一份评估表，当经营者想要提高员工在绩效评估中的参与程度时，自我评估方法是非常有效的。通过列示员工的工作成绩和工作态度，给予员工思考自身优缺点的机会，引发员工主动思考高绩效形成的有关原因并进行讨论。

3. 同级考核关注行为主体的日常表现

共同工作的“同事”参与员工绩效考核的机会正日益增加，虽然来自上级的评估信息相当有价值，但是战略绩效考核仍然看重同级评估来补充上级主管考核的缺陷。通常，“同级考核”以一种不同的、更现实的眼光来看待某一员工的工作绩效。因为员工通常会把自己最好的一面展示给上级，但与其朝夕相处的“同事”却可能看到他较真实的一面。以同级评估来对上级评估进行补充，可以帮助形成关于个人绩效的公正意见。由于同事经常从不同的角度来观察绩效，因此，同事评估所提供的信息在一定程度上有别于上级评估，同事在评估一个员工优缺点的同时，能够很容易观察到员工的领导能力和创造价值能力。

4. 下级评估实现对管理层行为的反馈

“战略绩效考核”提倡员工能够积极参与上级的考核活动，在考核经理人员时，员工非常有资格发言。因为他们经常与其上级接触，并站在一个独特的角度观察许多与工作有关的行为，因此，下级非常有必要去评价上级在工作方面的某些表现，如领导能力、口头表达能力、授权能力、团队协调能力、对下级的关注程度等。当下级拥有评估上级的权利时，可以对员工形成一种精神激励，并培养员工的主人翁意识。

5. 顾客考核反映企业的市场影响能力

由于市场化建设逐步完善，越来越多的企业开始使用内部和外部顾客评估方法。外部顾客考核主要由顾客对企业所提供的服务质量进行客观评价，企业通过顾客考核的结果，教育员工更高效地工作，使顾客更满意，并将工作做得更好。外部顾客考核的内容主要包括对服务质量、服务态度、应急事件的处理能力等进行评价。内部客户评价则包括企业内部任何得到其他员工服务支持的人，比如，经理人员得到了人力资源部门招聘和培训员工的服务支持，经理人员就可以成为对人力资源部门进行评估的内部客户。不管是从管理的角度还是从发展的角度，内部客户都可以为企业绩效考核提供各类真实的信息。

6. 综合性考核实现出资人对企业的全方位评价

对企业的考核应该是全方位、立体式的，因此战略绩效考核最终要实现出资人对企业进行深入、客观、准确的素质考核，不仅要看企业的财务结果，而且要关注企业的文化、战略、价值创造能力，提供全面、公正的考核结果，并尽可能充分结合各方面的信息，从而全面履行出资人对企业的综合监督管理责任。

（三）考量企业的“三维价值”

1. 战略绩效考核的经济增加值（EVA）

EVA 是一个反映“经济利润”而不是反映会计利润的概念，EVA 有利于对股东价值的推断。EVA 比“会计利润”能够更客观、更准确地推断“经济利润”（见表 3 -2）。从计算结果来看，EVA 等于税后经营利润减去资本成本（债务成本和股本成本）的剩余收入。从衡量的角度讲，EVA 是衡量公司业绩的较科学的指标，是比“会

表 3 -2 会计利润和 EVA 的比较

会计利润	EVA
不能全面衡量经济利润	衡量经济利润的指标
没有考量投入资本的问责性	同时体现利润和资本管理的问责制
关注当期运营状况而非长期竞争力	平衡当期运营和长期投资
经常与不断增加的股东价值不一致	与股东价值相一致
用收入、利润来衡量公司的业绩看似赚钱，用 EVA 来衡量往往亏损	通过资本成本进行衡量才有结果

计利润”更现实的、更合理的“经济利润”。EVA 是在价值更精细管理的基础上发展而来的，通过在公司建立 EVA 综合价值管理体系，将公司战略和所有政策、程序、方法和指标纳入体系，从而改变管理理念、优化激励机制、提高企业素质。

在此，强调几点 EVA 的优越性：

第一，EVA 比“会计利润”更具有综合性。EVA 能全面衡量企业的经济利润，体现利润和管理的问责制，能够平衡当期管理和长期投资，与股东价值相一致，考虑资本成本后才形成结果。而“会计利润”则表现出很多局限性，不能全面衡量企业的经济利润，没有体现出利润和管理的问责制，导致企业过于追求短期效应，从而忽视了股东价值。

第二，EVA 比“净资产收益率”更为科学。EVA 是一个绝对值，考虑了资本规模的影响，在资本成本中将权益资本成本作为一种费用加以扣除，EVA 能够通过权益资本成本率的变动来反映这一变化，促使管理者追求合理的资本结构。相比之下，“净资产收益率”则不能全面反映资产结构，它是一个相对值，没有考虑到资本规模对企业的影响，在资本规模中没有扣除权益资本成本，导致管理层为了提高净资产回报率，运用债务杠杆投入高于贷款成本的项目，从而增大了企业的经营风险（见表 3－3）。

表 3－3　净资产收益率和 EVA 的比较

净资产收益率	EVA
净资产回报率是相对值，未考虑资本规模的影响	EVA 是绝对值，考虑了资本规模的影响
没有考虑权益资本成本	考虑权益资本成本
当过度使用债务杠杆投入高于贷款成本的项目时，能够提高净资产回报率，但业务的整体风险提高	EVA 能够通过权益资本成本率的变动来反映这一变化，促使管理者追求合理的资本结构

第三，EVA 能够对企业的资本经营起到放大作用。通过将 EVA 的计算公式分解（见图 3－6），可以看出，EVA 首先取决于资本回报率和加权资本成本率，以及资本投入，其中，资本成本率又可以分解为销售利润率和资本周转率，其中资本周转率等于销售收入和所有者权益之比，销售利润率等于净利润除以销售投入。

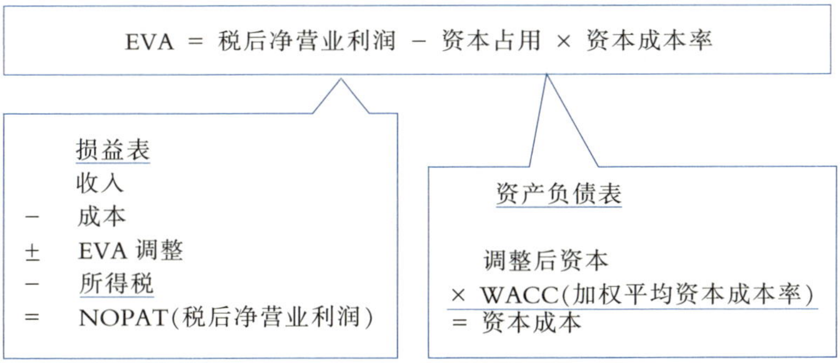

图 3－6　EVA 的因素分析

EVA＝投入资本总额×（销售利润率×资本周转率－加权平均资本成本率）　（式 3－1）

由图 3－6 可以看出，用 EVA 表示的价值创造动因可分为 4 个：一是提高经营的边际利润率，二是加快资本周转（如提高应收账款周转率、提高存货周转速度、充分利用固定资产等），三是降低实际税率，四是降低资本的加权平均成本。其中资本周转率的提高，可以通过减少资金占用来实现，从而减少了对于股票或者债券融资的需要，间接减少加权平均资本成本，其结果是提高了 EVA 值。

EVA 放大效应还体现在，EVA 将资产负债表和损益表有机地结合在一起，因此企业不仅要关注损益表的财务数据，还要重视股本成本对企业所创造价值的影响。EVA 不仅关注现在的行为，还关注未来的现金流，使企业的战略决策延伸得更加长远。从损益表中计算税后净营业利润和资产负债表中计算资本占用时，都需要对损益表和资产负债表进行相应的调整以得出税后净营业利润和资本占用的最终结果。这些EVA调整的目的是更准确地反映企业价值创造的实际状况，引导管理层和员工采取正确的行为，做出正确的、对价值创造有利的经营决策。

2. 文化价值

文化价值主要体现在行为的科学性、伦理的合规性和审美的现代性三个方面。

（1）行为的科学性是指管理实践活动过程中存在的问题对人和社会的作用。战略绩效的科学价值体现在管理方式上，例如，管理主体意志的目的性以及管理结果的有效性，管理活动目标确立的合理性。科学价值表现为对管理者的制度约束和有效激励，即任何社会的管理者都必须建立在一定利益主体的监督之下。因为，作为现代社会管理主体的民众有权利、有义务监督并管理公共管理者。社会和各类组织必须加强监督管理方面的制度安排，而且要根除那些高高在上、自以为是的理念和“德不配位”的管理者。

（2）伦理的合规性主要体现在如何解决效率和公平的问题上。一个社会、一个组织的管理，为了效率就必须牺牲某些平等，为了公平，管理者又必须牺牲一些效率。经济学家厉以宁提出的“效率优先，兼顾公平”的经济管理伦理，实际上是把考虑生产要素供给者的自由参与权利放在优先地位，把个人努力程度放在优先地位，尊重生产要素供给者个别努力的主动性与积极性。这种努力的主动性和积极性是自发的，不同于外来干预性质的社会权威或政府的参与。西方著名经济学家奥肯提出的“奥肯定律”，强调在生产力不发达的社会条件下、在多数人还为生存而奋斗的时候，社会和组织管理者都应该考虑先把整个蛋糕做大，然后再考虑如何分蛋糕的问题。

（3）企业文化审美的现代性是指管理活动具有的艺术性和管理的人性化追求。马克思指出：动物只是按照它所属的那个种的尺度和需要来建造，而人却懂得按照任何一类的尺度来进行生产，并且懂得怎样处处把内在的尺度运用到不同对象上去。因此，人也按照美的规律来建造。艺术化的管理倾向要求管理者必须把管理活动当作一门艺术，管理必须能激发成员的激情和创造精神，并带给人以快乐、愉悦和享受。因此，管理者必须要认识到，时代进步使人们的生活观念已开始从注重实用价值发展到注重审美价值，实用性和艺术性的完美结合才能满足人们的审美需要，人类在生产财富和生活过程中按照美的尺度来生产、建造和创造是未来发展必然趋势。

3. 社会价值

党的十九大报告指出，中国特色社会主义进入新时代，我国社会主要矛盾已经转化为人民日益增长的美好生活需要和不平衡不充分的发展之间的矛盾。企业社会价值的体现主要有六种形式：一是向国家交税。二是提供就业机会。三是把企业长久办下去。四是不断满足消费者和用户日益增加的需求。五是为社会创造财富，增强国力。六是节约资源、爱护环境，发展社会公益事业。解决好“公平与效率”的问题是社会发展的大问题，也是企业社会价值体现的主要形式。如果过分地强调公平和机会均等的价值取向，最终会导致损失整个组织和社会的效率。如果经济性组织为纯粹追求经济利益而只追求效率，则有可能危害社会环境和民众利益。战略绩效考核价值观的社会价值建设就是要建立注重效率和维护社会公平相协调，在全社会形成注重效率、维护公平的价值观念，把“效率和公平”结合起来，使每个公民既有平等参与机会又能充分发挥自身潜力的“社会管理生态”。战略绩效社会价值就是要注重社会的可持续发展，绝不能竭泽而渔，既要考虑满足当代人生存和发展的需要，又不至于对后代的发展造成危害。大力发展生产力才是解决我国主要矛盾的根本途径，战略绩效考核统筹“三维价值”，全面实现高质量可持续发展。

（四）运用价值反馈完善过程考核

“价值评价”仅仅是一种手段，“绩效考核”的积极目的是使员工了解业绩目标与企业之间的关系，“反馈评价信息”促进企业的发展，帮助员工执行企业任务时认识和利用自身的全部潜能来提高工作业绩。当员工认识到自身的长处与缺点，并清楚如何提高自己的技能和素质时，考核的目的就达到了。可见，“绩效反馈”在考核过程中起着极为重要的作用。“绩效反馈”就是将绩效评价的结果反馈给被评估对象，并对被评估对象的行为产生影响。“绩效反馈”是绩效考核工作的最后一环，也是最关键的一环，能否达到绩效考核的预期目的，取决于“绩效反馈”的实施效果。

对战略绩效考核评价结果进行反馈，在必要的时候向员工提出建设性批评意见，以使他们知道自身的不足之处，从而改进员工的绩效。大多数企业的绩效管理过程只进行到绩效考核即告一段落，各式各样的表格在花费了大量时间和精力填写完成后被束之高阁，管理者觉得很累而且没有成果，员工也觉得很累而且充满困惑，评估的结果没有反馈给雇员，所以问题依然存在，企业经营效率不高，导致管理层对绩效考核的有效性产生怀疑，对继续推行绩效管理形成阻碍。

考核反馈是一门艺术，在考核反馈的过程中，人们往往有一种本能阻挡不愿接受的现象，从而减弱考核反馈的效果。将绩效考核的结果反馈给员工的程序较为复杂，对于管理者和员工来说，都有可能是一种挑战，但是通过反馈体系，能够帮助管理层和员工一起找到导致不良绩效出现的原因，同时对于存在的问题达成共识并努力解决，最终目的在于强化绩效考核的导向，提高绩效管理的整体水平。反馈要注意以下几个问题：

第一，反馈应当是经常性的，而不应是一年一次。其原因有两点：首先，管理者一旦意识到在员工的绩效中存在缺陷，就有责任立即去纠正；其次，影响绩效反馈过程有效性的一个重要因素是员工对于评价结果感到好奇的程度。基于以上两点，反馈一定要经常性、制度化地开展。

第二，为绩效讨论营造一种良好的环境。管理者应当选择一个中立的地点与员工进行绩效讨论。

第三，鼓励员工积极参与绩效反馈过程。在绩效反馈的过程中，管理者可以采取以下三种方法：第一种方法是“讲述—推销法”，即管理者告诉员工自己对他们做出了怎样的评价，然后再让员工接受管理者做出这种评价的理由；第二种方法是“讲述—倾听法”，即管理者告诉员工自己对他们做出了怎样的评价，然后让员工谈一谈对这种评价持怎样的看法；第三种方法是“解决问题法”，即管理者和员工在一种相互尊重和相互鼓励的氛围中讨论如何解决员工绩效评价中所存在的问题。

第四，把重点放在解决问题上。管理人员在绩效反馈方面通常会犯的一个错误是，往往把绩效反馈当成是一个对绩效水平不高的员工进行惩罚的“借口”，因而总是告诉这些员工他们的绩效是如何糟糕，造成员工抵触“绩效反馈”，并且不能真正改进工作。所以，把“绩效反馈”当作解决问题的重要环节至关重要。

总之，通过员工与管理层经常性和系统性的沟通能够增强企业的凝聚力，将业绩考核结果与员工的个人发展密切联系能够增强员工对公司的归属感。在人员绩效考核评价体系的设计中，企业应贯彻这样的理念：企业共同愿景的实现有赖于企业目标的实现、员工个人目标的实现和企业效能的提高。企业目标与员工目标是相辅相成的，企业目标的实现是员工目标实现的基础，员工目标的实现又将促进企业目标的顺利达成。企业激励制度的核心就是调动员工的积极性，发挥个人潜能，改善个人绩效，确保实现企业目标和共同的愿景，公司的企业文化及核心价值观得以贯彻和落实。

（五）整合考核制度与激励机制

“价值分配”是“价值环”能否正常循环的关键。这是因为，“价值评价”是否科学、准确，必须通过价值分配来证明与体现。“价值分配”的结果必然影响“价值创造”的主体——员工的积极性与创造性，也就是反作用于“价值创造”。因为“价值分配”直接涉及员工的具体利益问题，如果“价值分配”处理得不好，必然导致“价值环”不良循环，同时“价值分配”结果对价值运行体系重新梳理、重新配置和再次转化等产生支配性作用，所以“价值分配”是“价值环”良性循环的转折点。

“价值分配”所要解决的是两个层面的问题。微观层面，即企业创造的价值转化为可分配价值，并进行再分配。例如，分配给社会（承担社会责任），分配给员工（为自己和家人的幸福），分配给企业（扩大生产规模）。所以，“价值分配”在具体分配过程中涉及分配的目的、对象、依据、形式、原则、标准等要素。宏观层面，价值分配会影响初次分配、再次分配、第三次分配等经济运行体系，以及金融、财政、税收、产业结构等国民经济发展和国家安全。例如，企业全部资本的所有权问题、价值创造的源泉（劳动、知识、企业家的管理、风险和贡献）、资本结构问题、内外部风险资本及转化问题等都与“价值分配”密切相关。

企业绩效考核虽然不直接影响物质财富的生产经营活动，但它对员工的激励导向作用、对生产经营活动的重要影响是毋庸置疑的。成功企业的经验证明，公正客观的业绩评价体系以及与之相配套、公正有效的激励约束机制是企业成功经营的必要条件。企业绩效评价管理工作就是研究委托人如何有效激励代理人，并实施有效的激励约束，“业绩考核”是企业管理永恒的难题。

战略绩效考核的目的在于通过业绩计量、业绩评价、业绩考核及奖惩，将企业高层的目标转化为员工的价值创造力。由于业绩考核的结果最直接地体现在薪酬体系中，所以，如果针对管理人员的激励计划只强调薪酬报偿、只论奖金是高还是低、只通过每年讨价还价确定考核目标，那么管理人员最大的动机是制定一个易于完成的预算任务，并且因为奖金是有上限的，他们不会超出预算太多，否则会使未来的期望值太高，甚至使其信誉受损。战略绩效考核充分整合考核机制与激励制度，注重长期激励，实现良性循环，形成一个可持续发展的“闭环系统”。充分发挥业绩考核的导向作用，以薪酬激励引导经营者和员工共同为企业持续发展主动地、积极地做贡献。

精要提示

“战略绩效考核”是有关考核的“生态建设”。为什么要考核？不是为了“管”企业，也不是为了“卡”企业，而是为了引导企业持续发展。考核谁？考核有责任经营企业和有权力经营企业的“主体”，也就是常说的“经营班子”，按照法人治理结构的要求，就是考核“董事会”。当然，要结合中国的实际情况，尤其是国有企业要处理好党委、董事会、经营层之间的关系。考核什么？不是单纯考核利润，而是考核“企业素质”提高程度及所创造的“综合价值”。考核的组织架构如何？不是单一的上级对下级的考核，而是主体考核与中介评价相结合。考核的手段是什么？不是每年填写表格，而是充分运用“人工智能”手段和网络技术，全面构建动态式、全过程的“考核生态”。考核结果如何运用？不只是为了薪酬分配，而是为资源配置、投资效益、人尽其才及企业持续发展的所有决策提供依据。

04

第四章

战略绩效考核的实施策略

实施策略是在一定阶段实现特定目标所运用的方法、程序的综合体系。战略绩效考核的实施策略就是在“机电信数智”时代叠加背景下，对高质量可持续发展企业经营绩效考核的内容、方法及程序的体系。这个体系涉及的主体、内容、方法很复杂，但遵循的规律是有关考核的共同规律，就是考核谁、考核什么、考核依据、怎么核准等。借喻对学生的考核可知，不仅要有期中、期末的水平测试，也要有每个学期的“评语”，还要有高考、竞赛、考研等多类“考评”。对“企业公民”的考核仅有利润的考核不能全面反映企业的绩效，应该系统、分类、历史地进行全审核。

本章在前三章论述的基础上提出战略绩效考核的模型设计方案。此模型建议应对董事会进行战略绩效考核。考核内容包括企业素质和EVA两个方面，主要针对战略、文化、价值创造能力等要素的价值与价值关系，分别设计数据收集、信息分析、结果判断及报告反馈等方法和程序，对可持续发展企业实施动态、全面的考核。该模型的特点是标准性与灵活性相结合、定量与定性相结合、过程与结果相结合、主体考核与中介考核相结合等，这是对中国法人治理结构考核方式的初步探索，还有待在实践中不断完善。

第四章 战略绩效考核的实施策略

20年再版"自我测评"

20年前，我思考"业绩考核"与长效机制的关系，《战书》提出"企业素质考核模型"和"EVA本土化建设"。

20年来，我参与央企"横向到边、纵向到底"业绩考核"全流程"，践行100多家央企资产确权、重组调整、增速波动、科创加码、责任担当"全周期"，见证经济发展"四期叠加"、央企"五力建设"、宏观调控"六稳六保"、落实"总体国家安全观"综合举措。我感受，考核是个"指挥棒"，考核什么就有什么！

未来，我感悟，央企"一企一策"考核、上市公司"股民考核"、百年老店"历史考核"都需要物联时控、网联数据、智联运营。我领悟，正向激励、持续优化、稳定增长、分类考核及建立履行战略使命评价系统都需要引导、指导、督导的"长效机制"和"生态建设"。我认为，宏观、中观、微观方面实施策略如同"导航系统"，先道后术，行之有效！

第一节　企业素质考核模型设计

本节思考：

1. 考核企业素质应关注哪些要素？
2. 这些要素的相互关系是什么？
3. 这些要素如何衡量？

一、“企业素质模型”要素设计

（一）整体性、动态性及有序性的设计原则

“企业素质”体现在“价值环”的各个环节。通过“价值环”理念的阐述，我们知道“价值创造”和“价值实现”是企业“价值环”的基础，而“价值创造”的核心问题是价值创造的构成要素，即价值创造源泉问题。如果不能正确和明确地回答价值创造源泉问题，“价值评价”和“价值分配”体系就缺乏稳固的根基，就会对价值评价和价值分配体系产生误导。

“企业素质模型”是基于“价值环”的核心思想进行构思和设计的，并将“价值环”设计为一个动态的价值创造系统，目的在于将绩效考核从以个体指标为中心过渡到以系统为中心，从“单一价值链”过渡到“多价值链”，从线性过渡到线性与非线性相结合，从单一测度过渡到多维测度，从主要研究横向关系过渡到综合研究“纵横交错”关系。因此，要素的选择和设计应遵循以下几个原则：

1. 整体性

“价值环”由相互依赖的若干部分组成，各部分之间存在着有机的联系，构成一个综合的整体，可以实现一定的功能，表现为“复合系统”。构成“价值系统”的各个部分应具有不同的功能，但要实现价值创造的整体功能，各要素之间不是简单组合，要有统一性和整体性，要充分注意各组成部分或各层次的协调和连接，提高价值系统的有序性和整体的运行效果。通过对应企业价值环的“四个环节”，映射到企业经营和管理的各个步骤，可以得到“企业素质模型”的各项关键要素。

2. 动态性

物质和运动是密不可分的，各种物质的特性、形态、结构、功能及其规律性，都是通过运动表现出来的，要认识物质首先要研究物质的运动。价值的创造和实现过程是一个动态的物质运动过程，自身具有很强的周期性。“价值环”的“四个环节”相互影响、相互作用，系统的发展是一个有方向性的动态过程。

同时，价值创造过程也是一个与外界环境进行物质、能量和信息交换的过程，外界环境的变化会引起系统特性的改变，相应地引起系统内各部分相互关系和功能的变化。为了保持价值评价的原有特性，所选择的要素应具备动态的适应性。

3. 有序性

由于价值创造系统的功能和层次的动态演变有某种方向性，价值系统应该具有“有序性”的特点。也就是说，所选取的指标应按照价值链的流程，能够将“有序性”和目的性、稳定性联系起来，因为“有序性”才能使价值创造、价值实现、价值评价和价值分配的流程趋于稳定，目的明确才能使价值创造走向期望的结果。

（二）“价值环”系统论的设计思想

1. “价值创造”系统分析

企业的“价值创造”是系统内部广大员工的整体行为，是利益相关者共同治理企业的一种有效机制，价值创造过程将成为一种控制和反馈的过程。所谓控制，是指主动系统对被动系统的作用，这种作用体现主动系统的某种目的，作用的结果使系统朝着一定的方向运动。所谓反馈，是指被动系统对于主动系统的反作用，而且这种反作用必然使主动系统发生调节，产生新的目的性行为。

价值创造的过程就是这样一种作用机理，需要决定企业创造什么价值，以及如何创造价值，然后按照指定的目标和指导原则，在满足特定的反馈条件时，经一定的反馈周期和反馈途径，由价值分配结果发出脉冲式的利益流作用于价值观，强化价值观的影响，进而强化价值创造和价值实现过程。整个系统功能提高后，一方面可降低系统内部利益的损耗，另一方面可从系统外部获取利益增量，两方面利益之和大于反馈利益，则增加相关利益者的利益，系统末端利益增大后，反馈利益会相应增大。依次循环，形成系统的自我激励，系统功能会逐步提高，系统利益会逐步增大（见图4－1）。

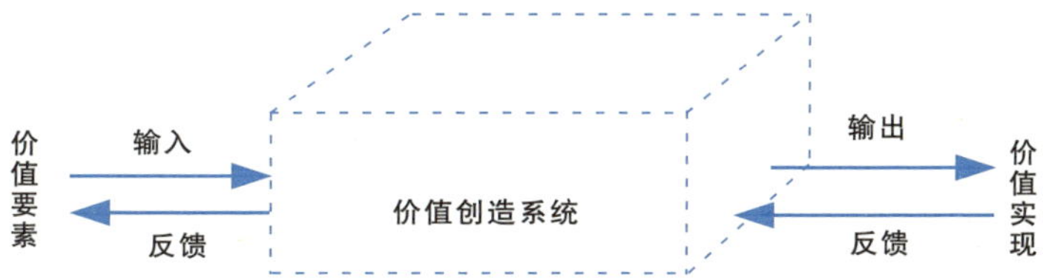

图4－1　价值创造系统

2. 系统控制——战略和文化

“企业战略”要综合考虑企业发展的目标、资源和环境。企业发展目标是实现企业的价值最大化，资源包括客户、资金、人才、技术、设备、品牌、经营管理机制、市场渠道、合作伙伴，也包括最为稀缺的资源——企业管理者的时间和精力，还包括环境因素的市场容量、政策法规、竞争对手等。企业追求利益最大化的目标是无止境的，而资源和环境则是受限制的。因此，制定企业战略需要达到利益最大化的企业目标，也要兼顾有限的资源和环境因素，在优化配置企业资源和改善环境的基础上制定企业的发展目标和规划。

“价值观”是战略实施的关键。企业“价值观”决定企业的战略方向。企业“价值观”的认同程度，关系企业发展与提升的效率。因此说企业“价值观”是战略的根本所在。企业组织制定战略以后，就需要全体成员积极有效地贯彻实施。“价值观”正是激发人们的热情、统一群体成员意志的重要手段。围绕核心价值观的发展战略，不能只停留在企业高层管理者和战略研究人员层面上，而应该让执行战略的所有人员都能够了解企业的整个战略意图，并使员工认同企业的发展战略。所以战略业绩目标制定后，企业就需要利用共享价值观这条精神纽带团结所有的员工，使这条纽带具有导向、约束、凝聚、激励及辐射作用。也就是制定具有挑战性的目标，用生动、简洁、震撼人心的语言把企业核心价值观具体化、形象化，形成良好的文化氛围，从而激发全体员工的热情，统一企业成员的意志和欲望，使全体员工齐心协力地为实现企业战略目标而努力。

价值系统的输入和输出，以及价值的创造过程，都是由企业的战略决定的。企业的战略在整体系统中处于主导地位，决定着企业价值创造的源泉和结果。因此，价值创造体系要受到企业文化和战略的导向。

3. 反馈机制——价值创造能力

战略制定方向是否正确和指导作用的大小，都需要通过企业价值的创造能力进行检验。价值创造能力作为企业的核心竞争力，直接决定着企业在市场上的表现，以及投资者对企业的评估结果。同时，企业的价值创造能力会反作用于企业的文化和战略，能够不断地帮助经营者修正企业的战略，使企业的战略更加有利于企业的未来发展，同时能够不断地调整企业相关利益者的要求。需要强调的是，企业的价值创造能力是一个综合性的概念，包括很多驱动要素，各个要素之间也存在相互依存、相互促进和相互制约的关系，从而有力地维护价值创造系统的平衡。价值管理的全局思想见图4－2。

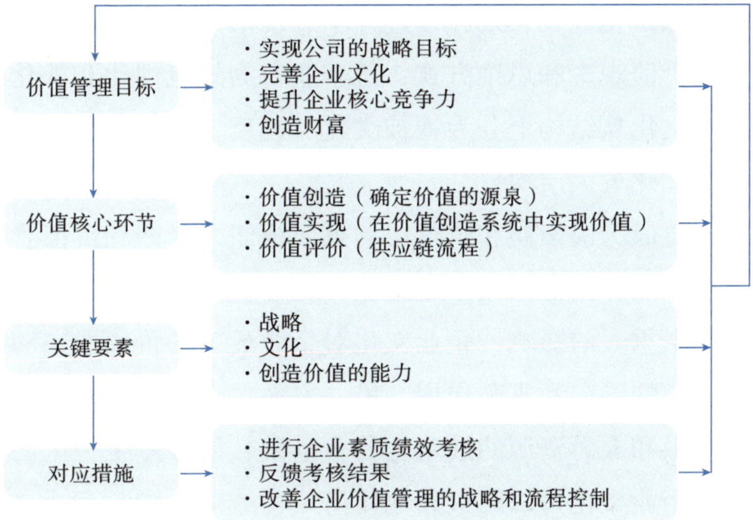

图4－2　价值管理的全局思想

二、“企业素质模型”要素结构分析

（一）控制集成要素——战略

战略是组织为未来准备的方案（正式的或非正式的）。战略制定需要运用各种估计、选择、设想等方法预测未来，以便做出决策，配置资源。战略应是针对新产品、服务和市场，实现盈利增长的一系列措施，包括收购和联盟。战略的目的是使组织成为更受欢迎的供应商，成为低成本的生产者、市场开拓者、高端产品或服务的提供者。

战略管理要明确企业应该干什么，还要明确怎么干。由于完成战略目标是出资人的愿望，需要经营者的运作，需要劳动者付出劳动才能完成，所以，战略制定、战略管控、战略落实要使出资人、经营者、劳动者三者利益相协同，尽可能地减少三者利益分歧带来的消极影响，使三者动力最大化、相互作用最大化。

（二）跨流程要素——企业文化

企业文化是企业在长期经营过程中逐步形成与发展的，带有企业独有特征的价值观念和思维方式，是企业行为规范内化和外化的有机统一。企业文化从结构上分为精神文化、制度文化、行为文化、物质文化和形象文化五大层次。

企业文化成为决策层和执行层的重要枢纽，渗透到价值管理的每个环节。一方面，企业文化不是企业的有形资源，却会对有形资源的利用方式产生重大的影响，企业文化对企业员工的价值取向和行为方式产生强有力的导向和支配作用。另一方面，企业文化是战略而不是战术，以组织和人力资源的战略运营为基础，能够产生长久的竞争优势，这一点企业文化可以匹敌其他任何一种战略。同时企业文化可以在战略执行中给予感知性的安排，从这个角度来看，企业文化将企业战略和价值创造能力有机地联系起来。

（三）诊断性要素——价值创造能力

企业发展在战略的指引下，明确企业价值产生的源泉和创造路径，继而需要评价“价值实现”的过程。

1. 内部驱动因素分析

（1）流程机制：价值链运作的流程取决于产品、服务和市场等要素的特性。分布在业务流程上的是分散采购集中制造，还是集中采购分散制造都由所提供的产品或服务决定，不同的市场也会使业务流程在设置上有很多的差异。战略绩效考核的关注点因流程的差异而不同，我们可以将流程机制分解为各个环节，包括控制机制、反馈机制、反应机制、管理机制、传导机制等，从构成要素入手深入剖析流程。

（2）合作伙伴：传统交易对象之间的关系视为“零和博弈”。“零和博弈”是一方收益相当于另一方的损失，利益双方所得相加为零。在这种情况下，用户有许多供应商可以选择，供应商也有许多用户，因此，任何特定的价值链关系都被视为临时的而不是永久的关系。然而，价值管理必须将这种“零和博弈”转变为所有部分之间“多赢”的战略，从而使整个供应链获利更大，并且使处于供应链各环节之间的利润分配更加平衡。因此，战略绩效考核必须考察企业和战略合作伙伴的关系，以及和其他投资者的关系。

（3）技术：技术在产品、服务以及信息流通上增强了绩效的影响力。同时，随着电子数据交换、电子账务支付、共享数据库、互联网、人工智能等信息技术的进步，绩效考核对价值管理的反映越来越细化，绩效考核对价值的影响更加深入，使得价值管理的水平不断提高，价值链伙伴之间的信息集成大大降低了信息的滞后和夸大影响，“信息不对称”的状态大大改善。

（4）价值链的上下游位置：公司在创造价值的过程中，竞争战略的根本是公司如何在价值链上正确地定位。在上游，供应商提供投入，然后，公司在投入上增加价值，再交给价值链的下游，即顾客——包括其他公司和最终消费者。这种观点认为，战略从根本上是公司在价值链上正确定位的艺术，包括选择正确的行业、正确的产品、细分市场正确的增加价值的活动。今天，全球竞争、不断变化的市场和新兴技术使创造价值的方式不断涌现，公司、顾客和供应商可以得到的选择机会也迅速增加（见图4－3）。

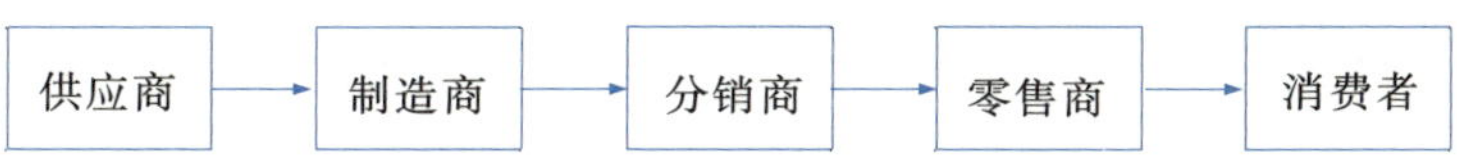

图4－3　企业在价值链中的位置

2. 外部驱动因素分析

（1）行业特征：价值管理所涉及的行业特征使得绩效差异很大。比如，制造业的管理重点侧重于采购及物料管理，其管理的逻辑是扩展内部行为至外部，达到和战略合作伙伴的共同优化。仓储零售业的管理则偏重于运输和物流管理，它将物流部门的狭隘定义扩展为从供应商到客户的物流价值链。有效的实物分销和运输是其业务流程的主要组成部分。

（2）竞争者：核心竞争力就是在竞争过程中保持独有的竞争优势。随着竞争者的技术优势、产品以及流程的革新，人力资源的整合越来越成为影响绩效的长期驱动力。尽管很难从模拟或分析中得出竞争者的优势所在，但是作为竞争单元的集成价值链，的确需要对价值链中的增值行为进行分析，找出竞争者在可能的领域对价值链的潜在威胁和机遇。

（3）客户：客户作为价值链的市场导向和利润来源，成为战略绩效的主要驱动因素。由于客户要求降价、周到服务、改善体验等个性化要求不断增多，必然导致增加价值链的运作成本和提前时限，同时产品的质量、服务的柔性不能有丝毫的下降，使得价值链中的每一个环节都有体现客户理念的作用。

准确把握和及早发现最终客户需求变动趋势是企业成功运作的驱动因素之一。市场需求信息是管理模型的驱动力量，是对最终客户的市场营销，是经营管理的核心与关键。客户关系管理是市场营销管理的一部分，通过对企业与客户发生的各种关系进行全面管理，以巩固保留老客户、赢得新客户，并提高客户利润贡献度。客户关系管理就是对客户信息的全面管理和服务需求的深度开发，客户关系管理无疑成为管理流程中市场营销的主要工作。

（4）社会环境：关键因素包括社会环境和企业间的相互影响。开放的市场环境通常会迫使价值链成本降低，而良好的价值链管理则可以帮助企业降低成本，社会制度的变化对于利益相关者的关系也会产生重要的影响。此外，多个企业的个体行为集聚起来就成为社会导向和氛围，企业不仅需要实现自身的生存和发展，还要承担社会责任，这个驱动要素要求绩效指标不仅要考核企业的经济利润，也要考核企业承担社会责任的能力。

20 世纪 80 年代开始，欧美发达国家的企业社会责任运动开始兴起，它包括对环保、劳工和人权的要求等，并由此导致了消费者的观念和关注点由单一的关心产品质量向关心产品质量、环境、职业健康和劳动保障等社会责任多方面内容的转变，他们通过“购买权”要求跨国公司承担社会责任，改善加工工厂的劳工待遇和保护环境等。另外一些涉及绿色和平、环保、社会责任等非政府组织以及舆论也不断呼吁，要求社会责任与贸易挂钩。迫于上述日益增大的压力和自身的发展需求，很多欧美跨国公司纷纷制定对社会做出必要承诺的责任守则（包括社会责任），或通过认证（环境、职业健康、社会责任），以应对不同利益相关团体的需要。

驱动要素分析如图 4 -4 所示。

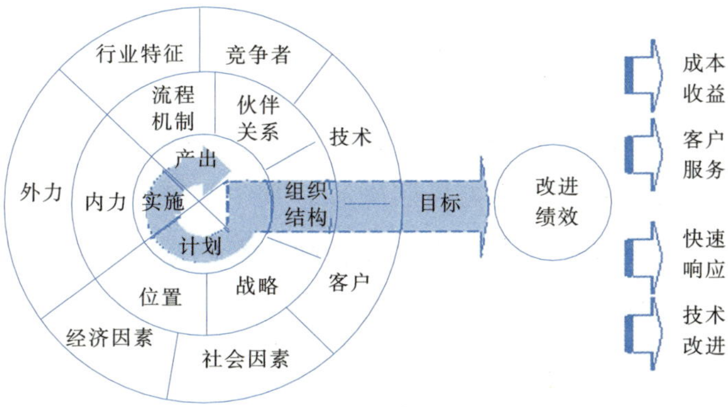

图 4 -4　驱动要素分析

三、“企业素质模型”要素层次分析

按照系统的控制和反馈原理，“企业素质模型”要素和驱动指标可以用图4－5来表示，并用正、负号来表示其对企业素质评价的结果是正反馈，还是负反馈。通过系统的原理和关系，图4－5清晰地描述了企业素质的三项要素之间的层次关系。

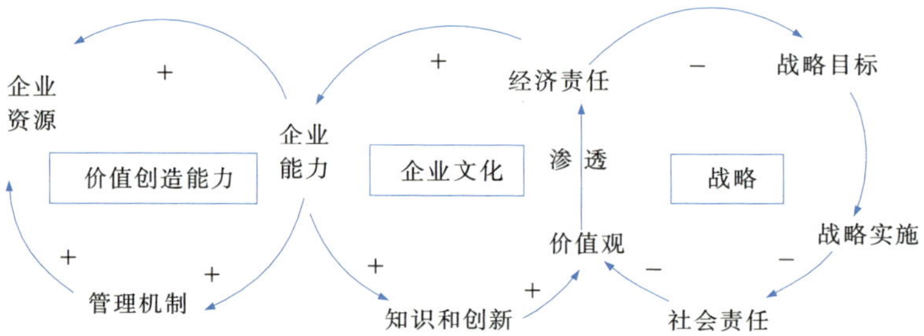

图4－5　要素层次分析

由图4－5可以看出，企业素质的三大要素不是完全独立的三个主体，而是相互渗透和相互影响的，彼此之间存在很强的制约和平衡关系。

（一）价值系统的控制层面

价值系统的控制层面包括三个控制中心，分别是战略控制中心、文化控制中心及价值创造能力控制中心。其中，战略控制中心是价值系统的指导中心，直接决定着文化控制和价值创造能力控制中心的发展方向和运行机制。在企业战略的指导下，企业文化渗透在企业价值创造活动中。

战略要素的控制性体现在对价值创造要素的界定，以及创造要素规模与质量的把握上；战略对价值实现的控制性表现为对经济角色的选择，如通过选择供应商、顾客、经销商及商业伙伴等来体现战略意图；战略对价值评价的控制性体现在价值评价机制的建立，以及价值评价理念的提升和方法的选择上；战略对价值反馈的控制性体现在资源的配置，以及劳动者、经营者薪酬方案的制订和企业治理结构的建立上。比如，战略可以重新安排新的价值群中各角色的作用，改善相应的价值关系，不断动员新的联合体和各个角色去创造价值。战略还可以在公司的能力和顾客之间创造一些不断改进的长效机制。因此，可持续发展企业把战略看作对整个价值流程的设计和规划过程，决定了企业下一步的行为。

“企业文化”的内涵是企业的核心理念、经营哲学、管理方式、用人制度、行为准则的总和。其中最为主要的是企业的核心价值观。

文化的控制性表现为企业文化的管理性，文化管理是一种高层次的管理，包含凝聚力、牵引力和监督力。比起一般的制度，文化管理的代价小、覆盖面广、影响力大。因此“企业文化”要素具有其独特的控制方式，企业文化渗透到价值系统的每个流程中，影响价值创造、价值实现、价值评价及价值分配。

（二）价值要素的正反馈层面

正反馈是一个推动性的环路，它的作用是能够主动地推动系统离开原有状态，朝着新的状态加速变化，其变化速度是驱动因素的复合函数。在价值创造系统中，重要的正反馈要素是价值创造能力，会推动一个企业快速地成长和扩张，建立效益与收益正反馈的互动机制。驱动因素包括内部驱动因素和外部驱动因素。一般来讲，企业的内部驱动因素影响力大于外部因素，无论是企业管理机制的改善、企业生产技术的提高还是企业市场控制能力的提高，都能够提升企业创造价值的能力。

员工素质提高——（+）——价值增加

产量增加——（+）——价值增加

市场份额增加——（+）——价值增加

客户关系改善——（+）——价值增加

技术创新速度——（+）——价值增加

除了企业价值创造能力，渗透在企业价值创造活动中的企业文化也对价值创造能力的提升起到放大的作用。企业文化的激励能够促使员工主动工作，为企业创造更大的价值。在正反馈层面，虽然以企业价值创造能力为主，但是企业文化的渗透作用也是评价的对象。

（三）价值要素的负反馈层面

负反馈是一个自稳定的环路，它的作用是使系统不断消除一定的干扰，自动恢复至初始状态。在价值系统管理中，我们利用和设计一定的负反馈机制，使企业避免过于盲目地追求企业的经济利润和短期目标，提醒企业为了持续发展要承担社会责任。

在企业战略目标的制定过程中，企业的经济责任和社会责任之间自然构建起一种负反馈的自调节机制。当企业制定明确的经济责任时，会促进社会生产的增长，生产的扩展会导致环境资源的过度消耗、生产环境的破坏，削弱了企业未来可持续发展的能力，使得未来创造的价值减少。

经济责任——（-）——社会责任

产量增加——（-）——资源消耗

短期目标——（-）——长期目标

价值观扭曲——（-）——战略偏离

四、“企业素质模型”考核指标设计

根据上述原理的分析，以企业素质为核心的战略绩效考核模型从价值环角度，设计全面、平衡、和谐的考核指标。考核指标主要按照战略、文化和价值创造能力三个方面进行分类，通过对三类指标的加权平均，能够得到对企业素质的综合评价（见图4－6）。其中，在每一类指标下分别制定不同的考核内容，考核指标相互影响、相互作用，由上至下形成金字塔形的结构。企业素质考核模型不仅是一个指标评价系统，而且是一个战略管理系统。因为它把企业战略及其内部各部门的任务和决策转化为多样的、相互联系的目标，然后把目标分解成多项指标，由这些指标组成了多元化业绩评价系统。

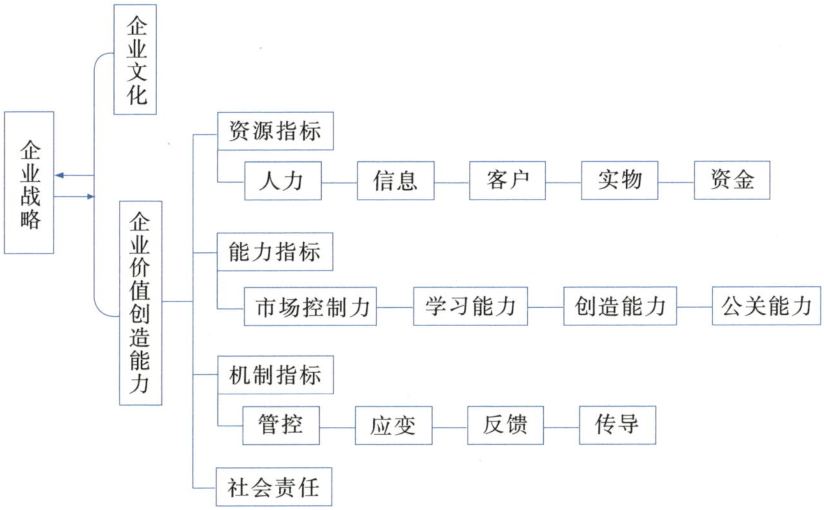

图4－6 企业素质模型考核指标

（一）战略相关指标

制定战略通常包括如何建立战略目标和活动计划，如何细化战略目标，如何实施活动计划的经营模式，以及如何监测战略的改进。

1. 战略制定相关指标

战略制定首先建立战略目标，包括如何提高竞争地位、整体绩效，以及如何使企业在未来取得更大的成功。战略的策划过程包括策划步骤、参与者、策划时间等。

战略制定的相关信息：顾客和市场的需求、期望和机会；企业的竞争环境，与竞争对手的能力比较；可影响企业产品、服务和操作运行的技术以及其他关键的创新或变化；企业的优势和劣势，包括人力资源和其他资源；企业调整资源配置，提高实现优先产品、服务和区域的机会；经济、社会、道德、法规等方面的潜在风险；国内及全球经济的变化；组织特有的影响因素，包括企业的合作伙伴、供应链需求等。

2. 战略目标“高度”相关指标

企业战略“高度”要关注国家安全、国民经济、节能环保、科技向善、民生福祉等国家战略。制定企业战略也要关注如何应对组织面临的各种挑战，还要关注确保战略目标能平衡组织长期的发展、短期的挑战，确保战略目标能平衡利益相关者的需求。

3. 战略部署相关指标

战略部署就是制订、部署活动计划和时间表，实现组织的主要战略目标，配置资源，确保战略规划的贯彻执行，确保能够获得战略预期的结果。

企业的短期和长期规划，关注组织的产品和服务、顾客和市场，以及运营方式可能存在的主要变化。

根据企业的短期目标、长期战略目标及落实行动计划，制订相应的人力资源计划。

为跟踪战略落实行动计划的进展，企业针对主要绩效制定相应的测量指标，确保行动计划测量系统能够增强组织的一致性，涵盖战略部署的范围和“四层价值主体”的目标要求。

（二）企业文化相关指标

1. 企业价值观相关指标（见表4-1）

表4-1 企业价值观的内容

企业价值观	出资人价值观
	经营者价值观
	劳动者价值观
	社会公众价值观

2. 品牌文化相关指标（见表4-2）

表4-2 品牌文化的内容

品牌文化	企业形象（人的形象、物的形象、事的形象）
	企业文化联想物
	企业文化口号
	企业歌曲
	企业标识
	企业故事

3. 行为文化相关指标（见表4-3）

表4-3 行为文化的内容

企业家行为	领袖型、开拓型、民主型、实干型
模范人物行为	企业模范的个体行为、企业模范的群体行为
员工的行为	员工个体行为、员工群体行为

（三）创造价值相关指标

根据前面分析的结果，创造价值能力是考察价值的创造过程，过程指标应包括价值创造过程中每个驱动要素（见表4－4）。

表4－4 价值创造的驱动要素

企业资源（价值源泉）
任务：突出企业资源的基本情况 **关键问题**：供应链伙伴对供应链的贡献率 **关键成功因素**：①实现供应链最低成本；②保证各种资源在供应链中发挥各自的贡献；③实现稳定增长的现金流
企业能力（价值创造）
任务：市场份额的不断增长，产品和理念的不断更新 **关键问题**：能否成为知识型组织，是否实现智慧共享 **关键成功因素**：①建立和保持不断学习的能力；②快速响应并满足客户的需求；③提高供应链对市场的反应和控制能力；④加强信息共享，减少信息不对称，提高信息及时效果，降低信息放大效应
管理机制（价值实现）
任务：能够在合理的成本下，以高效的方式进行生产 **关键问题**：内部流程增值活动的效率有多高，能否更好地提升核心竞争力 **关键成功因素**：①流程的控制和管理能力；②较高的运作柔性——响应性；③提高经营中增值活动的比例，缩短生产提前期
社会责任（价值分配）
任务：集成外部的资源，为企业的可持续发展创造良好的环境 **关键问题**：明确企业的社会责任 **关键成功因素**：①集成合作伙伴，稳定战略联盟；②保护外部环境，实现可持续发展；③提高资源的使用效率

1. 企业资源相关指标

资源对企业来说不是一个陌生的词，资源最初被理解为人、财、物。在这里，我们认为企业是由一些能被用于创造排他性市场地位的不同资源、能力和核心竞争力组成的机构。因此，企业一定要拥有一些其他企业所没有的、特殊的资源和能力，而且不能以同样的方式进行结合。资源是能力的源泉，其中一部分可以形成核心竞争力。

“企业资源”存在各种不同的定义，有些人将资源视作企业某种优势或者劣势的一切事物，另一些人认为资源是企业所控制或拥有的有效因素的总和。企业是管理学的一个重要概念，是一个资源的集合体。战略绩效考核将企业资源分为三种，即人力资源、物力资源和“算力资源”。战略绩效考核是价值管理，人力资源和物力资源在经济范畴就是人力资本和物力资本，“算力资源”是“数智时代”的必备资源，而且是“综合资源”。

从企业现实的经营管理出发，可以将资源定义为投入企业生产经营过程中的各种要素，如固定资产、雇员的个人技巧、专利、工艺知识、管理知识、资金、数字资产以及有才能的经理人员等。从企业包括的范围来讲，资源包括个人、社会以及与组织有关的一系列广泛的内容。

“企业资源”是一个体系，需要有效配合在一起才能起作用，而这种配合在每个企业都不同，由此形成了企业不同的经营方式和管理方法。

（1）有形资源相关指标。

“有形资源”容易被识别，它们的价值也容易估计。作为有形资源的企业借款能力、工厂和设备的状况、员工的各种属性都是看得见的。企业财务报表可以反映许多有形资源的价值（见表4－5）。然而，财务报表不能完全揭示企业所有资产的价值，因为它忽略了一些无形资源的价值。

表 4 - 5 企业有形资源指标

有形资源	主要内容
物质资源	企业的地理位置、设备的精良程度、原材料的供应
人力资源	企业的经理人员； 企业培训； 人员的经历、判断力、智力、洞察力、适应性等
组织资源	企业正式的组织结构及其正式的计划、控制、协调机制
数智资源	企业内部管理信息； 市场信息、数据、算力、知识产权； 竞争对手相关信息

（2）无形资源相关指标。

随着经营管理越来越复杂，需要更多的专业知识，无形资源变得非常重要。无形资源让竞争对手难以模仿和掌握，是保持可持续竞争优势的“战略性资产”。具体特点总结如下：①价值性。“战略性资产”对企业的业绩有很难量化的价值贡献，是企业持续竞争优势的一个来源。②稀缺性。与竞争对手相比，“战略性资产”是稀缺的或是独一无二的。③难以模仿性。“战略性资产”很难被竞争对手完全模仿。④难以被替代。“战略性资产”在短期内很难被其他资产替代。⑤相对性。战略性资产会因时间或市场突变而失去上述特性，因而需要不断积累。企业无形资源指标见表 4 - 6。

表 4 - 6 企业无形资源指标

无形资源	主要内容
技术资源	技术储备，如专利、商标、版权等； 技术运用所需要的知识

续表

无形资源	主要内容
创新资源	技术创新组织； 研究设施的路径、方法； 技术专家的智慧、责任心； 创新制度、创新精神
信誉商誉	对顾客的信誉； 公司品牌、商誉； 顾客对产品质量、耐久性、可靠性的认识； 企业对供应商的信誉、对社会的信誉
社会关系	企业对外的相互支持和互惠互利的合作关系； 与政府建立良好的关系； 灵活的管理、社会责任、文化传承

企业经营者必须全面了解和掌握企业全部有形资源和无形资源的“战略价值”。资源的“战略价值”通过其能力、核心竞争力以及持续竞争优势等方面体现出来，有些用开发过程中所做贡献的大小来衡量，有些则在短期内很难直接体现。然而，无形资源的真正价值不仅是财务报表反映的那一部分，而且是建立在其他因素之上的潜在的、滞后的、长久的价值。

2. 企业能力相关指标

对于“企业能力”的定义，目前很难归纳统一的答案。在变化多端的经营环境中，竞争的差异性是企业生存的基础，企业没有差异就没有竞争优势。目前在“企业能力”的分析上，经济学的分析属于比较理性的分析，但还存在非理性关注能力形成过程的分析。我们需要关注管理实践操作，从管理实践操作的角度来定义“企业能力”。

一种能力就代表了一组资源完成特定任务所需要的组合方法和过程，资源是“企业能力”的基础，能力是企业在市场上获得竞争优势的主要源泉。因此，能力代表了企业调度组合资源以获得一种期望的目标状态的方法，随着时间的推移，通过有形资源和无形资源之间复杂的相互作用，就会产生把整个组织融合在一起的凝聚力和能力。人是形成“企业能力”的关键因素，能力可以通过人力资源在开发、传播和交换信息基础上建立起来，企业的知识基础隐含在能力中并通过能力体现出来，这是企业在全球竞争中获得持续竞争优势的关键。

“企业能力”具有两个特点：一是“企业能力”涉及企业动员和引导有关部门完成特定经营目标任务的过程，体现在企业内部的历史性、积累性的发展过程中。也就是说，“企业能力”与资源运用的特定过程有关。二是“企业能力”融合在团队、员工网络和各种组织之中，而不是隐匿在个人的技能之中，甚至以企业家身份出现的个人也只是“企业能力”的主要人物之一。“企业能力”主要体现为一种组织化的能力。

“企业能力”通常在经营运行领域，通过生产、研究、开发营销才能被开发出来。每一种能力都包含企业特有的工作程序，“企业能力”也是企业完成与经营职能相联系的一种方法和过程。现在对“企业能力”从以下几个方面进行分析（见表4－7）。

表4－7 企业能力指标

企业能力	主要内容
盈利能力	经济增加值（EVA）
学习和创新能力	产品和技术的更新速度 知识扩散和广泛应用 研究基础科学的能力

续表

企业能力	主要内容
市场控制能力	新产品的快速制造 零部件和产品的专业化生产 新产品的设计制造
公关协作能力	供应商的忠诚度 银行资信评价 政府对企业的印象和支持力度
“信数智”管理能力	整体信息系统规划完成 信息检索效率 数据更新频率 智慧吸收比例

（1）盈利能力相关指标。

同样的市场占有率，盈利高的企业反映的竞争力就强，没有盈利的高市场占有率作为短期的营销策略是可以接受的，但从长远看，对企业的持续发展不一定是有益的，“没有盈利”在市场上是无竞争力可言的。

“盈利能力”可以分为“绝对盈利能力”和“相对盈利能力”两个方面。“绝对盈利能力”用利润总额指标表示，“相对盈利能力”用销售利润率表示。其分值均为本企业数值与本行业第一竞争对手相应数据的比。用“利润总额”和“销售利润率”来描述盈利能力，是因为“利润总额”可以衡量企业盈利能力在量上的总体盈利水平，“销售利润率”则可以反映盈利能力在质上的单位盈利水平。

（2）学习和创新能力相关指标。

“学习和创新能力”考核指标包括：第一，用“人均培训费用”来衡量企业在学习方面的支出，虽然支出多并不意味着学习能力就强，但二者还是有着紧密的关系；第二，用“新产品投放率”来衡量企业的创新能力。这里的新产品概念不仅是全新产品的概念，还包括在原有产品基础上经过革新改造形成的改良产品。当然，这里的新产品都是基于核心竞争力所开发出的产品。

人均培训费用 = 企业员工培训上年度费用支出/本年度员工平均在册人数 （式 4－1）

新产品投放率 = 本年度开发的新产品销售收入/本年度所有产品销售收入之和 （式 4－2）

（3）市场控制能力相关指标。

“市场控制能力”指标表示的是在市场上与本行业第一竞争对手相比较的竞争优势。我们用本企业产品的市场占有能力和市场开拓能力两项加权综合表示。

第一，市场占有能力。

“市场占有能力”用本企业市场占有率与本竞争区域中同行业处于第一位的竞争对手的市场占有率之比来表示。对于核心竞争力只用与单一产品的市场占有率之比来表示：

市场占有率 = 该产品销售收入/同行业该产品销售收入（式 4－3）

多种产品市场占有率的计算方法：

市场占有率 = $\sum$ 第 n 种产品的市场占有率的权数 × 第 n 种产品的市场占有率 （式 4－4）

第 n 种产品的市场占有率 = 第 n 种产品销售收入/在 n 种产品销售收入中的比例 （式 4－5）

“市场占有率”公式中第 n 种产品的市场占有率与同行业该产品第一竞争对手市场占有率的比值，就是市场占有能力。

第二，市场开拓能力。

价值创造的原理对企业经营的作用，最集中地表现在对市场的开拓上。“市场开拓能力”指标主要考察核心竞争力对未来市场的控制能力，我们用本企业订单增长率与本竞争区域同行业列为第一的标杆企业的订单增长率之比来表示。根据增长的绝对值和相对值不同有两种计算方法。

一是简单算法。以订单金额绝对值的增加表示增长率，直接将本企业总的订单增长率与同行业第一竞争对手的总的订单增长率之比，作为本企业的市场开拓能力得分。

订单增长率＝企业未来一个年度或经营期间所获订单金额/企业上一年度或经营期间所获订单金额－1　（式4－6）

二是精确算法。以获订单的相对份额增加表示增长，上述公式只能粗略表明本企业订单的总体增长，并不能显示出各项产品与主要竞争对手的比较。所以，企业如能获得各项产品主要竞争对手的订单数据，能够算得各项产品的订单获取率，则订单增长率可用各项产品订单获取率的增长率的加权平均值表示。

订单增长率 ＝ $\sum$ 第 n 种产品的订单较上一年度增长 × 第 n 种产品订单获取率　（式4－7）

第三，市场控制能力。

市场控制能力＝市场占有能力×市场占有能力所占权重＋市场开拓能力×市场开拓能力所占权重　（式4－8）

“市场占有能力”主要考察企业对过去市场的控制能力。

“市场开拓能力”主要考察企业对未来市场的控制能力，而未来“市场控制能力”对于企业来说更加重要，因此所占权重应该较大。

（4）公关协作能力相关指标。

“公关协作能力”反映了企业与供应商、银行、政府等外部利益相关主体建立的良好合作和战略伙伴关系。企业与供应商的关系包括原材料、运输、经销等服务的供应。与政府的关系包括和政府能够积极、顺畅沟通的信任关系，以此使得企业能够及时获得外部各种资源支持。我们用“企业信誉度”来综合表示企业的公关协作能力。“企业信誉度”包括三个方面的指标：一是供应商的忠诚度，是指一定期间内供应商愿意与企业友好合作并提供优惠待遇的供应商比例。二是银行资信评价，按照不同的评级结果赋予不同的分数，如 AAA 级可以给1 分、AA 级给0. 5 分、B 级给0. 3 分等。三是政府部门对企业的重视及支持力度，政府有关部门重视程度高、被列为重点支持的企业得分为1，在政府有关部门被列为一般支持的企业得分为0. 5，其他情况得分为0。

（5）“信数智”管理能力相关指标。

企业数字化、数字产业化是企业信息管理能力的核心内容。企业“信数智”管理能力是指企业利用现代信息技术对信息资源的深入开发和广泛利用，不断提高企业生产、经营、管理、决策的效率和水平，进而提高企业经济效益和企业市场竞争力的能力。核心能力就是数据平台的建设和数据的深度挖掘，就是把企业的设计、采购、生产、制造、财务、营销、经营、管理等各个环节集成起来，共享信息和资源，同时共享潜在的客户和未来的业务，提高生产效能和快速应变能力，实现高质量可持续发展。

“信数智”管理就是对企业信息实施过程的管理，即由局部到全部、由战术层次到战略层次的全面管理渗透，企业管理流程的逐步优化支持企业经营管理的全过程。充分开发企业内部和外部的资源，并与企业生产经营活动的全过程相互融合，以便及时做出经营决策，把握经营机会。可以讲，企业信息化、数字化和智能化就是组建企业的“神经系统”，“神经系统”决定企业可持续发展的能力。

3. 管理机制相关指标

“管理机制”相关指标通常包括运营效率、员工满意度、风险管理、客户满意度、财务绩效、创新与优化、学习发展等方面。在此，强调员工“岗位职责”指标要兼顾人财物、产供销、责权利的管理要素，“客户服务”指标要适应点线面、信数智、链网云的服务要素。“管理机制”指标主要有管控机制、应变机制、反馈机制和激励机制，企业机构设计要有利于提高效率、利益协调、合理分配长效机制建设。

“管控机制”主要包括对业务单元的职权分配、财务监控以及业务操作流程的管理。具体衡量指标包括业务单元的自主权、业务单元承担风险能力、财务制度的透明度、财务风险的控制能力、订单执行程度和产品跟踪系统运行状况。

“应变机制”主要是指对于突发事件的成功应变机制。所谓突发事件，是指企业非预期的但对经营发展影响重大的事件，如质量事故、安全事故、顾客投诉、影响企业业务发展的政治或经济事件。

“反馈机制”是指企业对外界环境或者自身因素变化的反应，并对未来的管理流程和行为方式做出调整。其可以从企业反馈信息的速度、纠偏能力、反馈的准确度等方面进行评价。

“激励机制”是战略绩效考核的一个重要问题。这里的“激励机制”不仅包括对经营者的激励，还包括对企业员工的激励；不仅包括物质激励，还包括精神激励。其中，“物质激励”可以按照 EVA 的形式设立奖金库，“精神激励”可以通过企业对员工所制定的晋升制度、企业文化的宣传、员工对企业的忠诚度等方面进行衡量。指标应包括以下几个方面：

（1）工作的组织和管理：如何对需要完成的工作进行组织和管理，以促进组织内部的合作，调动员工的主动性和积极性，促进组织的授权和创新，完善和发展组织的文化；如何通过组织和管理，不断灵活地适应组织业务发展的需要；组织部门在工作系统中如何听取和采纳员工、顾客的各种意见和建议；在不同的部门、职务和地区之间，组织部门如何实现有效的沟通和技术分享。

（2）员工绩效管理系统：既包括员工的绩效评估、薪酬、奖励，也包括如何支持并促进实现高绩效工作和以顾客为中心的绩效管理。

（3）员工聘用与职务晋升：识别组织部门对员工在特点和技能上的潜在需求；组织部门如何聘用和留住新员工；企业如何为领导和管理职位，包括高层领导的继任事宜做好有效的安排；企业对所有员工的职位晋升实施有效的管理。

4. 社会责任相关指标

企业对社会的责任有两类：第一类责任是基本责任。企业对于社会的基本责任立足于企业本身的良性发展，企业能够健康发展，就能够为社会创造更多的财富，就能够为社会提供更多的工作岗位，这是企业作为社会一分子存在的基本意义，是企业的基本责任。第二类责任是在第一类责任的基础上所连带产生的其他责任。企业在承担基本责任的过程中，必然会产生外部性的问题。这些外部性的问题会对社会产生好的或者坏的作用，最直观的产生坏作用的例子是环境污染。那么这些外部性问题由谁来解决？可以由企业来承担解决的责任，也可以由社会和政府来承担解决的责任。这应该根据各方所在社会的具体情况，通过制度安排来实现责任的最优分担。在这种情况下，企业要承担的责任就是第二类社会责任。

为了能够使企业有效地承担起应当承担的责任，需要两个条件：一是企业具备有效的法人治理结构，二是政府能够制定出科学合理的制度规则。有效的法人治理结构能够使企业根据环境的具体情况，做出科学的决策。这一决策符合公司利益相关者价值最大化原则，符合公司的长远整体利益，因而使得企业的行为是可以预期和控制的。从整个社会来看，这样具备有效法人治理结构的企业才能够形成实现社会责任分担的微观基础。在这样的基础上，政府才可能运用宏观调控手段，制定相应的规则和制度，以企业的利益为纽带引导企业承担相应的社会责任。但是，法人治理结构是由经济体制和《公司法》等相关法律所确定的，具体到我国的国情，体制改革不断深化的过程就是企业法人治理结构不断完善的过程，就是企业更好地、更规范地、更持续地承担社会责任的过程。

社会责任具体指标应包括以下内容：

（1）公共责任：包括企业如何处理产品、服务和运营给社会带来的影响；为实现规章制度和法律法规的要求，制定的主要过程、测量方法和目标；解决企业的产品、服务和运营带来的社会风险；实现社会责任、道德行为规范等要求，承担公众关注的有关产品生产、销售服务和运营管理等公共责任。

（2）道德行为：企业确保在与利益相关者的交易和往来中遵守诚信经营、公序良俗、合规管理等道德规范；在企业内部和与主要合作伙伴的交往中，以及在企业的监管系统中，监督道德行为的主要过程、测量方法及相关指标。

（3）对社区的支持：企业积极主动地明确为社区提供支持的内容、方式和目标；企业参与和支持社区的重点活动，以及经营者和员工对社区发展做出的应有贡献。

五、“企业素质模型”计量分析

“企业素质模型”框架定量需要计算各因素对企业长期经营绩效的影响程度。由于各因素的指标值均以比率形式表示，避免了各因素标准不一致的问题，同时这些因素的指标值在各企业能够收集，因此可根据相应时间各经营指标的实现值进行回归，从而获得一个反映企业内各环节对整个企业绩效综合影响程度的“线性相关”关系。在此基础上，各种投资营销决策对分目标的可能影响也可反映到整个企业的盈利状况上，从而帮助企业决策层决策。

1. 因变量和自变量的确定

因变量：“企业素质”最终是由各项可量化指标反映出来的，因此，“企业素质”因变量由三个方面的可量化指标的加权平均值计算得出。自变量由第三层可量化指标层各项指标构成。在这里不是直接采用各项量化指标的统计数据，而是需要经过对各指标的权重调整，即将 K_iX_i（i =1，2，…，20）作为自变量。

权重值 N_i 和 K_i 的确定：在确定自变量和因变量过程中，需要考虑各个指标对于长期盈利能力的权重，这些权重可通过对企业内相关人员的调研或专家判断获得，用层次分析法获得同层次各个指标对上一层各因素重要程度的权重判断矩阵，进行迭代，从而获得各因素对长期目标的综合权重 N_i 和 K_i 。

2. 建立回归模型得到长期经营绩效系数矩阵［A_i］

将从企业中获得的各指标的比率值 X_i 和 Y_i 以及专家评价的权重值 N_i 和 K_i 代入进行回归，可获得回归系数矩阵［A_i］。这一矩阵中的 A_i ，表示最终盈利能力对各个操作环节的指标的敏感度。当然，在进行趋势预测分析时还应该进行独立性检验，剔除共线性干扰等方面的影响。

3. 一些说明

为衡量企业的综合绩效，“企业素质模型”分解绩效指标体系的层次，同时根据企业本身的特点和客户需求的特点，设定恰当的评价指标，从而建立一个全面衡量企业的子环节与总体经营绩效关系的“系统方案”。

采用这种全方位的层次分析方法，就是在企业的经营措施和经营目标之间、经营绩效与其竞争优势的识别之间搭建了一座桥梁，必将有利于企业的战略性成长。由于企业实际经营状况的数据不便公开，本书在此不做实证研究，没有实际回归出各环节指标对最终盈利能力的敏感度，这也许正是今后需要实践检验的重要内容。

精要提示

“企业素质考核模型”是战略绩效考核理论的形象描述，是战略绩效考核理论的具体体现。该模型主要有四大特点：一是模型设计原理以“价值环”的系统思维为基础，以整体性、动态性及有序性为原则，以正反馈、负反馈相平衡为机理，以价值观为核心，以价值创造、价值实现、价值评价及价值反馈为主要环节；二是模型要素以战略为控制要素，以文化为跨流程要素，以价值创造能力为诊断要素；三是模型的数据选择及采用以同业标准、历史标准及先进标准为参照，指标目标值为相对值；四是模型分析主要对各要素的层次、内容及结构等依次展开，而且分别与竞争对手、同业标准、历史数据进行对比分析。需要说明的是，该模型还需要在实践中进行计量分析。

第二节　EVA 战略绩效考核体系的本土化建设

本节思考：

1. 如何结合中国的实际情况，构建 EVA 考核体系？
2. 在中国如何推广、运用 EVA 的考核方法？

在对企业素质进行综合评价后，引入 EVA 考核办法是非常必要的，但是要充分结合中国企业的实际情况及经济发展状况，使 EVA 的核心原理在中国本土的环境中更好地发挥作用。

一、EVA 组织体系建设

EVA 在战略绩效考核体系中的运用，应该是逐步推进、逐步融入发展的。

（一）EVA 企业分类

在对企业经营实际情况了解、调查、分析的基础上，对企业进行分类，可以将企业分为三类：第一类，企业素质较高的企业，其管理基础较好、企业管理者较重视、容易接受先进管理理念、愿意积极推进 EVA；第二类，企业素质一般的企业，其 EVA 业绩较差，但资产规模大、有较大提升和改善空间；第三类，企业素质较差的企业，其管理基础薄弱，使用 EVA 的基础条件不成熟。

（二）制定 EVA 策略

对于三类不同的企业应该采取不同的策略：首先，对于企业素质较高的企业，应积极推进 EVA。这类企业的财务数据基础较好、信息系统完善，最为关键的是企业管理层认可 EVA，并愿意积极推进 EVA 价值管理体系。其次，对于企业素质一般的企业，可以有选择地推进 EVA。应该首先选择资产规模较大，但是有较大提升和改善空间的企业，推广 EVA 的价值评价和业绩考核方法。最后，对于企业素质较差的企业，应首先改善和提高企业素质，以此奠定推进 EVA 的基础。

（三）EVA 动态推进

在实施 EVA 过程中，应该对企业采用 EVA 的结果进行实时跟踪。企业素质一般的企业通过实施 EVA 得到明显改善后，应逐步过渡到企业素质较高企业的考核标准。对企业素质较差的企业进行全方位的改革和培训，当企业素质有了明显的提升之后，可以逐步过渡到用 EVA 进行考核的阶段，最终实现 EVA 在中国的广泛使用。

“EVA 动态推进”方案只是理论建议，各企业按实际需求参考借鉴。由于 EVA 方法体系遵循一定的价值规律，世界上大的跨国公司运用 EVA 提升企业价值的案例不胜枚举。相信未来运用 EVA 的企业，都会不同程度地感受到 EVA 带来的好处。当然，任何先进的理论都需要充分结合实际运用，这个基础包括企业基础、环境基础及国家基础等。在此必须说明的是，任何一种理论或方法体系都不是十全十美的，都有不完善性，都有产生负面作用的可能，这就要在实践中尽可能地综合考虑。

二、EVA 管理体系建设

（一）全方位、导向性引入 EVA 理念体系

1. EVA 强调“资本成本”，体现“机会成本”

从 EVA 概念和计算公式可知，EVA 来源于经济利润，与会计利

润有所不同，企业收入不仅要弥补经营费用，还要弥补“资本成本”。这里的“资本成本”不仅包括支付给债权人的利息，而且包括股东投入资本的机会成本。尽管“资本成本”的理念早已被财务学者广泛接受，但现行的财务会计并没有把它纳入资本的机会成本。而EVA业绩评价系统能将“资本成本”的理念传达给企业的各级经营者，使他们意识到“资本成本”包括在EVA的考核中，从而影响到对他们的业绩评价，并最终影响到每个人的利益。当企业经营者开始注重实际创造价值的能力时，如果将“资本成本”理念引入企业业绩评价指标中，就会促使经营者关注资本的使用效率，从而提升企业创造价值的能力（见图4－7）。

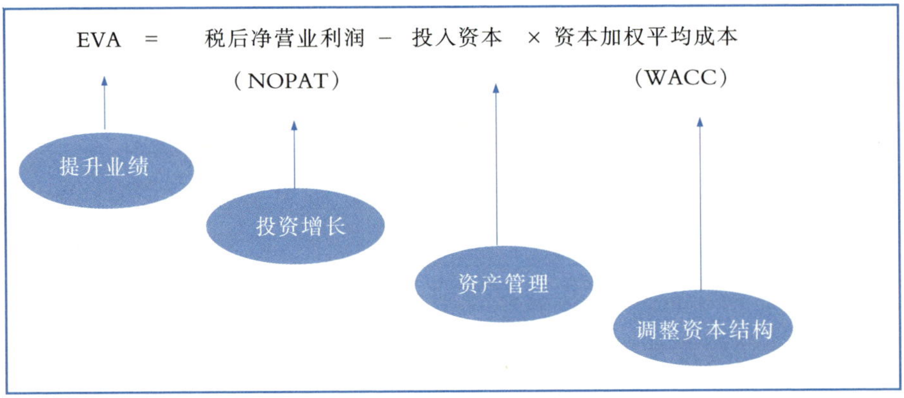

图4－7 EVA的理念层次

2. EVA突出“主营业务收入”，考核“主责主业”

在EVA的测算过程中，要将“营业外收入”和“营业外成本”从净利润中扣除。因此，EVA可以充分反映“主营业务”的盈利能力。目前，有的企业发展过分追求净利润指标，盲目向主营业务以外的其他领域投资，如证券市场、房地产等。这种投资不仅不能带来稳定的现金流，而且会增加企业的经营风险。在传统考核方法下，证券投资收益成为净利润的一个重要来源，这不仅不能反映企业真实的生产能力，而且容易使企业出于投机心理不能正确地制定经营战略。

EVA 突出强调“主营业务盈利能力”，通过考核 EVA 使企业能够把重心放在其“主责主业”，提高资金的运用效率。

3. EVA 鼓励“价值创造”，衡量未来竞争力

EVA 业绩衡量体系非常注重将公司的未来发展战略和全面预算与业绩考核紧密联系起来，形成一个有机的整体。首先，中长期发展战略代表公司发展的方向，是全面预算和业绩考核的基础；其次，全面预算把战略目标细化到年度，并据此配置和管理企业的资源，以达到预期目标；最后，业绩考核与激励体系可以对过程和结果进行控制和管理，使资源向优化目标倾斜，同时可以帮助企业做出未来预测以实现战略目标。

通常的考核体系中由于所采用考核指标关注“当期利润”，往往忽视了企业的未来价值，而仅仅将注意力集中在企业目前的经营管理上，造成企业行为短期化。客观地衡量一家企业的价值，必须考虑企业的未来价值，不仅要评价企业目前的战略目标，还要关注企业今后长远的战略目标；不仅要计算企业当前的经营成本，更要考虑企业的时间成本和机会成本。采用 EVA 的考核过程就是鼓励价值创造的过程，是实现其价值或者增值的过程，是对企业核心战略、核心流程、核心竞争力的提升，还包括企业拟选择的潜在经济增长点。价值创造的过程面对的不仅是企业本期的状况，它还关注企业长久的竞争力和可持续发展。

（二）简约化、定量式建设 EVA 指标体系

EVA 体系的核心财务指标就是 EVA。EVA 衡量的是企业资本收益和资本成本之间的差额。具体地说，EVA 就是指企业税后营业净利润与全部投入资本（借入资本和自有资本之和）成本之间的差额。如果这一差额是正数，则说明企业创造了价值，创造了财富；反之，则表示企业发生价值损失。如果差额为零，则说明企业的利润仅能满足

债权人和投资者预期获得的收益。EVA 指标的实质是作为一种新的财务业绩评价指标，把所有资本的成本，以及获取比资本成本更高的收益与股东创造价值的方法结合起来。EVA 和以往的财务业绩评价工具不同的是，EVA 量化了企业能够提供给投资者的价值，强调资本的有效使用，衡量的是一家企业创造的真实利润。

（三）由上至下“渗透式”建设 EVA 管理体系

EVA 管理体系是一个综合性的管理体系，形成业绩评估、管理决策、激励机制和建立价值创造体系的综合企业管理生态。建设管理体系具体实施步骤如下。

1. 在董事会和管理层中形成对 EVA 管理的认同

EVA 管理体系建设从机构的最高层开始。EVA 执行机构必须向董事会、CEO 及其高层管理队伍宣传强化全心全意为出资人创造价值的理念，重新塑造管理理念和企业文化。管理层应当明确如何确定 EVA 价值指标核算中心，如何核算 EVA 值。其中包含的相关因素有指标的调整因素、部门资本成本和公司整体资本成本的对比、会计体系、EVA 核算的频率。

通过在管理层建立 EVA 理念，有助于管理层做出以 EVA 管理方案为核心的战略性决策。用 EVA 方法做出公司战略选择时，应该将获得稳定的 EVA 作为最终目标，分析公司创造 EVA 的价值驱动要素，找出 EVA 中的薄弱环节，寻找公司创造 EVA 的竞争优势，与传统绩效考核相比，EVA 方法为检查诊断公司的状况提供了更全面的评价标准（见图 4 -8）。

2. 企业内部首先要建立 EVA 价值中心

一个企业中有许多经营单位和部门，需要真实地“度量”业绩，以便于考核。首先应该建立“EVA 价值中心”，将每个中心所拥有的资本情况详细检查登记，将各经营业务的收入和成本合理地划归各个

EVA 价值中心，以真实记录各个价值中心的业绩。企业的“EVA 价值中心”可以划分为不同的层级，下级的价值中心为上级的价值中心的价值创造服务。

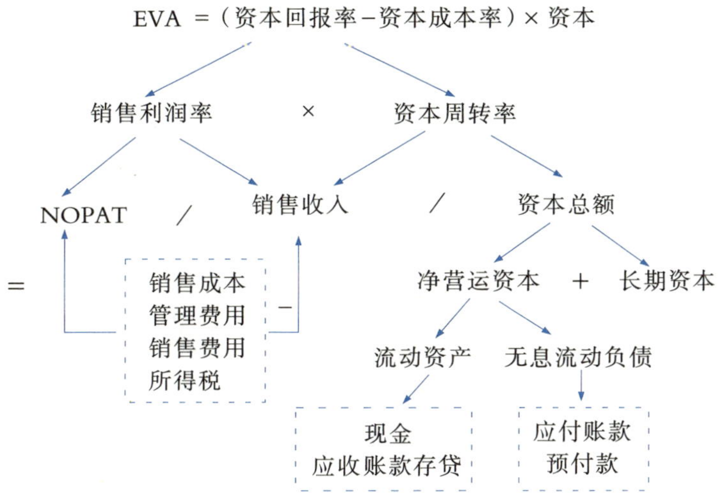

图 4－8　EVA 驱动要素树

3. 对 EVA 进行诊断

在“价值中心”记录的原始材料要经过汇总和分析。对 EVA 价值创造过程进行诊断，总结过去一个时期以来哪些行为和决策为 EVA 的价值创造做了贡献，哪些行为和决策侵蚀了股东财富，并在此基础上提出提高 EVA 的措施，预测未来 EVA 的状况。总之，EVA 诊断的目的是及时发现问题，找出问题的成因，并采取有力的措施加以改正。

用 EVA 管理的企业增加价值有三条基本途径：一是可以通过更有效地经营现有的业务和资本，提高经营收入；二是投资回报率超出企业资本成本的项目；三是通过出售对别人更有价值的资产或通过提高资本运用效率，如加快流动资金的运转，加速资本回流，把资本沉淀从现存营运中解放出来。

4. 形成EVA价值报告体系

EVA价值报告是上下沟通的媒介，在报告中涵盖EVA绝对价值指标，占用资本数、资本成本及经营利润等指标。这样，既可以及时使上级管理层了解下级EVA价值创造情况，又能使下级及时了解自己的经营成果，提升下级管理者及员工对EVA价值创造的关切度。EVA报告可根据实际情况进行统一“报告规范”，像传统财务指标一样，并规定详细的报告时间及沟通渠道，形成一个信息传递的规范渠道。EVA价值报告一般分为以下四个部分：一是企业EVA价值框架，二是与历史和同业的业绩进行比较，三是对EVA的各项分解指标情况进行全面深入分析，四是EVA价值创造的改进措施及反馈建议。

5. 制定提升企业价值的策略

（1）对现有资产进行全面管理，处置不创造价值的资产。企业应采取业务外包、行业退出、缩减生产线及减少存货和应收账款的手段，处置不符合企业战略规划及长远来看回报小于资本成本的业务。

（2）调整现有资源配置，提高现有资产的价值创造能力。企业对现有的投资回报高于资本成本的业务，应采取提高产品质量、丰富产品种类、提高产量，以及寻找价格更合理的原材料供应商等更具有竞争力的手段，提高现有业务的利润率或资本周转率，进一步提升资本回报率。

（3）对投资回报率高于资本成本率的项目，应加大投资规模，提高总体资产的价值创造能力。企业一方面可以加大对现有创造价值业务的投资，另一方面对投资回报率高于资本成本率的新项目进行投资，从而提高总体资产的价值创造能力。

三、EVA本土化、规范式方法体系

（一）建立EVA评价“管理机构”

EVA评价基于财务“三张报表”，但是需要在原有数据科目的基础上进行一些调整，尤其是集团公司业务领域宽泛，EVA 调整在不同板块差异较大，EVA 评价工作量大、工作要求多，而且跨部门多，所以成立专门的 EVA 评价“管理机构”非常必要。EVA 的计算公式如下。

EVA = NOPAT（税后净营业利润）－资本占用×资本成本率（式 4－9）

其中，资本成本率反映了投资者对投入资本的回报要求。这里所指的投资者包括债权人和股东。因此，公司整体的资本成本率是债权资本和股权资本的加权平均资本成本率，公式如下：

加权平均资本成本率＝（股权资本成本率×股权占总资本比例）＋（债权资本成本率×债务占总资本比例）（式 4－10）

EVA 计算公式分析以及 NOPAT 和会计净利润比较见图 4－9 和图 4－10。

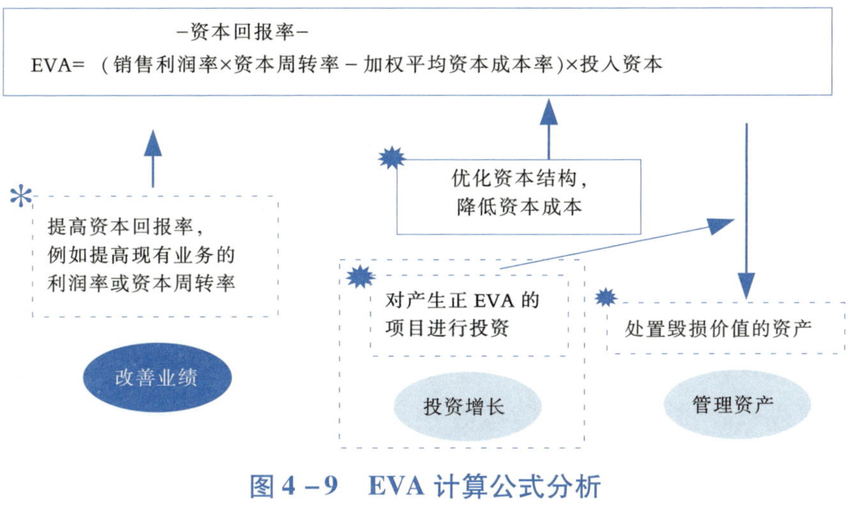

图 4－9 EVA 计算公式分析

1. 股权资本成本的计算

权益资本成本率＝无杠杆权益资本成本率×（1－负债率×所得税税率）（式 4－11）

无风险利率：一般以十年期国债年底的实际收益率为参照。例如，2001 年取值 2.84%，2000 年取值 3.40%。

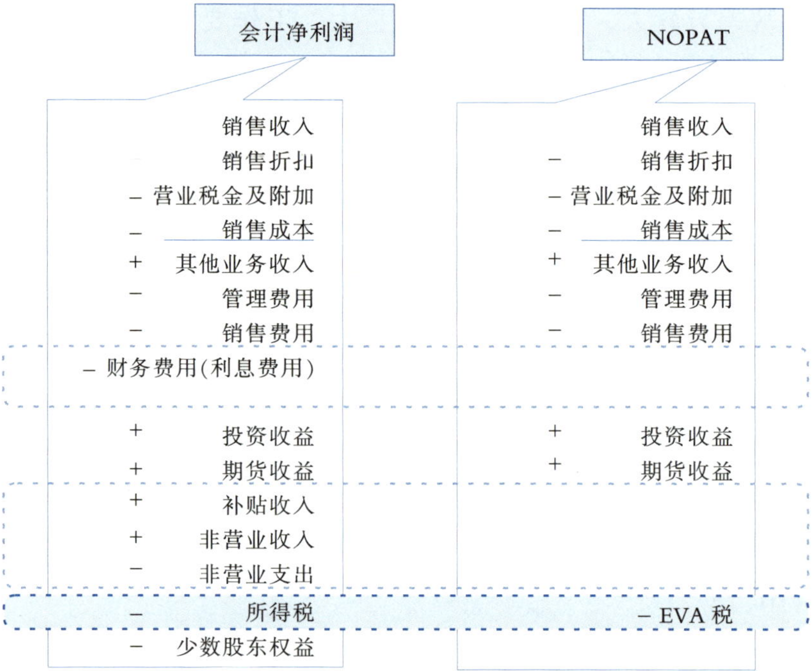

图 4–10 NOPAT 和会计净利润比较

市场风险溢价（MRP）：由于中国股票市场评价指标不同，以美国股票市场为基础，调整两国间风险，估计 MRP，取值 6%。

Beta：如果为上市公司，根据交易数据，测算出 Beta 值。对于没有交易数据的公司来说，无法根据市场数据直接测算其 Beta 值。在估算这些公司的股权资本成本率时，根据可获得的数据以及相应的管理成本，选择相应的模拟方法。一般来说，对于此类非上市公司，可以用行业平均的无杠杆 Beta 值来模拟其业务风险（所谓无杠杆即剔除了不同公司资本结构不同所带来的风险差异）。再根据公司自身的资本结构计算出相应的 Beta 值。第一步是资本化费用调整。这些资本化费用包括研究开发费用、广告营销费用及培训支出等，在会计报表中体现在管理费用以及营业费用中，只是无法得到具体数据。

2. 债权资本成本的计算

公司举债时付出的利息成本即为债务成本。由于利息具有税盾作用，因此公司的实际债务成本低于名义的利息率。

债务成本率 = 债务平均利率 ×（1 − 所得税税率）　　（式4−12）

3. EVA 的调整

（1）“费用资本化”调整。

调整原理：有些“费用”对公司未来发展有长期贡献，有些支出发挥效应的期限，不只是当时支出发生的会计期，全部计入当期损益不合理，因此需要进行调整；另外，为了保证对此类费用的支出有合理的回报，需要其在一定的收益期间内收回这些投入。

对行为的影响：鼓励经营者对那些有益于公司长期发展和提高公司发展后劲的业务投入应有的费用。

调整方法：将此类费用资本化，并按一定的收益期限摊销。

（2）“营业外收支”的调整。

调整原理：EVA 和 NOPAT 衡量的是营业利润，因此所有营业外的收支、与营业无关的收支及非经常性发生的收支均应剔除在 EVA 和 NOPAT 的核算之外，以保证最终核算结果真正反映公司的营业状况。另外，任何一项“营业外收支”都是股东所必须承担的损失或收益，因此，将“营业外收支”在当期 EVA 业绩中剔除的同时，需对其进行资本化处理，使其与公司的未来收益或损失相匹配，由股东永久性承担。

对行为的影响：使得 EVA 的结果只体现营业业绩，剔除非营业活动对管理层业绩评判的影响。

调整方法：将当期发生的营业外收支从 NOPAT 中剔除，进行资本化处理，而且考虑以前年度累计资本化的影响，同时调整对现金营业所得税的影响。

（3）“汇兑损益”的调整。

调整原理：由于非责任性、不可控的“汇兑损益”属于公司正常运营以外发生的损失或收益，公司并不将此损益作为考核的一部分，因此，不将其剔除会影响公司的 EVA 业绩。

对行为的影响：使得 EVA 的结果真实体现营业业绩，剔除“汇兑损益”对经营者业绩评判的影响。

调整方法：将当期发生的“汇兑损益”从 NOPAT 中剔除，并资本化处理，而且考虑以前年度资本化累计影响，同时调整对现金营业所得税的影响。

（4）“负息债务”的调整。

调整原理：“负息债务”之利息支出属于资本成本的一部分，应从 NOPAT 的计算中剔除，统一在资本成本中核算。

对行为的影响：使 NOPAT 的计算中真实体现营业成本，将体现资本所有人对预期回报的要求在资本成本一项中计算，清楚地衡量经营者的业绩。

调整方法：将“负息债务”的利息支出从 NOPAT 的计算中剔除，同时对现金营业所得税进行调整。

（5）“会计准备”的调整。

调整原理：“会计准备”的计提基于会计的保守和谨慎性原则，会计准备计提时将目前未发生、今后或者发生的一部分费用提前计入损益，不能真实地反映公司的营业状况，并且由于会计制度的变化和会计方法的灵活性，容易引起会计操纵和对营业状况的不真实反映。

对行为的影响：不鼓励经营者的会计操纵行为，较为真实地反映业绩。

调整方法：将“会计准备”冲回，按实际坏账发生额、实际存货跌价损失发生额和实际投资贬值损失发生额计入相应的会计期间，并相应进行现金营业所得税的调整。

（6）“在建工程”和“非营业现金”的调整。

调整原理：将“在建工程”相关资本从资本总额中减除，不将其计入资本成本，“在建工程”在转为固定资产之前不产生收益，因此对“在建工程”计入资本成本会导致此项资本成本无相关的收益相匹配；非营业现金为公司营业中的现金溢余，由于其不参加营业价值创造，故将其从资本总额中剔除。

对行为的影响：对“在建工程”的调整可以鼓励管理层对在建工程的投资，因为“在建工程”不计入资本成本，所以对非营业现金的调整可以剔除非营业现金对经营者业绩的影响。

调整方法：将“在建工程”和“非营业现金”从资本总额中剔除，不计算相关的资本成本，把非营业现金的相关收益也从 NOPAT 中减除。

（7）“无息流动负债”的调整。

调整原理：“无息流动负债”属流动负债，是指短期借款和一年内到期的长期负债之外的所有流动负债。具体调整方法是从资本总额中扣除，不担负资本占用费用，流动资产减除无息流动负债即净营运资产，是维持公司正常经营所需的流动资金，因此，“无息流动负债”需从资本总额中减除。

对行为的影响：“无息流动负债”从资本总额中减除可以鼓励经营者合理管理净营运资产，避免占压过多的流动资金。

调整方法：将无息流动负债从资本总额中减除。

（8）“现金所得税”的调整。

调整原理：“现金所得税”是指按税前净营业利润（NOPBT）或 EBIT 乘以公司现行税率计算出的所得税，与公司损益表中的所得税费用的差异需进行调整。这些差异主要是来自对 NOPAT 的收支调整项带来的税收影响。

对行为的影响：真实核算现金所得税，反映经营者真实的 EVA 业绩。

调整方法：从损益表中的所得税出发，将各项收支调整对所得税的影响加上去。

（9）“商誉”的调整。

调整原理：当“商誉”立即注销时，在损益表中不能得到反映，并且将经营自由现金和融资自由现金流之间的联系割断，使股东没有办法进行价值评估。将“商誉”作为一种无限投资，最好让商誉永远留在资产负债表中，不去注销它，可以更加真实地反映企业的经营状况。

对行为的影响：一方面，可以使经营者更加关注现金流，而不仅仅是记账；另一方面，经营者不必担心一个收购目标是否会影响公司的报告利润。

调整方法：把当前阶段的“商誉”摊销加回到税后净营业利润中，把过去年份中已经摊销的“商誉”加回到资本投入中。

（二）明确 EVA 考核目标值

根据公司的具体情况，确定达到 EVA 指标所要实现的途径。主要是指减少资本占用、提高税后净营业利润等有利于完成指标的具体手段，以及完成指标需要采取的各种措施。

通过第二章分析的 EVA 三角模型，可以看到完成 EVA 指标的四个层次：

一是寻找价值创造的环境因素。通过分析国际、国内竞争对手的特点，进行行业和市场需求状况比较，制定清晰的战略并准备战略实施，查找业绩变动的要素，以及产品、渠道等对于企业的价值贡献。

二是对价值驱动要素进行分解。通过将 NOPAT 分解为投资收益、其他业务收入、销售毛利率、经营费用率、经营净资产等指标，可以准确地把握企业的价值创造能力，并通过观察价值驱动要素，考察企业的价值管理能力。

三是跟进驱动要素的变化。通过分析资产回报率、净销售利润率和 NOPAT 值，可以随时监测相关因素对价值创造能力的影响，从而了解企业目前运营效率和存在的不足。

四是最终的衡量目标是 EVA。所有的价值驱动要素分析，其最终的落脚点都是在 EVA 上。EVA 反映了企业真正的价值创造能力，是反映企业价值管理的核心目标和最高目标，也体现了价值管理的效率。

（三）完成 EVA 报告

首先，建立报告时间表。对各项指标完成情况，一般可以一个月报告一次，也可以根据企业的实际情况确定。

其次，建立报告的格式。根据设计的考核指标，建立报告的格式，要求简明扼要，便于沟通。

最后，建立一个反映问题、解决问题的流程。在监控中，对于发现的问题，能够促使相关部门和责任人主动解决。

（四）进行 EVA 分析

首先，调查指标体系的有效性。一般初次确定的指标，可能有不适合的地方，要通过实际运作及时检查指标体系的有效性，并及时进行修改，也有些指标因情况发生变化，需要进行修正。

其次，检查指标的效率。对确定的各项指标资料的收集、汇总进行检查，对反映具体情况的指标进行调查，验证其有效性。

最后，建立下一个年度的改进方向。对于整个指标体系，一般由最高决策层进行讨论，提出改进的方向，使指标体系持续改进。

四、EVA 考核体系实证分析

（一）数据选取范围

电信、电力和钢铁及能源行业具有规模大、固定资产占比高等特点，而且，波动性、周期性、多元化、成长性等对 EVA 影响较大。在此，建议这些行业的上市公司进行模拟试算。

（二）部分上市公司 EVA 测算结果

我们对部分上市公司的 EVA 进行测算，得出与"世界 500 强"差异较大的结论。表 4-8 反映的是两家大型上市公司的 EVA 测算结果比较，它们的资产规模和经营净利润都名列前茅，但是与经过 EVA 计算的结果相去甚远，其 EVA 值甚至为负值，已经远远落在其他企业的后面。可以看出，考虑资本成本之后的企业利润才能真实反映企业的经营管理水平和创造的价值。

表 4-8（a）　上市公司 A 的 EVA 测算结果比较　单位：万元

指标	2002 年	2003 年
主营业务收入	15 214 034	16 110 952
净利润	740 0853	1 414 098
总资产	48 406 247	51 101 897
税后净营业利润	1 588 953	2 185 665
减：资本成本	1 776 311	1 906 040
资本占用	35 526 218	38 120 804
资本成本率	5.0%	5.0%
EVA	（187 358）	279 624
资本回报率	4.5%	5.7%
EVA 率	−0.5%	0.7%

表 4－8（b）　企业 B 的 EVA 测算结果比较　单位：万元

指标	2002 年	2003 年
主营业务收入	2 344 880	3 508 830
净利润	97 505	92 899
总资产	4 268 386	4 590 833
税后净营业利润	140 300	118 536
减：资本成本	182 403	184 685
资本占用	3 648 066	3 693 699
资本成本率	5.0%	5.0%
EVA	(42 103)	(66 149)
资本回报率	3.8%	3.2%
EVA 率	−1.2%	−1.8%

（三）结果分析

1. 导入 EVA 指标的必要性

据相关研究，从对净利润和总资产排名靠前企业的分析中可以看出，用 EVA 来分析与用净利润和资产规模来分析的结果有巨大的反差，盲目地追求利润和资产规模可能会最终导致对价值的破坏。企业只有以 EVA 为价值导向，将战略规划与价值管理计划相结合，在企业发展的同时提升经营效率和资本使用效率，才能保障企业持续创造价值和长期持续增长。

2. 提升企业的价值创造能力

企业要提高价值创造能力，主要还是要靠做大做强主营业务来实现。现阶段企业的“营业外收支”和“补贴收入”等偶然因素对企业的财务影响较大，若只看净利润而忽略主营业务的业绩则容易造成企业财务状况的“失真现象”。如某上市公司，2003 年的净利润为－3亿元，其中包括了 21 亿元的净营业外支出（营业外支出减营业外收入），而代表其主营业务营利性情况的税后净营业利润却为 46 亿元。可见，EVA 剔除了非经常性发生的营业外收支和补贴收入等因素对企业主营业务的影响，避免了财务对经营活动的“扭曲”，体现了企业核心业务价值创造的实际情况。

3. 价值管理理念得到认同

经调查，很多企业认为企业内部考核必须引进“资本成本”的概念，强调资本回报。认可 EVA 将“资本成本”融入管理理念，是更科学和客观的业绩评价手段，基本上认识到企业应采用 EVA 方法进行业绩考核才有利于持续发展。据相关研究分析，有 27% 的企业高层领导非常重视，积极响应、踊跃要求参加第一批试点；有 35% 的企业认为方法可行，但在应用时对具体细节要进行调整；其他的企业认为鉴于自身情况，暂时沿用现有考核方法。

精要提示

EVA 的核心思想是注重“资本成本”，战略绩效考核选择 EVA 体系考核企业的经济价值，主要探索 EVA 在中国的可行性，旨在助力中国市场体系逐步健全，以及会计基础不断规范等。本章提出在中国推进 EVA 的方案建议：一是全方位、导向性引入 EVA 理念体系。强调资本成本，突出主营业务收入，鼓励价值创造，充分激励每一个价值创造者。二是简约化、定量式建设指标体系。建议在中国不能照搬 EVA 理论及国外企业的案例，明确提出几项适当进行改良的关键调整项目以及能够量化、可以操作的建议，如资本成本率可先用统一的资本存款率，再过渡到不同行业的资本回报率。三是由上至下渗透式推进。不管什么所有制的企业，其出资人、经营者、劳动者对 EVA 的接受程度差异都很大，然而是否运用 EVA 取决于考核主体，所以建议实施推广 EVA 必须从上到下推动才能有较好的效果。

第三节　战略绩效考核的方法及程序

一、建立战略绩效考核文本（节选）

1. 战略绩效考核原则

2. 战略绩效考核指标体系

· 企业素质

· 战略目标

· 企业文化建设内容

· 核心竞争力标杆目标

· 预算及资源配置要求

· 管理机制改革目标

· 社会责任目标

· EVA 目标

3. 战略绩效评价及考核结果

· 战略绩效目标的确立、执行结果评价及考核结果

· 先进企业文化建设情况的评价及考核结果

· 核心业务与标杆企业相应目标偏离度改善情况的评价及考核结果

· 企业管理机制改革的评价及考核结果

· 社会责任履行情况的评价及考核结果

4. 企业可持续发展的建议

确定下一步战略绩效的目标（主要内容与以上考核内容相同），提出改进目标及发展方向。

二、战略绩效考核需要的信息

· 战略报告书
· 企业文化建设规章及成果
· 标杆企业鉴定、确认报告
· 企业预算报告书
· 社会责任评价结果
· 会计师事务所财务报告
· EVA 结果认定报告

三、战略绩效考核的方式

在实际运用中，绩效评估有很多种方法，如排序法、量表法、关键事件法、行为对照表法、行为锚定评价法、目标管理法、评语法等。这些都是较常用的方法，每种方法都有各自的优势，应根据评估的情况来选择最适合的方法。战略绩效考核评价考核组织方式的特点如下。

首先，评价者和被评价者之间能够进行很好的沟通。评价者将评价的标准和意图与被评价者充分沟通，可以避免被评价者因为结果不好而产生怨恨。战略绩效考核可以让被评价者积极参与评价的过程，配合和支持评价工作。

其次，经常组织与评价相关的培训。评价制度制定得再好，如果参与实施的评价者缺乏必要的知识和能力，那么评价结果将没有意义，并且评价也达不到预期的目的。为了提高评价结果的信度和效度，一般在实施评价之前对评价者进行培训。其中，包括各企业采用评价方式的特征，评价指标的定义及绩效评价的重要性，评价结果对员工及组织和人事管理的影响，防止出现错误的评价工具，自我评价的长处和短处等。战略绩效考核在这些方面的培训非常重要，应体现“以人为本”。

再次，充分参考第三方的评价。评价主体多元化有利于企业绩效提升，有利于社会各界对企业经营的监督。战略绩效考核提出“社会公众”的价值主体，在模型设计中具体化。

最后，得到考核主体的支持和认可。战略绩效考核是企业管理最核心的事项，关系到企业的成败。如果考核主体促进战略绩效考核的推广运用，将会有利于形成具有高效度的评价制度，并且不断优化战略绩效考核制度建设和“生态建设”。在此强调一点，对于错误地实施评价的相关主体应该有相应的惩罚措施，对于违规评价者的“制裁”有助于评价者认真对待评价。战略绩效考核引入由下级进行评价的方法可以减少评价者的违规评价。

四、战略绩效考核的特点

战略绩效考核将“定量考核”与“定性考核”相结合。企业的业绩评价系统对其战略的重要性日益突出，而非财务指标在业绩评价系统中的出现恰恰适应了这一发展趋势的要求。在市场竞争日趋白热化的今天，企业已不能把利润作为其追求的唯一目标，不得不重视顾客的满意程度，强调自身学习和创新的能力。这些与企业发展战略密切相关的非财务指标，尽管带有很大程度的不确定性，但对正确评价企业的综合发展能力十分重要。

战略绩效考核将“素质考核”与“效果考核”相结合。绩效评估是对工作状况和结果进行考察、测定和评价。根据评估的主要内容不同，分为“素质考核”和“效果考核”。“素质考核”侧重于考评制度的合理程度，如战略、文化在企业内外的认识程度。虽然这种评估方式表面上看简单易用，但是实际执行中评价标准往往不具体、不明确，主观评价的成分多，认真执行、坚持将有助于确定绩效行为方向。“效果考核”侧重于结果，以可量化的标准比较客观地评价成绩。虽然“效果考核”评估可以直接、量化、客观地评价成绩，但是一定要在过程符合相关法律、规定的前提下才能有效。总之，可持续发展企业在企业素质及价值创造能力方面需要稳步地改善，也就是要建立年度“战略绩效考核档案”，持续地分析企业绩效变化情况，以保持可持续发展企业战略绩效的“温度”。

战略绩效考核将“主体考核”与“中介评价”相结合。考核主体的考核与中介的评价有些方面已经趋于融合。考核一般都是上级对下级的考核，但随着股份制公司的建立，上市公司的经营业绩其实通过股价及股票发行在接受着“股民”及“社会公众”的考核。另外，公共管理部门对企业的管理在一定程度上也表现出考核的功能，如安全监督、环保的检查、市场的准入及产品的监督等，都体现着管理主体的意愿；同时，考核的主体为了促进企业持续发展，主动关注中介、社会公众的相关评价情况。战略绩效考核促进“主体考核”与“中介评价”相互融合。

战略绩效考核将“业绩考核”延伸到“业绩管理”。可持续发展的绩效考核制度已经不是单纯的“业绩考核”，而转变为“业绩管理”。因为单纯的“业绩考核”是时点性的评价工作。“业绩考核”只重视发现企业存在的问题，而不关注企业的发展优势；“业绩考核”只关注数字的完成情况，不能全面地反映时序过程的差异及完成的难易程度；“业绩考核”只凭数字大小论英雄，不能反映数字的结构，更不能反映这些数字所涉及业务的优劣，也谈不上未来工作的改善目标。“业绩管理”是一个相对较新的概念。“业绩管理”的主要目的是把企业的总体战略和战略具体目标有机地联系起来，结合各种环境的变化，使持续发展的能力指标和战略目标相辅相成，并尽可能地传递给每个员工，使他们充分理解企业的发展战略，形成企业的文化，把每个人的主动性调动起来，组织不同的团队，形成企业的价值创造能力。

战略绩效考核倡导“主动管理”，这是一种组织成员把企业目标与个人目标紧密结合的业绩管理方法。可持续发展企业的“业绩管理”通过“发现问题—选择伙伴—选定目标—调查现状—分析原因—

制定对策—组织实施—检查效果—评定总结”等来进行。组织成员以开放求实的心态互相交流切磋，不断学习新知识，不断进行创新，从而提高组织快速应变、创造未来的能力。战略绩效考核突出团队管理作用，通过建立激励制度和企业文化等方式将员工紧密团结起来，实现业绩管理。

EVA 考核设定本土化的目标，并逐步施行。EVA 能够得到推广的内在原因是，EVA 自身的优越性适应高质量可持续发展的未来目标。如前所述，EVA 与净利润、投资回报率相比有很多优势，它不仅仅是一个财务数字，还是一个管理体系，能对所有价值的驱动因素进行全面分析；EVA 具有杠杆作用，能够放大企业资本和利润的关系，能够引导企业加强对“资本成本”的关注，尤其是对股权成本的管理。但是，EVA 的实现和执行需要有成熟的资本市场和完善的会计制度，这就要求企业必须有完善的公司治理结构和公开透明的财务报表制度。目前，公司治理需要不断积累相关数据，积极推进 EVA 在中国的广泛实施，同时，EVA 在推广中一定要结合中国的国情，结合企业实际情况，实施本土化的策略。可见，EVA 考核合理的数字考量赢得可持续发展企业的青睐，EVA 的“市场体质”正在逐步提升，EVA 考核渐行渐近。战略绩效考核提出全方位、导向性引入 EVA 理念，简约化、系统式建设 EVA 考核体系。

精要提示

战略绩效考核以企业高质量可持续发展为宗旨，改变考核双方对立、博弈的关系，突破常规只关心“速度”的思维，促进考核双方共同发展，提升考核主体的“管控”意愿，按各价值主体的特性因势利导，完善企业绩效考核的目的、方法及程序，战略绩效考核体现“导控”或者“掌控”的管理智慧。

05

第五章

战略绩效考核的价值与意义

战略绩效考核通过“三维价值观”的引导，协调“四层价值主体”的关系，“五度”考核可持续发展企业的经营绩效，“六个结合”构建企业可持续发展的业绩，综合提高企业素质，全面增强企业的核心竞争力。战略绩效考核的“战略价值”主要体现在三个方面：第一，提出解决实际问题建议。战略绩效考核旨在提高国有资本的使用效率，探索中国特色的法人治理结构，加强企业文化建设，进一步协调“四层价值主体”的收入分配关系，加强安全体系长效机制建设，逐步完善“市值考核”的公众评价体系，全面提高中国企业的素质和国际竞争能力，健全企业全面、协调、可持续发展的生产关系。第二，继承并发展价值理论。战略绩效考核综合各价值理论的核心思想，以“三维价值观”为核心，平衡价值创造、价值实现、价值评价及价值反馈四个环节，遵循“考核什么就会有什么”的管理规律，提出“战略价值论”的基本框架。第三，战略绩效考核引导“企业公民”全面地尽职尽责，制造可持续发展的“血脉”，完善综合的绩效考核体系，健全高质量可持续发展的“生态建设”，促进从“工业文明”到“智慧文明”的持续发展。

当然，战略绩效考核是对希望成为可持续发展的企业而论，实施策略也是对规范的企业而谈，正如国务院国资委监事会原主席朱焘同志所说：战略绩效考核不是空想出来的理论，不是要政府部门制定的一项政策，也不是现在就要实施的考核方法，战略绩效考核是研究现实问题的结果，是构建科学考核体系的“战略思考”，是引导企业可持续发展和科学管理的“指路牌”和“导航系统”。

第五章 战略绩效考核的价值与意义

20年再版"自我测评"

20年前，我思考"业绩考核"与战略、文化的关系？《战书》提出潜在价值、无形价值、长远价值"战略绩效"。

20年来，我参与落实做大做强做优、引进来走出去、乡村振兴、品牌建设、科技创新等战略。我见证，世界500强达142家，上市公司5300多家，商誉达1.45万亿元，综合交通网600万公里等"综合价值"。我见证，1亿人减贫，2亿人"高考"上大学，2.5亿股民、11亿网民的"长远意义"。

未来，我领悟，人类文明、美丽中国、美丽世界"大象无形"，落实国家安全、国民经济、民生福祉、爱护环境、科技向善、中国式社会责任"大音希声"，实现人民整体利益、根本利益、长远利益需要"大医治国"。我感悟，考核不仅是权力，更是落实责任的"生命力"！"战略绩效考核"不积跬步，无以至千里。"实际联系理论"不积小流，无以成江海。

第一节　促进企业可持续发展实践

战略绩效考核是为了解决实际中的问题而产生的，战略绩效考核是理念创新、方法综合和未来探索，研究“世界一流企业”的“指路牌”，探索“机电信数智”时代叠加可持续发展企业的“导航系统”。战略绩效考核研究国有企业绩效考核的现实，分析民营企业发展历程及环境，提出解决实际问题的一些理念和部分方法。战略绩效考核探索走新型工业化道路、发展循环经济、开发绿色产品、推进绿色生产、建设美丽中国等战略举措，研究提高经济增长质量、转变经济增长方式、提高企业素质、夯实经济基础、促进社会进步等高质量可持续发展的策略方法。可以说，没有持续发展的企业，就没有持续发展的社会。当然，《战略绩效考核》提出有关需求及建议来自企业的有限实践，还有很多时代之问、发展之需、未来之梦有待企业在实践中检验。[①]

一、助力国有企业持续履行战略使命

1. 战略绩效考核引导国有资本实现“质”的有效提升和“量”的合理增长

我们习惯于用“资产规模”“企业利润”“股票价值”等经济价值考核。但是，如果用 EVA 相关的标准来衡量，运用资本成本后，资本成本会显现出来，“企业价值”有很大差异。据国务院国资委课题组对 183 家中央企业 2003 年的经济增加值测算[②]，有几个结果值得

① 由于信息来源问题，本章较多地选用中央企业的有关数据及政策信息。

② 资料来源：《企业价值创造之路：经济增加值业绩考核操作实务》。

关注：

一是中央企业整体价值出入较大。183 家企业 2003 年创造净利润为 1402 亿元，156 家企业是盈利的，但以经济增加值测算，只有 67 亿元，只有 49 家企业的经济增加值为正值，也就是大部分企业创造的利润支付了资本成本。需要说明的是，只以 5% 作为测算用的加权资本成本率，已有上千亿元的资本成本被现有的“三张报表”视为“利润”。

二是一些企业按照利润、规模的排序与按照 EVA 的排序差异较大。利润排前 50 位的企业，只有 22 家企业经济增加值为正值，另一大半的“利润大户”掉到了队尾，最典型的是资产规模名列前茅的企业排在 EVA 队列后面的位置。

三是利润高的行业与创造经济增加值大的行业不同。利润大户几乎都在石油、石化等重工业企业，而 EVA 表现较好的行业是设计、科技等企业。

可见，EVA 考核使创造价值较多的企业客观地显现出来，也使拥有大量资本的石油、钢铁、电力等行业关注“价值创造”。如果运用 EVA，注重资本成本，提高资金使用效率，使国有企业更多地创造价值，而不只在“账面价值”上转圈子，将有利于引导国有企业不盲目占用资金，不盲目上项目、铺摊子，不盲目生产积压在库房的产品。战略绩效考核引导国有企业有效使用资金、高效地创造价值、科学地评价价值、充分地实现价值、合理地分配价值，助力国有企业实现“质”的有效提升和“量”的合理增长。

2. 战略绩效考核注重“人民至上”，增强国有企业职工的价值创造力和荣誉感

国有企业的“人力资本”主要分析如下。

一是经营者人力资本的分析。比如，经营者激励依据不足、经营者之间收入差距较大、经营者与职工收入的比例难以确定等焦点问题

值得关注。经营者的责任来自于上级，而权力作用于职工，这种责任、权利和价值如何有效衔接？如何激励“经营者”勇于担当、英明决策、成绩卓越？如何遵循“经营者”作为自然人的“智慧为本”？又如，有的经营者“以官为本”“以权为本”“以钱为本”，如何从制度层面进行约束？再如，“数字出干部”“59 岁现象”等不良现象如何克服？更重要的是，战略决策和战略执行的长期效果如何体现经营者“智慧绩效”？

二是员工薪酬分配如何平衡效率与公平、按劳与按智、成本与根本等“以人为本”的生产力关系。在战略绩效考核中，员工被定义为“劳动者”。据第五次全国经济普查公报（第二号），截至 2023 年底，全国第二产业和第三产业法人单位从业人员 4.3 亿人，其中制造业 1 亿多人，只占 24.4%。另据《中国上市公司发展综述》，2024 年制造业上市公司研发人员超过 270 万人，专利技术在资产中占比稳步提升。在“劳动价值论”的指导下，劳动者的价值“以劳动为本”，然而在知识经济时代，知识、信息、市场等因素将“价值链”变成“价值环”“价值网”“价值云”，劳动者价值更多体现“以人为资本”“以人为根本”的生产关系。战略绩效考核综合运用“劳动价值论”“效用价值论”，探索完善初次分配机制，健全再次分配机制，规范收入分配秩序，研究适应“数智时代”的价值分配体系。

三是战略绩效考核以“四层价值主体”的属性分别探索人力资本的价值、经营及回报的规律，挖掘“人力资本”的价值规律，倡导以“事业”为中心主动创造价值。战略绩效考核的核心思想是“各尽其职，各有所得”，用“考核”这个有效的管理手段充分调动全体职工的积极性，有力地促进国有企业“做强”“做优”，使国有企业不仅在“量”上占主导地位，更要在“质”上做好表率。国有企业在中国是实力的象征，是国家的命脉，在某种程度上是企业的榜样。国有企业的每一项改革都涉及很多方面，国有企业的每一项政策均受到社会各界的关注，国有企业的发展方向事关重大。

战略绩效考核以“三维价值观”为导向，遵循“四层价值主体”的属性，不仅体现“以人为管理中心”，更体现“以人为管理根本”，将“以人为本”与企业价值紧密地联系在一起，充分调动、发掘、实现“人力资本”的价值，呈现国有企业职工的素质和价值，进一步提高国有企业的素质和价值，将国有企业打造成“数智时代”的高素质人才基地和国民经济建设智库。国有企业实行战略绩效考核，不仅对企业的品牌、商誉、企业形象等产生影响，而且会影响所在城市、所属行业及整个社会。

3. 战略绩效考核建议考核对象是“董事会”，促进探索中国特色的法人治理结构

随着改革的进一步深化，国务院国资委对中央企业提出“一利”稳定增长，“五率”持续优化的要求，不断改进和加强“市值管理”，不断优化上市公司国有股权管理，深入推进新公司组建、加大力度推进战略性重组，聚焦优化布局纵深推进专业化整合，不断强化整合融合，最大限度释放改革红利，大力培育发展战略性新兴产业和未来产业，加快传统产业转型升级。

“企业管理”要吸收国外先进的理念和成熟的经验，但一定不能照搬。有人说国有企业的董事会不是规范的董事会，那要看以谁的标准来衡量，不能仅以西方私有制基础上建立起来的董事会为标准。我们与西方国家的社会基础不同，怎么能照搬别人的标准呢？国有企业的董事会与西方国家的董事会是有区别的，当然也有些共同的规律应该借鉴，如出资人、经营者、监督者的管理职能分工一定要清楚。至于战略落实、组织架构、考核流程等执行层面就不应该照搬西方国家的，因为我们原有的企业领导班子不叫董事会。中国有很多优秀卓越的企业，中国企业也制定战略、预算，中国企业也自觉建立监督体

系，中国企业更有“鞍钢宪法”的“两参一改三结合”，历久弥新，体现了以人为本、民主管理和技术创新的企业管理理念，对于提高企业管理水平、激发员工积极性和创造力具有重要历史意义，为中国工业管理提供了宝贵经验，为中国式现代化、世界一流企业建设提供不竭动力。

国有企业不断完善董事会建设，不断完善责任、权力和利益的“多因多果”复合关系。“战略绩效”就是以企业利益为重，让每一个决策、每一个自然人，都拥有应有的权力，都获得相应的利益。再深入一些就是当个人利益与企业利益需要兼顾时，由于现有考核体制只看经营效果，大家就都去争夺经营控制大权。战略绩效考核要评价战略、文化等企业素质，构建人人参与、人人有责、人人受益的“共建共享共赢”治理体系。战略是董事会应该做的，董事会制定的战略正确与否、好与不好，应该是考核董事会的绩效目标。然而，战略执行效果是滞后的，“战略绩效”如何考核？如何激励？如何追责？需要完善中国式“法人治理体系”。

董事会是企业战略制定、“三重一大”和文化建设的决策机构，经营层是战略的执行机构，一个卓越的战略也会因为竞争观念的误导或组织的重大失误而导致结果大相径庭。落实责任是经营层的重要任务，承担每一项工作的每一位自然人的业绩都应该公布于众并与薪酬挂钩，还要记入个人业绩档案，只有这样才能促进国有企业法人治理结构的改善。如果国有企业运用战略绩效考核，有利于促进国有企业董事会规范“责、权、利”体系，有利于引导国有企业形成可持续发展的业绩观，有利于优化国有资本经营预算制度和国有企业经营业绩考核制度。战略绩效考核有助于落实国有企业“一业一策”“一企一策”“分类考核”等制度，有助于充分发挥新举国体制的优势，有助于国有企业持续履行战略使命。

二、战略绩效考核引导民营企业从高速度发展转为高质量发展

1. 战略绩效考核助力民营企业提高企业素质

民营企业诞生于市场经济的环境中，具有管理层次少、管理成本低、决策快等特点，近几十年的发展保持着强劲的竞争力，这使对民营企业的绩效考核更灵活、更有效。但是，企业自身及政府、社会都担忧民营企业是否有发展后劲，能否更加卓越，能否“基业长青”。可以说，“企业素质”已成为民营企业能否保持强劲竞争实力的关键。

目前，“经济利益指挥棒”羁绊着民营企业提高企业素质。民营企业“经营者”的考核以双方契约关系为主体，民营企业“劳动者”的考核以劳动合同关系为依据，民营企业考核“一企一策”、横向比较较少，“考核主体”始终主宰绩效考核的规则、目标及结果，这是由于在特定的历史时期劳动力供给过剩，以及改革发展的压力，经营者与劳动者主要依据劳动供求关系维持着企业的发展。很多民营企业都认识到要持续发展，需要建立“共赢”“双胜”的规则，需要全面提升企业素质。

2. 战略绩效考核助力民营企业关注社会价值和文化价值

在大多数民营企业中，对员工主要是服从管理、提高效率、完成目标等考核，对工作态度的考核主要是考勤和遵守制度的情况，考核目标主要是“老板”说了算，目标缺乏沟通，员工参与性不高，考核指标以经济指标为主，考核结果主要是分配薪酬的依据。

民营企业对社会价值和文化价值的重视不够。民营企业的考核对经济指标运用广泛，也关注企业的长远发展，而对社会责任、文化建设的认识良莠不齐，很多人认为经营以外的事不属于企业。战略绩效考核对民营企业没有强约束作用，但战略绩效考核提出的理念、策

略，受到很多民营企业的出资人、经营者及劳动者的认可，战略绩效考核是民营企业高质量可持续发展迫切需要的“指路牌”。正如全国政协委员、著名的民营企业家雷菊芳女士所说，在中国，没有比历经“生存期”考验的民营企业更渴求经营正道的了。其实在置身市场竞争大潮时，没有比民营企业的管理者更渴求通过战略绩效管理赋予企业可持续成长的“长寿基因”了。

3. 战略绩效考核助力民营企业关注共同愿景、长久生存，提高企业素质

在很多行业中，民营企业的作用、地位非常引人注目，有的企业注重“经济价值、社会价值和文化价值”，有的企业注重激励劳动者、提高员工满意度、减缓员工流动速度。众人皆知，宗庆后提出的“不能开除45岁以上员工”令人敬仰；刘强东亲自授课培训员工，保障员工“五险一金”，将企业发展与乡村振兴深度融合，用行动诠释“达则兼济天下”；福耀集团始终将创新、质量管理、优化管理流程、提高员工素质等作为企业持续发展的核心动力。由于民营企业普遍认识到在做大的同时会出现代理人问题，考核的作用会始终伴随着企业的发展，考核的目的、理念及方法会始终困扰经营管理者，考核的结果会涉及社会公众等，所以民营企业感受到考核综合业绩是大势所趋。战略绩效考核助力民营企业制定科学评价体系，完善创新生态系统，提供国际化经营和服务案例，引导夯实从快速发展到高质量发展的基础。

三、“三维价值观”助力企业实现综合价值

1. “三维价值观”和“社会责任”已成为国际共识

“三维价值观”在企业自觉的基础上也应该有相应的制度保障。也就是说，责任和考核总是相伴而生。当今，许多国家开始重视企业

承担社会责任问题，社会责任已经不仅是国有企业和非营利性企业为社会利益应做出的贡献，企业文化也不是社会强加给企业的行政手段。如韩国更强调股东价值、企业财富的共同增加，强调企业持续的竞争活力和竞争优势。在欧洲，企业更强调社会利益或社会责任，德国的信条是“通过高级的工程技术所形成的优质产品会带来较多的利润”，法国的说法是“企业是为了社会的利益而存在”。国际著名商业杂志《财富》和《福布斯》在对企业排名评比时，在八项标准中都加上了“社会责任”这一标准。

2. 潜在价值、长远价值、无形价值及“三维价值”进入理论研究和制度保障

为什么关注未来发展已经成为可持续发展企业管理的必然选择？为什么账面价值、利润、经济价值总是受到青睐？技术创新对企业的发展有利，但为什么大家不积极贯彻呢？为什么以国家利益为重、以企业利益为重、以科技创新为中心等“目标”难以落地？如果从考核这个角度找找原因，可以发现所有创新的费用计入当期成本会减少当期利润，对经营者来说账面不好看，当期业绩不佳。而且，创新的“价值实现”是潜在的、滞后的，并且创新投入风险很大。“创新”就是有可能成功，也有可能不成功。创新成功了、有效益了，对经营者、创新者没有明显的利益增加；创新不成功或效果不明显，不仅企业没有效益，而且经营者很有可能受到非议，甚至可能给经营者带来“经济损失”或“职位危机”。战略绩效考核将“研发费用”和“市场开拓费用”资本化，就是从制度上鼓励企业积极投入研发。企业对经营者绩效奖金采用在未来年度兑现的方法将有助于防范经营者对未来不负责任。通过对企业战略、文化的考核，将促使企业重视品牌、信誉、创新、诚信等企业无形价值建设。可见，战略绩效考核将企业的潜在价值、长远价值及无形价值列入“考核制度”，这就从理论上突破了单一的“经济价值”领域，从制度上保障了多重价值的“绩

效考核”，引导企业不在财务价值上“转圈子”，引导企业关注潜在价值、长远价值、无形价值等“综合价值”。

四、“四层价值主体”改善收入分配关系

“四层价值主体”即出资人、经营者、劳动者及社会公众。运用“劳动价值论”“效用价值论”及劳动要素等概念，按各价值主体对企业价值的作用和效果进行分层。“四层价值主体”有利于针对不同要素的基本属性，按照不同的理论，分析不同要素产生价值的特点及途径，也符合马斯洛需要层次理论，有利于使出资人按资金要素获得回报，有利于推进“经营者年薪制”改革，有利于贯彻劳动者“按劳取酬”和“按智分配”，有利于“社会公众”以股民、投资人和志愿者等遵循多种原则的价值判断。通常用的一些收入分配原则不能激励“四层价值主体”积极性。比如，“工效挂钩”只运用“劳动价值论”难以适应多种要素参与分配的发展需求；又如，“员工薪酬”依据学历、资历、劳动时间、劳动态度等因素进行分配很难服众；再如，有些“看领导脸色行事”或者“层层对付领导”等不良现象，这些不公平、不和谐的问题阻碍新质生产力创造价值。战略绩效考核将经营者的“经营绩效”、劳动者的“劳动绩效”区分开来，将每一个人创造的价值与企业的价值紧密联系，尤其是“知本价值”“智慧价值”及一些不好量化的职能价值，都与创造价值的单元联系起来，真正形成“四层价值主体”人人关心企业价值的利益共同体。

五、“五度考核”破解“急功近利”问题

战略绩效考核提出以“高度、广度、深度、速度、温度”考核，引导企业注重综合绩效，促进企业提升企业素质，构建可持续发展的“系统工程”。建设创新型国家、提高企业自身创新能力，战略绩效考核机制是实现创新的“战略地图”，“五度”分析法是辩证法和方法

论。“高度”是一个宏观的战略高度。企业这个微观经济主体好像与“战略高度”关系不大，其实不然。古人云：国家兴亡，匹夫有责。何况拥有各种资源，承担着经济责任、社会责任、文化责任的企业呢？企业绩效的“高度”取决于“三维价值观”。“广度”涉及企业素质及经济增加值的诸多要素，统筹考虑企业“利益相关者”的因素。“深度”就是以人为管理核心，也就是“以人为本”的深度。“速度”体现变化程度。“温度”对企业来讲主要是企业文化，延伸到企业经营者的激情、责任和智慧。没有文化的传承，没有经营者持之以恒的热情经营，一时的兴旺也仅是历史长河中的偶然，没有文化的企业就不可能持续发展。战略绩效考核有助于引导企业跨过“高投入、高污染、高能耗、低产出”的“怪圈”，克服数字出干部、盲目扩张、急功近利等不良现象。

六、考核“企业素质”改善“KPI”考核片面性

战略绩效考核提出“企业素质”，引导企业确立综合提升、全面发展的目标。我们对人的教育提倡素质教育，对企业的发展也应该倡导“素质”提升。目前，企业对战略的认识较为深刻，对战略的制定也开始重视，但是由于对战略的认识差异很大，所以战略的执行层层衰减，执行失真现象较为严重。对“战略”的认识不到位导致战略与企业绩效关联性较差，使战略作为第一要素的作用很难发挥。导致战略虚化、弱化、形式化的主要原因是没有把战略与“绩效考核”联系起来。战略绩效提出“企业素质”，主要是指战略、文化和核心竞争力“三维要素”，将“企业素质”与“业绩考核”挂钩才能有效落实。

“企业素质”第一个要素是“战略”。“战略”在价值范畴体现在实物资本、资金资本及知识资本等要素的组合与经营。“战略”在使用价值、创造价值、保存价值及转让价值的过程中实施。“战

略”在知识经济时代尤为重要，是人力资本、信息、技术及市场等经营水平提高的重要推动力。战略绩效考核注重“五度”，但“战略”既不能只强调哪一“度”，也不是单一地以“翻几番”的增长为战略目标，而是按照企业的特点及不同时期的要求，制定“发展型战略”“稳定型战略”“紧缩型战略”等不同的战略。而且，要强调“战略退出”的重要性，警示过度的增长会造成“企业素质”虚弱的危害性，提倡稳定型战略对企业持续发展的重要性。

“企业素质”第二个要素是“文化”。战略的制定主要是经营者按照出资人的愿望形成的，要让战略真正执行就需要“文化”的传播和保障，只有“文化”才能将战略渗透到劳动者的意识中，让劳动者充分认识战略才能更好地创造价值。

“企业素质”第三个要素是“核心竞争力”。“核心竞争力”是可持续发展企业的“个性”。帕汉拉德和哈默认为核心能力是“组织中的积累性学识，特别是关于如何细化不同的生产技能和有机结合多种技术流的知识”。所以核心竞争力将企业技能和知识持续、优化、动态地组合在一起，核心竞争力与企业素质相得益彰。可见，“企业素质”对企业“核心竞争力”加以归总和提升，企业要持续发展就要不断地历练企业的“体质”“品质”及“素质”。

考核“企业素质”比单一地考核“利润”有几大优点：

一是经营绩效不过分地依存于价格波动。目前的考核以利润等财务指标为主，考核结果对价格的依存度太高，市场价格高时企业就是“躺着赚钱”，市场价格下跌严重时就是“累吐了血”也完不成责任目标。如果按“木桶效应”，利润考核会引导企业只盯着价格这块“木板”而淡化科技创新、人力资源、社会责任等“木桶整体”。

二是对不同行业、不同规模的企业都提出经营绩效的提升空间。目前的考核对以“利润”为中心财务指标完成的绝对值进行比较、排队，那些规模大、附加值高、价格幸运的企业天生就“优秀”，而规模小的、初创期的、衰退期的、回报率低的企业无论多么努力也超不过“老大哥”。战略绩效考核根据战略评价企业的发展方向，考察企业文化体现企业的发展潜质，考核 EVA 衡量企业创造经济价值的能力，而且将非经营性的因素进行客观评价，这就较多地显现企业经营改善的程度，使不同的企业都有提升经营绩效的空间，都可以建筑自己优秀的“业绩桶”。

三是有利于约束“人为操纵 KPI”的行为。“过程与结果”的考核，就是“不以成败论英雄”，这样企业就不至于只在财务报表上做表面文章。“继承与创新”承认历史的问题与成绩，着重看当期经营改善的程度，而且以制度鼓励创新。战略绩效考核既关注水平，更关注素质；既关注目前，更关注未来；既关注短板，更全面地关注“业绩桶”的建设。

总之，利润及销售收入的经营业绩“靠天收”已不能维持企业的持续发展。“考核短木板”的方法不仅不能衡量多元化经营企业的业绩，还容易以“考核什么就会有什么”的假象误导决策。只有注重“六个结合”提高企业素质，才能引导企业建设可持续发展的绩效，而不至于使经营绩效随市场价格、重大事件等因素而大起大落。要使经营业绩“木桶”的每一块木板始终保持应有的高度和“密度”，使“业绩桶”持续拥有企业发展应有的“蓄水量”，而不至于总是忙于找“短木板”，有时为了补上短木板不惜“取长补短”，或放弃其他木板而“护短”。

七、“市值考核”促进绩效考核与国际接轨

1. 股票市值的排名是评价《财富》500 强的重要指标之一

世界 500 强企业，排名中收入、利润等经济指标，综合反映企业经营能力和市场表现，更多地反映企业当前经营状况和市场竞争地位。世界 500 强市值企业，市值计算主要基于市场对企业的估值受到

多种因素的影响，主要包括盈利预期、行业前景、投资者对企业未来发展的信心和预期。以 1998 年为例，股票市场价值最大的 25 家企业中，有 8 家位列《财富》前 25 强，有 14 家在 100 强之中。可以看出，全球最大的企业与股票市场价值最大的企业有着一定的重合度。2024 年世界 500 强企业总收入约为 41 万亿美元，约占全球 GDP 的 1/3。2024 年世界 500 强榜单中，133 家中国企业虽然市值总额无法得到准确数据，但是 2023 年营业总额约 11 万亿美元，平均销售收入均为 830 亿美元左右。

"市值"在同一个行业，可能有的企业好、有的企业差；"市值"在不同国家之间行业的差异也比较大，有的行业虽然目前还不是盈利额最大的行业，但是发展趋势较好。因此，从绝对额与变化趋势来判断，可能得出不同的结论。"市值"在许多行业都有这样的表现，如钢铁、汽车、贸易、保险等传统行业已风光不再，而电信、通信、电子、高科技、人工智能等创新领域的企业，正一浪高过一浪。可见，股票有的"看涨"，有的"看跌"。世界 500 强的排名有的变化较大，有的稳居其中，股票"市值"与世界 500 强从不同角度评价企业的价值，激励企业持续发展。

2. 战略绩效考核助力"市值考核"

一是战略绩效考核引入"市值考核"，增加股民参与度。中国证监会于 2024 年 11 月发布《上市公司监管指引第 10 号——市值管理》，明确了市值管理的意义和相关主体的责任义务。在信息不对称的情况下，"股价"有时不仅不能充分反映业绩，在资金和信息的操纵下，有时还会表现出与业绩所反映的价值"不相关"的走势。尤其是当股市尚未体现"经济晴雨表"的功能时，"股价"的整体走势与经济发展的态势经常背离，"股价"在很多时候也只能反映"投机情况"，并不能反映"投资价值"。还有一些不良现象严重地影响着股市健康发展，如粉饰业绩、哄抬股价、追求即期利益以及用虚假的

“市值”换取股权激励等。战略绩效考核运用主体考核与中介考核相结合的方式，尽可能地吸纳公众对企业价值的反映，使股票的价格不至于被少数人控制，而使股票“市值考核”的有效性逐步增强。

二是战略绩效考核用“素质评价”与EVA两个要素完善以“股价”为“市值考核”机制。上市公司的业绩考核体系是一个需要由多个指标、多种因素所组成的综合体系，单纯以股票市值来评价和考核上市公司，并不能很好地反映上市公司的真实价值，反而有可能将人们对提高上市公司业绩和质量的焦点转移到股价的“投机行为”上，这无论是对于公司治理还是投资理念，都将是一个可怕的误导。战略绩效考核全面评价企业的战略、文化等企业素质，用EVA较全面地评价企业“价值创造”相关要素，“六个结合”持续地创造价值，全面夯实未来价值的基础，股票反映的未来价值才不至于有太多的“泡沫价值”。

三是战略绩效考核增强股票“市值”与企业经营业绩的关联性。“市值考核”是市场通过“市值”的消长，表达其对上市公司业绩预期的升降，实现其价值衡量与优化配置的效能。有人说股市与企业经营业绩相关性不强，主要原因是中国上市公司“市值考核”机制还不够完善。在原有的以净资产值为考核目标的体系下，由于“利益驱动”导致一些“股东”与“管理层”都较关心净资产值的增长，而很难主动去考虑公司治理结构的改善，很少关心二级市场“股价”表现，很难发现侵害流通股股东的情况，不能有效保护中小股东的利益。因此，在股票“市值考核”机制不健全的情况下，A股市场很难与企业经营业绩形成“联动机制”。2024年12月，国务院国资委发布《关于改进和加强中央企业控股上市公司市值管理工作的若干意见》，明确将市值管理纳入中央企业负责人经营业绩考核，强化正向激励。战略绩效考核促进股改，促使资本从关注资产净值到关注资本收益，从而注重股票市值。“市值考核”在市场规则健全的环境中有利于实现公众考核。但是，以“股价”考核企业经营绩效，还需要逐步健全企业管理机制、资产监管机制、大众文化认识，逐步培育适宜的土壤，最终促进股票“市值考核”与国际接轨。

八、建立安全管理长效机制避免忙于“亡羊补牢”

HSE 管理体系是指健康（Health）、安全（Safety）和环境（Environment）三位一体管理体系。责任是 HSE 的核心。HSE 从创建到现在，虽然只有短短的十几年时间，但在全球范围内迅猛发展，形成了目标一致、要素相近、模式各异的庞大体系。如目前较为通行的壳牌模式、杜邦模式、BP 模式及美国石油学会的 EHS 模式等，不一而足。从未来 HSE 的走向看，其基本的发展趋势为：其一，各国对 HSE 管理更为重视，以人为本的思想更加明晰化；其二，HSE 管理体系与质量管理体系一体化形成 QHSE 体系；其三，逐步走向 HSE 管理，即更加重视环境管理；其四，HSE 管理体系将会向可持续发展的管理体系演变。

案　例

神华集团是集煤炭、电厂、铁路、港口、煤液化于一体，实施跨地区、跨行业、多元化经营的特大型能源企业。现有七大矿区、11 家煤炭生产公司、54 个煤矿。

神华集团神东煤炭公司补连塔煤矿成为全国煤炭行业获得南非 NOSA 安全管理体系三星级认证的唯一一家煤炭企业。同时，开创了中国煤炭行业建立安全生产长效机制的历史先河。

NOSA 管理系统在神华集团的推广：

(1) 首先聘请外籍专家进行 NOSA 培训，要求各级行政人员、各级安全管理人员参加，使这些实践 NOSA 的关键人员对 NOSA 管理系统有全面的了解。同时加大企业内部的宣传力度，通过内部刊物、网络、闭路电视、安全知识展板、电子屏滚动字幕、安健环知识考试、竞赛等方式，深入普及安健环知识，营造了浓厚的安健环氛围，极大地促进了员工安健环意识的提高。

（2）制定安健环方针。安健环方针是企业风险预控管理的核心，表明了企业安全管理的发展方向和行动纲领，主要包括以下内容：①阐明企业安全生产的整体目标；②体现安全治企和按企业标准执行的要求；③体现持续改进、持续培训员工、保护员工安全健康的要求；④体现人人参与的要求。神华集团制定的安健环方针政策以“零事故、零违章”为目标，他们确信：所有意外均可避免，所有危险皆可控制，对环境的影响可以尽量减低，每项工作均应顾及安全、健康及环保，希望每一位员工每日工作后安全及开心地返家。

（3）风险评估。神华对工作场所的风险评估提出了十个步骤：准备—危害辨别—危害转化为风险—划分风险等级—评估现有控制措施的有效性—量化风险—成本利益分析—分析和确定补充控制措施—审核—跟进。

（4）建立管理体系。神华集团按照 NOSA 管理要求，根据现场各区域功能，划分为不同的安健环小区，任命小区的安健环代表、员工代表、消防管理人员、有关行政管理人员和执业医师，在原有企业安全管理委员会的基础上，成立了安健环委员会，安健环委员会每月召开会议，对月度发生的不安全事件及布置工作计划的实施情况进行总结，及时反映所在区域出现的安健环不符合项，并对问题整改情况进行监督。神华集团依据 NOSA 72 元素、风险评估、满足国家法律法规的要求、满足上级公司的要求、明确“5W1H”以及符合企业运营管理实际程序，建立了一系列文件管理体系，例如，教育培训系统中安健环意识的增强，目的是增长安健环基础知识、提高员工安健环意识，使员工自觉采取正确的行为；医疗急救系统，要求具备急救员及急救设备、急救员培训、医疗服务三大要素，目的是配备适当的急救及职业健康设施、提供相应的服务，将受伤、疾病的严重性降到最小；监督改进系统，目的是鼓励员工参与安健环建设、不断改进以人为本的安健环环境，监察环境风险控制的有效性，及时采取措施矫正错误的行为。

（5）组织实施。依据 NOSA 的管理系统理念，在组织体系与文件体系建立健全之后，在企业内发布，使各级部门、各级岗位了解自己所承担的职责，了解自己在整个执行程序中所处的环节和职责。如按照 NOSA 3.09“紧急应变计划”、NOSA 5.15“急救员及职业健康服务设施”元素及其他涉及职业健康元素的要求，各单位进行紧急事故演习，开展员工健康检查，设立员工健康档案；按照 NOSA 2.11“设备防护元素的要求”，对设备运转部位加设防护罩、网；按照 NOSA 2.12“隔离措施闭锁系统”要求，对作业中的设备实施有效的隔离闭锁措施，切实防止对其他人的伤害。如煤矿井下电器开关采取的隔离闭锁措施，只有检修作业结束后，所有闭锁的钥匙全部取下，方能操作电气开关；按照 NOSA 1.21、NOSA 1.25 对现场危害区域、重点部位进行准确、清晰的标识，达到警示和提示的作用；按照 NOSA 1.14 元素对职工食堂进行全面改善，保证食堂就餐环境的卫生、整洁，合理搭配膳食结构，保证员工饮食健康；按照 NOSA 5.60 元素举办各种丰富多彩的活动，丰富员工业余生活，将安健环意识不断渗透进员工的思想中。

（6）检查和反馈。检查和反馈是对执行过程和效果的总体检验，检查的目的在于检查制度的执行情况，检查制度是否具有可操作性，检查效果是否达到计划期望。反馈的目的在于反馈制度的有效性，反馈计划的编制是否符合实际。神华集团设计了自己的整改通知单，下发到各个单位，通知单涉及了隐患内容、整改建议及措施、整改达到的要求、要求完成的日期以及复查结果等内容，切实落实了 NOSA 体系在执行过程中的效果和总体检验。

（7）持续改进。企业通过监督检查和考核及年度管理评审，不断完善现场安全设施和优化环境系统，进一步提高员工风险防控意识，对安全生产、经营、财务、风险制定相应的改进措施，并加以严格实施，达到持续改进目的，最终使企业实现安健环绩效最优。

通过实施 NOSA 系统，神华集团取得了长足的进步：

第一，由单一的安全管理转变为安全、健康、环保全方位管理，系统管理得到加强。例如，电力公司原来执行国家相关规定，执行“两票三制”“二十五项重点要求”“安全评价”“危险点预控”等管理和技术措施，管理系统较为分散。引入 NOSA 安健环管理系统后，将这些措施整合形成了具有自己特色的国华电力公司《发电管理系统》、神东煤炭分公司《综合管理体系》，管理体系的系统性、执行力都得到了加强。

第二，由事后处理转变为事前防范，企业标准得到了提高。神华集团把瓦斯治理当作头等大事，提出要把“瓦斯超限就停产”的观念转变到“生产中瓦斯不超限”的要求，严格按照“十二字”方针，采取各种措施治理瓦斯，并树立“瓦斯超限就是事故”的理念，加以严格管理，如果出现一次超限等同事故则进行严格追查，从而进一步强化了员工对瓦斯管理重要性的认识。

第三，由经验和习惯转变为程序化、规范化、标准化管理，由传统的指标管理转变为目标管理，过程管理得到加强。神华集团通过实施计划任务观察，把人的行为管理纳入安健环管理和考核，对员工的违章行为从三个方面进行评估：一是是否有标准，二是员工对标准是否理解和贯彻到位，三是标准是否可行，不以“三违”一概而论，一罚了之，极大地提高了员工自觉抓安全的积极性。

第四，由被动地执行制度转变为主动制定标准，由“要我安全”转变为“我要安全”，员工安全意识明显提高，例如，通过推行 NOSA 管理系统，员工的风险意识逐步提高，在作业前能够自觉进行风险评估，以确保作业安全。在工作之前想 5 个问题：一是本人做此项工作有哪些风险？不知道不去做。二是本人是否具备做此项工作的技能？不具备不去做。三是做本项工作所处的环境是否安全？不安全不去做。四是做本项工作是否有适当的工具？不恰当不去做。五是做本项工作是否已穿戴了合适的个人防护用品？不合适不去做。

第五，由单一制度的执行转变为体系的整体运转和文化引导，由只追求经济效益转变为保障符合法律法规和承担社会责任。

神华集团在应用NOSA管理系统的过程中，把“以人为本”作为企业管理的灵魂，既注重对员工作为安全管理客体的管理，又注重发挥员工作为安全管理主体的作用，不仅维护了员工的人身安全和身体健康，而且推动了员工由被动管理向自我管理的转变，促进了企业文化的发展，弥补了“人管人累死人、制度管人管一阵”的管理方式的不足，达到了文化管人管灵魂的效果，实现了企业与员工的共同发展。在实践中神华集团还总结形成了符合实际并具有自身特色的“四坚持、四强化”经验：坚持走新型工业化道路，坚持安全质量标准化建设，坚持科技进步与技术创新，坚持安全高投入；强化安全责任制落实，强化安全教育培训，强化安全隐患整治，强化党政工团齐抓共管。神华集团和有关单位、科研院所共同开展煤矿本质安全管理系统项目的研究，力争探索出一条符合中国国情、适合自身特点的安健环管理体系。

案例启示

安全事故频频发生，各级官员逐级“救火”不是解决问题的根本办法。只有企业都注重建立安全体系建设，辛辛苦苦创造的价值才不至于毁于一旦。“安全体系”建设已成为企业文化的必备内容。

第二节　战略绩效考核探索理论的综合与创新

一个理论应具备两个方面的作用：一是按照一定的规律、逻辑关系整理、分析、归纳信息；二是能够按照一定的规律启发思考、指导行为并产生新的信息。没有理论指导，就不能系统地分析问题、假设条件、归纳信息，更不能触类旁通、综合指导。爱因斯坦说："你能不能观察到眼前的现象取决于你运用什么样的理论，理论决定着你到底观察到什么。"战略绩效考核综合劳动价值论和效用价值论，遵循自然科学和社会科学理论研究规律，基于中国实践提出一些有关绩效考核的理念、方法和哲学思考。

一、战略绩效考核拓展价值理论领域

战略绩效考核综合劳动价值论、效用价值论的原理，提出"战略价值"的理念。关于价值的理论，主要是劳动价值论和效用价值论。以马克思、李嘉图为代表的"劳动价值论"认为，价值是凝结于商品中的人类抽象劳动，只有人的生产劳动才能创造价值。以马歇尔、瓦尔拉、帕累托为代表的"效用价值论"认为，价值是商品给人们带来的效用，人的体验、感受和主观判断是价值形成的基础。

价值理论的演变与时代的变迁密不可分，时代变迁源于人类生产力水平的提高和创新。中国目前关于价值理论存在三种观点：一是马克思的"劳动价值论"，仍然是我国社会主义市场经济发展的理论基础；二是"整体劳动价值论"，即认为价值是劳动主体与劳动客体的统一；三是"生产要素价值论"，邓小平提出"科学技术是第一生产力"，堪称对新的历史条件下生产要素论的精辟概括。

战略绩效考核主要建立在效用价值论的基础上，同时吸纳劳动价

值论的有关观点。例如，“四层价值主体”中劳动者创造的价值遵循“劳动价值论”的观点，也体现效用价值论关于“人力资本价值”的观点。

战略绩效考核适应生产要素的价值变化，更注重生产要素的价值组合。生产力资源及其水平的发展变化推动着人类社会历史的发展和时代的变迁，先进的生产力是价值创造的源泉，先进的价值理论一定要适应生产力发展的需要，生产力因素在市场上被作为商品广泛地等价交换时才能转变为生产要素，才能体现生产要素的价值。财务管理产生于原始社会中后期，发展至今，其所有核心范畴都是不断发展变化生产力因素的财务价值。我国“十五”初期提出了国有经济结构“战略性调整”和以“信息化带动工业化”的战略构想。尽管理论上，生产要素除人、财、物以外，还包括技术、信息及数智资产等“人力资产”，但是，目前“人力资产”这一生产要素还不能在商品生产组织中获得应有的交换价值，信息及数字资产价值的作用也不能准确地反映在财务价值中，战略、文化有时只是为了宣传、教育，还存在“战略文章”和“墙上文化”的现象。然而，关于战略、人力资本、信息、文化等要素的重要作用已基本形成共识。这就需要生产要素的社会配置、分工水平与经济发展相适应，针对注重战略、文化等生产要素的组合价值。战略绩效考核就是针对战略价值、文化价值、社会价值与财务价值建立合理的价值关系，使战略落地，让文化扎根。

战略绩效考核拓展企业价值与价值关系的相关理论。哲学上的“价值”就是客体满足主体需要的程度。财务学上的“价值”，主要是凝结在商品中的生产力支出被社会接受的程度。经济学主要是研究“价值”的科学，政治经济学更重要的是研究“价值关系”。战略绩效考核研究“价值和价值关系”，创建性地提出有利于持续发展的“战略价值”理论体系，以“三维价值观”为核心，构成价值创造、价值实现、价值评价及价值分配的“价值环”。“劳动价值论”注重价值的创造过程，“效用价值论”注重价值的实现，二者都有一定的局限性，对目前存在的无形价值、潜在价值等在财务价值上无法反映的价值难以确认。战略绩效考核在此基础上提出“价值评价”，对创造价值的“无名英雄”是一种肯定和鼓励，尤其是对制定战略起着“价值缔造因素”的作用，对企业文化建设如同“心灵工作因素”产生长远影响力。如果不关注“价值评价”的正向激励作用，对企业的可持续发展就是最大的损失。大家对战略、文化不够重视，在很大程度上就是因为没有办法衡量、体现“潜在价值的绩效”，而没有衡量过的价值就没有办法体现，体现不出来的“绩效”就没有人真心去关注。战略绩效考核的理论意义是提出以“三维价值观”为核心“价值环”的系统思考方法，从经济学的角度研究“三维价值”，从政治经济学的角度研究“价值关系”，提出“四层价值主体”、“五度”考核及“六个结合”等和谐、辩证的价值理念，综合探索企业的历史价值、现实价值及未来价值，提出“战略价值论”的观点就是指出可持续的价值才是最有意义的价值。

二、战略绩效考核综合研究自然科学和社会科学理论

“自然科学”是遵循逻辑、定量的、有规律的科学，自然科学的研究是从大量事物运行中找出规律。理论不是事实的简单收集，只有当事实被整合成一个概念体系，能够被较为广泛地掌握运用时，才能被称为理论。科学是人类在认识自然的前提下，先进淘汰落后，逐步走向更高的文明。“自然科学”就是研究自然界的科学，就是人类对自然界认识、改造、运用的科学。如我们开发了电能源就不用煤油灯了，发明了汽车就可以代替马车、自行车，有了电脑、网络就可以实现无纸化办公等。战略绩效考核遵循自然科学发展的规律，首先主要是适应在自然科学领域运行的经济主体，如航天科技企业的行为必须

分毫不差，卫星才能进入太空；生物技术发展深入到基因还没有攻克医学难关；金融企业的信息系统无论如何精确计算也很难防范风险的发生等。战略绩效考核对于可持续发展企业，按照其行业在社会科学领域发展的规律，确定量化具体的目标，确认其学术、科技水平价值，认识企业对整个国家的潜在价值、科学价值、社会价值等。比如，一项新技术的发明，对本企业并不一定有多少利润，甚至在开始时还不一定能挣钱，但对其他企业和国家的技术升级、长远的获利能力都很有价值。又如在国际贸易中，生产同类产品的企业联合对外谈判，对牵头的企业当期利润不一定有明显改善，但有利于形成整体价格优势，也有利于克服内部互相压价的现象。绩效考核应该对这样的行为在价值评价、资源分配、收入分配等方面给予认可和优惠，而不是简单地以当年赚多少钱来衡量经济价值。这样，企业才有积极性持续地创造"战略价值"。

"社会科学"是遵循道德的、定性的、讲规则的"多因多果"复合科学，"社会科学"的研究要在社会实践的基础上灵活运用、不断创新发展。"社会科学"是研究人类社会的行为、制度、价值及价值关系的科学。"社会科学"的进步不一定要替代过去的科学，而且，人对"真、善、美"的追求是永远不变的，对道德要以先进文化去维护、去提升、去充实。既不能对落后、保守、迂腐的观念因循守旧，也不能以"经济规则"取代所有社会科学的规则，更不能以"金钱"作为支付道德良心败坏的代价和损失。比如对制造假药、假食品等如同"杀人"的行为，用经济的惩罚是远远不够的；又如由于价格因素形成的"账面业绩"，不能"一俊遮百丑"，也不能"一丑盖百俊"；再如，要鼓励那些深谋远虑、兢兢业业、勤俭持家地为企业长远发展的"经营者"获得合法收入，鼓励那些大胆创新的员工"突破常规"获得应有的"价值回报"。鼓励原始创新、意外创新和合理创新，同时允许"合理的失败"，正如硅谷那句名言："边干边学、边学边干。”不要对合理合法获得的收入评头论足，不要将“平均”误认为是“公平”。

社会科学、管理科学的理论是战略绩效考核的理论基础。比如，制度经济学的契约理论、代理人理论、利益相关者理论及信息不对称理论等，这些理论揭示的规律至今仍在指导我们的行为，但契约的内容、利益相关者的要求、代理的方式都需要调整；又如，马斯洛需要层次理论等行为科学理论所揭示的激励要分层的应用也比较广泛，但对不同教育程度、不同境界的员工、不同社会制度、不同场景要因人而异、因地而异、因事而异，在实践中要理论联系实际。一些管理理论、一些考核制度如果令绝大部分被考核者“不满意”，那就是生产关系不适应生产力的发展，需要进行调整。比如，对经营者以“奖金激励”的作用越来越弱化，现在以“股权激励”方式则可能较为有效地将经营者的利益与企业发展结合在一起。“经营者”已到了单独列为一个群体的时候，“长期激励”的方式需要建立“长效机制”才能补充契约理论的不足。对“劳动者”要以尊重人、理解人、关心人等方法体现“以人为本”才能有效地激励。经营者、劳动者都不仅是“经济人”，更重要的是“社会人”，“激励”就是通过对人的需要和社会需求予以激励的“行为科学”，“激励”要体现生活的赋予不是索取，“激励”要体现工作的本质是贡献和创造有意义的价值。奥林匹克精神对这一点进行了最有力的证明，正如顾拜旦所说：“奥运会重要的不是胜利，而是参与。”

战略绩效考核提出文化价值、企业责任和一些公约规则等“温度指标”。这些“温度指标”都是以一些定性的目标、一些公序良俗、共同遵守的规则，传承各国可持续发展企业的用人之道、理财之道及谋略之道，传承中国人爱国、爱党、爱人民的“精神谱系”。战略绩效考核以“价值环”来体现朴素的整体性思维、抽象思维及辩证思维，并以“四层价值主体”“六个结合”体现“以人为本”“长期价值”的“智慧价值”及实事求是的哲学思想。战略绩效考核综合运用研究自然科学的归纳、分析规律的方法，统筹价值学、价格学、财务学、统计学等经济科学，对企业价值进行科学的评定，使企业价值的实现与企业行为尽可能地统一。同时运用社会科学激发人类“真、善、美”的想象及艺术的启迪，运用心理学、生命美学、运筹学等科学方法指导行为，形成“合规律性”与“合目的性”的辩证统一。

三、战略绩效考核探索“中国式考核管理理论”

《战书》提出了提高“企业素质”实现“三维价值”的哲学思考，并在中国文化中寻找源头。《战书》提出“三维价值”综合发展才能促进全社会的繁荣昌盛，这既是时代的发展要求，也是中国自古以来辉煌时期体现的共同规律。《战书》提出“企业素质”的三要素是战略、文化及核心竞争力，其意义不是这些理念的发现，而是将这些要素的价值与企业的价值联系起来，揭示企业可持续发展的“价值关系”，引导企业注重以“谋略之道”提升核心竞争力。战略、文化、核心竞争力已是耳熟能详，但由于这些要素的“价值”很难估量，往往只是研究、探讨而已，这些体现经营者水平与素质的“重要价值”不能在企业绩效考核中得到认可，导致经营者的“将帅”价值得不到体现。我们应该清醒地认识到企业“一把手”的价值对企业发展举足轻重，如果优秀“将军”发挥不了作用，则代价是惨重的，企业战略失误、决策失败、经营失责导致的破产、倒闭是“下岗分流”替代不了的。

“战略”一词最早是指军事的“谋略”，“企业战略”则可以解释为长远的、方向性、全局性的“智谋纲领”。改革开放以来，我们总说“市场如战场”，其实更多地强调市场像战场一样“残酷”的方面，而没有在经营中将市场如战场一样慎重对待，也没有像战场上重视战略、战术那样重视“企业发展战略”。《孙子兵法》正是由于是战略思想之大成而成为兵学圣典，如“故上兵伐谋，其次伐交，其次伐兵，其下攻城”“兵者，国之大事，死生之地，存亡之道，不可不察也”等经典名言万古流芳。当年曾经叱咤风云的拿破仑因战略失误而遭流放，读到《孙子兵法》不禁喟然长叹：“上帝！如果早些时候读到此书，我也不会有今日之辱了。”在市场经济的浪潮中，哈佛商学院、北京大学都专门研究《孙子兵法》，充分认识到那些谋略思想和谋道思维不仅可以适用于军事领域，也适用于企业管理。日本“经营之神”松下幸之助、美国“汽车大王”罗杰·史密斯都认为《孙子兵法》是他们成功的法宝。

大家熟悉的“文化体现特色”“沟通是事业成功的关键”“细节决定成败”“忠诚是一种能力”“团队精神”等西方企业文化在中国广为流传，其实，有一些体现“西方文明”的企业文化与中国古典文化的精髓真是异曲同工。如孟子提出“天时不如地利，地利不如人和”“以德服人者，心悦而诚服也”“爱人者，人恒爱之；敬人者，人恒敬之”“家必自毁，而后人毁之”等。中国是五千年文明古国，企业管理和企业文化要借鉴学习各国先进文化、先进管理和先进理念，更重要的是针对中国企业在管理实践中的“优秀案例”，构建“中国式绩效考核理论”和“中国式企业管理理论”。尤其是中国企业推进西方企业管理模式的“水土不服”值得反思，我们必须从根源上认识到企业长盛不衰的动力是渗透在企业理念中的“人文智慧”和“人文力量”。华夏文化源远流长，在哲学、社会科学与自然科学等方面都对世界文明产生过一定的影响，发展管理科学是振兴中华的重要途径，我们坚信在改革开放的市场经济中提高“企业素质”、实现“三维价值”的理论研究任重道远。

《战书》探究企业发展与各“价值主体”的利益关系，并从中国历史中得到佐证。《战书》提出了出资人、经营者、劳动者及社会公众的“四层价值主体”，并予以详细分析，这对企业价值的研究、有效激励创新价值、合理地进行价值分配都很有意义。出资人、经营者、劳动者、社会公众等“价值主体”我们并不陌生，但这些主体的价值属性、价值关系以及在企业价值中的体现，在企业管理、经济研究中有时被混淆。这些“价值主体”的划分、关系、利益分配等在中国古代已不乏其例。比如，“富甲四方”的晋商，票号的经营就是靠“剩余合约”将东家（出资人）、掌柜的（经营者）、伙计（劳动者）价值关系联系在一起，“东家”通过一套有效的规章来选择、任用自己的“掌柜”，其中主要依据就是“绩效考核”。“掌柜”报酬实行效率薪水，也就是今天所谓的“绩效工资”。“掌柜”任职数年后可享受股金分配待遇，就是如今的“股权激励”。山西票号的股权分为金股、身股及顶身股。“金股”即货币资本获得收益，“身股”即人力资本以劳动得到报酬，“身股”数年后可转换成“顶身股”即获得可继承权。这样，“掌柜”的经营能力获得市场的承认，在实现票号发展的过程中实现其个人价值，“伙计”的劳动在掌柜的组织下创造价值，形成合理的“价值关系”。可见，票号的“东家”“掌柜”“伙计”通过“金股”“身股”“顶身股”将大家的利益联系在一起，并且建立“长效机制”是票号持续发展的关键之所在。我们要研究适合中国情况的人文思想、企业管理模式，不能机械地、教条地照搬西方“规范的”法人治理结构。我们既要充分挖掘中国的管理财富，也要充分借鉴西方经济学的经验。

四、战略绩效考核统筹考核方法和路径

19 世纪，泰勒提出“生产效率”的考核理论后，所有工业生产企业都考核单位劳动时间的“生产效率”；20 世纪初杜邦财务分析体系按照“财务数据”进行结果的考核；费希尔等提出关于净现值、投资报酬率等现金流量分析，至今“三张报表”还是经济利润的重要依据；杰克逊·马丁尔德等提出能力评价指标、目标管理法等“非财务

指标”的考核，这对“财务指标”考核是很好的补充；到 1990 年思腾·思特提出“经济增加值”考核，1992 年罗伯特·卡普兰提出平衡计分卡，将财务指标和非财务指标结合起来。这些考核理论是学者的研究成果，但对考核理论的偏好、考核规则的制定，以及考核执行程序的启动、运行都掌握在考核者手中。中国管理者比较广泛运用的是泰勒的“管控”体系，然而，对行为学派马斯洛的需要层次理论、亚当斯的公平理论、赫茨伯格的双因素激励理论及其他激励理论应用不够深入、不够广泛、不够规范。中国企业对于博弈理论、人力资本理论的运用有待探究，由于中国劳动力的供大于求，对人的选拔、任用很多时候都有“姜太公钓鱼”的心理，不够注重激励人的积极性、创造性，还没有将“人力资本”的价值纳入价值经营的范围，这就需要将“人力资本”纳入企业价值中的“考核体系”，并且需要尽快完善。中国企业对于 EVA 及平衡计分卡的运用，有的是照搬，有的强调条件不成熟而放弃使用，有的只是用 EVA 的“考核结果”，有的已经将 EVA 的“价值树”逐渐分解，不断探索促进企业提升价值管理体系。《战书》对中国式企业管理理论的研究和探讨还不够全面、不够具体、不够深入。这些年企业管理的实践中，我们对理论的研究还不能很好地适应经济和社会发展的需要，有时接受外来的多，有时总结自己的少，有的方面继承的多，有的方面创新的少。《战书》提出“企业素质考核模型”及 EVA 的考核，就是希望学者、专家、企业家将这些理论综合运用，引导“政产学研商”协调资金资本、人力资本与实物资本的“价值关系”，建立适应“新质生产力”发展的“新质生产关系”。

第三节　战略绩效考核落实高质量可持续发展

一、将高质量可持续发展观转化为“考核目标”

高质量可持续发展重在落实，贵在考核目标“具体化”。可持续发展观的核心思想是促进经济、政治和文化的发展，高质量发展是符合“创新、协调、绿色、开放、共享”理念的发展。高质量可持续发展主要包括：一是坚持以人为本，就是把满足人们的全面需求和促进人的全面发展作为经济社会发展的根本出发点和落脚点；二是协调发展，就是人与自然、人与社会、生产力与生产关系相辅相成，以及经济、政治、文化与上层建筑相互协调发展；三是可持续发展，就是要保护环境资源和生态的承受能力，实现自然资源的有序利用和社会的有序发展；四是统筹兼顾，就是要在发展过程中，正确处理改革、发展、稳定的关系，协调好改革发展中的各种利益关系，把改革的力度、发展的速度和社会的可承受程度结合起来，把维护和发展人民群众利益作为一切发展的出发点和落脚点，把不断改善人民的生活水平作为各项工作的初心使命，实现在社会稳定中推进改革，在改革发展中促进社会稳定。落实高质量可持续发展观，重点是将宏观目标、先进理念、相关理论转化为可描述、可执行、可考核的“具体目标”和“行为规范”。

战略绩效考核把高质量可持续发展的理念转化为绩效考核的“具体要求”，比如，“三维价值观”打破单一的经济价值观，提出有利于全面发展的综合价值观，落实协调发展、统筹兼顾等先进理念；又如，“四层价值主体”落实以人为本、协调发展、统筹兼顾等理念；

再如，“五度”和“六个结合”探索解决人民日益增长的美好生活需要和不平衡不充分的发展之间的矛盾。更重要的是，“价值环”提出价值创造、价值实现、价值评价及价值分配的系统思维方法，就是不能只顾埋头生产而不管市场需求盲目“制造产品”，也不能过分迎合买方市场的需求而盲目追求经济增长，更不能浪费资源、污染环境和降低广大人民生活的质量。在“数智经济”时代，不能依然沉浸在扩大出口、利润增长、刺激消费的“业绩光环”中得意忘形，也不能对简单的“财务绩效”沾沾自喜，更不能对“拜金主义”、急功近利、欺上瞒下、不讲诚信等视而不见，尤其不能对价值反馈不通畅、价值反馈扭曲、价值反馈无效熟视无睹。战略绩效考核将高质量可持续发展观提出的先进理念转化为与企业制度相衔接的、与企业文化相融合的、与企业发展相关联的“导航系统”。

二、将“考核目标”转化为“绩效考核制度”

认识决定态度，态度决定行动。认识高质量可持续发展的“具体要求”，才能建立战略绩效的“考核机制”。战略绩效考核遵循每一点价值的变化都有原因，每一个动因都产生一定的结果。战略绩效考核将“多因多果”的复合关系落实到行动中，就是倡导企业成为遵守这些要求的“企业公民”，鼓励按照“三维价值观”去认识、去建设企业，促进“四层价值主体”的行为体现“六个结合”，使企业不再只是传统的“赚钱组织”。在经济社会中经济价值当然是最重要的价值，但是只关注经济价值，不关注社会价值、文化价值，不能形成和谐的价值关系，也就不能最大化地、高质量地、持续地创造经济价值。“三维价值观”体现先进生产力的经济价值、体现先进文化的文化价值、体现构建“四个价值主体”和谐价值关系形成的社会价值，这有利于“五位一体”的价值具体化，有利于倡导美丽中国的建设。战略绩效考核有利于补充、完善单纯以“挣钱”为目标的考核制度，改变简单地以“KPI”财务指标考核企业经营绩效的状况。正如田会教授提出的，“企业动力机制”是企业为追求既定目标、对企业活力构成要素进行激励与约束的制度安排。“战略绩效”提出企业经营绩效要考虑战略、文化、市场、技术、环保及就业等要素，并且提出经济价值、社会价值及文化价值的考核目标和指标，“考核制度”的启动可以是契约、产权或法律的外力启动，也可以是责任、文化等自启动。

“四层价值主体”考核主体的定位非常重要。“考核主体”，是只顾一个主体，还是兼顾“利益相关者”？先后顺序是什么？相互关系是什么？为什么首先是出资人的价值？这些就是关于“业绩观”“考核观”的问题。先从“出资人”这一考核主体看，“出资人”可以是法人、自然人。在此强调，中国国有企业的出资人是“人民”，相关部门和国有企业代表“人民”出资和经营监管。在经济社会没有资金、资本就什么都无法启动。“出资人”对企业绩效的考核是为了落实国家战略、履行企业责任和为人民实现资产的持续增值，就是激励经营者充分发挥主观能动因素，保持经营企业的“温度”。由于资本是不会自动增值的，因此需要有人经营，“经营者”一方面按照出资人的要求经营，另一方面依靠劳动者“创造价值”。“经营者”既要满足出资人的考核要求，也要通过考核、激励劳动者发挥“创造价值”的能力。“劳动者”作为考核的客体，以“人力资本”的投入在企业的载体中“创造价值”。按照马斯洛需要层次理论，“劳动者”在不同时期、不同环境有不同的需要。现实中，“四层价值主体”不是独立存在的，往往错综复杂地交织在一起。战略绩效考核强调经营者、劳动者都是“自然人”，都会有主观需要。客观上自然人构成企业，一个个企业构成社会，自然人价值的存在和实现是社会价值和文化价值实现的前提和基础。满足了自然人主观上认为应获得的价值，才可能客观上形成“社会价值”，“社会价值”在历史的发展中不断地累积、提升才能形成“文化价值”。显然，不同的价值主体会形成不同的“业绩观”和“考核观”，如果管理者、经营者片面强调为了完成上级任务而考核，或为了奖金分配而考核，就不能很好地激励“自然人”主动地、持续地创造价值，就不能落实高质量可持续发展观。战略绩效考核提出考核激励“价值创造”，建议构建“四层价值主体”共赢、和谐价值关系，引导企业可持续发展，形成“五度”的“长效运行机制”，维持稳定共赢的合作关系，助力企业相对稳定地创造价值，促进落实高质量可持续发展。

战略绩效考核探索什么是“综合业绩观”，对考核体系提出一些全面的、长远意义的框架建议，这不是一项政策、一套指标和一个考核办法能完成的，而是需要形成理论导向，需要建立“长效引导机制”“长效指导机制”和“长效督导机制”，需要加强“体系建设”“场景建设”。谁来完成考核？是政府、研究院、企业？应该是多个组织共同努力才能实现的，这就需要适宜的“生态建设”。“考核”通常被认为是上级对下级实行管制的手段，让干什么只能干什么，让怎么做只能怎么做，这些在科技创新领域不利于激发“主观能动性”。其实这种“管控式”的管理制度不利于“价值创造”。当然，“放任自流”肯定不行，出资人对经营者、经营者对劳动者必然要有一定的监督、管理、控制方式。因此，战略绩效考核提倡“导控”和“掌握”的管理方式，以达到对企业的科学考核。无论多么高明、多么科学的考核体系，都不可能只通过考核就推动企业持续发展，“价值”肯定不是一考核就“考”出来的。“对付考核”的一些不良现象也是较为普遍，如“上管下，层层加码，码到成功”“下对上，层层加水，水到渠成”。这种尴尬局面也经常令“考核者”和“被考核者”的良好愿望成为泡影。企业的持续发展是一个个优秀的企业家做出一项项英明的决策引导促进发展的，更重要的是广大劳动者一点点建设、创造出来的。不过，考核的导向作用大家都是深有感触，却又很难量化的。其实每一个企业都在不断探索，谁不想取得一个好的考核结果呢？谁不想用一个科学的考核制度来考核别人呢？就算“被考核”，如果规则令人服气，得了第一才真正光荣，得了最后一名也心服口服，就像奥林匹克比赛，竞争是最激烈的，可为什么全世界的人都会关心和参与呢？比赛和考核有相似之处，也有不一样的方面。比赛按照一定的规则“决定胜负”，考核按照既定的标准“衡量价值”，比赛注重结果，考核需要兼顾过程，但比赛和考核的激励作用非常相似。最有效的激励是调动被激励者的“内在动力因素”。战略绩效考核以“持续激励”引导企业形成“战略自觉”“责任自觉”，以“战略导控”或“战略监控”的机制保障落实高质量可持续发展。

战略绩效考核以企业文化为“反馈和润滑机制”落实高质量可持续发展观。考核既是科学也是艺术，科学的发展是有规律的，需要制度环境的保障；艺术的发展不能教条，需要以人为本不断创新，要有一定自由展现的舞台，要因人而异、因地而异、因时而异。战略绩效考核以企业文化体现“反馈和润滑机制”，其特点主要体现在三个方面：一是战略绩效考核大胆地把合规律性、合目的性的要求进行结合，改善以往批投资、审项目、文山会海等“推动型”“管控式”的管理方式，而提倡战略引导、文化保障、核心竞争力培育等“拉动型”“导控式”管理方式，以战略引导、文化传播、环境营造等方式，引导企业的发展方向，激发企业的创造能力，控制企业经营的关键要素，实现企业的“三维价值”；二是战略绩效考核从人力资本、自然人的价值需求等方面体现“以人为本”，倡导充分理解人、尊重人和激励人，激发各个群体甚至每个人的多样性和差异性，尤其是对智慧创新、流血流汗、无私奉献等“责任担当”要给予充分的鼓励、表扬和奖励；三是战略绩效考核充分发挥文化的内在价值，更好地融合“三维价值观”，开放的“反馈和润滑机制”，才能增强“四层价值主体”的文化修养、文化自觉，才能更好地实现“美丽中国”建设，才能捍卫可持续发展企业的文化，才能担当人类命运共同体的建设责任。

三、以“长效机制”保障高质量可持续发展

坚持和树立高质量可持续发展观，关键在于尊重和把握客观规律，按照客观规律办事，充分发挥人的主观能动性和创造性，积极推进社会的健康发展。面对新理念、新要求、新挑战，主要特征有以下十个方面：一是新质生产力发展仍然面临诸多体制性、机制性障碍，改革进入攻坚阶段，体制创新任务艰巨，深化改革必然触及深层次矛盾和问题；二是长期积累的结构性矛盾和粗放型经济增长方式尚未根本改变，能源、资源、环境、技术的瓶颈制约问题需要从“源头”解决，实现高质量可持续发展需要“多管齐下”；三是解决农业、农村、农民及乡村振兴的任务仍然十分艰巨；四是我国科技事业不断发展，科学技术作为第一生产力在经济社会发展中的作用越来越大，同时许多重要领域的核心技术和关键产品仍大量依靠进口，自主创新能力亟待提高；五是我国人民生活总体水平达到小康水平，但就业、收入分配、社会保障等一些问题迫切需要从制度上解决，统筹兼顾各方面利益需要法律保障；六是区域、城乡、经济社会的协调发展取得显著成绩，但发展不充分不平衡现象依然存在，缩小发展差距和促进经济社会协调发展任务仍然艰巨；七是我国对外开放范围扩大、领域拓宽，同国际社会的联系更加紧密，同时面临的国际竞争日趋激烈，统筹国内发展和对外开放的要求越来越复杂；八是社会主义文化更加繁荣，人们思想活动的独立性、选择性、多变性、差异性明显增强，对先进文化建设提出更高更多的要求；九是我国社会结构和社会组织形式发生深刻变化，社会活力显著增强，社会建设和管理面临一系列新课题；十是社会总体安定团结，同时各种消极腐败现象、各类犯罪活动和各种敌对势力的渗透破坏活动依然严重存在，给社会稳定与和谐带

来的不利影响不可低估。

高质量可持续发展观从根本上说，就是发现问题、认识问题、解决问题的哲学观，包括对物质、经济、科技、法律、政治、社会及文化等系统的适应与控制。过去几十年的经济增长有些以高投入、高消耗、高污染为代价，有些是拼资源、拼环境的结果。“十五”之前的高速增长主要是用“产出”来衡量的，如果计算投入的成本，其结果令人深思。仅从投入系数看，“八五”GDP增长76%，投资增长1.37倍，投资产出系数是1.8。“九五”GDP增长49.8%，投资增长55%，投资产出系数是1.1。“十五”GDP增长57.3%，投资增长1.44倍，投资产出系数是2.51。“十五”的投资系数是“八五”的1.4倍，是“九五”的2.3倍，投资效率的降低应该引起足够的重视了。另外，对资源的消耗、环境的污染及“人力资本”的价值有待更加“具体化”，这些“价值关系”的严重失衡对社会的稳定和发展都有不可忽视的潜在危机，绝对不可掉以轻心。企业“粗放型”发展能持续多久？企业不能持续发展又怎么保障社会的持续发展？这些迫在眉睫的大问题告诉我们，中国要在未来几十年保持稳定增长，必须尽快改良“粗放型”增长方式和片面追求“经济增长”的考核体制。当今，企业处于“机电信数智”时代叠加的生态环境中，企业对国内、国际环境的反应速度和企业本身组织结构的“弹性”，都成为企业能否持续生存和发展的关键。

“绩效考核”是价值观传递机制的“信号灯”，是引领企业持续发展的重要手段。企业的绩效考核通常被认为是“微观问题”，但要考核就要有“战略目标”要求，确定“战略目标”的起点就是价值观、世界观和发展观的“认知问题”。每一个企业、每一个行业、每一个时期的微观价值观都是宏观价值观派生的，所以企业的绩效考核是宏观价值观、发展观的具体表现。正如宁高宁所说：“战略的核心和起源是价值观。”确定价值观对判断什么样的企业是好企业非常重要，比如，有盈利、有现金流就是好企业吗？有人说企业永远都要创造价值，有人说只认钱不行了，有的今天挣得多，明天违规了罚得多、赔得多，有的企业过度“消费客户”导致很快失去了市场。可见，“考核什么就会有什么”不无道理。如果一味强调以“钱”为本的价值观，这个社会将没有原则、没有正义，很难体现“以人为本”。战略绩效考核就是站在社会协调发展的宏观高度，着手解决企业绩效考核的微观问题，以科学发展观引领企业持续协调、统筹、平衡价值体系。

没有持续发展的企业，就没有持续发展的社会。企业要可持续发展，既要尊重经济规律和自然规律，又要处理好长远利益和当前利益的关系，更要走生产发展、生活富裕、生态良好的“文明发展”道路。落实高质量可持续发展观要坚持“五个转变”，即转变发展观念、转变增长方式、转变经济体制、转变政府职能及转变工作作风。企业要落实科学发展观最重要的是转变增长方式，这是“合目的性”与“合规律性”相统一的过程。坚持“可持续发展论”是在经济增长论、经济增长与社会变革、以人为中心的综合发展论的基础上提出的，这是关系中华民族长远发展和人类文明的根本大计。

概而论之，战略绩效考核落实全面、协调、可持续的科学发展观，充分体现“坚持企业利益和国家利益相统一，企业责任和社会责任相统一，经济价值和社会价值相统一，当前利益和长远利益相统一，企业利益与员工利益相统一”的指导思想。战略绩效考核提出一些综合发展的理念、系统机制建设的建议、可操作方法的案例，“正心正念正举”地引导企业高质量可持续发展。

以“三维价值观”为核心，分析价值创造、价值实现、价值评价及价值分配的“四个环节”，探索出资人、经营者、劳动者及社会公众的“四层价值主体”的价值观，研究“六个结合”的业绩建设过程，探究企业素质、EVA和社会责任的“考核指标”。“三维价值观”

助力提高企业素质，助力实现企业的可持续发展。

从“五度”来看，高度、深度、广度及温度都是考量社会价值和文化价值，速度更多地体现在经济价值上，通过“五度”传承“三维价值观”。

从“四层价值主体”来看，都应该渗透“三维价值观”，都应该掌握“五度”，都应该关注“六个结合”。各价值主体都在企业素质及 EVA 中实现绩效。

可见，战略绩效考核的理念，从不同的角度相互支撑、相互渗透、相互作用，最终引导企业突破“财务绩效”的单一增长观，实现高质量可持续发展。其实，企业要“持续”增长并不困难，要在一定时期内“发展”也不困难，但要实现“高质量”“可持续发展”都是相当困难的。“战略绩效考核”是助力落实科学发展观的“战略思考”，是引导企业科学管理综合举措的“学者思考”，是指导企业提高企业素质、创造经济增加值的“学术探讨”。这个“战略思考”容易制定，企业的“绩效”也容易体现，但要体现“战略绩效”是相当不容易的，有待广大读者批评斧正、不断完善。

战略绩效考核这个“指挥棒”，是不是对解决“绩效考核”这个世界难题有一定的指导意义，能不能引导企业建立科学的绩效考核体系，会不会对政策的制定有参考价值，都有待于实践的检验。我真心提醒：企业可以遵循，也可以不遵循。正如一位在企业工作多年的同志说：“战略绩效考核的理念可以遵循，遵循者受益；也可以不遵循，不遵循者省事，省事者损益。”“战略绩效考核”可能对现有一些理念有些冲击，“企业素质模型”以及推广“中国 EVA”考核体系的建议方案也只是一家之言，不够系统、不够全面、不够深入，而且要求较高、内容较复杂、适用范围较有限等，还有很多有待完善的地方。正如一位思想家说：你知道事物应该是什么样的，说明你是一个聪明人！你知道事物实际是什么样的，说明你是一个有经验的人！你知道如何使事物变得更好，说明你是一个有才能的人！本书只就“应该是什么样”提出想法，如有可取之处还恳请各位有经验的人、有能力的人、有智慧的人去探索、去实现！

精要提示

《战书》面世，只是建设战略绩效考核体系的开始，欢迎读者斧正，对《战书》给予“战略绩效”的考核。《战书》旨在助力落地“建立履行战略使命评价制度”“完善国有企业分类考核评价体系”“完善中国特色现代企业制度”“完善国有资本经营预算和绩效评价制度”“构建初次分配、再次分配、第三次分配协调配套的制度体系”等宏观政策，旨在助力落实中国式现代化、中国式社会责任、美丽中国建设和人类文明发展。

参考文献

中文参考文献

[1]菲利普·赛德勒:《持续竞争力》,李宪一,等,译,北京大学出版社,2004 年版。

[2]吉姆·柯林斯、杰里·波勒斯:《基业长青》,中信出版社,2005 年 9 月第 7 次印刷。

[3]陈凯元:《你在为谁工作》,机械工业出版社,2005 年 3 月。

[4]史蒂芬·柯维、罗杰·梅里尔、贝卡·梅里尔:《要事第一》,中国青年出版社,2003 年 8 月第一版。

[5]贝内特·思特三世:《探寻价值》,康雁,译,中国财政经济出版社,2004 年 10 月。

[6]拉姆·查兰、诺埃尔·M. 提切:《持续增长》,鲁刚伟,译,中国社会科学出版社,2005 年 3 月第一版。

[7]郭小聪:《政府经济学》,中国人民大学出版社,2003 年 7 月。

[8]石建勋:《中国企业家的股权革命》,机械工业出版社,2003 年 8 月第一版。

[9]刘澜飚:《股票价格:经济功能与货币政策反应》,人民出版社,2005 年 6 月第一版。

[10]田会:《企业动力系统理论及其应用》,经济管理出版社,2004 年 11 月第一版。

[11]国务院国有资产监督管理委员会研究室:《国有资产监管和国有企业改革研究报告》,中国经济出版社,2006 年 1 月。

[12]王化成主编,支晓强、蒋顺才著:《企业激励制度》,中国人民大学出版社,2004 年 2 月。

[13]埃巴:《经济增加值——如何为股东创造财富》,中信出版社,

2001 年版。

[14]安迪·尼利、克里斯·亚当斯、迈克·肯尼尔利:《超越平衡计分卡》,电子工业出版社,2004 年版。

[15]白光:《人力资源与企业文化战略》,中国经济出版社,2004 年版。

[16]财政部统计评价司:《企业绩效评价工作指南》,经济科学出版社,2002 年版。

[17]陈刚、陈宝峰:《以经济增加值作为财务管理职能的统一目标》,载《华东经济管理》,2003 年 12 月。

[18]陈曦:《在价值链上跳舞》,地震出版社,2004 年版。

[19]杜映梅:《绩效管理》,对外经济贸易大学出版社,2003 年版。

[20]大卫·格拉斯曼、李彬:《EVA 革命——以价值为核心的企业战略与财务、薪酬管理体系》,社会科学文献出版社,2003 年版。

[21]付亚和、许玉林:《绩效管理》,复旦大学出版社,2003 年版。

[22]国务院国有资产监督管理委员会:《中央企业经营业绩考核暂行办法辅导讲座》,经济科学出版社,2004 年版。

[23]中共中央组织部干部五局:《国有重要骨干企业领导人员任期目标和考核评价指标体系研究》,党建读物出版社,2003 年版。

[24]元宝:《战略性激励——现代企业人力资源管理精要》,经济科学出版社,2002 年版。

[25]张进智、王春:《EVA 与企业激励绩效考核》,南海出版公司,2004 年版。

[26]季晓南:《国有资产——经营管理理论与实践》,中国经济出版社,2003 年版。

[27]王国顺、彭宏:《EVA 方法有效性的实证研究》,载《系统工程》,2004 年 1 月。

[28]吴叔平、虞俊健:《股权激励——企业长期激励制度研究与实践》,上海远东出版社,2000 年版。

[29]杨成炎:《EVA,企业业绩评价的新视角》,载《长沙交通学院学

报》,2004 年 3 月。

[30]杨兰昆、李湛:《基于 EVA 的管理绩效评价方法:应用与局限》,载《预测》,2000 年 4 月。

[31]张纯:《EVA——业绩评价体系研究》,中国财政经济出版社,2003 年版。

[32]赵息、阳勇:《基于 EVA 理念的企业激励机制的研究》,载《工业工程》,2004 年 1 月。

[33]支晓强、蒋顺才:《企业激励制度》,中国人民大学出版社,2004 年版。

[34]中国集团促进会:《国有企业改革政策演进》,中国财政经济出版社,2003 年版。

[35]周革平:《经济增加值一般理论框架》,载《重庆工商大学学报》,2004 年 2 月。

[36]赵杨:《中国物流蓝皮书》,贵州人民出版社,2003 年 8 月。

[37]林泽炎:《转型中国企业——人力资源管理》,中国劳动社会保障出版社,2004 年 4 月。

[38]卢元镇:《体育社会学》,高等教育出版社,2004 年 1 月。

[39]马铁:《体育经纪人》,中国经济出版社,2002 年 5 月。

[40]菲利普・科特勒:《社会营销》,华夏出版社,2003 年 1 月。

[41]中国企业家调查系统:《企业家价值取向》,机械工业出版社,2004 年 4 月。

[42]张久元、吴峰:《整合经营》,中国经济出版社,2004 年 4 月。

[43]张久元、吴峰:《永续经营》,中国经济出版社,2004 年 4 月。

[44]张久元、吴峰:《虚拟经营》,中国经济出版社,2004 年 4 月。

[45]郭小陪:《政府经济学》,中国人民大学出版社,2003 年 11 月。

[46]《哈佛商学案例精选集——伦理化商业决策》,中国人民大学出版社,2003 年 7 月。

[47]张维迎:《产权、政府与信誉》,北京大学出版社,2003 年 1 月。

[48]财政部统计评价司:《企业绩效评价工作指南》,经济科学出版社,2002年5月。

[49]郭庆松、吴从环:《领导人素质及其测评》,经济管理出版社,2003年7月。

[50]孟建民:《中国企业绩效评价》,中国财政经济出版社,2002年5月。

[51]庄汉山:《怎样提高领导绩效》,暨南大学出版社,2003年1月。

[52]王东京、赵建军:《与官员谈经济学名著》,中国青年出版社,2002年1月。

[53]纪建悦、广智:《执行力组织》,企业管理出版社,2003年8月。

[54]吕叔春:《管理规则》,中国商业出版社,2004年6月。

[55]王育琨:《商业领袖底蕴》,中国时代经济出版社,2003年11月。

[56]张小井:《符号经济与实体经济》,上海人民出版社,2002年11月。

[57]王强:《对企业全员激励作用》,南海出版社,2004年7月。

[58]潘承烈、虞祖尧:《中国古代管理思想之今用》,中国人民大学出版社,2003年4月。

[59]张惠辛:《价值过亿》,华夏出版社,2004年5月。

[60]邱本:《市场竞争法论》,中国人民大学出版社,2004年5月。

[61]管毅平:《信息经济学引论:激励与合约》,上海财经大学出版社,2004年1月。

[62]卢现祥:《西方新制度经济学》,中国发展出版社,2004年2月。

[63]保罗·尼文:《平衡计分卡》,胡玉明,译,中国财政经济出版社,2001年9月。

[64]马志英:《经济政策原理价值与技术》,中国人民大学出版社,2001年9月。

[65]张军:《中国的工业改革与经济增长》,上海人民出版社,2003年12月。

[66]王检贵:《劳动与资本双重过剩下的经济发展》,上海人民出版

社,2002 年 6 月。

[67]夏兴国:《财政政策与货币政策效应研究》,中国财政经济出版社,2002 年 6 月。

[68]《中共中央关于完善社会主义市场经济体制若干问题的决定》,人民出版社,2003 年 10 月。

英文参考文献

[1]The Price Waterhouse Change Integration Team, The Paradox Principles—the Questions For value.

[2]Philippe Haspeslagh, Tomo Oda, Fare Boulos, VBM—not just numbers, Harvord Business Review.

[3]S. David Young, Stephen F. O′Byrne,《EVA 与价值管理——实用指南》,社会科学文献出版社,2002 年版。

[4]CPC International, 1996. Performance enhancement process for great performance.

[5]Gomerz – Mejia L. R. , Balkin D. B. , Cardy R. L. , Prentice Hall, 1995, "Managin – human resources".

[6]Kaplan R. S. , Orton D. P. , 1992, "The Balanced Scorecard – Measures that Drive Performance", Harvard Business Review.

[7]Chopra S. , P. Meindl, 2001, "Organization Theory and Design", South – Western College Publishing, a division of Thomson Learning.

[8]Daft, Richard L. , 2001, "Organization Theory and Aesign", South – Western College Publishing, a division of Thomson Learning.

[9]Hitt, Michael A. , R. Duane Ireland, Robert E. Hoskisson, 2003, "Strategic Management: Competitiveness and Globalization" (Concepts and Cases), Thomson South – Western.

[10]B. Ettorre, 1995, "Reenginerring Tales Form the Front", Management Review Bryant , T. & D. Chan, 1996, "BPR – To Redesign of . ot to Rede-

sign?",Business Change & Reengineering.

[11] Davenport, Thomas H. , 1993, "Process Innovation: Reengineering Work Through Information Technology", Harvard Business School Press, Boston, Massachusetts.

[12] Earl M. J. ,J. L. Sampler & J. E. Short,1995"Strategies for Business Process Improvement:Evidence from Field Studies",Journal of Management information Systems.

[13] Klein M. M. ,R. L. Manganelli,1994,"A Framework for Reengineering",Management Review.

[14] Likert , Rensis, 1958, "Measuring Organizational Performance", Howard Business Review,March – April.

[15] Lowenthal, Jeffrey, 1994,"Reengineering the Organization:A Step – by – Step Approach to Corporate Revitalization",ASQC Quality Press,Milwaukee,Wisconsin.

[16] Mayer R,1996,"Beyond Reengineering and Restructuring",International Journal of Physical Distribution & Logistics Management,26(7).

▸▸附　录

附录 1　专家评点[①]

对尹凌青博士论文的评点

绩效考核，属企业价值形态。从某种意义上说，新办企业一旦投入运营，余下的事几乎就是绩效及其考核，至少是与绩效考核相关了。企业拥有什么样的价值观，直接决定其绩效谋取方式以及考核方式。

本书颇有创意地触及并阐释了这一题旨。不仅如此，冠以“战略”二字，显然又别具一番心思。战略，对任何企业都不是与生俱有的，而对初建市场经济的中国及其企业而言，更近乎奢侈。国有企业有无真正意义上的“战略”？它在本质上是否只能与国家发展战略同向或同构？国有企业实施战略绩效考核是否具有切实的制度基础？保值增值应当是国有企业及其战略绩效考核的基本取向或动机吗？……应当感谢作者辛勤而又新锐的探索，因为从“战略绩效考核”足以引发读者在更广泛、更深邃、更根本的层面上再“战略”一番！

王忠明博士　国资委经研中心主任

“三维价值观”才是企业生存之正道

5 月在兰州见到了以王晞局长为首的调研小组。本是为请教企业重组问题的聚会，但我却因听到尹凌青博士有关“企业战略绩效考核”的论点而耳目一新，更想早点看到其论著的全部。

见到《战略绩效考核》的全文时，真有相见恨晚的感觉。本书虽然

① 本部分评点专家职务未做修订。

较多地讲的是国有资产经营中的企业绩效考核。但无论国企民企，其管理的本质命题是一样的，绩效考核中难点和死结形成的思想根源是一样的，绩效考核的现实成效和长远意义的结合要考虑的要素条件是一样的。

在中国，没有比历经“生存期”考验的民营企业更渴求经营正道的了；在置身市场竞争大潮时，没有比民营企业的管理者更渴求通过战略绩效管理赋予企业可持续成长的“长寿基因”的了。

反思中国民营企业的平均生存寿命不过三年的社会现象，回顾我们十多年来一边求生存，一边求发展的艰苦探索，我非常认同尹博士提出的企业考核的经济价值、社会价值和文化价值有机结合的“三维价值观”，这才是企业生存之正道。

在青藏高原，人与自然的和谐、人们追求物质利益的努力和追求心灵净化的努力同样重要。正是这个高原上生存的民族的主流意识和追求，才使这片广大而静寂的高原在繁荣的世间有了存在的价值与尊严。这也可作为“三维价值观”的宏观佐证吧！

雷菊芳　奇正藏药集团董事长、全国政协委员

企业与企业家价值评价的理论创新

实现效益、股东回报和社会贡献最大化，是企业和企业经营者应尽的职责。如何科学、客观、公正地考核与评价企业及企业经营者的经营成果和价值，是出资人、经营者、劳动者及社会大众共同关心的问题。这是一个国内外各类企业普遍面临的难题，更是中国国有企业的管理者和经营者努力探索的重要课题。

尹凌青所著的《战略绩效考核》，从战略绩效考核的历史演变、理论源流出发，紧紧抓住企业价值这个核心，从价值观、战略观、业绩观和考核观四个方面提出了战略绩效考核论的理论框架，并结合中国国有企业实践经验，探索了其实施策略。作为国有企业的经营者，深感这一理论的实践价值，具体体现在：

一是创新了企业绩效考核理论。作者通过翔实、缜密的研究，建立了一套基于企业素质之上的经济增加值（EVA）的经营业绩考核体系，引领企业经营者不仅关注财务指标，不是在财务数字上动脑筋、想办法，而且进一步放宽视野，放远眼光，从科学发展观、以人为本的战略高度，关注以企业资源、社会责任、管理能力、运行机制等为主要内容的企业素质的综合评价，同时可以较好地解决企业基础好坏、资产规模大小、资源占用多寡、经营环境优劣等诸多实际问题，比现行的财务定量评价系统功能更深化、更完善。

二是紧密结合了中国国有企业的实际。中国国有企业受历史和现实影响，有一定的特殊性。战略绩效考核论正视这一基本国情，较好地吸收了国内外绩效考核方面的研究成果，因而具有较强的应用基础。

三是引领和促进企业健康、快速发展，解决了目前很多企业盲目追求经济利润导致的短视行为、急功近利，较好地在企业层面上落实科学发展观。

四是有利于促进创建和谐社会。作者提出的经济价值、社会价值和文化价值“三维价值观”及出资人、经营者、劳动者和社会公众“四层价值主体”，将企业与社会、经济与文化、过程与结果、继承与创新、水平与素质、目前与未来有机地结合起来，可以有效地促进企业和谐，进而促进社会和谐。

总之，希望战略绩效考核理论和方法尽快应用到国有企业资产经营与管理过程之中，在国有资产监管、国有资产保值增值、企业经营者激励与约束机制等方面发挥积极作用。

余海龙　中国新时代控股（集团）公司总裁

从实践层面看尹凌青博士的“三维价值观”

中国的国有资产在未来经济的发展中将接受更加严峻的考验。就民众而言是带着几分祈盼、几分不安在翘首审视着国有资产的价值取向。

循着这一思路，想到有多少重量级的国企在全新的环境下黯然出局，更多的国企在想什么是最优化的发展。

尹凌青博士作为管理者，又以学者的视角提出了战略绩效考核这一旨在引导经营者的命题。其所论述的“三维价值观”体现了政府的责任，显现了全民资产的含义，更是企业自身发展应选择的路径。

从实践层面看，我们企业控股的杭州千岛湖发展有限公司是一家规模较小的农业企业，也是处于市场竞争最充分领域的旅游企业。从企业管理的角度来看，技术、资金、人才在所在区域都是具有一定优势的，因此企业董事会十分注重制度。

在对经营者试行EVA考核的几年来，企业由基期的亏损几百万元在考核当年即实现盈利，然后连续多年利润指标翻番，而达到千万元。在这个过程中，企业带动了千家万户的农民致富，成为浙江省农业龙头企业。企业自身投入并为宋庆龄基金会水资源环境保护捐献数百万元基金，用于千岛湖的水资源环保。围绕企业文化每年推出一个侧重主题，企业的价值得到巨大的提升。

地方政府因此对这个企业高度重视，以至于对董事会的各项决策都十分关心。股东利益得到充分的保障，经营者和他所带领的团队充分展现出经营才智，区域内的林农觉得离不开这家具有带动作用的企业。

我们曾想把对下属公司的考核统一到中央企业绩效考核的体系上。“战略绩效考核国有资产经营”使我们的实践有了理论基础和启示。我们十分期待这一研究成果逐步付诸实践，并愿意配合作者在实践中进一步探索与丰富绩效考核这一富有挑战性的理论。

刘世勤　森林国际旅行社总经理

我国已加入WTO，跨入经济全球化、贸易自由化以及知识经济时代和信息时代，顾客需求瞬息万变、技术创新不断加速、产品生命周期不断缩短、市场竞争日趋激烈甚至惨烈，企业管理面临着越来越多的挑战与冲击，迫切需要寻找和探索一套科学、有效且又具可操作性的业绩评价体系。

《战略绩效考核》正是从价值管理的范畴通过理论及实践的深入分析和研究，提出了“三维价值观”“四层价值主体”“六个结合”和“五度战略观”这些理念，较全面地考虑了有关公司价值创造的因素和利益平衡关系，提出了一套科学、有效而又具操作性的业绩评价体系，能使经营者和股东的利益保持根本一致，能使经营权和所有权二者的关系进一步合理协调，能使经营者以与股东一样的心态去经营管理，像股东一样思维和行动。

《战略绩效考核》可应用于企业目标设置、业绩评估、战略评估、配置资金、并购估值以及激励薪酬确定等多个领域。《战略绩效考核》的推广和应用，有利于保证资本的保值增值，有利于企业可持续发展并不断创造价值，有利于经营者获得合理的激励薪酬。

吴嘉林　中煤国际工程集团武汉设计研究院院长

俗话说，考核是风向标，考核是指挥棒，有什么样的考核体系、考核目标，就会引导企业朝什么方向努力。

纵观我国改革开放二十多年的历史，从最初对企业利润留成、利润定额上交，到承包经营责任制，直至目前的以保值增值为主要内容的绩效考核，大都没有走出急功近利、追求短期经济利益的怪圈，尤其是大型国企改制上市后，出于资本市场对企业收入规模、利润增长方面的压力和国资委的考核导向，企业在用投资拉动、成本支撑企业发展的老路上越走越远。如何通过考核思想的改变、考核体系的完善、考核目标的科学设置，引导企业按照市场规律和自身需求，走出一条健康、稳定、可持续发展的道路，是企业界多年来的希冀和为之孜孜不倦追求的目标。

最近，当我看到尹凌青博士撰写的《战略绩效考核》一书后，眼睛为之一亮。尹博士通过长期的理论钻研和实践总结，提出了“战略绩效考核论”的理论框架，并从价值观、战略观、业绩观、考核观等多维度精辟地论述了该理论产生的实践需求和理论渊源，提出了“战略绩效考核论”的实施策略、战略地图和演进路径。该理论从科学发展观的高度去认识，从和谐社会的广度去构建，从以人为本的深度去激励，用企业创新的速度去实现，用企业文化的温度去保持战略绩效的构思新颖、独特。在实践中注重企业的水平与素质的协调发展，继承与创新的结合，企业与社会的和谐均衡，追求目前与未来、经济与文化、过程与结果的一致性的考虑切实可行，这不正是我们在实践中感到困惑，期盼已久、早想得到的理论指导和开启实践的钥匙吗？

我高兴，我振奋，因而我为之鼓与呼。

元建兴　湖南省电信有限公司副总经理、总会计师

对一个企业进行有效的绩效评价与考核 ，从来都不是一件容易的事。所谓有效的绩效评价与考核 ，至少要起到两个方面的作用：一是绩效评价与考核作用，二是绩效评价与考核对企业发展的导向作用。两种作用又是相辅相成、互相促进的。

有效的业绩绩效评价与考核，会对企业经营产生很强的导向作用，先进的指标值会成为引导众多企业追逐的目标。如本书所述的泰勒生产效率、杜邦财务指标、费希尔现金流量、杰克逊·马丁尔德非财务指标的考核，以及思腾·思特经济增加值和罗伯特平衡计分卡。从绩效评价与考核理论和实践的发展可见，在不同的时代、不同的国家、不同的企业会有不同的评价与考核标准、方式和结果，但有一条是相同的，就是你评价考核什么，企业就会有什么。结合对国内外大量绩效评价与考核案例的剖析，可以认为，要使得绩效评价与考核的结果有公信力、影响力，因地、因时、因企不同，应采用不同的绩效评价与考核体系。指标考核是最实用、简便的方式，但也会因此失去了对更广泛领域企业群体绩效评价与考核的统一性。

很高兴地拜读尹凌青同志的大作，她从保证国有资产的保值增值的角度，创造性地提出了“战略绩效考核论”，系统阐述了“三维价值”“四层价值主体”“价值环”“六个结合”及“五度”导控等理念，试图

构建一套企业，特别是国有企业绩效评价与考核的科学体系。她的研究，既立足于中国国有企业这一具体绩效评价与考核对象群体，又站在更高更广阔的视角研究企业，具有更广泛的意义。这是对绩效评价与考核理论在我国应用实践的探索与丰富。企业改革与发展的很多问题是经营者们冥思苦想的，也是在实践中不断探索的，战略绩效考核的观点给大家很多启示，就企业的持续发展有很多思想的共鸣。

李守武　中国兵器装备工业集团副总经理、总会计师

实施绩效考核既是股东的权利，也是股东的责任，同时更是管理企业的重要手段。然而，绩效考核也绝对是一把锋利无比的“双刃剑”。因为“考核什么就会有什么”，正确绩效考核的积极意义毋庸置疑，错误绩效考核则会带来错误的结果，更为可怕的是，错误的结果可能在很久以后才被人们所察觉。我们现在对国内企业普遍缺乏核心竞争力和自主创新能力痛心疾首，殊不知，这或许与当初考核缺失或考核不当不无关系。我长期在国有企业从事经营管理工作，既是考核者也是被考核者，对绩效考核的意义、难度与得失有一定的感受和认识，也存有许多困惑之处。尹凌青博士的《战略绩效考核》给绩效考核的理论研究和实务工作带来一股清新之风，作者在进行广泛理论研究和实践调研的基础上提出战略绩效考核的观点及实施方法，目的在于倡导建立一套正确的绩效考核体系，相信实施战略绩效考核将能在一定程度上克服现行绩效考核制度的弊端，建立相对全面、系统和公平的绩效考核体系，促使被考核企业着眼于确立和实现战略发展目标，着眼于持续提高企业自身素质及核心竞争力，最大限度发挥绩效考核这把“双刃剑”的积极作用，避免或减少其消极作用。

邓金栋　中国医药集团总公司总会计师

尹凌青同志研究的企业的战略绩效考核问题，对国有企业占国民经济主导地位的我国国情，有十分现实的意义。在过去很长的一段时间里，

我们只知用传统的财务指标对国有企业进行考核。这不仅不能科学、全面、公正地反映企业的实际情况，而且不可避免地会误导企业的经营理念。我们这些在国企工作多年的同志，都有很深的感受。

范晓复　中化集团副总经理

“战略绩效考核”是对企业发展质量性的考核，它摆脱一般绩效考核中只顾眼前、只看表面的现象。一般绩效考核容易造成任期内经营者的短期行为，如果企业的经营者在任期内成绩平平，但他解决了大量历史问题和现实问题，为以后发展打下了基础，创造了条件，那么这样的企业领导比那种只顾短期行为，表面上轰轰烈烈，任期过后企业无发展后劲的领导要好得多。“战略绩效考核”有利于公平公正评价企业未来发展价值，对一般性绩效考核是很重要的补充，更能促进企业重视内在能力的建设和核心竞争力的打造。国有企业不仅要看今天的发展，更要夯实明天的能力，注重质的管理，这样才能永远立于不败之地，“战略绩效考核”才能在推动企业质的发展上发挥更大的作用。

潘德源　中国外运副总经理

企业绩效考核是企业管理的重要环节，是评价企业创造价值的基础性工作，是激发企业家开拓创新激情的根本动力。企业绩效考核的科学性与可操作性的协调、当期考核与战略评价的结合、宏观与微观差别及企业特质与企业成长性细节的考量，均影响着企业绩效的评价。论著《战略绩效考核》对企业创造价值有深刻的理解和更全面的考核标准阐述。按照科学发展观的要求，对分层的价值主体进行了积极探索，立意鲜明。对绩效考核的建立，提出了更为系统完整的“六个结合”思路。特别是从常规的企业绩效考核跃为战略绩效考核，依据理论与实践历史和发展趋势分析，观点有高度和深度，极具现实指导意义，值得国资监管部门和有关人士阅研。

陆红星　中国化学工程总公司副总经理

《战略绩效考核》理论研究的创新主要表现在：从政治经济学的理论出发，通过分析生产力与生产关系的相互作用机制，探索适应目前经济基础与上层建筑和谐发展的条件；从“以人为本”的角度，深层次探寻绩效考核相关的经济学和管理学理论，研究绩效考核理论的基础和原理，独创地把企业素质综合指标和经济增加值（EVA）结合起来；以价值为导向，将价值链提升为价值环，明确价值创造、价值实现、价值评价和价值分配的互动循环，以达到持续、长远地实现经济价值、社会价值及文化价值，促进企业与社会的和谐发展。

《战略绩效考核》的实践指导意义在于：强调战略管理，将经济增加值（EVA）和平衡计分卡的思想与中国企业实际相结合，运用财务指标和企业素质综合指标开展战略绩效考核。引用联想、华润等公司的案例说明，全过程地以战略业绩充当价值驱动要素，旨在通过建立绩效考核体系把组织和人员的行为引向企业的战略目标，对企业建立和完善战略考核体系具有一定的指导意义和重要的参考价值。

吴信宝博士　中国电子科技集团公司第50研究所所长、党委书记

我只站在国企经营管理者的角度，结合文章谈谈对企业绩效考核工作的一些认识与体会。考核与被考核永远都是一对矛盾体，但绝不是水火不相容，是可以寻找融合点的。当今社会，能够经受外资、合资或者民营企业高薪等优厚条件的考验，而选择作为国有企业特别是国有大型企业的经营管理者，首先他们的人生观、价值观和政绩观就与众不同，他们工作的目的绝不只是“向钱看”，更多的是出自强烈的使命感，是一种对国家、对社会、对员工的责任心，同时也希望在企业的全面发展和社会的进步中去实现个人更高层次上的人生价值。

从另一个角度看，虽然经济社会中企业有别于计划经济体制下的工厂——企业要依托于市场以追求效益为目的，但是作为社会主义制度下的国有企业，追求的不应只是单纯的经济效益，而应该是综合效益，否

则将难以承担起彰显国家实力、建设和谐社会、推动人类进步的历史重任。这对于我们这样的制造型国有大型企业尤其重要。

由此可见，凌青同志的选题即站在了高点，具有特别意义。而文章所在的立场、阐述的观点、构建的体系，都给人一种更新、更高、更系统的启示。

其一，“三维价值”更能诠释“国有资产”对人类社会进步的价值，特别是社会价值和文化价值，更能体现国有企业的主导地位、发展导向与示范效应。

其二，协调的“业绩观”“考核观”，通过寻求“四层价值主体”深层次的共同点，达到建立和谐价值关系，实现国有资产保值增值的目的，具有多重激励性。

其三，“六个结合”使考核系统覆盖国有资产经营多方位，有利于促进国有资产素质与水平的结合，引导企业协调和持续发展，也体现出资人对国有资产经营的期望值。

其四，“五度”导控、多维并进的考核模式，贴近实际，容易被国有资产经营者接受。

倪德重　中国第二重型机械集团公司重容分厂厂长

绩效评价作为企业管理子系统，对于整个管理系统的重要性不言而喻。随着战略管理热潮的兴起，对绩效评价提出了新要求，有效的战略绩效系统必须能够引领企业的经营活动围绕企业战略目标，化战略为行动，而传统的绩效评价系统偏重于短期目标及结果性的财务指标，难以全面平衡地考量企业战略执行情况，因此研究战略绩效管理就变得尤其重要。对于国有多元化的企业集团而言，战略绩效考核的重点在于如何在不同的业务部门，依据其业务战略的逻辑链条，寻找出真正的业绩驱动关键因素，确定不同层面的业绩关键指标，以市场标杆、历史数据、预算数据作为比较标准，同时以工作目标的定性评价作为整体评价的一部分。要建立一个完善的战略绩效考核系统，必须要有良好的企业文化为基础，引入平衡计分卡及 EVA 等先进战略绩效评价工具，通过不断地测试和调整，才能达到满意的效果。本书首先从理论上搭建了一套完整的框架，从学习型企业战略绩效考核需求入手，创新地提出了“三维价值”“四层价值主体”“五度战略视角”“六个结合业绩观”，给出了战略绩效考核的实施策略，既有先进理念引入，又有翔实的案例论证，对于如何建立国有企业战略绩效考核有着非常有益的借鉴及参考价值，是一本不可多得的开卷有益之著。

赵　玮　中粮集团

走出“乔”的悲剧

波士顿顾问公司的《公司战略透视》一书中，讲述了这样一个故事：

乔是一位享有“起死回生”盛誉的经理。这个美名来自当年他奉命在庞大而多元化经营的公司中，不止一次地救活垂死的事业部。然而，乔的名声后来却开始走下坡路了。人们发现：在乔离开那些事业部并把它们交给别人接管之后，这些部门似乎又开始萎靡下去，慢慢陷入以前的亏损状态。于是大家逐渐怀疑，其实乔并没有使这些事业部真正“起死回生”。一位深悉公司内幕的退休前辈指出：乔确实使事业部的会计报表上出现了利润；他采取的方法包括砍掉每一笔不会立即产生回报的费用，削减广告宣传、产品开发、设备保养、人力资源开发、教育培训，以及并非绝对必要的一切支持性工作；他还保持价格坚挺。从短期看，这些做法确实带来了盈利；但从长期来看，费用的削减降低了企业的持续发展能力，而价格的坚挺使企业的市场占有率降低。两者都削弱了企业的持续发展能力。

这是一个虚构的案例，但它反映的问题在现实中却普遍存在。许多企业的经营者就像乔一样，专注于通过财务手段改善近期的盈利，却在不知不觉中削弱了企业的持续发展能力。这些企业显然违背了管理大师德鲁克的教诲：企业必须在今天的业务和明天的业务之间保持均衡。唯其如此，企业才能可持续发展。

要像德鲁克所要求的那样，在今天的业务和明天的业务之间保持好均衡，要求企业在保持今天的业务良好运营的同时，必须制定和执行正确的战略。

那么，在制定战略和执行战略之间，哪一个更加重要呢？传统上一般认为制定战略更重要。然而，美国哈佛大学商学院的教授罗伯特·卡普兰通过一项以275名各类管理者为研究对象的研究发现，战略实施的能力比战略本身的质量更为重要。无独有偶，20世纪80年代初，一项针对管理咨询顾问的调查表明，好战略得到成功实施的比例不到10%。美国的一位管理学者在《财富》杂志上撰文指出："在大部分案例中——估计有70%，真正的问题不是糟糕的战略，而是糟糕的战略实施。"

战略实施的障碍来自何处？可能与文化、技术、环境等多种因素都有关系。但是，首要的障碍却是来自传统的绩效管理体系。传统的绩效管理体系以企业的财务绩效为中心，而战略实施与财务绩效之间却存在着矛盾：战略实施必然导致费用的发生，但在相当长的时期内却不一定会带来收入的增长，这就会降低近期的财务绩效。于是，当一家企业采用传统的绩效管理体系时，其管理者就很难将注意力放在战略的制定和实施上。像前面案例中的乔那样的经营管理行为，几乎是传统绩效管理体系下的必然结果。

今天的企业，生活在一个产品生命周期日益缩短的环境之中，企业稍不留神就有可能成为过期产品的殉葬品。制定和实施战略因而显得更加重要。传统的绩效管理体系再也不能支撑企业的可持续发展，以战略绩效为中心的绩效管理体系应运而生。卡普兰和诺顿在20世纪90年代通过总结企业的经验，创立了平衡计分卡这样的战略绩效管理工具。这套工具迅速在企业界得到应用。

平衡计分卡在我国同样受到欢迎。然而，从实际应用效果来看，平衡计分卡在我国的企业中却似乎没有取得像在美国那样的结果。这或许是因为我国的国情与美国的国情不同。创立一种适合于中国国情，尤其是国有企业的战略绩效管理体系，由此成为当务之急。

从这个意义上讲，尹凌青博士的论文可谓填补了我国企业管理研究中的空白。更可喜的是，作者没有停留在理念的演绎上，而是在大量调研基础上，初步形成了一套基于我国国情的战略绩效管理工具。书中关于企业素质的评价和管理，更是提供了一种新的研究角度。

我们有理由期待作者将这套工具付诸实践，在实践中进一步完善，提高其可操作性，为我国企业的发展发挥实实在在的推动作用。

陈永生博士

附录 2　作者代表作品

1.《绩效考核更要注重引导提高“企业素质”》，发表于《上海国资》2007 年第 3 期。

2.《绩效考核新论——“五度”考核国有企业战略绩效》，发表于《企业文明》2008 年第 8 期。

3.《解析 EVA》，发表于《上海国资》2009 年第 3 期。

4.《人力资本的战略绩效考核探究》，发表于《中国人才》2008 年第 17 期。

5.《人力资本经营的战略性绩效考核》，发表于《中国人力资源开发》2008 年第 12 期。

6.《提高国企竞争力的政策措施》，发表于《企业管理》2002 年第 5 期。

7.《以战略绩效考核促进国资经营》，发表于《上海国资》2006 年第 6 期。

8.《战略绩效考核的价值与意义》，发表于《市场营销导刊》2007 年第 1 期。

9.《战略绩效考核国有资产经营》，发表于《管理世界》2006 年第 11 期。

10.《以“碳优化”为导向“三绿对接”共筑“绿色发展”——在 2023 年钢铁行业绿色技术、绿色项目、绿色金融供需对接服务活动上讲话》，发表于“学习强国”学习平台。

11.《以“碳优化”为导向“三绿对接”共筑绿色发展》，发表于人民号、网易头条。

12.《以“碳优化”为导向“三绿对接”共筑绿色发展》，发表于《中国冶金报》2023 年 8 月 8 日。

后　记

一个初秋的凌晨，推开窗子已能感觉到凉意，但我心里却有着一股热浪涌动：一本书！一本36万字的书！终于结稿了！三年多的时间，一千多个日夜，完成了我人生的第一本书。书稿扉页上那刚刚写上去的“战略绩效考核”六个大字体现着我对人生的追求，而我更愿用另外两个字表述——责任。

写这样一本书，是我心底几十年来那份浓浓的“企业情结”在呼唤。我的父亲是一家大型企业的高级工程师，儿时随他到厂里看到两层楼高的“大龙门刨”在轰鸣，就梦想着有一天能“指挥”它；童年的玩具主要是父亲教学的“木质机械模型”，我常常用这些玩具搭建着自己心中的企业。大学毕业设计答辩时，我面对着评委、校领导，手持教鞭、气宇轩昂地讲解着墙上的“机械总装配图”，俨然就是“总工程师”正驱动着那些“钢铁战车”在纵横驰骋。工作后，我20年都在企业管理部门工作，随矿工下过地下几十米的煤矿、铜矿，跟采油工人上过几十米的海上平台；接受过进药厂GMP车间以前的“多次消毒”，也受过炼钢炉旁烈烈火焰的烘烤。办企业的艰辛深深印在我的脑海中，情愫难断。一次出差到西北，我听到一位老“军工战士”说：“只要我们的企业能重新生产，我马上回去，不给工资都行。”他的话使我热泪盈眶。当年那些拥有几万人、几十万人的国有大型企业，如今却相继重组、破产、倒闭，到底是为什么？对企业的这份情结汇成一股澎湃的热流，给我以“心力”——我是企业的女儿，一定要为企业做点什么！1989年，我国一家效益还算不错的大药厂，请一位意大利专家来会诊、指导，厂长和总工陪着专家参观了生产车间，介绍了企业的情况，没想到的是专家指着厂区说了一句“这样的药厂早就该进博物馆了!”便转身离开了。我作为翻译如鲠在喉，这位专家的话和他讲话时的表情刺痛了我，至今未能忘却。后来，我到法国、德国、美国、英国等发达国家考察，看到国外的药厂如同花园，钢铁、机械加工企业窗明几净，汽车装配如行云流水，企业的一般员工对企业文化侃侃而谈……这场景又一次次刺痛了我：我们的差距到底在哪里？我是国家公务员，我能做点什么？

写这样一本书，是工作责任使然。参加工作之初的七年里，我先后在国家医药局、国家经委的人事局从事着职称评定的工作——对“人”进行考核。具体工作是依据标准、按照程序确认上报的材料合格后，将《证书》盖上刻有国徽的印章，我当时感觉很神圣。但是，在接待了一位怀抱着一大摞资料、为职称评定而上访的、白发苍苍的老技术人员后，我问自己：那些上报的材料能客观地反映一个人的成绩及水平吗？国务院国资委成立后，我在业绩考核局工作，从事对企业的“考核”。工作从考核“一个人”到考核“一群人”。虽然对人、对企业的考核不尽相同，但对我来说，我只有将“考核”进行到底了。国务院国资委承担着国有资产的监督管理工作，作为一名工作人员，刚开始时，面对企业报来的企业简介、财务报表、预算报告等资料，既有无从下手的茫然，也深深地感到责任重大。我再次问自己：仅凭这样一些文字材料能对一家企业进行评价、考核吗？怎么才能激励人奋发进取？如何才能引导企业永续经营？担当“考核”重任的我，该做点什么？

我决心探寻考核企业的理论和方法！

我一边适应着工作，一边思考着如何把一些先进理念、科学方法运用到对企业的考核工作中。在与企业的同志沟通、切磋中，我总感觉对企业的了解还很不够，因此，只要有机会我就到企业去了解情况，向企业的同志学习，填补自己的“实践空白”。2005 年初，组织上派我进行教育活动督导工作，在长达一年的工作中，我一丝不苟地完成着督导工作，同时，也从企业的领导、职工那里汲取着实践的营养，“战略绩效考核”的思想在与实践者的不断沟通中日臻完善。

写这样一本书，是对我多年未曾间断学习的“综合性考核”。我从小爱好数理化，在大学里读机械设计，理想是要当工程师，可最后到了宏观经济管理部门工作，几乎天天“写文章”。为了提高自己，我珍惜着每一次学习的机会，1991 年赴法学习，1996 年获得北京理工大学的 MBA 学位，2001 年进入中南财大攻读经济学博士。在恩师朱延福的指导下，完成了以《战略绩效考核论》为题的博士论文，正是这样的学习历程给我这个满脑子“理工”的人注入了“经济智力”。18 万字的博士论文将存在于我大脑中那些星星点点的思想火花“挤压”成形，“战略绩效考核”的思想得到了广泛认同，也使我豪情顿生。当我踌躇满志地铺好稿纸，打开电脑，开始“做学问”时，发现写书竟比登山还难，孤独、向上、困难、挫折自不必说，还会“缺氧”。知识短缺让我几次停笔，适逢此时，领导安排我脱产去党校学习、参加 EVA 课题研究、参加保持先进性教育督导组，前后两年的时间使我的政治理论、经济理论水平得到了全面提升，也为我的写作注入了新的“动力”。感谢领导给我这样的机会，使我能够在面对这次“考核”时，交上一份还算像样的答卷。

近三年的写作历程，我有过成就的喜悦，有过调研的辛劳，有过思考的困惑，也有过心灵的伤感，我饱尝着辛苦，感受着困惑，也享受着快乐。蓦然回首，我深感这其实就是一种幸福，一种奋斗的幸福。在此，我要向所有给予我幸福的老师、亲人、朋友、同学、同事致以深深的谢意！

执笔之初，举“题”不定，恩师朱延福专程从武汉来到北京，教导我：“学习的目的就是‘学以致用’，在职博士要结合工作写论文才更有意义，你在国务院国资委从事企业的绩效考核，这一项工作影响深远……”并亲授“战略绩效考核论”为题。青海省马建堂副省长，作为我的老领导，从青海回京与我谈及论文题目时讲：“一个好的命题是文章成功的关键，这个题目很好。”国务院参事郎之正教授本是我硕士研究生的导师，对我博士论文及此书写作的立意也高屋建瓴地给予分析与指导。师恩难忘，本书想在教师节前出版，就是想以此向老师们说声“谢谢您！”

写作伊始，王忠明老师的一番“战略指点”对我影响很大，在写作中，我时常会想起他说的那句“战略绩效考核是一个价值范畴的问题”。我也时常到王老师主持的“中外名家系列讲座”去感受名家的“智慧”。我还经常去对外经济贸易大学找我的老师林汉川教授，我的同学陈建香书记、张淑艳副教授等“吃点小灶”。这些采集来的思想火花如闪烁在夜空的点点星光伴随我一起走过了这段路程。“书到用时方恨少”是小时候常背的一句诗，写书时对此的感觉就更明显了。思路迷茫，写不下去时，我想起老师说过“哲学是科学的科学”，就将《矛盾论》《资本论》《国富论》等原著拿来重读，深感书真是我的“益友”。更值得庆幸的是，每感困惑时，我都能从良师朱焘那里得到指点和帮助，一次次为我修改文稿，其气度、其功底、其敏锐、其透彻……是我终身学习的榜样。

在写作过程中，一段特殊的经历是参加张青林老师领导的先进性教育活动督导组。在张组长的“重压”下，我们的五人小组一年中完成了近50万字的文稿，而我这个组长任命的“秘书长”也从中得到了最好的锻炼，在听到别人夸我这一年水平提高了的时候，我会在心里暗想：这是张组长的功劳。我体会到张组长“授人以鱼，不如授之以渔”的关怀。另外，让我感动的是张青林教授给予“破题”的点拨，以及亲自撰写的冠以《感》的那段文字。那段日子留给我的另一份感动是与中国铁路工程总公司、中国林业集团总公司、北京矿冶研究总院、中国化学工程总公司、华诚公司、中国诚通公司、中国路桥总公司、中国对外贸易运输总公司等企业的领导、同志们，在工作中建立起来的真诚友谊，他们的认同增强了我写好这本书的信心，同时也感谢他们给予的帮助。

出于对名家的景仰，我曾聆听了陈清泰主任关于技术创新的演讲，当时此书的初稿即将完成，在听到陈主任谈到考核可以从战略的角度支持企业技术创新时，我非常激动。时隔数月我带着书稿到陈清泰主任的办公室请教，陈主任花了一个多小时给予指导，并为本书写了“导”。自己的一点浅见得到陈主任的鼓励，使我越发有了要更加努力学习的动力。

我是工作在国资委考核局的一名普通职工，所做的是自己认为应该做的，所想的也只是自己在工作中的一点思考，所写的是总结的一些思路和想法。当带着这样一份“工作报告”向我所敬畏的李荣融主任汇报时，得到了李荣融主任的肯定和鼓励，老领导还亲自为此书写了序言，我如同小时候做了一件好事，得到老师那朵象征最高荣誉的“小红花”一样高兴，感到无比光荣，也使我倍受鼓舞。

我不想把后记中的这一段写得像奥斯卡获奖感言，但我无法忘记刘瑞、陈继忠、付翠萍、付玉智、罗凡、李怀萍、滕迁北以及中铁工余汉林等、中粮侯文荣等、五矿刘立军等对我的鼎力相助，无法忘记崔占福、张成寅、王家瑞、马来堂、王梓本、王建曾、冯爱琴、王晞、邓志雄、王卫民、谢俊、侯燕平、毛元斌、李守武、张红、王淑霞、康雁、李志杰、高常梓、冯凌旭、刘强、安立志、朱新涛、赵秀梅、彭壮、曲向军、李伟、苏佩璋、佘京梅、李跃华、周航、刘满江、吴琼等朋友们对我的有求必应。无法忘记在百忙中亲自为本书撰写“评论文章集锦”的“评论员”们，最令我感动的是奇正药业董事长、全国人大代表雷菊芳大姐把评语送到了北京。在此，我真心地感谢所有帮助和支持我的朋友们。

慧者施智，亲人赋情。三年中当我疲惫、委屈时，父母亲的一次次关怀给我以安慰，一路陪伴我的任捷、贾莉娟、绍华、成建平、程浩洋、尹长青、尹玉青、尹海泉等弟弟、妹妹一次次给我以温暖，帮着改稿子、接送上下班……近 90 岁的姑奶奶对我的嘱咐常常在耳边响起：“坚持写下去，而且还要写好，这才是我们家人的性格!”每次听到父母亲“早点休息”“明天还要上班呢”的催促之声和深夜写作接到家人电话时我都会感慨：真是儿行千里母担忧啊！我让父母牵挂着，我也时时刻刻牵挂着我的儿子王世元，想儿子……写书……好好写！母爱，把所有的情怀都转化为书中的字句！我如此一一列举，是因为亲情超乎寻常，仅说声感谢实在无法表达我的心意。

掩卷回首，我看到的是一张张真诚、慈祥的面容，听到的是一句句洋溢着鼓励、启迪的话语，便不敢有丝毫懈怠和草率，唯有不停地努力，以回报大家。结稿了，在九月，刚刚经历了春耕、夏忙，略有了一点空闲，然而，追逐金秋，还需再接再厉。一种告一段落的轻松，一种对未来收获的期待，一种不敢放松的谨慎——真是一个心情复杂的季节。

心系一念，执着追求，近乎痴狂，为的是事业。微力助伟业，片心献深情，今如是，后亦如此。以此记谢师飨友，当共勉之。

2006 年于北京

再版后记

《战略绩效考核》的心路历程

20 年丹心，20 载探路十九拷问

无巧不成书！

我是理工生，《战书》2006 年第一次出版既是偶然，也是顺其自然！那是我求学、工作、生活的“巧事集锦”。

20 年后，《战书》再版迈着历史步伐、踏着时代节拍，这是我职业、学业、事业邂逅的“巧事连篇”。正如有学者撰文《战略绩效考核：在探索中创新》。

20 年来，《战书》践行读万卷书、行万里路、阅人无数、贵人相助和名人点路之“天道”！

20 年来，《战书》错过了冬雪，赶上了春绿，呵护了丹心，偶遇了未来！我履行做学者、作者、志愿者的“社会责任”。

20 年来，《战书》一路“巧遇”，一路“拷问”，一路“锦绣”！在此，我以“十九拷问”向读者表达历时 6 年完成再版的心路历程。

第一拷问：《战书》再版，为什么竟然需要 6 年时间？

写书如同登山，差一步也上不去！

出版如同演奏，错一个音符就刺耳！

再版如同开车，车轮少转一圈也不能到达“目的地”！

2019 年决定再版，因为全球“疫情”刺激了我，从“一罩难求”到“罩满天下”，从全国按下“暂停键”“重启键”到“六稳六保”，我深刻感受到，落实“生物安全战略”迫在眉睫！落实“科技创新战略”志在必得！落实“可持续发展战略”势在必行！我捧起《战

书》，心里觉得应该做点什么！我决定《战书》再版！

开启再版征程后，出版社立刻打印一份“书稿（第一稿）”给我。当我捧着36万字、400多页的书稿，感觉“责任重于泰山”！20年后，独自品读《战书》，一方面，非常难得的是“三维价值观”“四层价值主体”“五度考核”等核心内容得到广大读者的认同，符合时代之问、发展之需；但是，另一方面，《战书》有些文字描述、观点陈述、理念综述全面揭示出“理工生”弱点，我语文水平不高、理论功底不深、文字修养匮乏等缺点暴露无遗！

60岁，我继续自己想、自己写、自己改的“写作旅程”；60岁，我竟然启蒙了自己设计封面、自己绘制封面、自己题写书名的“书画征程”。挑战一个接着一个预想不到！结果，竟然花费了6年时间！

再版启程6年来，我坚守“时间服从质量”，锦绣《战书》只做了“三件事”。一是36万字、逐字逐句修改了十几遍，1500多天朝思暮想；二是5章内容，每一章撰写《20年再版“自我测评”》，20年“实战故事”凝练出来，而且，我用“钢笔书写”在一张纸上完成，为了自己这个“创意”买了3支钢笔写了几十遍，付出600多天；三是自己设计封面（风格、构图、色调）、自己绘制封面（五彩太极图）、自己题写书名（毛笔书写），“封面完成”用时300多天。也许因为我是书法和绘画的“初学者”，深深地感受到时间、精力、困难完全出乎预料，幸亏我“出书”不是职业要求、不为评职称、没有“考核”压力，只为把20多年来的所见、所思、所悟表达出来，与读者、学者、智者“智联天下”。

再版之际，我分享与《战书》相关的“巧故事”，感恩各位同学、校友、朋友、同事的帮助，感恩各位恩师的“点拨”，感恩时代赋予的责任和使命。

第二拷问：李荣融主任为第一版写《序》，我如何对得起前辈的嘱托？

如何引导中央企业创造价值？

如何助力管人、管事、管资产相结合监管体系建设？

如何助力“横向到边、纵向到底”的业绩考核制度完善？

李荣融主任为第一版写《序》，鼓励年轻同志“把论文写在工作中”。2003年，国务院国资委成立之初，“业绩考核”是国务院国资委及196户中央企业的核心工作之一，李主任亲自推动“经济增加值（EVA）”研究和运用。我服从组织安排，参与“EVA课题研究”，碰巧与大家一起访谈企业、共同测算各企业历史数据、参与起草“业绩考核暂行办法”。后来，我完成“书稿”时呈送领导，本意只是汇报工作，当李主任看了“书稿”后说给写《序》时，我简直就像小朋友在幼儿园获得“一朵小红花”，而且是意外惊喜！

《战书》再版，我用行动感念敬爱的李主任！我用行动落实李主任对年轻人的教导：“在机关里要研究一些拿来用得上的政策！”我用行动贯彻落实为企业服务的“夙愿”！鹤发银丝映日月，丹心热血沃新花。

第三拷问：陈清泰主任写《导》，我怎么探究科技创新考核制度？

如何激励科技人员不断创新？

如何构建“机电信数智”五代叠加的创新生态？

如何引导企业高质量、可持续、创新发展？

陈清泰主任写《导》，主要是期盼表达对“科技创新”的厚望。陈主任是原国家经贸委老部长，大家称其为“学者型部长”。我非常敬佩陈部长对国企改革、经济发展、科技创新的担当和智慧。2006年《战书》出版前，我想请德高望重的陈主任为《战书》指点一二，当时有人说我异想天开。确实，在国家经贸委跟着陈主任工作已过去10多年，冒昧地请陈主任“名人点路”，我真是有点异想天开！但是，我坚信陈主任对工业、对企业、对技术创新的“深情厚爱”。我忐忑地给陈主任办公室打电话，没想到，陈主任立刻答应在办公室约见。当我到陈主任办公室呈上“书稿”，陈主任审阅了书稿后说的第一句话是：“写得不错！”我顿感茫然。陈主任看到我诧异的样子，接着说：“写得不错，这是很高评价啦！尽管有个别地方不完善！恰恰看得出，你是自己写的。现在写书的人不多了！”然后，陈主任和蔼地跟我说：“我给写个《序》吧，鼓励‘小同志’写书，你们要鼓励央企科技创新啊！”我真是喜出望外！我真是“超预期收获”！老部长德高望重、忧国忧民，令我感动，让我奋进。

《战书》再版，我用行动感恩陈主任对科技创新的鼎力支持。念此私自愧，尽日不能忘。

第四拷问：张青林书记写《感》，我如何用行动感恩栽培？

为什么有的领导讲话大家听得全神贯注？

几十万人的建筑企业“集团领导”有什么特质？

如何弘扬“爱岗敬业”“言传身教”“传帮带”等优良传统？

张青林书记写《感》，抒发对“高质量发展”的“家国情怀”。我有机会跟随张书记工作，感恩于“先进性教育”督导组的偶遇。张书记是项目管理“鼻祖”，是从建筑工地成长起来的“董事长”。他提出“质量重于泰山”耐人寻味，他为企业发展、为国资监管、为国家发展“贡献一生”。我跟着张书记一年，领教了一个工作认真、要求严格、爱党爱国爱企业的“督导组长”，感受最深的是，张书记讲话大家听得津津有味全神贯注！张书记在十几家企业的几十次讲话都让人“爱不忍释”，有一次在企业大会结束时，偶然听到一位同志感慨“讲得太好了！本来想去洗手间，可是舍不得少听一句话！”

张书记“手把手”教我写稿子，可遇不可求，令我终身受益，感恩不尽！我跟着张书记工作一年，365 天夜以继日，所有的工作日、节假日、周六日都在写工作报告，“言传身教”胜过我所有学士、硕士、博士的学习，胜过我20年工作实践。我领教了有思想、有水平、有高度的党委书记；我领略了有领导魅力、有卓越智慧、“著书立说”的企业管理专家。张书记是我的政治导师、工作导师、理论导师！

当张书记看到《战书》（初稿）时“格外惊喜”，夸我“小姑娘写了大文章”。其实，《战书》很多观点感恩张书记指点，张书记亲笔撰写并反复修改《感》的手写稿我留存至今。张书记鼓励我“战略绩效考核”才能引导央企做强做大！张书记嘱咐我将来把一些观点再扩展、再完善，多写一些有价值的书！回想起来，张书记不嫌弃我已是恩重如山，2004年，张书记第一次给我修改的“花脸稿”，一张纸只留下一行字未经修改，我当时惭愧地向张书记检讨“比他自己写还费劲”，没想到张书记和蔼地说：“年轻人不锻炼怎么成长啊。”此后，我认真研读张书记给我的每一次修改稿，一年，我写了100多万字文稿，从被改得“面目全非”到经常被张书记“表扬”，真是“胜读十年书”！“花脸稿”是最珍贵的“教材”，我将永远留存，我将永远铭记张青林恩师的教导：“好好写书，好好工作，好好践行战略绩效考核。”我非常感恩张书记“名人点路”！

第五拷问：“五度”故事弥足珍贵，如何感恩传承弘扬？

什么叫“一字之师，千金之师”？

企业家都是战略家、哲学家吗？

真正的企业管理在课堂上能学到吗？

“五度”故事的“主人公”是张青林、秦家铭二位恩师。我有缘跟着两位恩师工作一年多。有一次，张书记请秦总用一个字总结企业管理，秦总说：“用一个字，太难为人了！”然而，秦总深深地吸了一口烟，脱口而出一个“度”字！张书记闪烁着睿智的“小眼睛”，表扬秦总道：“难不住企业家啊，这么快说出来了！秦总不是一般人啊！”那真是醍醐灌顶！我第一次领教“高人对话”！我第一次懂得“一字值千金”！我第一次从心里崇拜企业家！此后，我把自己总结的

"业绩考核五个方面"冠名为"五度"！

"五度"考核是我感悟国企改革"多因多果复合关系"的成果之一，我以系统思维、辩证分析、跨界联想的理论研究，充分发挥理工科、管理学、生物工程、艺术等"心智感悟"，我感悟战略引导、目标导向、问题导向的业绩考核，我领悟价值主体、价值观、社会责任等可持续发展，正是"一个高度成就另一个高度"。

"五度"冠名如神来之笔！对《战略绩效考核》画龙点睛，秦家铭总经理领导30多万人的智慧、艺术"深不可测"，秦总是我的人生导师、人生偶像。《战书》经过20年的实践检验，读者认可、市场认可、实践认可，感恩各位恩师的"点拨"！再版之际，讲"五度"故事怀念两位尊敬的恩师！

再版《战书》，向张青林恩师和秦家铭恩师在天之灵奉上最深切的敬意！

第六拷问：提出"战略绩效考核"的缘由是什么？

"战略绩效"相对于"财务绩效"有哪些不同？

"可持续发展"相对于"不可持续发展"的区别是什么？

如何建立企业履行"战略使命"的评价体系和考核制度？

2003年，提出"战略绩效考核"，因为我的职业巧遇"绩效考核"，我参与考核办法"第一稿"的制定，并参与196户企业"横向到边、纵向到底"的考核。2004年，我参加先进性教育督导组，一年时间，我们到中铁工、中铁建、中交、中建、中外运、中国诚通、中国化学工程、中林集团等企业督导学习，充分感受到战略、价值观、文化及"领导班子"思想引领、团结协作对企业至关重要。所以，我思考，利润、净资产收益率、保值增值率等KPI如何体现战略、文化和素质？如何"更全面、更系统、更长远"地考核大企业、大集团？恰逢我要撰写"博士论文"，按朱延福导师要求"理论联系实际"，确定"战略绩效考核"研究主题。我非常感恩朱焘、吕黄生、孙广运、范晓复、宁高宁、周纪昌、石大华、田会、余海龙、余汉林、姚桂清、庄尚标、陆红星、孙传尧、朱宏任、王为民、李家祥等“企业导师”语重心长的指导！“恩师们”如同兄长般的关心呵护令我非常感动！

20年来，我从事绩效考核、科技创新、节能环保、乡村振兴、品牌建设等工作，我见证“业绩考核”从利润总额、净资产收益率、经济增加值到“一企一策”逐步完善，“科技创新”从重视“科研经费投入占比”到关注拥有“专利、知识产权”，“节能环保”从“能耗双控”到“碳排放双控”。我始终思考，如何引导企业从长计议、全面规划、统筹兼顾、可持续发展？我始终思考，如何落实乡村振兴、节能环保、品牌建设、绿色发展等社会责任？如何落实总体国家安全观、“六稳六保”、高质量可持续发展、人类文明的历史使命？令我终生难忘的是，“导师们”20多年持续引导、指导、督导我完善《战书》，范晓复是我的“终身督导组长”，朱焘、吕黄生、孙广运三位主席都是《战书》“终身学术导师”，宁高宁、周纪昌、石大华、田会、余海龙、马正武、金克宁、陆红星、孙传尧、李家祥、姚桂清、庄尚标等“企业家”都是《战书》的“企业导师”，朱宏任、余汉林、王为民、马明伟、姚子平、徐震、邓金栋等对《战书》鼎力支持。感恩文岗、戴和根、刘世勤、刘立军、黄必烈、胡永红、邬小慧、元建新、高常梓、侯文荣、张大红、何继红、党建兵、李涛、王洪森等多位著名“企业战友”悉心指教。

尤其是2024年国务院国资委提出央企“一利”稳定增长、“五率”持续优化，我参与世界500强、中国500强、灯塔工厂、隐形冠军、可持续发展等有关研讨，我再一次拷问，如何引导企业更全面、更系统、更持续发展？我再一次拷问，世界一流企业、中国500强、绿色发展、可持续发展的“评价指标”如何确定？我再一次拷问，战略、文化、科技、人才等“战略绩效”如何评价、如何考核？《战书》撰写、《战书》出版、《战书》再版，曾荣幸得到十几位大师、几十位恩师和几百位企业家指导。我感恩王忠明、王璞、肖宗辉、马明伟、姜维亮、常玉春、王海洋、王学锋、赵一虹、王科、高严、于宝恒、马论、杜量、龙柚杉、苏美东、吕绪良、尹洪文、罗良文、缪荣、彭壮、曲向军等几十位“专家学者”评论和撰文指导。20 多年，各位导师、恩师、专家学者、同事同学对《战书》的持续支持，是对《战书》最有效的“战略绩效考核”！

第七拷问：“中国式社会责任”的战略绩效如何体现？

为国家谋复兴、为人民谋幸福的“初心使命”如何弘扬？

“中国式社会责任”的特征是什么？

“战略绩效考核”如何助力落实中国式社会责任？

中国式社会责任有目共睹。从“工业文明”到“智慧文明”，我见证了中国企业做大做强做优、引进来走出去、140 多家世界 500 强、500 多家上市公司、1 亿人减贫、11 亿网民、600 万公里综合交通网；我见证了《中华人民共和国公司法》《中华人民共和国证券法》等法律法规关于“社会责任”不断完善的全过程，不仅明确了企业合法经营、依法纳税、增加就业等法律的制定，而且明确了企业经营活动中对国家、社会、环境、员工、客户、供应商等利益相关方承担责任，上市公司发布“社会责任报告”；我也见证了中国企业“急难险重”冲在前，中国企业不计成本、不讲条件、风雨无阻勇于担当社会责任，比如，“水电企业”建立健全生态保护基金，对流域生态环境进行“有效保护”，“国家电网”在输电铁塔上的安全区域安装人工鸟巢，海上风电建造了“风渔融合浮式平台”，实现了“水上发电、水下养鱼”新模式，推动跨产业融合，实现企业与社会和谐发展，并进行长期跟踪监测评价；又如，水电部队“转隶”为“安能集团”，“从将军到战士”平稳实现“军民融合”，更好地在关键时刻，发挥关键作用。正如周国平部长所讲，安能集团“转隶”不仅是近万名官兵的责任，也是稳发展、促改革的社会责任，更是落实党和国家战略的责任。

“中国式社会责任”博观而笃行，我认为，中国企业社会责任包括国家安全、国民经济、民生福祉、科技向善、绿色发展、人类文明等，履行急难险重、援助扶贫、乡村振兴等“中国特色社会责任”有目共睹，担当社会责任体现了“心中有爱、眼里有光、手上有事、脚下有路、未来有梦”的家国情怀。尤其是，2022 年 4 月国务院国资委成立“社会责任局”，2023 年 3 月成立中央社会工作部，2024 年 9 月成立中国资源循环集团有限公司，“中国式社会责任体系”逐步完善。我认为，“中国式企业社会责任”是中国企业的“初心使命”，而且，可与 ESG（Environmental、Social、Governance，环境、社会、公司治理）相关组织多方合作，完善可持续发展的社会责任“生态建设”。

《战书》提出“三维价值观”“五度考核”“六个结合”“四层价值主体”等理论，助力“科教文卫企”实现战略绩效，助力担当大国“社会责任”，助力推动构建人类命运共同体。我感恩任洪斌、周国平、彭华岗、庄树新、李军、汪洋、于田磊、马世昌、罗炳威、姚云龙、杨宇、邓宇、刘宇、赵昆明、王泽程、马文略、马赜博儿、徐吉峰、姜忠奎、章伟、石慧、张晓松、黎源、李杰、杨丁美、韩兆明、吕昆、宋豪强、米一、刘宗豪、马志宾、田永振、吴天宇、张学义、于晓磊、齐敏芳、文彬、谢虹、田勇、周强、吴冬、王震、孙家琛、常学东、贾莉娟、程军、任婕、胡莽等社会责任“拓荒牛”。路漫漫其修远兮，吾将上下而求索！

第八拷问：为何探究“三维价值观”？

“人财物、产供销、责权利”与业绩考核有何关系？

国有企业、民营企业、上市公司绩效考核有何区别？

社会管理、政府绩效如何体现人类命运共同体？

我深刻领悟，宁高宁讲：“战略的起点是价值观。”我见证了中央企业“急难险重”担当的社会价值、战略价值和历史价值，我见证了“蓝天保卫战”“脱贫攻坚战”长期投入、无偿帮扶、协调援助等战略价值，很多难以记录的丰功伟绩“雕刻”在我心里！我多少次感动、多少次流泪、多少次拿起笔写不尽那些“惊天动地”的故事，我感慨，盲目增长、鞭打快牛、唯利润等“财务价值”如何改善，如何引导企业树立“综合价值观”！我感悟娃哈哈集团“不辞退45岁以上员工”，我感悟“爱在胖东来”体现对员工、顾客、社会和环境的关爱和奉献，我感悟奇正藏药“向善利他、正道正业”，弘扬健康智慧、创造生命价值。《战书》2006年出版前，偶遇奇正藏药雷菊芳董事长，她听到我研究“战略绩效考核”非常高兴，她说“三维价值观”与奇正藏药的价值观不谋而合。

撰写《战书》期间，我在党校参加学习，较系统学习了“放权让利”“承包经营”“国资监管”等改革历程，较深入地分析了GDP、招商引资、面子工程、形象工程、特色小镇等“政绩考核”，较全面地分析了温州、深圳等东部沿海地区民营经济的快速发展情况。同学们讨论中部、西部等老工业基地的制度变迁，还分享了国内外机械装备、矿山海洋、铺路架桥、电子电信、能源化工等实践经验。我深刻感悟“人财物、产供销、责权利”是企业管理的“九宫格”，平衡、兼顾、统筹才是企业可持续发展的硬道理，所以，我将“三维价值观”写入《战书》。我感恩黄健、高常梓、元建新、万祖安、谢小兵、倪德重、周放生、何继红、徐明进、张丽、宋淑华、李小龙等同学的鼎力支持！

第九拷问：为何推广“经济增加值（EVA）”考核？

“经济增加值”和“利润”有何区别？

不同行业的“资本成本”如何确定？

如何借鉴“经济增加值”的价值评估理念方法和制度建设？

“经济增加值”的理念是鼓励“创造价值”，突出的特点是注重

“资本成本”。所以，国务院国资委组建了“EVA 研究课题组”并推广运用 EVA。2004 年，我服从工作安排，“脱产”参加了课题组研究，历时半年多进行 196 户央企数据逐一试算、逐家访谈，参与 EVA 政策制定、制度完善、宣传运用等方面工作。在 3 年多时间里，深入研究 EVA 考核。我深刻理解 EVA 强调“资本成本”的核心要义，我结合国务院国资委“保值增值”的责任，撰写发表了《“中国式”经济增加值考核》（我称之为“CEVA”）等文章，提出简化 EVA 调整项和建立“中国式经济增加值”评价的建议，并在《战书》中充实了“实施策略”。

“EVA 研究”巧遇《战略绩效考核论》博士论文。我感恩共同研究 EVA 的同事、学者、专家和企业实践的同伴，我感恩毕博咨询公司，感恩田会、李守武、姚子平、徐震、邓金栋、王丽静、侯文荣、张大红、王玉琦、胡永红、肖波、徐忠芬、苏烨、陈树民、王玉琦、王宁、袁静、冯春梅等共同研究 EVA 的企业同志们，感恩王晞、李湘、张晓红、胡莜沽、刘晋、梁凯、王宇锋、王宝成、邵满、曹鲲鹏等开创 EVA 研究的同事们。

回顾几十年的职业生涯，与“优秀”做伴很幸运，我们工作中是志同道合的同志，我们工作之余是良师益友。我们服务于一批优秀卓越的企业，体验从“两利三率”到“一利五率”考核，履行 20 多年国资监管责任，我们都是服务企业、服务百姓、服务社会的公务员。

第十拷问：如何想到“四层价值主体”?

如何实现“不待扬鞭自奋蹄”?

如何将经营者的绩效与“组织绩效”挂钩?

如何实现资有所值、智有所获、劳有所得，众望所归?

《战书》提出“四层价值主体”是对平衡协调“人财物、产供销、责权利”的所感所悟。1985 年起，我先后在国家医药局、国家经委、国家经贸委、国务院国资委工作，见证了从“计划经济”到

“市场经济”的变化，见证了从“下岗分流”至“再就业”的政策调整，见证了投资、消费、进出口“三驾马车”宏观调控，格外关注国企的效益、工资、就业等焦点问题。尤其是2003年以后，开始研究财务“三张报表”，在企业调研中发现，出资人关心“保值增值”，经营者渴望“年薪制”，职工关心工资薪酬，地方政府关心税收、就业、环保等“公共利益”等问题。我充分认识到，统筹兼顾“四层价值主体”至关重要，以人为成本、以人为资本、以人为根本的导向差异很大。所以，《战书》提出，出资人、经营者、劳动者、社会公众“四层价值主体”是对生产力、生产关系的思考。我感恩李俊元、段磊、吴德桥、胡文利、夏明仁、罗良文、鲁焕生、陈行、田凯、王平、张淑艳、马平等研究金融、经济体制改革的“同行者”。犹如老牛亦解韶光贵，不待扬鞭自奋蹄；征程万里风正劲，重任千钧轻奋蹄；风雨砥砺鼓征帆，快马扬鞭慢奋蹄。对不同“价值主体”的差异化、制度化、合理化激励非常重要。

《战书》核心观点与“山西票号”真是“偶遇”。2006年出版《战书》之前，尽管我是平遥人，可我没有研究“票号制度”。后来，偶然观看电视剧《乔家大院》，我发现东家、掌柜、伙计和顶身股等“票号制度”与“四层价值主体”很相似。有一次，巧遇段磊师兄的汉哲咨询公司恰好到平遥召开工作年会，我们探讨将“票号制度”和“现代企业制度”对比研究；我们发现，“票号制度”经营100多年，管理制度的核心是兼顾价值主体“共营”和“共赢”。我们分析了温州、广东、福建等很多发展好的民营企业也是兼顾价值主体“共赢”。我感恩平遥的尹文涛、成淑英、李宏正、郝新喜、尹金林、成巧英、成洪龙、成洪海、成洪焦、周明、刘海东、靳根生、梁巧玲、李建国、李杰、贾静、唐刚、梁世超、褚天琪、尹文慧、尹文斌、李俊、王娟、杜军、李洋、成建平、邵华、尹鸿祥、尹尧杰、冀太平、张佳丽（同事朋友以认识先后排序）等共同研究晋商文化的“父老乡亲”，尤其要感恩平遥“东来顺客栈”的李浩瑜、李浩铭、李浩嘉、李浩祎、李浩冉等“小朋友们”，他们如同“小天使”般天真烂漫、活泼可爱，令我“重启童心”。

《战书》剖析“四层价值主体”，挖掘“票号”金融实践经验，分析平遥文化特色，弘扬山西的晋商文化价值，从“汇通天下”到“智联天下”“慧通天下”，助力可持续发展和人类文明。

第十一拷问：“科技创新”如何突破“经济价值”绩效考核？

自然科学、社会科学的“原始创新”如何界定？

生产力、生产关系如何适应“机电信数智”五代叠加？

“数智资产”如何确权、如何确值、如何确“绩效”？

陈清泰部长在《导》中“嘱托”央企要重视科技创新。党的二十届三中全会进一步提出，构建支持全面创新体制机制，统筹推进教育科技人才体制机制一体改革，健全新型举国体制，提升国家创新体系整体效能。我国“973”计划研究组的专家认为，原始创新是指开拓新领域、新方向和孕育新学科的重大创新。据我所悉，很多“原始创新”举步维艰。有一次，北京知识产权“大律所”的何志欣律师邀请我参加其公司内部辩论赛，辩论主题为“发明人重要，还是代理人重要”。我经常困惑的是，发明人、代理人、经营者如何各尽其才？我想起巧遇的七个原始创新案例。

一些科学家创业很难成功，原始创新更难落地，见微知著。一是刘益东提出“99 度 +1 度——原始创新扶持计划”，加快拔尖创新人才甄选与培养，经试点检验效果不错，不过推广非常艰难；二是吴一兵先生 1990 年开始研究“脑科学”，如今，原创“麻醉机器人”在手术结束后3 ~5 分钟可让病人苏醒，获 7 项国家专利、收集 40 多万条临床数据，然而，几百家投资公司因“投资周期长”而放弃投资；三是“三门核电”重要设备发现问题，求助国外的“设备生产商”时，竟然被告知“维修设备的工具还没有设计出来!”李涛同志带领大家冒着风险、顶着压力，实现了精准高效、“0”风险、最短时间解决“世界难题”，举足轻重的“创新绩效”很难估量；四是刘汉卿“一步炼钢法”（中国专利2010年授权，美国专利2011年授权），其节能、降碳、减排效果明显，却很难找到“第一个吃螃蟹”的企业；五是于晓彤从2004年开始研究“现代中医经络调理技术”（专利名称：气压弹道压力波疼痛治疗仪），创新提出“智医综合调理”理论及方法，仅有4万名病人接受经络保健、平衡康复治疗，推广非常艰难；六是陈革飞和孙勇威研发的“热裂解垃圾处理”节能环保项目，2011年上海相关政府已投资近2000万元，电视台报道过、市领导考察过，只因企业“绿色绩效”与原有市政管理、企业绩效很难融合，结果土地被收回、投资被取消、项目“泡汤了”；七是“福建省发明家协会”是福建省民政厅批准成立的非营利的学术性、公益性、具有独立法人资格的社会团体，陈鼎凌会长、侯梦斌等开发了银耳、茶叶等很多令人受益的产品，这些年几百位有需要的“志愿者”体验了“健康产品”，效果明显却很难产业化。我深入调研，刘益东、吴一兵、李涛、刘汉卿、于晓彤、汤锡芳、陈革飞、孙勇威、李静、陈鼎凌、侯梦斌等发明人“倾其所有”创新的事迹感心动耳，我渴望支持“原始创新”的管理制度、评价制度、激励制度能够成为“长效机制”。在此，我感恩周放生、朱华昌、许国禄、毛蓥蓥、木飞、陈朔鹰、段启钟、曹晋、秦淑敏、饶志宏、杨春尧、孙啸峰、徐跃进、尹海泉、梁世超、褚天琪、姜培学、陈建刚、安鑫、刑宏文、余明明、罗炳威、赵小培、侯刚、尹周平、李自为、林昊嵩等，经常共商原始创新、专精特新、隐形冠军和大国重器等科技创新，大家感慨“原始创新”的故事荡气回肠，不能让英雄们流汗、流血之后，还要流泪！

《战书》再版，又一次触动我几十年来为企业服务的责任感！“科技创新”是企业发展的重要焦点，解决“芯考科技”“卡脖子”等难题更是重中之重。《成为绩优央企——八家央企连续15年绩优的密码》一书中大量案例证实，近几年，中央企业越来越重视科技创新战略，科技创新也为履行经济责任和社会责任提供了坚实保障。但是，实践中对“科技创新”的认知和解释“五花八门”，有人提出建设“科技楼”也应该是“科研投入”，有人直言“基础创新没有效益很难推进”，有人认为“前人栽树，后人乘凉，有人抢功，没人担责”。我参与EVA考核时，对“科技创新”在财务报表上如何体现感受颇多。无论“三张报表”怎么调整，都很难通过加回、调整、说明等“财务调整”充分体现“科技创新价值”，很难通过“经济价值激励”体现科技创新的“潜在价值”“长远价值”和“风险价值”，很难通过“物质激励”持续激发科创人员的主动性和自觉性。我参与“熠星大赛”“双创展”“成就展”“进博会”等有关工作，我剖析知识产权、链长制、策源地、数字化转型、国家实验室和创新基金等政策。我分析了许多科研项目、科研成果、科学家故事，我发现，有的项目耕耘几十年才获奖，有的科研成果在实践中鲜为人知，有的科学家非常善于表达。正如施一公讲：“科学是高尚的，但科学家未必都高尚。”我在想，创新的政策鼓励对象选得准不准？激励力度够不够？不同行业如何“对症下药”？尤其是，“机电信数智”五代叠加，数智资产如何确权、如何确值、如何考核绩效？这一系列问题困扰着“科技创新”。究其根源，主要是“杜邦财务分析”很难记录、很难分析、很难衡量科学创新成果，尤其是数字资产价值、潜在价值、专利等知识产权的“多维价值”是战略绩效考核的“重要命题”。

《战书》再版，我感恩任洪斌、刘建波、陈鸿、宋亚晨、庄树新、苟坪、袁雷峰、方磊、孟繁英、刘洋、陈建刚、安鑫、王祥磊、丁业良、薛强、郑重、李建国、吕宪鹏、饶志宏、杨春尧、任檬、刘若诗、陈艳萍、吉萌、刘光达、黄弈清、许哲、邱洪波、张清源、刘闯、林源、王文豪、郝鑫、石海鑫、施振源、刘巩、王森、杨宇、范金航、靳力、耿海洋、鲁跃峰等科技创新研究的“亲密战友”（以共事时间先后排序)。“芯考科技”引爆了由来已久的“芯片大战”,“人工智能”是未来数十年甚至上百年的科技战、贸易战、金融战等全球战略“大拷问”。我们鼓励科技创新、服务科技创新、考核科技创新永远在路上!

第十二拷问:为什么提出“碳优化”,如何落实“生态安全”?

如何落实“3060”目标?

各省、各市、各村如何衡量“碳达峰”“碳中和”?

如何评价绿色技术、绿色项目、绿色企业的价值?

2003 年我到日本参加“节能环保”培训,2012 年在“节能环保”企业工作,2023 年发表了《以“碳优化”为导向“三绿对接”共筑绿色发展》(刊登于《中国冶金报》、“今日头条”、“人民号”和“学习强国”等媒体),参与绿色发展推进工作,助力节能环保事业是我的“主责主业”。每当我看到一些以查代管、以罚代管的“节能环保降碳”报道就很担心会“事与愿违”,每当我听到一些层层分解“碳达峰”指标、一刀切考核“碳中和结果”、盲目“碳交易”和“教条式碳达峰碳中和”等乱象丛生的案例,我真是难以入眠。我多次参加国内外有关绿色发展、绿色工厂和绿色项目的调研考察,还参加了石油石化安全检查、煤炭冶金生产企业考察和企业调研学习等“绿色发展”相关工作,尤其是组织撰写“节能环保战略”,考察了太阳能发电、风电、生物质发电、垃圾处理厂等项目,深入剖析节能补贴、新能源补贴、弃风弃电、弃光弃电等现象的原因,调研了三门核电、久吾高科、西部矿业、苏美达五金工具等“绿色发展”优秀企业,感受到浓厚的“生态环保责任”。我认为,“碳优化”是中国企业社会责任的重中之重,尤其是石油、煤炭、冶金、化工等行业都是工业发展的“主力”,也是“高质量发展”的“骨干”,更应该是实现“碳优化”目标的“领头羊”。

《战书》再版提出“碳优化”理念,建议制定“碳优化”考核办法，希望引导企业建立“自我优化”的考核体系，建议通过优化节能、减排、降碳“考核评价指标体系”，助力引导企业改善生产路径、改良业务流程、优化价值结构。我感恩于海龙、曹华斌、缪荣、肖震东、陈瑶、李杰、朱彤、宋爱珍、朱丛笑、邹结富、成武、安宜、吕昆、马文略、郑挺颖、刘立军、李俊元、尹宝青、王祖斌、姜锐等探索节能环保降碳事业的“战友”。

第十三拷问：如何考核“医疗卫生”企业战略绩效？

“疫考”全球感悟中医“治病救人”，西医“救死扶伤”？

“医考”灵魂如何实现“中西医并重，中西药产用”？

“大医苍生”领悟大医治国，中医治人，小医治病？

我对医院、医疗和医疗器械情有独钟，因为我是第一届“医疗器械”的学生，当年在学校用的教材很多是“油印”的（教材严重落后于专业需求），医疗器械“博览会”上全是国外品牌，要一份《产品说明书》还要“拼外语”！1985 年毕业时，先进的、高档的医疗设备简直是遥不可及的“诗和远方”。为此，参加工作以后，我为医疗器械不能“中国制造”总是耿耿于怀！

“新冠疫情”又一次刺激了我，从“一罩难求”到“罩满天下”，口罩机、熔喷布、消毒液、呼吸机等医疗器械“大曝光”，我见证了从方舱医院到“三方三汤”中药漫灌，见证了“火雷医院”考出了“最佳配角绩效”是中央企业！我才恍然大悟，“三甲医院”以规模、设备、科研为主要“评审指标”，即 1000 张以上床位、年出院人数 60 万人次、年门诊人数 300 万人次以上等是医院的“评价指标”。而且比较关注高端进口设备、高级职称、高楼建设等“量化指标”，对医疗创新经费、科研成果、发表论文也非常重视，然而，医疗服务的质量、疗效、人性化服务等没有规范的“考核要求”。如何考核“医疗卫生”的战略绩效？如何落实“生物安全战略”？令我寝食难安！我把困惑、担忧、情怀都融入《战书》，盼望与读者共同探索。

新冠疫情期间，我到“图书大厦”，中医中药的书寥寥无几，《黄帝内经》《问中医几度秋凉》等著作被“束之高阁”。更有一则报道令我震惊，武汉一位在方舱医院治愈的“新冠感染患者”曾对记者说，他被中医药治愈出院了，但他仍然理直气壮地自称为“中医黑”！我感慨，中医虽然能治病，但是不一定能治“认知”。宋宝国大医感慨“啥时候才能让懂中医的人管理中医”！同仁堂关庆维大医感慨“大医苍生”啊！我深刻领悟“小医治病，中医治人，大医治国”历久弥新！

“医考”的“战略绩效”就是提高人民幸福指数，改善医疗服务“不平衡不充分”的主要矛盾迫在眉睫。近40年来，“医疗器械”的校友们都奔波于医疗事业的“长征”中，很多校友为医疗器械行业做出了卓越贡献。比如，顾军军同学创建“一脉阳光”和“阳光万康”公司，“第三方医疗”坚持分享美好、创造美好、传播美好。又如，温雅歆同学创办医点通（北京）信息技术有限公司，为政府、协会、医疗提供信息是潜在的“战略绩效”。再如，刘强同学毕业后分配到国家医药局高级研修院（原培训中心），为医药事业坚守初心、培养人才40年。还有，郑新国校友创办“国德养老”和“国德老年医院”在全国享有盛誉。于晓彤校友探索《综合集成医学》，探索健康维护、疾病防治新途径。我感恩向平校长、江才妹书记、王涌老师、张晓兰老师和李志杰、刘强、傅翠萍、傅玉智、陈玉馨、陈国强、滕敏、李春忠、王永利、刘爱武、罗凡、李怀萍、温雅歆、顾军军、甘世良、闫开进、王云昌、孙东、崔东宁、李辉、于晓彤、丁辉天、胡忠康、李智宏、梁世超，我感恩冯若诗、牛川、侯刚、张相林、胡鹏、Djuro Koruga 教授、吴江、刘维林、尤凤等老师和校友。毕业时，我们唱着“再过20年我们来相会，伟大的祖国该有多么美”。我们工作50年，为医疗器械事业而奋斗！为建设美丽中国而奋斗！

第十四拷问：教育、美育、世界一流大学如何考核？

福耀科技大学如何考核？

“985”“211”是世界一流大学的标准吗？

五音、五行、五味有什么联系？

“美学”“美育”教育如何落地？如何考核？

教育，对人的一生太重要了，考核是衡量教育的重要手段。有人说，“书山有路‘绩为径’，学海无涯‘考作舟’”。有个节目，说中学考试“背多分”（背诵就能得高分），著名主持人撒贝宁说研究生考试“磨扎特”（磨炼、深扎、有特点），尽管这只是“戏说”，但也反映了大家对人生“赶考”的感受，从小学到博士，期中、期末和升学近500次进考场，饱尝被考核的滋味。我感恩中央党校和国家行政学院“实事求是”的培育！感恩北京理工大学“德以明理，学以精工”的教育！感恩中南财经政法大学“博文明理，厚德济世”的教诲！感恩北京大学世界名校带来的自豪！

福耀科技大学由曹德旺创办，定位是新型研究型大学。王树国校长说，一所伟大的大学一定是一所有灵魂的大学。福耀科技大学的办学宗旨是“立德树人、实业报国、科教兴邦”，办学理念与特色是坚持以人为本、强调实践创新、注意产学研融合、错位办学、精准育人，面向国家战略需求，紧跟时代发展前沿，专注未来所需领域，培养具有国际视野、创新精神和实践能力的技术人才和管理人才，坚持公平、公正、公开原则，建立“德智体美劳”全面衡量考核体系，用科技点亮未来，用创新改变世界。我领悟，“教育”不应该是千军万马过独木桥的“考核游戏”，“教育”应该是从人才资源、人力资本到智慧价值和战略绩效的“赋能生态”。

“985”“211”竟然不是衡量“世界一流大学”的标准！当我专门研究“世界一流大学”评价标准时，我才知道，“985”是“985工程”的简称，1998年5月，确定九校联盟创建世界一流大学（共39

所高校）重点“建设工程”。“211”是“211 工程”的简称，面向 21 世纪国家重点建设 100 所高校和一批重点学科的“建设工程”。之后，我研究了一些国内外大学“排名标准”，我关注了一些教材有效性、无效性、负效性，我提出“校友回母校改教材的倡议”得到很多校友的支持！我认为，各种评价方法和标准都不够全面。我思考，其实学历并不意味着成功，高校的业绩不能只看招生分数线，也不能只看高档教学楼。《战书》建议应该对教育机构进行“战略绩效考核”，建议健全“世界一流大学”评价标准。我感恩王业钦、段磊、向勇、田凯、庄子健、杜丽梅、张相林、任启明、步星辉、邢凯旋、陈小平、任文硕、张学鹏、刘追、李军凯、马文飞、傅晓燕、王兆恺、李净、刘结成、曹玉明、王璞等北大校友的“智慧分享”。好奇心使然，我经常琢磨，晏子曰：“通则视其所举，穷则视其所不为，富则视其所分，贫则视其所不取。”

校友的业绩，应该是衡量“高校战略绩效”的重要标准！我是中国第一届 MBA，毕业近 30 年，校友们都经历过各种“考核”与“被考核”，多次探讨“业绩考核”，多位校友探索“接地气”的考核理念和方法。比如，李守武同学 2006 年在本企业探索并试行“科技 + 行政的双轨制”。又如，段启钟同学一生择一事，一事终一生，他在麒麟软件等中国软件的征程上艰辛耕耘！再如，赵琦同学代表作《路无尽头》，将“两棵小苗”培育成“大树”（北方出租汽车公司和渔阳联合汽车出租公司）。《战书》的“亲友团”都不是一般人，我感恩李金林、李守武、许春杰、赵琦、段启钟、李琦、肖松、曲虹、陈朔鹰、吴三、柳应华、王恩林、杨裕钦、王明哲、张书信、郭景华、程联营、李信民等老师和校友，他们给《战书》提供了优秀“案例”和建议，我们将共同撰写“中国案例集”，把 MBA 的论文写在祖国大地上。

我喜欢艺术由来已久，艺术既是我的童年爱好，也是我的老年生活主题，更是生命源泉。童年，偶遇“小提琴”（爸爸亲手为我做），10 岁加入山西省少年宫“儿童乐队”，20 岁在大学加入“管弦乐队”，30 岁带着儿子经常在“中央音乐学院”漫步，40 岁陪着 100 位博士后从北京回平遥看《一把酸枣》，50 岁挑战话剧《雷雨》，60 岁参与“艺术与健康”实验室和协会工作，而且，经常“自作多情”为平遥文旅、中兵文旅、宣武小乐队等“摇旗呐喊”，一路踏着音乐、艺术的节拍“快乐生活”。我感慨，现实生活中美好的艺术不一定能遇到“知音”，遇到考核者“懂艺术”更是罕见的幸运。比如，脍炙人口的《梁祝》如果不是幸运地诞生在上海音乐学院，可能就没有几十年带给人类的艺术享受和中华“音乐之声”的辉煌。又如，“星光大道”走出的艺术家，很难考入音乐学院。再如，几年前参与“老评剧艺术家演唱会”，深感艺术家的生活充满“酸甜苦辣”，真是“人生如戏”。还有，电视剧《人世间》，戏如“父辈的人生”，激发了我将“人生如戏”记录下来，梦想着写一本“戏如人生”的剧本，记载这 40 年国家发展的“美好生活”。

国家对“美育教育”日趋重视。《教育部关于全面实施学校美育浸润行动的通知》引导提升审美素养、陶冶情操、温润心灵、激发创新创造活力。2016 年，中共中央、国务院印发《“健康中国 2030”规划纲要》，国家卫生部门的中长期战略发展计划更加关注“健康发展”。周海宏教授讲：“要想成功幸福，从小热爱艺术!”这是针对“学好数理化，走遍天下都不怕”提出的“美育理念”。戴玉强老师 2015 年创办《戴你唱歌》，已办 200 多期，对唱歌普及和提高声乐艺术人才演唱水平及教学水平很有影响力！金曼老师建构“艺术与健康管理”的新学说，创办艺术与健康管理专业委员会（中国健康管理协会二级分会）暨北京大学艺术与健康管理实验室。我感恩戴玉强、刘秀荣、李培义、金曼、汪文斌、靳琪、王曦、赵雅博、邓琼、王宏、陈鸿、李奕恒、吴迪、胡文利、王平、刘晓刚、郭莎莎、杨冬权、李培义、刘有晔、闫俊杰、王祖斌、曹月森、尹长青、尹玉青、贾莉娟、尹海泉、成振华、成建平、邵华、粟圆、栗芳、刘光达、梁巧玲、常钰棋、程诗雨、尹大江、尹泽熙、徐树天等文艺青年。《战书》思考，“美育美学考核”是世界性的难题！文化自信未来可期！

第十五拷问：50 多年学习、工作对《战书》有哪些“启示”？

学业、职业、事业与“战略绩效”偶遇！

硕士、博士、博士后，自己找问题，自己做答案！

正心正念、执着追求、担当尽责，构筑人生“战略绩效”！

10 年前，我在北京大学做博士后研究，萧鸣政教授编写的《品德测评的理论与方法》《人员素质测评》与《工作分析方法与技术》等成果和精神激励我“深入研究”。萧鸣政教授引导我完成的《营利组织和非营利组织绩效考核比较研究》，曾获“博士后基金会”特等奖、一等奖各一次，这些研究充实了《战书》。

20 年前，我参与“业绩考核”等政策制定工作，并有幸为 100 多家中央企业服务。我曾想，仅用利润、净资产收益率等，很难体现战略规划、经营策略、科技创新和先进经验，简单 KPI 如何克服“非战略”倾向？我思考，并确定了“战略绩效考核”论文主题。《战书》第一次出版，没有“对标理论”，没有“成熟案例”，没有“整块时间”，都是一边发现问题、一边寻找思路、一边修改文稿。我感恩朱延福、张淑艳、罗良文、夏明仁、陈行、鲁焕生、杨尚想、田奋飞、田凯、李寿平等中南财经政法大学的校友，大家对《战书》的指导都是工作之余、披星戴月、节日假日的“思想火花”。

30 年前，我算不清 GDP、看不懂“三张报表”、不熟悉“宏观管理”，王家瑞司长看到我下班后捧着《统计年鉴》试图测算“GDP 增长速度”，亲切地跟我说：“读点书吧！”由此，启动了我在职读硕士、博士、博士后的“学习生涯”。感谢一路走来优秀导师引领，感恩王忠禹、陈清泰、黄淑兰、左秀英、朱焘、王远枝、王建曾、崔占福、张成寅、王家瑞、王梓木、马建堂、吕德斌、辛国斌、黄淑和、张德霖、宋竹山、孙广运、吕黄生、李冰、冯爱琴、隋元春、邓志雄、万质贵、王晞、赵世堂、王勇、彭华岗、宋亚晨、任洪斌、刘建波、周国平、李军、汪洋、陈强（以共事时间先后排序），“恩师点路”为《战书》指明“诗和远方”！

40 年前，我曾参与“智力引进”工作，也曾到法国、英国、德国、美国考察学习，研究各国的国有企业和上市公司，深刻地认识到战略、文化、技术创新等对企业发展至关重要，写过一篇 3000 多字的“战略管理”感想。之后，不断到基层学习，不断请教企业家，不断撰写心得、体会和感想，不断完善“可持续发展”的举措建议。我感恩王逦、齐谋甲、潘广成、石恒、白慧良、杨兰茹、陈健香、钟立秋、周华军、蔡越、邬宁、徐跃进、朱维平、刘伯安、周超等法国进修的老师和同学。《战书》36 万字书稿都是有感而发的“肺腑之言”，都是我心窝窝里流淌出的“清泉”。

50 年前，我听了一曲小提琴独奏《新疆之春》，回家后就要买“歪脖琴”。父亲说：“琴很贵，买不起，爸爸给你做一把琴！”后来，我的“高级工程师”父亲（尹文涛）竟然真的为我制作了一把可以演奏的小提琴！更令人感动的是：1973 年，我的小学校长刘世怀到北京出差时花了 120 元买了 4 把小提琴培养学生，这在 1973 年简直是奇迹！还有令人难忘的是，有一次我摔伤不能走路，刘水旺校长得知后把他的办公室让出一半给我住校！这在 1976 年几乎是绝无仅有的！在我 40 多岁时，回到山西机床厂的“东院西院”，多方打听，终于找到我敬爱的小学校长，郑重地说一声“谢谢校长！”表达我几十年来对小学校长的感恩！我感恩像父亲一般的刘世怀校长、刘水旺校长！我感恩像妈妈一样的高银莲老师！我感恩音乐老师黄芳桂、小提琴老师张旭中、体育老师王翠梅、武术老师吴耀文等小学老师！我感慨，“情怀高尚”才是最高级的战略绩效！我感慨，关爱学生、启发学生才是老师的“战略绩效”，遗憾的是，这些“战略绩效”既无法记入学生“成绩单”，也无法列入“校长业绩”。值的骄傲的是，“爱心绩效”使我终身受益。基于我20年的研究、30年的职业、40年的事业、50年的学业，我撰写《战书》作为“答卷”交给老师、交给校长、交给学校。我盼望，将来要考核“校长的战略绩效”，并且建议绩效考核要“追溯奖励”！

党的二十届三中全会提出“完善推动战略性产业发展政策和治理体系”“建立国有企业履行战略使命评价制度”“完善国有企业分类考核评价体系”等要求，我更加渴望再版《战书》，更加深入研究科教兴国、人才强国、创新驱动发展、乡村振兴、区域协调发展、可持续发展、军民融合发展等国家战略，用行动完成“读万卷书、行万里路、阅人无数、贵人相助、名人点路”答卷，《战书》接受读者的“考核”。文章千古事，得失寸心知。

第十六拷问：为什么自己绘画“五彩太极图”封面？

如何向读者表达“战略绩效考核”？

如何体现《战略绩效考核》的“五维思维”？

如何呈现天人合一、大道至简、可持续发展的理念？

我自己设计、自己绘画“五彩太极图”，三次“千载难逢”地偶遇名人点路。我想在封面上表达《战书》的“五维思维”，我找了很多美术设计公司、知名画家和AI封面设计者，都未能达成所愿。可能是我很难把战略高度、价值广度、创新深度、发展速度、文化温度的“心中所想”描述出来，很难将《战书》比喻的“航标灯”“指挥棒”“导航系统”用一幅图片、一张照片表现出来，很难将更全面、更长远、更综合的“战略绩效考核”具象化。后来，经与美编于雷女士、责编姜静女士及很多美学专家探讨，建议以“太极图”作为封面，以表达持续、平衡、大道至简。可是，我觉得传统“太极图”黑白两色，难以表达“机电信数智”五代叠加。我心里想，如何将我的构思以最适合的画面、最形象的图案、最美丽的“视觉效果”显示给读者？2022 年 3 月，选择了红色与金色构成的“太极图”图片。之后，很多老师、读者、朋友觉得封面应该更有特色。真是因为各位恩师、读者、亲友们的“正心正念正举”，“五彩太极图”有了三次“千载难逢”的名人点路。第一次“千载难逢”的名人点路是 2024 年 3 月 14 日，我认识了著名画家易丹、马勇老师，恳请老师帮我“画个封面”，没想到二位老师却启蒙我“自己画”，鼓励、支持、辅导我把自己“心中的画”呈现出来。当天，我在画家老师家里开启了“人生第一画”，那是我第一次拿起画笔，第一次画“水彩画”，谁知我情不自禁地用“左手”画了“五彩太极”，而且一画就是好多种“五彩太极”。后来，我回到家乡平遥画、到太原父母家画、到国家图书馆画，结果是在儿子家里陪伴小孙孙时创作完成了最中意的“五彩太极”，全家一致同意选择这张“五彩太极”。更重要的是，王嘉禾小朋友在几十张“五彩太极”中选择了封面这一张！封面上这幅“五彩太极”图，也恰是我“心中的画”！为了我写书、画封面，儿子、儿媳妇专门给我买了升降桌椅，我可以随性地写书、画封面，而且小孙孙为我“画龙点睛”。第二次“千载难逢”的名人点路是 2025 年 2 月 24 日，胡鹏教授邀请塞尔维亚 Djuro Koruga 教授参加北京理工大学“探索现代科学和东方智慧”的论坛，Djuro Koruga 讲到“两个光子碰撞”到一起的图形是“五彩太极图”，而且教授在 *Nature Photonics* 上发表文章截图的“五彩太极图”与《战书》封面“五彩太极图”非常相似。所有在场的人都惊叹不已！第三次“千载难逢”的名人点路是 2025 年 4 月 19 日，“毓珠宝”邀请周纳老师分享《从〇到一说易经》，《中国城市年鉴》社的周纳老师是周敦颐第三十四代传人，她仅以两小时带着我们十几位初学者开启了《易经》这一中华文化的经典宝库大门，更重要的是周纳老师充分肯定了“五彩太极图”作为《战书》封面的契合度，充分肯定了《战书》的研究和事业方向。《战书》真是我心中流淌出来的“清泉”，这三个“千载难逢”的名人点路指明了“乾坤正道”！

第十七拷问：为什么写《20年再版“自我测评”》？

如何向读者展示《战书》核心观点？

如何与读者共同回顾20年来的“战略绩效”？

作者以什么样的“答卷”接受读者的考核？

20年来，我在工作中、讲学中、研讨中始终践行《战书》的核心理念、理论框架，并不断完善案例选择、论点论据和重要论述。很多读者对《战书》提出了宝贵的建议和真心的鼓励，很多读者讲《战书》经得起20年的实践检验。因为，我无法把读者对《战书》的批评建议和评价收集起来，也无法把大量的案例列举出来，更无法找到能够对《战书》测评的机构，而且，我没有对《战书》的核心观点做大的改动，对《战书》章节结构没有调整，所以，我只能在每章开头对《战书》做了“自我测评”，以便读者“考核”《战书》的来龙去脉。

“自我测评”怎么写？写什么？《战书》是我的“处女作”，20年来，我自认为对《战书》应该是了然于胸，我以为写一份“自我测评”手到擒来，我以为《战书》再版可以“素颜出场”啦！然而，当我拿起笔才发现，“笔杆子”不知从何落下！经历了20年的“春夏秋冬”，国家战略、政策法规、发展之需等一系列时代之“拷问”，要在一张纸上表现出来真是落落难合！《战书》从第一章到第五章的“自我测评”，归纳了20年前的核心内容、20年来的实践验证，展望了未来的探究方向。我本以为三五天就可以完成，结果竟然花了6年时间！作为《战书》的作者，我花6年时间撰写《战书》20年的“战略绩效”，我想以“自我测评”的方式体现，接受“读者考核”，真心感恩各位读者对《战书》的厚爱！感恩身边的读者、身边的老师对我的考核！我深刻感受到“三人行必有我师”！我感恩崔占福、李增义、王家瑞、张成寅、马建堂、王梓木、平晞、赵世堂、相海军、相正位、邓志雄、庄树新、李冰、陈鸿、杨磊、王科、关达、彭华岗、张晓红、段晓峰、张静、张喻波、殷长波、尹义省、刘晋、王宇锋、衣学东、肖福泉、邵满、王保成、胡筱沽、李湘、梁凯、程骥、曹坤鹏、马明伟、肖宗辉、姜维亮、常玉春、王海洋、王学峰、李剑、谭啸、童应安、杨少璞（以共事时间先后排序）等同志们的鼓励和支持。

第十八拷问：为什么自己写毛笔字、钢笔字？

有必要用钢笔、用毛笔撰写吗？

手写字、电脑打字有什么不同吗？

未来还会有人知道有“毛笔”和“钢笔”吗？

再版，写个再版前言、再版后记是“常规动作”，电脑“码字”是惯用方法，加个“自我测评”也没有多少文字。但是，出差多，有时在高铁上、飞机上、公园里想到一些问题，有灵感了就想记录下来，带着电脑不方便，只好拿起“纸和笔”。结果看到“手写稿”倍感亲切，尤其能体会到“中国字”自带的“字源字理”。比如“正”字，上一“长横”是天、下一“长横”是地，中间一“竖”顶天立地、“半横半竖”平衡利益；而且，“正”恰如同《战书》高度、广度、深度、速度、温度的“五度”，我感触到久违了的“中国文字”的文化深邃（封底用了“正”字表达“五度”）。由此，我决定用钢笔撰写每章的“自我测评”，用毛笔题写“书名”。

“英雄牌”钢笔，来之不易。什么都是看起来容易，做起来难啊！几十年不认真用笔写字了，钢笔、毛笔几乎都是“童年记忆”。首先，“战略绩效考核”六个字，提笔一写感觉很好，认真打量却像“小学水平”。后来，买了狼毫、羊毫、兼毫几支毛笔，练习了几十次、几百次、上千次，更重要的是，荣幸得到易丹、马勇、郑世宝、曲玉琳、杨春尧几位著名书法家指导，尤其是在易丹、马勇老师家里，二位老师手把手教我画画儿，到曲玉琳老师家里一笔一画地教我写字，而且几位老师鼓励我自己完成毛笔“题写书名”。接下来，用钢笔撰写“自我测评”，真是体会到“中国文字”太神奇了！每个字按照笔画写出来，字本身是正确的，可是仔细端详起来越看越不像，比如“第”字，那个比例、结构、轻重真不好“拿捏”，自己写的“第”字越看越丑！这个“第”字我练习了1000多次！5章的“自我测评”，要写5页纸，每页写20多遍，一共用了100多张纸。还有一支来之不易的“英雄钢笔”，我回太原忘记带钢笔，本来以为到文具店“唾手可得”的钢笔，结果到新华书店、文具店、百货大楼、礼品店等跑了一上午都没有买到一支钢笔。找几位同学借钢笔，都说家里有，就是不知道放在哪里。最后，在一家小文具店，店主用“尘封的”三支钢笔，拼凑了一支给我，还被很多人用“异样的眼光”审视我。我不知道，当读者看到《战书》的“钢笔字插页”，以及读到这段“钢笔故事”的时候，会作何感想。我真希望能与读者沟通。

第十九拷问：家庭教育、朋友关爱对《战书》有啥深情厚意？

心中有爱，眼里有光，《战书》有了“诗和远方”！

手上有事，脚下有路，《战书》做一点点“风刮不走”的事！

亲人是父母带来的朋友，朋友是自己找来的亲人，《战书》是亲朋好友的“战略绩效”！

“言传身教”是最纯洁的“战略绩效”。《战书》就是“家教”的“战略绩效”。我童年记忆，爷爷奶奶、姥姥姥爷教我怎么端碗、怎么拿筷子、怎么拿毛笔、怎么盘腿坐炕上等“很多规矩”。爸爸说：“宝剑锋从磨砺出，梅花香自苦寒来。”妈妈说：“当官不为民做主，不如回家卖红薯。”长辈们的“老话老理”是《战书》的“奠基石”，长辈们的“言传身教”是《战书》的“根目录”。祖父是“大厨师”，退休后还是邻居乡亲的“义务主厨”；外祖母是“大家闺秀”，80多岁还是村里的“家事法官”；三姑奶奶80多岁每天通读《北京晚报》，四姑奶奶80多岁亲手给我做裙子、做棉袄；父亲给我做“小提琴”，母亲为孩子们“缝衣做饭”；叔叔“考司机”带我“逛北京”，大舅研究“哥德巴赫猜想”，二舅“考校长”，三舅“考中医”，小姑“考大学”，大姑“贤惠善良”。长辈们都是助人为乐、厚道宽容、德高望重、公平正义、终身学习的“好榜样”！我2006年写《战书》，80多岁的三姑奶奶经常给我做“一碗手擀面”，支持我“写好书”！我是良好家教的“受益者”，我以“正”字比喻“家”，父亲是天，母亲是地，孩子顶天立地，生活、工作平衡利益。有些“情话”不说出来，没有更好的方式表达我对亲友的感恩，我感恩祖先、感恩“七大姑八大姨”、感恩“江东父老”！《战书》是家教的“战略绩效”。

心中有爱，夯实了《战书》的基础。《战书》是我的“心书、心语和心泉”。我的“快乐童年”，受益于长辈们对我的“三不原则”（不反对、不阻挠、不批评），我玩什么、做什么、跟谁玩，只要没有危险，长辈们都“用爱浇灌”。叔叔、舅舅常常把我扛到肩上、抱在怀里、带在车上，“满满的父爱”！我考上大学，大姑给我“40斤全国粮票”（20世纪70年代，“全国粮票”都是用粮食换的，大姑育有“五儿一女”、全家是农民，这礼物比“金条”都珍贵），姨妈从手上摘下“手表”给我戴上（“手表”是姨妈结婚的“定情物”），小姑仅大我7岁，从小“背着我过河”、带着我玩耍。一直到我“结婚生子”，亲人们对我“主动关怀”“有求必应”。2003年，北京“非典”，“北京人”被“避之若浼”，我三舅第一时间给我打电话“你们回平遥，舅舅不怕感染，性命要紧！”我有困难时亲人们都是“有求必应”，2003年我给父母“买房子”时亲人们毫不迟疑借给我“十万元”（当时我“身无分文”）。我感恩尹邦俊、王兰英、成丕兰、刘月英、尹兰芝、尹兰庭、尹文涛、成淑英、尹玉梅、梁如海、尹德山、郭云香、尹金梅、成巧英、张学文、成洪龙、王林香、成洪海、成洪焦、田小红等亲人们。《战书》是长辈们播种了好奇心、奉献心和快乐心的“爱心硕果”。更让我感动的是没有血缘关系，却有“智爱真心”的“情缘亲脉”，恩师、师母的语重心长，老师们和蔼可亲的关怀给了我“智慧关爱”。我感恩高银莲、勒拉凤、孙惠芳、魏书堂、刘世怀、刘水旺、赵如一、崔云灿、王国正、王涌、丁伟、郎之正、董荔真、朱延福、张秀莲、胥鸣政、汪振坤、武芳英、孙启霞、左秀英、黄淑兰、陶向群、刘庆周、肖元清、李跃华这些尊敬的老师、师母、校长、大哥大姐像家人一样关爱我。

眼里有光，所向披靡，坚守《战书》初心和使命。《战书》是我人生的“战略绩效”！《战书》既被吴军明博士称为“天籁之音”，也出现过阻挠、嫌弃、嫉妒和排斥等“杂糅之音”。几十年来，《战书》遇到很多德高望重恩师语重心长的教诲，我心里的灯就是一次一次、一盏一盏“被点燃”的，所以，我坚信写书、分享感悟，我坚信不知道“哪句话”就会点燃“哪个人”心里的“哪盏灯”！几十年来，《战书》也经历了各种鞭策、磨炼，我也见识、领教了个别飞扬跋扈的“官僚”。有一次，监考老师站在我面前说“漂亮女孩子不学习”，但我依然认真考试；有一次，我按规则调整审核考核结果“调整加分”，却被批评“把睡着的孩子拍醒”，但我仍然坚持“考核公正”；有一次，我按照组织要求写战略，竟然因为“亲自撰写”太认真导致德高毁来，甚至遭到“白刀子进去，红刀子出来”的恐吓；有一次，因为EVA评价影响“排名”，个别企业居然拒绝课题组调研；有一次，我向某负责人汇报研究“战略绩效”时被指责“不务正业”，这位负责人愤怒地跟我说，“考核就是算好数字”，还将《战书》“汇报文稿”抛在空中！我从地上捧起“汇报文稿”，更加坚定地研究“战略绩效考核”。几十年来，我多次参加“公开竞聘”成绩优异，却不能“被录用”，有人说我“百败百战”，还有人送我雅号“大侠”！我感恩常学东、尹长青、程军、尹玉青、贾莉娟、尹海泉、万改英、秦伯青、赵兰亭、任婕、胡蒙等兄弟姐妹。我坚信，为国家、为人民做事，向死而生！宠辱不惊，看庭前花开花落；去留无意，望天上云卷云舒。《战书》是恩师们、贵友们的“智慧火炬”！

手上有事，工作养生，铸就了《战书》厚积薄发。因为见证改革开放40多年伟大征程，因为对节能环保、业绩考核、科技创新、社会责任的“天职”，因为“强国复兴有我”，所以，心无旁骛，守得住“初心”，耐得住寂寞，经得起诱惑，不为外物干扰，不畏惧“被边缘化”，坚持做一个“傻博士”！《战书》出版后，有人嘲讽我“自作多情”，“挣着打工者的钱，操着中南海的心，干着联合国的事”。也有人调侃我，都当祖母了，还日夜兼程“爬格子”！还有人眯缝着眼睛说：“写《管理学》不能提拔，写剧本不涨工资，图啥?”其实，我只想“做一点风刮不走的事”！我感恩职业的历练，感恩时代赋予的重任，感恩党和国家的培养。我非常感恩左秀英、张淑玲、李会武、姜静、马小宾、杜建峰、于雷、陈玉千等“出版征程”中所有责编、美编、恩师的支持，我感恩中国经济出版社的鼎力支持！书是有生命的！《战书》不是无源之水，“再版”不是无本之木。回顾准备《战书》再版这6年，领悟“山水三阶段”，见识了“看山是山，看水是水”；经历了“看山不是山，看水不是水”；上升到“看山还是山，看水还是水”。《战书》是我的“主责主业”！

脚下有路，退休不退责，做一名骄傲的“女博士”。在我40年职业生涯中，经历9次机构改革和职能调整，其中有六次“从头再来”，在“知天命”之年巧遇“社会责任”之“天职”，终身学习，乐此不疲。20岁时从太原到上海读大学寒来暑往，毕业时荣幸地被向平校长亲自“手拉手”把我送到国家医药局从事“医药管理工作”，埋下了我热爱健康事业的“种子”；30岁学法语，恰巧儿子听着法语“当胎教”，生孩子前9天参加法语考试，1991年去法国行政学院学习“公务员管理”，较早地感知到“政务管理”国际化之路；35岁到北京理工大学读MBA，每次骑自行车10多公里上下课“披星戴月”，儿百天下班后不能去幼儿园接送孩子，1996 年撰写《企业结构调整》，探索企业改革之路；40 岁我从北京到武汉读博士，几十个周末乘火车“夕发朝至”去上课，几次累得睡过了终点站，被拉到“车库”，在绿皮车上“构思”“战略绩效考核”，开启了《战书》写作之路；45 岁，儿子上大学，我在北京大学做“公共管理”博士后研究，获得一等奖、特等奖各一次，鞭策我探索《营利组织和非营利组织绩效考核比较研究》的理论研究之道；60 岁退休后，小孙孙该上“幼儿园”了，我还在“爬格子”，小孙孙为我“选定”封面画，小孙孙童言无忌给我很多启发，小孙孙夸《战书》是“国家之书”，我闻宠若惊！再版《战书》，助力“科教文卫企”绩效考核研究与实践！我非常感恩张文宏、李茂、李学海、高翔、陈强、秦海卫、黄秦里、刘智敏、周晓锐、刘东华、李晓刚、常跃亭、张学风、张亚东、孙令巍等同志。尤其是退休后，完成《战书》再版，承蒙管理局、服务中心、老干部局给予鼎力支持。几十年来，我把《战书》写在了“祖国大地上”。

我特别感恩 30 多年朝夕相处的兄弟姐妹们，我感恩姚成亮、孟红英、孙要武、张天白、张宗旭、贾小梁、张静、施春林、阎致强、李艳丽、李献锐、关冬梅、黄大为、张梨花、黄占林、赵洁、章雯荔、赵素芬、程娇、杨铁强、陈家存、李建强、王现华、刘峰和“彭大将军”等亲人们；尤其是感恩食堂、园丁、物业、传达室、保洁和警卫等部门亲人们。他们都是没有血缘关系的“亲人”，一日三餐，一年 365 天，30 多年，办公室的灯光、食堂的饭香、院子的草香和武警战士的守护啊！我感恩不尽！年轮沉淀了《战书》“厚度”，情谊升华了《战书》“亮度”。

未来有梦，童心未泯，续写《战书》诗和远方。《战书》的“小朋友”群星闪烁。《战书》再版过程中，孩子们既是我的第一读者，也是我的坚强后盾。儿子在小学时跟我辩论“战略决定成败”还是

"细节决定成败"，儿子、儿媳都是"汽车工程师"，孩子们都是"企业汽车说"的启蒙者。侄子是央视的"导播大江"，既是《战书》"第一审稿人"，也是"第一助理"，有时为了一个词、一句话、封面、书稿、书名等讨论到深更半夜。特别感动我的是身边的儿子、儿媳、侄子、外甥女、多位义子义女和像孩子一样的"小朋友们"，他们对《战书》的贡献和智慧真是"天籁之音"，难能可贵！孩子们都是可爱的"小天使"！我感谢王曦、曹晋、秦淑敏、王世元、秦一然、常钰棋、程诗雨、尹大江、尹泽熙、尹文慧、尹文彬、梁世超、褚天琪、赵旭晨、张文琪、段睿君、刘嘉怡、杨春尧、魏嘉、于慧敏、丁恒德、冯若诗、侯刚、牛川、高强、李小纬、刘宁辉、吴鹏等孩子们的鼎力支持。孩子们经常说，你爱谁，谁爱你，你爱他有多深，他就爱你有多深（无论对人，还是对事）。有人说，孩子是家长的镜子；也有人说，孩子是家长的影子。我认为，孩子是我的"车子"，孩子们为了《战书》驾驶着红旗车、奔驰车、吉利车携手共进，谷雨元生，秋赋嘉禾，蔚然成林，共同打造"永动车"。《战书》永远都有诗和远方。30 年前，我就梦想着写一本"MBA 案例集"，我梦想着写"企业剧本"，还梦想着做企业家、专家、智者的"访谈录"，我更梦想着倡议"校友"都回母校修改教材，我梦想着助力平遥打造成"尊师敬教"的文化之城，助力人才"战略绩效考核"！如今，思路越发清晰，梦想越来越近。

当我看到"青藏线修路兄弟"脸上沾满泥土的芬芳，当我听到"抓把云彩擦把汗，摘颗星星点盏灯"感言，当我与建筑工人、电网工人、太阳能风能垃圾电厂工人走在工地上，我感受到"天上的星星亮晶晶，一闪一闪放光明"！

当我见到"柯柯牙精神"惊叹不已，当我听宋建江"风轻云淡"讲用身体挡水挡泥沙"两次"险些牺牲，我感慨"黄继光精神永放光芒"。

当我领略"白鹤滩"女工程师彭育、"三门核电"工程师李涛、

"港珠澳大桥"总工林鸣等"伟大工程"的"伟大工程师"的风采，我由衷地佩服当代的工程师！当我看到，中国铁建"编织大地经纬，成就美好未来"的豪言壮语，当我在中铁工、中铁建、中交、中建、中国电建、中国能建、三峡等几十家企业建筑工地艰难行走，我感慨600万公里综合交通网由多少汗水、多少泪水、多少爱心编织而成。

当我领教，张青林与范晓复终身忧国忧民、认真工作；朱焘部长做过三个部委"办公厅主任"兢兢业业、爱国爱民；郎之正国务院参事为质量管理和国资监管等教书育人、建言献策；朱宏任会长为中国企业和中国工业劳心劳神、真心服务；李军局长不顾水深危险冲到救灾现场（我听到一位在现场的群众见此场景后非常感动地跟我讲述此事）快速为当地老百姓解决问题；汪洋局长为节能环保、社会责任和国资监管工作废寝忘食。他们始终为国为民，他们关键时候担当尽责，他们是我身边的榜样！我对身边的"言传身教"感恩不尽！

当我每天清晨到办公室，我会看到，无论我到岗多早，总是有人比我更早；我每天深夜离开办公楼，回头望着"办公楼的灯光"，发现无论我离开多晚，总有人还没有下班。我在国家机关工作40年，目睹身边的同志不分级别、不论离家近远加班加点，男女老少任劳任怨，大家总想把事情做好，大家总想能够兼顾更多人的利益，大家总想所有的苦、所有的累、所有的责任自己多担一点，努力一点，再努力一点，尽力而为吧！

《战书》出版，既很偶然，也很自然！随时代步伐，踏历史节拍！踏破铁鞋，蓦然回首，充满偶遇、巧遇和机遇。冬来暑往终成器，恩人贵人助成书，经风雨而生之。不积跬步，无以至千里。

《战书》再版，与读者"智慧互联"，履行学者的社会责任，与时代并肩前行。大器晚成自凌云，清风明月育新生，聚智慧而创之。退出"职业办公"小房间，踏上"工作养生"大舞台。不积小流，无以成江海。

《战书》正心正念正举，渴望智联天下、慧及人类、天人合一。鸿爪留印属偶然，鸿飞东西乃自然，顺天意而行之。品味“人生如戏”丰富生活，锦绣“戏如人生”精彩前程！骐骥一跃，不能十步；驽马十驾，功在不舍！

我喜欢毛泽东的《卜算子·咏梅》：

风雨送春归，飞雪迎春到。
已是悬崖百丈冰，犹有花枝俏。
俏也不争春，只把春来报。
待到山花烂漫时，她在丛中笑。

此刻，窗帘缝隙中挤进一丝丝晨光，窗外小鸟“吱吱”地叫，阳台上又有小鸟“筑巢”了。我爷爷曾说：“鸟儿做窝有福气！”我捧起36万字的“心血之作”，就像抱着“小生命”一样温暖！儿子小时候我写《战书》，小孙孙成长伴随《战书》再版。讲不完的故事，感恩人生，感恩职业，感恩“工作圈 + 校友圈 + 艺术圈 + 朋友圈 + 孩子圈”……

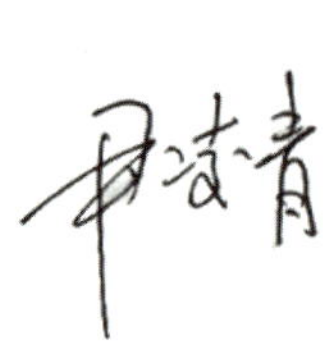

2021 年 5 月第一次撰稿于 26 号院

2025 年 3 月第二次修订于北京至杭州卧铺车 11 号车厢 39 号下铺

共间，第 N 次修订于国家图书馆、天宁一号、宣武公园、西城区图书馆，太原龙潭公园，平遥东来顺客栈

2025 年 5 月结稿于 26 号院